新华学术

新华学术·思享者

从凯恩斯到皮凯蒂

20世纪的经济学巨变

[英]彼得·德·哈恩◎著
朱杰　安子旺　于东生◎译

FROM KEYNES TO PIKETTY
THE CENTURY THAT SHOOK UP ECONOMICS

新华出版社

图书在版编目（CIP）数据

从凯恩斯到皮凯蒂：20世纪的经济学巨变 / (英) 彼得·德·哈恩著；
朱杰，安子旺，于东生译. ——北京：新华出版社，2017.10
书名原文：From Keynes to Piketty: The Century that Shook Up Economics
ISBN 978-7-5166-3496-7

Ⅰ.①从… Ⅱ.①彼… ②朱… ③安… ④于… Ⅲ.①经济思想史－世界－20世纪
Ⅳ.①F091.3

中国版本图书馆CIP数据核字（2017）第232763号

著作权合同登记号：01-2016-7474

从凯恩斯到皮凯蒂：20世纪的经济学巨变

作　　者：[英]彼得·德·哈恩　　**译　　者：**朱　杰　安子旺　于东生

选题策划：黄绪国　　**责任印制：**廖成华
责任编辑：黄绪国　　**封面设计：**臻美书装

出版发行：新华出版社
地　　址：北京石景山区京原路8号　　**邮　　编：**100040
网　　址：http://www.xinhuapub.com
经　　销：新华书店、新华出版社天猫旗舰店、京东旗舰店及各大网店
购书热线：010－63077122　　**中国新闻书店购书热线：**010－63072012

照　　排：臻美书装
印　　刷：三河市君旺印务有限公司
成品尺寸：160mm×230mm　1/16
印　　张：27.5　　**字　　数：**310千字
版　　次：2017年10月第一版　　**印　　次：**2018年10月第二次印刷
书　　号：ISBN　978-7-5166-3496-7
定　　价：69.00元

目 录

CONTENTS

前言

前段时间我看到了美国社会学家丹尼尔·贝尔(Daniel Bell)的讣告。讣告提到，他有两本书入选“《泰晤士报文学副刊》二战以来最具影响力的一百本书”名录。为了满足我的好奇心，我比较了自己阅读的经济学书单和《泰晤士报文学副刊》（*Times Literary Supplement*）所列的书单。令我高兴的是，我发现我的书单中大部分书也都在那个书单上。然而，两者还是有所不同的。部分原因是《泰晤士报文学副刊》的书单只收集到 20 世纪 90 年代，而我的书单一直收到 2014 年。当然，制定书单的标准和我的并不一样。我的第一个标准是，入选的书应当最能够反映自 20 世纪前半叶以来，那些动荡的政治经济历程。第二个标准是所选的书应当思考主流经济学理论的兴衰起伏（尤其是凯恩斯主义和新古典理论方面），考量这些理论如何影响了公众意见和政治决策。第三个标准是这些书应当解释经济兴衰之因。

为了增强我的书单的时序性，我将它们分为 7 个不同的阶段，选择了在特定时间，在政治、经济和知识方面具有“时代精神”的典型书目。约翰·梅纳德·凯恩斯（John Maynard Keynes）写的两本书代表了第一阶段，也就是从第一次世界大战之初到大萧条结束。《和平的经济后果》（*The Economic Consequences of Peace*，1919）基本上预测了《凡尔赛和约》（Treaty of Versailles）的悲剧后果；另一本书《就业、利息和货币通论》（*The General Theory of Employment, Interest and Money*，1936）引发了凯恩斯革命。

我的第二阶段横跨了 20 世纪 40 年代。经济学家如约瑟夫·熊彼特（Joseph Schumpeter）和卡尔·波兰尼（Karl Polanyi）研究相对于资本主义而言，社会主义是否并不是更好的选择这个问题。毕竟，在“镀金时代”戛然而止时，资本主义并没有能在经济生活上有所改善。在《资本主义、社会主义与民主》（*Capitalism, Socialism and Democracy*，1942）一书中，熊彼特探讨了社会主义是否能够超越资本主义的问题。他总结说社会主义确实能够超越。卡尔·波兰尼的《大转型》（*The Great Transformation*，1944）一书认为，自我调节的市场要求社会服从于市场。这意味着经济不是镶嵌于社会关系中，而是社会的管理要服从于市场。如果不加以管控，就会导致极端的后果，这从整个经济体无尽的，甚至有时候非常极端的繁荣萧条史上可见一斑。

我说的第三阶段始于第二次世界大战结束。这是个富裕的时代，首先是工业国享受到富足的果实。被压抑的需求得以释放、战后重建，以及凯恩斯主义的政策都促进了经济的强劲增长、充分就业的实现、全民收入的提升。社会保障成为这个富裕时代的基石。约翰·肯尼斯·加尔布雷斯（John Kenneth Galbraith）在他的《丰裕社会》（*The Affluent Society*，1958）一书中集中论述了这个时代。提勃尔·西托夫斯基（Tibor Scitovsky）也在他的《无快乐的经济》（*The Joyless Economy*，1976）一书中聚焦了困扰这个富裕时代的各种问题。但是，这段战后的“黄金时代”并没有持续很久。

第四阶段始于1975年左右，那时工业国的工资和价格迅速失控。经济增长不顺、通货膨胀飙升、失业率也极速上升，这种致命的组合就是滞胀。凯恩斯主义者束手无策；他们不能解释，也不能矫正发生的变故。新古典主义经济学家们坚持认为他们知道如何解决问题。密尔顿·弗里德曼（Milton Friedman）和弗里德里希·哈耶克（Friedrich Hayek）是新古典主义抨击凯恩斯主义运用的精神领袖。哈耶克的《自由宪章》（*The Constitution of Liberty*，1960）以及密尔顿的《资本主义与自由》（*Capitalism and Freedom*，1962）不仅对经济学，也对经济政策产生了巨大的影响。尽管如此，仍有经济学家质疑新古典主义的假说。例如，阿尔伯特·赫希曼（Albert Hirschman）在他的《退出、呼吁与忠诚》（*Exit, Voice and Loyalty*，1970）一书中争论说，如果市场没能达到最佳状态，那么社会就会识别出差距，此时非市场的社会机构就会出现，尝试弥补这一缺口。

在20世纪80年代“失去的十年”（许多发展中国家一直到90年代仍然经济低迷）之后，第五阶段开始了。经济增长的研究蓬勃发展，人们尤其关注发展中国家的情况。道格拉斯·诺斯（Douglass North）的《制度、制度变迁与经济成就》（*Institutions, Institutional Change and Economic Performance*，1990）是一本经典读物，说明了制度在解释经济增长或者滞胀方面的重要作用。这本书极大地影响了发展经济学及其实践者。在诺斯之前，彼得·伯格（Peter Berger）已经在恰当的时间出版了《资本主义革命》（*The Capitalist Revolution*），那是1986年，资本主义蓬勃发展。他提出了50个关于繁荣、平等、自由的论点。总结说，资本主义应该是优于社会主义的。在杀死滞胀的毒龙之后，开始了一段较长的稳定期。新古典主义经济学家相信这段“大稳健”时期会一直持续下去。连诺贝尔奖得主也声称，经济学已经研究出合适的工具来对经济做恰当的调整。但是，他们应该有更准确的判断。当然，也有经济学家对系统的不稳定性提出警告，但是这些都被忽视了。

然后，在2007年，房地产泡沫破灭，不仅发生在美国，在其他的国家像爱尔兰和西班牙也是如此。第六阶段，黑暗时代开始。银行开始有麻烦了。一年之后，贷款突然枯竭。银行和保险公司破产。这个过程充满了传染力；真个金融系统几乎崩溃。政府以前所未有之势开启紧急救援干预，但是他们没能阻止大萧条和欧元区危机的到来。为了缓解危机，经济学家和决策者们再次重视凯恩斯，认为新古典主义经济学是罪魁祸首。并不是所有遭受危机的国家都实行凯恩斯主义的抗萧条政策；有些国家采用紧缩政策。约翰·卡西迪（John Cassidy）在他的《市场是怎么失败的》（*How Markets Fail: The Logic of Economic Calamities*，2009）一书中，描述了市场失败之处以及采取的措施。

在经济大衰退之后，第七阶段开始了。就像大萧条之后那样，出现了一系列关键书籍。有些积极倡导凯恩斯主义政策，有些关注资本主义不受限制发展的后果。人们热议的话题之一就是不平等；这不是个新话题，但是鉴于贫富差距的拉大，这个议题再次得到关注。2014年，托马斯·皮凯蒂（Thomas Piketty）的《21世纪资本论》（*Capital in the Twenty-First Century*）英文版面世，非常畅销。皮凯蒂——就像几乎一个世纪之前的凯恩斯——名耀世界。

这七个阶段构成了本书的七个章节。每一章都有相关作者的小传，然后简要介绍我提到的书。我认为，这些书最能代表那些特定时段的精神。引言勾勒了这些书籍所处的政治和经济环境，从第一次世界大战之后，到大衰退，然后紧接着是欧元区危机，结尾表达了对整个经济系统的严重忧虑。

我认为本书能够帮助读者认识过去和本世纪经济学的主要发展情况。同样，它也有助于理解关于重大经济挑战的争论。毕竟，选择的作者及其作品奠定了当今经济政策的理论基础。

米尔顿·弗里德曼曾说，马克思和凯恩斯可能是最著名的经济学家，但是他们的作品却是人们读得最少的。我希望本书所写的小传和书籍摘要能引导读者，轻松了解作者的理论观点。

彼得·德·哈恩

2015 年 5 月

第一章

百年政治经济发展（1914–2014）

概 况

20 世纪是极端动荡的世纪。它充满了极端野蛮的毁灭性事件：两次世界大战、众多内战造成上千万人丧生，许多城市基础设施、交通系统被完全破坏。20 世纪的世界经济同样动荡不宁。欧洲——尤其是英国和紧随其后的德国——直到 1914 年仍主控经济大局。但是，第一次世界大战之后，美国就代替英国成为世界新的经济霸主。

世界经济还发生了一些其他的根本性变化。1917 年的俄国十月革命引入了全新的独裁中央计划模式。直到 1991 年解体为止，苏联一直是“自由世界”可怕的政治对手。同时，自由世界尤其是高收入国家变得丰裕起来。东方的日本在 1867 年明治维新之后开始了炫目的经济跃进。二战之后，亚洲四小龙（韩国、中国台湾地区、新加坡、中国香港）经济迅猛增长；到了世纪末，中国和印度也开始发力了。在经历了一段相对平稳的经济发展后，2008 年爆发了经济危机。七年之后，经济才开始出现明确的恢复迹象。

第一次世界大战和大萧条

当“一战”（1914–1918）爆发时，金本位制中止了。“一战”之前的美好时代，长期的国际自由贸易与经济繁荣戛然而止。欧洲经济开始衰退。“一战”

还标志了19世纪西方文明的崩溃。温斯顿·丘吉尔（Winston Churchill）在《我的早年生活》（*My Early Life*，1930）一书中这样描述英国的明日黄花：

> 我出生在维多利亚时代，那时我国的结构看上去坚实无比，在贸易和航海上的地位无人可敌，我们愈益伟大的帝国，意识到维持这份荣耀的责任。那时，大英帝国的中坚力量无比自信，坚守原则。他们认为自己可以向全世界传授政治的技艺和经济的奥秘。[1]

签订于1919年7月28日的《凡尔赛和约》并没有逆转欧洲的政治与经济命运。约翰·梅纳德·凯恩斯作为英国代表参与了条约的协商，在《和平的经济后果》（*The Economic Consequences of Peace*，1919）一书中警告说，获胜的协约国要求战败国德国支付巨额的战争赔款（1320亿金马克）、割让煤炭和铁矿石资源丰富的领土、移交海外殖民地，会导致政治动荡和经济崩溃。凯恩斯是正确的，由于错误的货币政策（例如在战争之后回归金本位制），再加上贸易保护主义政策，国际贸易急剧收缩，最终导致了大萧条的降临。

咆哮的20年代

在战后短暂的衰退之后，人们迎来了一段繁荣时期，尤其是美国。这就是“咆哮的20年代”。被压抑的需求激发了消费品生产的惊人增长。汽车、收音机和家用电器的消费者都达到了数以百万计。查理·卓别林（Charlie Chaplin）的电影《摩登时代》（*Modern Times*）幽默地讽刺了强调生产效率的商业进步主义。亨利·福特（Henry Ford）的生产线上涌出数百万辆T型车便是效率提升的典范。

装饰艺术、爵士乐、超现实主义、新的舞蹈和女性时尚大行其道，一片莺歌燕舞。纽约成为艺术创新的温床：哈勒姆文艺复兴运动（the Harlem Renaissance）使艾灵顿公爵（Duke Ellington）和他的乐队一夜成名。社会呈现

---

1 Churchill, W. (2000) *My Early Life*. London: Eland, ix.

出欣欣向荣之势。越来越多的美国人投入高涨的股票投机市场中。由于联邦储蓄体系的扩张性信贷政策，贷款利率相当低。

美国、澳大利亚、加拿大、荷兰、瑞典和英国的国内生产总值（GDP）经济增长强劲，如表1.1所示。

表1.1　GDP水平，1921–1927

国家 年度	美国	英国	澳大利亚	加拿大	荷兰	瑞典
1921	579,986	195,642	26,818	30,307	30,670	15,854
1922	612,064	205,750	28,225	34,741	32,342	17,351
1923	692,776	212,264	29,579	36,801	33,140	18,273
1924	713,989	221,024	31,524	37,360	35,561	18,847
1925	730,545	231,806	33,002	41,445	37,058	19,544
1926	778,144	223,270	33,792	43,680	40,028	20,640
1927	785,905	241,240	34,305	48,010	41,700	21,284

来源： Maddison，A. (2003) The World Economy：Historical Statistics. Paris：OECD Development Centre Studies

大萧条

1929年10月29日，随着华尔街上的纽约股票交易所股价暴跌，咆哮的二十年代，一个充满创新、创造和繁荣的时代迅速走向了终结。黑色星期四震惊了全世界，140亿美元市值瞬间蒸发。之前几乎无人预测到这场崩溃。两周之前，美国的一流经济学家欧文·费雪（Irving Fisher）曾宣称，“股价似乎已经达到了永恒的高原”。

两年之后，大萧条猛烈袭击了英国和欧洲大陆国家。1931年秋天，奥地利最大的银行之一，奥地利信贷银行破产。金融危机由此开启。之前将钱存入位于伦敦的银行的欧洲投资者们疯狂地提取英镑存款，以将其变现。英镑迅速贬值。时至1931年9月，之前于1925年重新推行金本位制的英国让英镑和黄金脱钩了。

主流经济学家并没有对这次危机做出充分的应对；事实上，传统经济学的应对之法反而加剧了危机。银行挤兑和争夺黄金导致国家货币储备下降。许多马克思主义者认为这次萧条是资本主义最后的危机。毕竟，马克思早在《共产党宣言》（*Communist Manifesto*）中就写道，周期性的经济危机会对整个资产阶级社会的存续提出挑战。大萧条研究专家，美联储前主席本·伯南克（Ben Bernanke）在《大萧条》（*Essays on the Great Depression*，2000）中引用巴里·埃森格林（Barry Eichengreen）的话，分析了萧条的原因：

> 反过来，通货紧缩和价格下跌、产出减少、失业率上升密切相关。原则上说，尽管有金本位制的限制，但有效的国际合作原本是可以支持全球范围内的货币扩张的；但是，由于针对战后赔款和债务的争论，以及美联储的偏狭和缺乏经验，这一结果未能实现。于是，为了脱离通货紧缩的旋涡，各国只能单方面放弃金本位制。这个过程因为各国的犹疑和不合作而拖延甚久，直到法国和其他金本位制国家于1936年集体放弃金本位。[1]

德国政府不仅要偿还本国公民认购的战争债券，还要向协约国支付巨额的战争赔款。德国国家银行（the German Reichsbank）开始增加发行货币，结果引发恶性通货膨胀。弗雷德里克·泰勒（Frederick Taylor）的《货币的垮台》（*The Downfall of Money*，2013）一书展示了马克对美元的汇率变化：从 4.19 马克兑换 1 美元（1914 年 8 月）暴跌至 2.5 万亿马克兑换 1 美元（1923 年 11 月）。[2]

赛巴斯·哈夫纳（Sebastian Haffner）是一名柏林高级公务员之子。他在《一个德国人的故事》（*Geschichte Eines Deutschen*）一书中描绘了当时的通货膨胀对他家的影响：

> 在月底或者月初的时候，父亲会收到他的月薪，那是我们家的全部生活来源——银行存款和储蓄债券早就一文不值了……无论如何，父亲会迅速地买到一张地铁的月票，这样至少下个月还能乘地铁上下班……然后是

---

1 Bernanke, B. (2000) *Essays on the Great Depression*. Princeton University Press, 276-277.
2 Taylor, F. (2013) *The Downfall of Money*. New York: Bloomsbury Press, 361-370.

填写房租和学费的支票，下午的时候，全家人会去理发。剩下的钱就交给妈妈——第二天，包括女仆在内的全家人（除了父亲）四五点就起床，打的去中央市场。那里组织了一个大型的购物区，在一个小时内，用一名政府高级顾问的月薪买些不易腐烂的食物……8点左右，恰好在上学之前，我们就回到家中，勉强能够让全家人撑过一个月的围城。但这还不算完。因为还有一个月并没有发薪水。[1]

事实上，“一战”刚刚结束，奥地利就出现了通货膨胀，后来德国也发生了恶性通货膨胀。奥地利失去了它的帝国之位，国家破产，物资缺乏，国库空虚。奥地利作家斯蒂芬·茨威格（Stefan Zweig）在《昨日的世界》（*The World of Yesterday*，1945）一书中描述了那绝望的场景。除了这些悲惨情况外，因为奥地利克朗对德国马克汇率暴跌，他还观察到一个相当讽刺的现象：

成千上万的巴伐利亚人，从附近乡村和城市涌入这个小镇。他们光顾裁缝店、修理汽车、去看医生买药……然而，后来实行了边境管制，阻止德国人到萨尔茨堡购买物品……但是，有一样物品不能没收，而且是免税的：喝进肚子里的啤酒……你简直无法想象这有多么大的吸引力。他们成群结队，带着妻儿一起……享受豪饮啤酒的乐趣，直到肚子撑不下为止。每天晚上，火车站充斥着一群群酒鬼，打着酒嗝，吵吵闹闹，真是混乱无比；有些人醉得太厉害，只能用手推车才能送到火车上。他们发着酒疯，又喊又唱，坐着火车回到了祖国。[2]

有一位经济学家推翻了传统经济学的理论。他认为，新古典理论所阐释的经济自我修正机制并不起作用。他认为政府应该积极干预，将经济从衰退中拉

1 Haffner, S. (2000) *Geschichte eines Deutschen: Die Erinnerungen 1914–1933*. Stuttgart/München: Deutsche Verlags, 216–217.
2 Zweig, S. (1945) *The World of Yesterday*. New York: The Viking Press, 293–294.

出来，恢复充分就业（见图 1.1）。他用总和的数据来分析经济：总需求、总储蓄和总投资；从而创立了宏观经济学。他的名字是约翰·梅纳德·凯恩斯。在 1936 年出版了《就业、利息和货币通论》（简称《通论》），引发了凯恩斯革命。

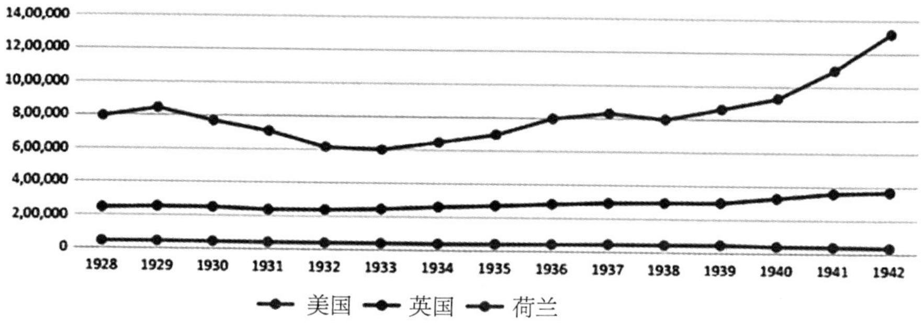

图 1.1 GDP 水平，1928–1942（吉尔里－哈米斯国际元，1990 年为基准，单位：百万）

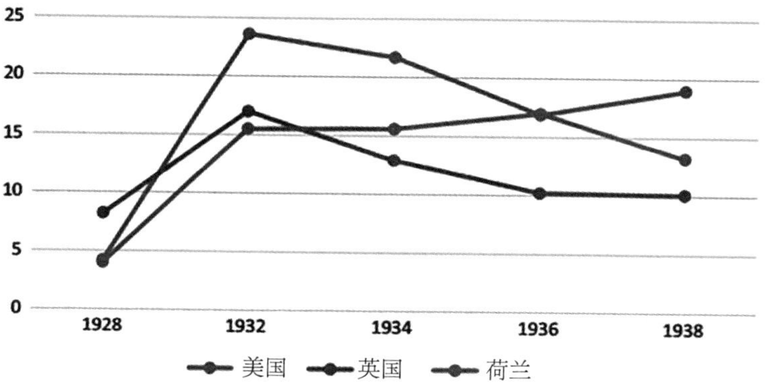

图 1.2 失业情况，1928–1938

凯恩斯在《通论》中表示，经济均衡可能和长期失业共存（见图 1.2）。他认为，为了应对这种情况，以前采取的传统的通货紧缩政策只能使事态恶化。相反，总需求必须通过财政政策（例如，减税和增加政府支出）以及货币政策（中央银行降低利率、增发货币）加以刺激。凯恩斯革命超越了新古典经济学，但这种优越性不是永恒的，后来的经济和政治发展情况可以证明这一点。

甚至在凯恩斯的《通论》出版之前，一些政府就已经在使用凯恩斯式的办法来应对萧条。最著名的是罗斯福新政。罗斯福在 1933 年 3 月就职之后立即实行了新政。他本来是平衡预算的坚定支持者。然而，这位新当选的总统本能地感觉到“当其他人都没有钱花时，政府就必须花钱”。[1]新政旨在通过增大政府支出，实行金融改革，实施创造工作岗位的项目，以阻止金融崩溃，刺激需求，为数百万失业人口创造工作岗位，提供救济。

罗斯福采取了一系列措施，例如建立了田纳西州流域管理局（the Tennessee Valley Authority）（一个区域性的经济发展机构及供电部门），建立社会保障和公共事业振兴署（the Works Progress Administration），负责管理民间资源保护组织（the Civilian Conservation Corps）（这是个暂时性的机构，为250万美国的失业青年提供工作）。1933年的《格拉斯－斯蒂格尔法案》（Glass–Steagall Act of 1933）则将商业银行和投资银行区分了开来。

罗斯福的刺激措施，他个人的决心，以及他的炉边谈话都增强了国民的信心。例如，在1933年10月22日的谈话中，他强调说，“如果我们这样做不行，那就换一种方法。总之，我们一定要做。”

在凯恩斯主义还没出现之前，阿道夫·希特勒就已经是个凯恩斯主义者了。弱小的魏玛共和国越是试图缓解德国的恶性通货膨胀，创造工作岗位，希特勒的纳粹党就越受欢迎。希特勒于1933年1月当选德国总理，通过大量的公共工程来拉动就业（例如高速公路），开始为开战做准备。在1938年，德国的失业率下降到只有3%。

另一位支持凯恩斯主义的人（姑且这样说）是日本的财政部长高桥是清（Korekiyo Takahashi）。1931年上任财政部长后，他立即推翻了日本之前回归金本位制的做法。高桥是清使用政治手段推动了日本经济的再次发展，大力推动日元贬值以增强日本的出口能力。1932年3月，他建议日本央行直接购买所有新发行的政府债券，支持货币供给扩张。在同一年的6月，高桥是清提交了一份追加预算，包括农村救济的新增开支，以及日本在中国东北的军事行动开支。[2]

---

1 Eichengreen, B. (2015) *Hall of Mirrors: The Great Depression, the Great Recession, and the Uses and Misuses of History*. New York: Oxford University Press, 352.

2 有关日本应对大萧条的详细信息，可参见 *Hall of Mirrors*, chapter 17, “Takahashi’s Revenge”, 253–265.

第二次世界大战的爆发

纳粹德国意图建立大德意志（拥有更多的“生存空间”），获取原材料。德国重新武装了莱茵兰地区，根据《凡尔赛和约》的规定，该地原本由法国管理。希特勒还想要通过夺取因“一战”而失去的领土，将德语区人民重新团结起来。1938 年的德奥合并开启了最终导致“二战”的进程。德国在 1939 年初入侵了捷克斯洛伐克。英法两国没有干预，徒劳地维持绥靖政策。但是，当德国在 1939 年 9 月入侵波兰时，法国和英国对德宣战了。1941 年 6 月，德国撕毁 1939 年签订的《苏德互不侵犯条约》，大举入侵苏联，斯大林也因此对德宣战。德国的轴心国盟友意大利在 1935 年已经占领了埃塞俄比亚，在 1939 年开始占领阿尔巴尼亚、希腊等地中海国家。

在东方，轴心国的第三个同盟国日本已经——如前所述——占领了自然资源丰富的中国东北地区。因为日本无法打入欧洲列强的亚洲殖民地市场，所以它既不能从中攫取原材料，也无法向其倾销商品。为了开拓原材料和商品市场，日本占领了法国、英国和荷兰的殖民地，彰显了它将欧洲列强逐出亚洲的雄心：建立亚洲人的亚洲。日本在 1941 年 12 月 7 日空袭美国的珍珠港海军基地，促使罗斯福总统向其宣战。

资本主义还是社会主义？这是个问题

大萧条粉碎了人们对资本主义体系的信心。20 世纪 40 年代，人们普遍感觉到这个体系存在着根本性错误。法西斯主义在德国和意大利大受欢迎。除此之外，另一种政治和经济体系也引起了人们的注意：苏联实行的全体公有，中央计划体制。毕竟，苏联经济并没有饱受萧条和失业的困扰。

在经济运行方面，集权制度下的中央计划体系是否优越于西方民主制度下的资本主义体系呢？这个问题不仅是政治家，也是学者们思考的重点。约瑟夫·熊彼特在 1942 年出版的《资本主义、社会主义与民主》（*Capitalism, Socialism and Democracy*）一书中广泛地讨论了这一问题。熊彼特认为资本主义不会永远存在，因为——在时间的长河里——它会自取灭亡。他认为，如果工业发展到了必要的阶段，社会主义是能够行得通的。熊彼特设想的社会主义社会的一大制度特征就是，不仅是生产资料，生产活动本身也要由中央统一控制。

熊彼特坚持认为，社会主义制度具有完美的可控性。然而，应当注意的一点是，社会主义经济需要庞大的官僚机构，而且至少需要有利于它存在和运行的社会条件。他认为在这样的体系中，资本主义经济中企业家遇到的不确定更容易应对。不确定性是不存在的，因为社会主义的企业非常清楚他们应该要生产什么。

卡尔·波兰尼的《大转型》批评了资本主义对社会造成的毁灭性影响。弗里德里希·哈耶克的畅销书《通往奴役之路》（*The Road to Serfdom*）对政府干预提出了警告，因为那样有可能使社会滑向专制统治，人们将再也不能自由地做出自己的选择。

苏联在技术成就方面逐渐追上了美国，一个标志性事件是，抢在美国之前将人造卫星和宇航员尤里·加加林送上了太空，由此激发了人们对“无限可能之地”的兴趣和竞争。正如约翰·肯尼思·加尔布雷思（John Kenneth Galbraith）在《新工业国》（*The New Industrial State*，1967）一书中观察的那样：

> 太空探索的竞争在很大程度上……没有军事意义……它是美国维护其国际威望的重中之重，美国的航天器必须第一个到达月球、第一个抵达太阳系的其他区域，第一个抵达难以探寻的深空。[1]

人们的担忧不只限于技术追赶方面。保罗·萨缪尔森（Paul Samuelson）甚至在他著名的教材《经济学》（*Economics*）一书中就预测道，苏联的GDP可能在1990年至2000年之间超过美国。[2]

---

1 Galbraith, J.K. (1967) *The New Industrial State*. Boston: Houghton Mifflin Company, 340–341.

2 Samuelson, P. (1970) *Economics: An Introductory Analysis*. New York: McGraw–Hill, 831.

苏联在“二战”之后拉下了它的铁幕。冷战开始。苏联在世界各地扩大其政治和意识形态的影响力。新独立的国家对它的意识形态尤为敏感。美国领导下的“自由世界”也是如此。1991年12月26日苏联解体，两个超级大国之间的僵持突然结束。冷战结束了。约翰·卡西迪从经济学的角度解释了苏联解体的原因：

激励是经济学的一大问题。共产主义之所以崩溃，就是因为它无法鼓励创新、创业和努力工作，而资本主义则全都鼓励。市场体系是无情的，但正如马克思和恩格斯指出的，它的生产力也是出奇地高。[1]

但是，我们先要回溯一下。

战后准备：马歇尔计划

早在“二战”结束之前，各国已经采取措施来避免重蹈《凡尔赛和约》的覆辙。凯恩斯在《和平的经济后果》一书中就已经提出了一些类似马歇尔计划的想法：

但是，如果美国回想一下欧洲以前对她意味着什么，现在对她仍然意味着什么，回想一下欧洲（不论如何，欧洲是艺术和知识之母）现在是什么，将来是什么，那么美国难道不会摒弃这些冷漠和孤立的议论，转而专注于那些可能对人类的进步和文明具有决定性意义的问题吗？……所需贷款的大部分要由美国承担，以可购买外国产品的信贷形势发放，而且必须提供给所有欧洲交战国，不管是盟友还是敌国。[2]

决策者们确实吸取了《凡尔赛和约》的教训。美国的慷慨大方和自身利益

1 Cassidy, J. (2009) *How Markets Fail: The Logic of Economic Calamities*. London: Allen Lane, 285.

2 Keynes, J.M. (2005) *The Economic Consequences of Peace*. New York: Cosimo Classics, 286-287.

共同造就了马歇尔计划，它提供了130亿美元的支持资金，极大地帮助了西欧的战后恢复。该援助计划也使得受益国家不那么容易受到苏联的影响。马歇尔计划最初也为苏联及其盟友提供援助。然而，斯大林拒绝了，并强制要求捷克斯洛伐克和波兰也拒绝。苏联自己搞了一套莫洛托夫计划。

马歇尔计划为欧洲经济一体化奠定了基础。由于该计划强调提升生产力，欧洲经济在接下来的二十年里追上了美国。欧洲的经济复苏是惊人的：从1947年到1951年，西欧的GDP增长了30%。

同盟国并没有采取“一战”结束后给予德国以沉重的经济打击的赔款做法。西德获得了马歇尔计划14亿美元的援助。美国人意识到没有德国的复苏，欧洲其他国家的复苏将很难。1952年，西德加入欧洲煤钢共同体（the European Coal and Steel Community，ECSC），它是欧洲经济共同体（European Economic Community）的前身。1957年，法国、德国、意大利、比利时、荷兰和卢森堡在罗马成立欧洲经济共同体。

除了赞誉之外，马歇尔计划也受到了批评。意料之中的是，批评主要来自新古典主义经济学家，例如美联储前主席艾伦·格林斯潘（Alan Greenspan）。他认为这种援助有可能被浪费掉，而且会干预市场的自由运行。格林斯潘在他的回忆录《动荡年代》（*The Age of Turbulence*）中贬低了马歇尔计划的意义：

> 传统理论将欧洲复苏归功于马歇尔计划。我并不怀疑马歇尔计划有其作用，但是它的作用太小，并非战后复苏的大功臣。我认为，到目前为止，西德经济部长路德维希·艾哈德（Ludwig Erhard）在1948年提出的产品自由流动和金融市场的开放，才是刺激西欧战后复苏的更重要原因。[1]

日本在1945年9月初被同盟国打败。盟军最高统帅道格拉斯·麦克阿瑟（Douglas MacArthur）负责战后日本的恢复工作。日本收到了美国24亿美元的

---

1 Greenspan, A. (2007) *The Age of Turbulence*. London: Allen Lane, 281.

重建资金，旨在建立民主自治政府、维持经济稳定、与世界和平共处。日本的经济恢复得很快，1953 年就恢复到了“二战”之前的水平。

布雷顿森林体系和联合国

1944 年 7 月，44 个同盟国成员在新罕布什尔州布雷顿森林签订了多部布雷顿森林条约，以确保国际货币稳定。“二战”之前波动剧烈的汇率被固定汇率体系取代。布雷顿森林体系包括成立国际货币基金组织（the International Monetary Fund）和世界银行（the World Bank）。该体系的另一个目标是发展自由贸易。为了完成这一目标，1956 年，《关税与贸易总协定》（the General Agreement on Tariffs and Trade）签署。1995 年完成了乌拉圭回合谈判，世界贸易组织（the World Trade Organization）成立。

1943 年，联合国善后救济总署成立，次年联合国成立。不同于一战后成立的短暂的国际联盟，联合国直到现在仍然在多个领域发挥着重要作用，例如在国际外交和军事维和、救灾和发展援助以及应对人权、难民、食品卫生安全、气候变化等诸多全球性问题方面。

丰裕时代

从“二战”以后直到 1973 年第一次石油危机，这段时间被称为黄金时代。美国、加拿大、西欧、澳大利亚、新西兰和日本的经济都增长强劲。“亚洲四小龙”（中国香港、新加坡、韩国和中国台湾）也迎来了经济起飞。但是，“二战”后独立的前殖民地国家的境遇就大不一样了。它们并未成功地实现经济增长，消灭贫困现象，被统称为“第三世界”。

在黄金时代——就像法国人所说的“辉煌三十年”——发达国家摆脱贫乏，变得富裕起来。贫富收入差距缩小，人们甚至感觉到资本主义已经成为过去。在 1958 年，约翰·肯尼思·加尔布雷思写的一本畅销书《丰裕社会》中讨论了美国出现的这种新现象。这本书的出发点是之前的贫困与当前的富裕之间的鲜明对比。他批评了公司操纵消费者行为的方式，痛惜因为私人富足而公德败坏所造成的公共服务缺失。

另一位经济学家也这样做了。在1976年，美国的一名匈牙利移民，提勃尔·西托夫斯基出版了《无快乐的经济》。在书中，他分析了为什么富足并没有带给美国人民更多的快乐和幸福。西托夫斯基总结了心理学家关于人类行为的认知。他的研究为经济学的一个新分支——行为经济学奠定了基础。

新古典主义经济学的回归

滞胀

经济增长的引擎在20世纪70年代因为滞胀而中止。滞胀就是通货膨胀与失业现象并存。对于这个现象有多种解释：因为金融主管当局狂热推动就业，忽视了通货膨胀，导致通货膨胀在20世纪70年代早期达到了两位数。福利国家的公共保障支出快速增加，导致财政赤字飙升。由于工作条件改善和劳动力成本增加，劳动力市场开始缺乏灵活性。许多公司丧失了竞争优势，不得不裁员，于是失业率开始上升。在1973年和1979年，石油输出国的垄断联盟石油输出国家组织（OPEC）决定提高油价，这些因素共同引发了滞胀。

从20世纪60年代到70年代早期，许多凯恩斯主义者认为，轻微的通货膨胀能够保持较低的失业率。这种观点建立在菲利普斯曲线之上。该曲线表明，轻微的通货膨胀会促进就业。凯恩斯主义者低估了通货膨胀的预期，到20世纪70年代晚期，通货膨胀失去控制，失业率飙升，人们忧心忡忡。

凯恩斯主义者不能解释这种滞胀的现象。[1]然而，米尔顿·弗里德曼可以。

---

1 加尔布雷斯在他的《经济学展望》（*Economics in Perspective*）一书中是这样阐述这个问题的："工资和价格的决定因素是微观经济学的内容，但凯恩斯主义将微观经济学排除在外，任由其受古典经济学教条控制。在传统微观经济学看来，工资和物价的螺旋上升是不存在的；产品的生产者以及他们付给工人的工资仍然受控于市场的力量，而市场力量是生产者控制不了的。如果生产者确实控制了市场，就像垄断或者寡头的情形下那样，那么其目的也是利润最大化，而非抵偿工会要求的高工资。凯恩斯主义经济学及其政策排除了微观经济学，从而避免了出现一种能恰当解释通货膨胀的微观经济学模型。这两种学说的分离是非常重要的；它恰恰是凯恩斯与古典经济学妥协的核心，保留了市场的轴心地位。"（268）

他引入了自然失业率这一概念。他认为，如果政府将失业率控制在自然失业率之下，工人就会要求更高的工资，企业就会提价，从而引起工资和物价的螺旋上升。弗里德曼也观察到，流通的货币太多会激发过量的产品需求，从而导致通货膨胀。为了应对通货膨胀，就要限制货币供给；这就是弗里德曼的货币政策建议。

结果是，弗里德曼夺走了凯恩斯主义的光彩，同时抓住了机会宣传他的新古典主义理论。他的时机刚刚好，适逢罗纳德·里根赢得了美国总统大选，玛格丽特·撒切尔也成了英国的首相。两位领导人都欢迎弗里德曼的政治和经济学说。此外，时任智利总统的皮诺切特将军也信奉弗里德曼的学说。

斩杀通胀恶龙

美国和荷兰采取的措施有力地揭示了抗击滞胀的动因。从美国的行动看，弗里德曼的建议得到了美联储前主席保罗·沃尔克（Paul Volcker）的重视。他接受卡特总统的任命，用保罗自己的话说，去“斩杀通胀恶龙”。

美国国会在1977年通过一项法律，赋予美联储维持价格稳定和促进充分就业的双重使命。在沃尔克的任期内，美联储促进充分就业的目标让步于它的第二目标：控制通货膨胀。沃尔克在1980–1982年间减缓了货币供应。最初，美国经济有所下滑。但是，到1983年，通货膨胀率开始降低，经济恢复增长，失业率在1987年下跌到了6.2%。沃尔克在美联储的继任者，艾伦·格林斯潘在他的回忆录中这样写道：

（沃尔克）政策影响之严重程度超出沃尔克的预料。1980年4月，美国中小企业的贷款利率超过了20%。汽车滞销，房屋停建，成百上万人失业——失业率在80年代中期上涨到近9%，1982年末几乎到达11%……但是，1982年年中达到15%的顶峰之后，通货膨胀率开始逐步下降。长期利率也逐渐降低。但是，之后又过了三年时间，通货膨胀才完全被控制住。[1]

荷兰面临着双重挑战：滞胀和荷兰病。1973 年石油价格飙涨挫伤了该国经济，当时荷兰因为亲以色列的立场而受到石油输出国组织的联合抵制。同时，荷兰的天然气出口额飙升，因为天然气和石油的价格是相互联系的。通货膨胀开始了，物价和工资也开始上涨。荷兰深受工资物价螺旋上涨之苦。

在 1978 年，荷兰联合政府发布了抗击滞胀政策——“1981 路线图”，目标是控制公共支出。在此之前，社会福利成本的飙升导致公共支出一度失去控制，而这其中的大部分资金都是由天然气出口的利润支付的。天然气出口的猛增导致荷兰盾升值，从而提高了荷兰出口产品价格，降低了与国内产品竞争的进口产品价格。结果是荷兰制造业衰退，工人失业。这一系列的反应被称为荷兰病。

“1981 路线图”遭到了公众的广泛抵制。联合政府在 1981 年宣布解散。当时经济萧条，通胀高企，失业率从 1980 年的 4.8% 飙升至 1983 年 10.7%。新成立的联合政府尝试用新方法解决这些难题。雇主和工会在 1982 年签订了《瓦森纳协定》（Wassenaar Agreement），支持新政府的行动。该协定包括限制工资以降低劳动力成本，同时减少每周工作时间，扩大兼职就业。这个方案奏效了：经济再次开始增长，失业率从 1983 年的最高值 10.7%，逐渐下降到 1986 年的 8.6%。

新古典主义经济学的回归

米尔顿·弗里德曼在 20 世纪 60 年代早期就已经准备抨击当时盛行的凯恩斯主义模式了。他的《资本主义与自由》（*Capitalism and Freedom*）在 1962 年出版。在书中，他对凯恩斯主义的论断——政府在治理经济危机的负面影响上起着重要的作用——提出了挑战。他认为，大萧条以及其他大规模失业时期的罪魁祸首是政府管理不善，而非私有经济内在的不稳定性。然而，《资本主义与自由》既没有引起评论家的注意，也没有得到读者的关注。因为，

1 *The Age of Turbulence*, 85-86.

他们在当时可以说是“迷上了凯恩斯主义”。

谈到自由，弗里德曼的灵感来自弗里德里希·哈耶克在《自由宪章》（1960）中描述的新古典主义哲学。弗里德曼承认，他受哈耶克的哲学和政治学思想影响比较大，而非其经济学理论。确实，《自由宪章》主要讨论的是哲学问题，而不是经济学问题。

滞胀爆发之后，新古典主义经济学成为主流思想学派。弗里德曼和哈耶克成为新的“宇宙大师”（有人这样夸张地形容）。[1] 大西洋两岸的智库、记者和政客们热烈讨论他们的新古典主义哲学。张夏准（Ha-Joon Chang）用一句话提炼了新古典主义的精华所在：“行为个体知道自己在做什么，所以不要加以干涉——除了市场失灵的时候。”[2]

新古典主义经济学研究的是拥有完全信息的理性个体的乐观经济行为。它的关注点在于充分发挥市场的作用，从而实现资源的有效分配。它的假设是，考虑交易成本影响在内，市场总是会到达供需平衡。劳动力市场通过工资涨落而做出相应调整后，失业就会消失，经济将会达到一般平衡。总之，新古典经济学的理论结构简练、全面、迷人。另外，市场运作使得个体、企业和国家能够专攻各自最擅长的领域，因此促进经济生产力的发展，进而提高生活水平。

然而，新古典主义唯一的弱点在于它的假说。后来的事件证明了它的谬误性，而且即便在这些事件之前，也并不是没有人挑战新古典经济学。诺贝尔经济学奖得主约瑟夫·斯蒂格利茨（Joseph Stiglitz）质疑新古典经济学关于市场运行的假说。他认为，因为不是所有参与产品或者服务交易的各方都拥有完全信息，因此会产生市场失灵。阿尔伯特·赫希曼在《退出、呼吁与忠诚》（1970）中反对这样一种观点，即市场反映了真实的人性，就像经济学之父亚当·斯密所描绘的那样不可避免地以自身利益为旨归。

凯恩斯主义在20世纪30年代居于主流地位，因为失业是那个时代的难题；

---

1 Stedman Jones, D.（2012）*Masters of the Universe: Hayek, Friedman, and the Birth of Neoliberal Politics*. Princeton University Press.
2 Ha-Joon Chang（2014）*Economics: The User's Guide*. London: Pelican Books, 120.

然而，弗里德曼和哈耶克变得流行起来，因为20世纪70年代，通货膨胀和大政府是时代的主要难题。总之，新古典主义经济学又开始“号令天下”了，就像它在凯恩斯主义成为主流思想之前那样。

资本主义高歌猛进

“大稳健”时代

20世纪70年代和80年代早期是一个混乱的时代：为了控制滞胀，所付出的代价是高失业率和大批企业破产。越南战争的军费加剧了美国的预算赤字。各国都希望将美元储备兑换为黄金，尤其是法国。美元面临巨大的压力，以至于布雷顿森林协定所确立的美元与黄金的固定汇率难以为继。尼克松总统在1971年8月15日终止了美元和黄金的固定汇率。

在20世纪80年代中期，经济的走势似乎好转了。西方社会的经济开始了一段长期的稳定增长，这个阶段也被称为“大稳健”时代。当时经济环境较好，彼得·伯格的《资本主义革命》（*Capitalist Revolution*）受到很多的读者欢迎。他认为，资本主义已经成为国际体系，决定着大部分人的经济命运，至少也会间接地决定社会、政治和文化的命运。

当时最著名的经济学家相信，他们已经找到了调控经济的方法，能够避免衰退的再次发生。罗伯特·卢卡斯（Robert Lucas）在2003年对美国经济学协会发表的主席讲话中强调说：

> 宏观经济学是20世纪40年代产生的一个特殊学科。它是知识界应对大萧条的一种尝试。当时，这个词指的是一系列以避免经济萧条发生为目标的知识与技术。我今天演讲的主题就是宏观经济学，实际上，究其本意，它已经成功了：它成功避免了经济萧条这个核心难题，一直成功了几十年。[1]

---

1 Krugman, P.（2013）*End This Depression Now*. New York：Norton & Company，91.

然而，卢卡斯明显忽视了北欧国家 1991–1992 年的银行危机、墨西哥 1995 年的金融危机和两年后亚洲金融危机——1997 年，多个东南亚国家货币汇率暴跌。俄罗斯在 1998 年几乎破产，不得不依靠美国和国际货币基金组织联合的金融救助。巴西（1999 年）和阿根廷（2001–2002）也经历了金融危机。这还不是全部。在“大稳健”时期也出现了 3 次短暂的投机泡沫的破灭：科技股票、房地产和石油。据国际货币基金组织 2012 年 6 月的一份工作报告估计，1970 年到 2011 年间共发生了 147 次银行危机。

然而，先进的资本主义经济持续繁荣，低息贷款和全球贸易的兴起更是锦上添花。收入和财富经过长期积累之后，贫富差距再次加大。日本是一个例外，它的经济陷入了通货紧缩的死局，执政当局也是无计可施。

有点常识的人都会知道“大稳健”不可能是永恒的。毕竟，经济的繁荣衰退是人性的反映。确实，“大稳健”时代在 2008 年美国发生金融危机时戛然而止。然而，在讨论这场危机之前，我们不妨先看看其他国家的做法。

新制度经济学

在“大稳健”时期，许多发展中国家，尤其是拉丁美洲和非洲的国家，并没有享受到繁荣富足。相反，对于它们来说，20 世纪八九十年代是“失落的二十年”。糟糕的经济政策、支出过高、市场扭曲、无能和腐败等等，这些破坏性影响都需要结构性改革来修补。表 1.2 展示了一些非洲国家在 1980–2002 年的负增长。这些几乎要破产的拉丁美洲和非洲国家需要结构性改革。所谓的“华盛顿共识”提出了十条改革措施以帮助这些国家重回正轨。[1]

同时，如前所述，亚洲大部分的发展中国家——包括“亚洲四小龙”和新

1 该共识包括十个方面：（1）加强财政纪律；（2）把公共开支的重点从补贴转向经济效益高的领域和扶贫开发领域（如文教卫生）；（3）开展税制改革；（4）实施利率市场化；（5）采用一种具有竞争力的汇率制度；（6）实施贸易自由化；（7）放松外商直接投资的限制；（8）对国有企业实施私有化；（9）放松政府的管制；（10）保护私人财产权。

表 1.2 非洲滞胀时期的人均经济增长率，1980-2002

国家	人均经济增长率
尼日利亚	−1.6
尼日尔	−1.7
多哥	−1.8
赞比亚	−1.8
马达加斯加	−1.9
科特迪瓦	−1.9
利比里亚	−3.9
刚果民主共和国	−5.0
塞拉利昂	−5.8

来源： Easterly, W. (2006) The White Man’s Burden: Why the West's Efforts to Aid The Rest Have Done So Much Ill and So Little Good. New York: Penguin, 347

兴经济体中国和印度——都是可以实现经济发展的，这已经由事实证明了。问题是，为什么在许多拉丁美洲和非洲国家盛行的是滞胀而非增长呢？经济学家和其他的社会科学家再次燃起了对增长原因的兴趣。人们最初假设，在发展中国家，社会主要行为者的品质和能力，以及他们之间的相互影响是与发达国家一样的。这些假设明显是错误的，因为我们看到，大部分发展中国家都没能实现经济增长。

研究者承认，发展中国家有着不同的政治、文化、技术和制度环境。因此，基于简单资本积累和外部技术进步因素的传统，不得不开始综合考虑外部的环境因素（就像上文提到的那些）。因此，解释经济增长需要理解并厘清发展中国家的制度环境。制度是决定社会运行的关键，在解释增长或者滞胀方面有着重要作用。因为制度塑造了交易的激励：良性的激励会促进增长，而恶性的激励则会导致滞胀。

到了 20 世纪 80 年代末期，新制度经济学受到了经济史学家、发展经济学家以及决策者的认可。1990 年，经济史学家道格拉斯·诺斯出版了《制度、制度变迁与经济成就》，书中指出了不同发展环境中，哪些制度促进了经济增长，哪些又会阻碍经济增长。

大衰退

美联储主席格林斯潘在2006年退休。他在2007年出版了回忆录《动荡年代》；一年之后，美国金融危机就爆发了。[1]他一定已经感觉到美国经济山雨欲来，他写道：

> 经济学家必须深谙人类的天性，尤其是热望和恐惧。热望是对生活的礼赞……遗憾的是，猛然迸发的热望会让人忘乎所以；而当大祸临头时，热望则变成了恐惧……这也是众多经济反应的基础，对风险的厌恶会抑制我们投资和交易的意愿，在极端的情况下，甚至会把我们吓得离开市场，造成经济活动的严重下降。[2]

格林斯潘意识到大事不妙，这并不意外。在2007年8月，欧洲中央银行不得不向市场投入950亿欧元，部分原因在于，同年8月9日，法国巴黎银行宣布无力偿还旗下三个大规模投资基金的款项。后来，格林斯潘在他的回忆录中甚至将“热望”扩大为“狂热”。这是借用诺贝尔经济学奖得主罗伯特·希勒(Robert Schiller)的话。[3]格林斯潘写道，我们只有在事情发生之后，才能发现我们曾那样狂热。

2007年，美国房地产泡沫破灭；次贷市场在年中崩溃，经济在年末开始衰退。2008年9月投资银行雷曼兄弟公司破产后，华尔街金融危机随之降临。这迅速加深了欧洲银行困境，导致了2008年全球经济大衰退的到来。

2007年8月下旬，美国国家金融服务公司（Countrywide Financial）从美国银行（Bank of America）那里获取了20亿美元的资金。英国第五大抵押贷款人

---

1 事实上，次贷危机在2007年就开始了。只是在2008年的秋天，事态急剧恶化。

2 *The Age of Turbulence,* 17.

3 Shiller, R. (2000) *Irrational Exuberance.* Princeton University Press.

北岩银行（Northern Rock）就没有这么幸运了。这家银行……并没有和美国的次贷市场有任何直接的联系，但是它向其他金融机构筹集了大量资金，这种行为使得人们质疑其可信度。在 9 月中旬，它的许多存款人开始排队取款。英国政府害怕取款人的恐慌会蔓延，于是同意救助这家银行。[1]

卢卡斯在 2003 年对美国经济学协会发表的讲话中声称，经济学家已经找到调控经济的方法。事实证明，他错了。很明显，他没有注意到一些经济学家如约瑟夫·斯蒂格利茨的工作，他们已经研究了众多新古典主义哲学难以解释的现象，例如信息问题、垄断权力、羊群效应等等。此外，行为科学开始研究经济人的行为是否符合经济理性。例如，心理学家阿莫斯·特沃斯基（Amos Tversky）和丹尼尔·卡内曼（Daniel Kahneman）发现，新古典主义的理性行为假说并不总是适用于面临复杂选择的人。

卢卡斯还应该听听凯恩斯主义者海曼·明斯基（Hyman Minsky）的意见。他在《稳定不稳定的经济》（*Stabilizing an Unstable Economy*）中精准地预测了后来发生的事情。明斯基认为，经济稳定时期（例如“大稳健”时期）会产生新的金融资产，导致债务融资的扩大，结果就会带来投资热。在投资热期间，出借人之间的竞争会加剧，同时他们的警惕性会下降。许多出借人会给那些难以偿还本息的人贷款。这种类型的贷款不得不经常延期还款。很快，银行将贷款对象的范围扩大到那些无力偿还利息的人和公司，信贷系统由此变得不稳定。明斯基提出他的金融不稳定假说之后 22 年，恰恰发生了这些事情。他的警告被忽视了，因为那时凯恩斯主义者并没有听取他的意见。

2008 年金融危机爆发，先是在美国，然后传播到欧洲以及其他高收入国家。当时的新古典主义经济学家茫然无措。他们并没有预料到发生的事情；他们的假说很明显不是放之四海而皆准的。[2] 美国国会监督委员会（the US

---

1 Cassidy, *How Markets Fail*, 303.

2 对于预测功能，约翰·肯尼斯·加尔布雷斯曾经玩笑说，经济预测的唯一功能是让我们尊重占星术。

Congressional Oversight Committee）传讯已 82 岁高龄的格林斯潘（大师），到国会去谈谈他对金融危机的看法。英国的《卫报》在 2008 年 10 月 24 日报道了此事：

委员会主席民主党议员亨利·韦克斯曼（Henry Waxman）向格林斯潘问道："你发现你的世界观和思想理论错了，不起作用了吧？"格林斯潘的回应是："这恰恰是我感到震惊的原因。我发现40多年以来，有充分的证据表明，它的表现一直十分出色。"韦克斯曼继续施压说："我的问题很简单。你错了吗？"格林斯潘："有一部分错了。我错误地认为各组织，特别是银行的自身利益，促使他们能够最好地保护公司的股东权益……我发现我的模型中有个缺陷，就是决定经济运行的关键结构。（但是）我发现40多年以来，有充分的证据表明，它的表现一直十分出色。"

约翰·卡西迪的《市场是怎么失败的》（2009）综合论述了他所谓的"乌托邦经济学"的失败，这个学说并没有阻止灾难的发生。卡西迪这样描述格林斯潘在金融危机中的角色：

近20年来，格林斯潘领导的机构之作用在于拯救金融资本主义，避免内部崩溃。要他声称市场经济具有内在的稳定性，这不仅仅会引起争议；甚至可以说是荒唐的……发行货币的美联储、存款保险公司以及能够批准紧急救助的国会为大型金融公司织成一张巨大的安全网。在这种环境下，宽松的货币政策，再加上政府管制的放松并不会导致自由的市场经济；它是一种权贵资本主义。[1]

在福特总统时期政府就开始放松管制，并且一直延续到 20 世纪 70 年代晚

1 *How Markets Fail*, 234.

期的卡特政府时期，那时取消了航空管制。同样的，货车运输、石油和天然气都放松了管制。在 1999 年，克林顿总统签署通过了《金融服务现代化法》（*the Financial Modernization Act*），允许商业银行和投资银行进行合并，创建巨型金融机构。[1] 从 1992 年开始，克林顿的民主党采取亲产业的政策，以再次获取中间选民的支持。克林顿总统的第三条道路（Third Way）包括平衡预算、公私合作制、增长性融资（其中包括放松金融管制）。

为什么，除了明斯基等少数经济学家，其他经济学家并没有预料到 2008 年的金融危机和后来的大衰退呢？有人认为是新古典主义的市场自我调节假说不起作用了。还有人认为是经济学已经演变出多种专门的领域，它们各自为营，互相抵触。无论是宏观经济学还是金融经济学都没有像明斯基那样，对银行等金融机构的实际运作方式给予重视。这明显是个严重的失误。主流经济学理论是在大稳健时期发展起来的，那时先进的资本主义经济并没有经历大型的经济动荡。而且——我们不得不承认的是——经济学这门学问与化学和物理学不同。张夏准精确地指出："经济学中的客观真理是不能独立于政治的，而且往往还与道德判断相关。"[2]

行为经济学家质疑市场的理性。他们认为，人类往往会过于相信自己的能力，倾向于用最近的趋势来推断未来的发展。这两种特征解释了泡沫的发生。另外，损失可能会使投资者变得很不理性，厌恶风险，这就解释了为什么泡沫破灭会引起价格的暴跌。行为经济学的见解导致一门新的专门经济学的产生：神经经济学。它利用脑科学的发现，通过识别大脑神经递质构成的奖赏结构，开启研究消费行为的新方式。[3]

---

1 卡门·莱哈特（Carmen Reinhart）和肯尼斯·罗戈夫（Kenneth Rogoff）在《这次不一样》（*This Time Is Different*）书中写道，"在他们（Obstfeld and Taylor；PdH）研究的 26 个银行危机中，有 18 个危机发生的前五年之内（有的更短），金融机构就已经放松了管制。"（155）

2 *Economics: The User's Guide*, 451.

3 McFadden, D.L.（2013）*The New Science of Pleasure. NBER Working Paper 18687.* Cambridge: National Bureau of Economic Research.

如何应对衰退

美国政府采取了凯恩斯主义的措施，货币刺激和财政刺激双管齐下。布什政府实行1500亿美元的刺激政策，包括1000亿美元的减税，500亿美元的额外支出。房地美公司（The Federal Home Loan Mortgage Corporation，Freddie Mac）和房利美（the Federal National Mortgage Association ，Fannie Mae）两大政府资助的抵押贷款公司得到了美国政府的救助。让它们破产是不可想象的，因为外国——尤其是中国——是它们债券的大持有人。毕竟，这些国家可能开始质疑美国的信用度。

投资银行贝尔斯登公司（Bear Stearns）被摩根大通（JP Morgan Chase）以极低价格收购。[1]六个月之后，雷曼兄弟公司破产。如前所述，雷曼兄弟公司在2008年9月破产，它不是商业银行，所以并没有储户。金融市场的共同基金持有该公司的短期债券。当雷曼破产时，这些共同基金的股东们恐慌起来，基金遭受巨大损失。接下来，这又导致投资这些基金的投资银行的众多投资者们遭受损失。最后导致了证券市场的崩溃。

联邦政府并没有救助雷曼公司；雷曼公司——作为一家非商业银行——不符合美联储的借贷要求。巴里·埃森格林这样总结说：

> 从财政部长亨利·保尔森（Henry Paulson）以下的官员都坚持认为，他们没有权力把钱贷给像雷曼兄弟那样的破产公司，也没有使其顺畅关张的机制。
>
> 失控、破产是唯一的选择。但是，这并不是说雷曼公司的破产完全出乎意料。从六个月之前救助另一家重要的投资银行联盟成员——贝尔斯登公司开始，监管人员就已经在关注它了。财政部和美联储没有权力处理非银行的金融机构破产，这是本次危机最大的政策失误。[2]

---

1 贝尔斯登公司不是唯一一家被收购的银行。例如，美国银行收购了美林证券公司（Merrill Lynch），富国银行（Wells Fargo Bank）收购了美联银行（Wachovia）。

2 Eichengreen, *Hall of Mirrors*, 5.

美国国际集团（American International Group，AIG）是一家美国政府参股的保险公司。该公司获得了1500亿美元的救助。它的金融问题是，它向银行等金融机构发行了总值约4000亿美元的信贷担保，其中大部分资金是通过次贷债券的信用违约掉期筹集的。

有传言说高盛集团（Goldman Sachs）和摩根士丹利（Morgan Stanley）两家公司也陷入了麻烦。它们的股价大跌；客户开始提取存款。美联储主席伯南克和财政部长亨利·保尔森请求国会批准一项约7000亿美元的救助计划，通过购买优先股对其进行资产重组。美国政府实施了“不良资产救助计划”（The Troubled Asset Relief Program，TARP），还有“临时流动性担保计划”（Temporary Liquidity Guarantee Program），以支撑金融体系不垮。

美国还通过了若干法案，最著名的就是《华尔街改革和消费者保护法案》（the Dodd - Rank Wall Street Reform and Consumer Protection Act），即《多德 - 弗兰克法案》（Dodd-Frank Act of 2010）。其规定的措施包括限制金融机构的投机性交易、严格管理资本与流动资金、建立监管部门负责维护系统稳定，以及创立消费者金融保护局（Consumer Financial Protection Bureau）。然而，这个法案没有限制银行的规模；仍然任其扩张，直到它们“太大而不能倒”。

美联储——在保持近乎零利率的同时——通过购买国债和抵押债券，向美国经济注入了3万亿美元。此外，美联储还通过每月注入600亿美元推行货币宽松的政策。伯南克主席宣称，只要经济需要，这种政策将会持续。[1] 2014年3月，伯南克的继任者珍妮特·耶伦（Janet Yellen）宣布，将会逐渐减少“货币吗啡”（《经济学人》杂志创造的词）。耶伦的声明确实给一些国家的金融市场带来了不安，因为这些国家如巴西、俄罗斯、印度、中国、南非（金砖国家）、阿根廷和土

1 2013年12月21日的《经济学人》这样报道：“不是人人都认为这是好事。许多人烦恼的是，美联储购买债券的行为更多的是吹大资产泡沫，而不是促进就业。沃尔克先生担心，美联储已经‘拥有太多的权威，使用了太多的权威，捏造了一些权威……夸张地说，经济的一切麻烦都是因为美联储。我认为它有点危险，是个极大的负担’。”（98）

耳其等都已经习惯了较低的国际利率。

奥巴马政府救助了美国三大汽车制造商中的通用汽车和克莱斯勒，两者当时实际上已经破产了。奥巴马总统——像罗斯福总统一样——推行了财政刺激计划，主要体现在《经济复苏和再投资法》（Recovery and Reinvestment Act）。该法签署于 2009 年 2 月 17 日（当时他就职总统还不足一月）。这项法律包括减税、社会保障体系净支出、给予各州金融扶持、加大可再生能源、医疗保健、教育、基础设施和交通领域投资力度等。两年的预算达到 7870 亿美元，相当于 GDP 的 5%。比较而言，罗斯福新政的投资只相当于 GDP 的 1.5%。

问题是，这些财政刺激和货币政策是否帮助阻止经济衰退，创造就业，降低失业率。经济学家认为，美国的经济大衰退在 2009 年 6 月就结束了。《时代》杂志的记者迈克尔·格伦沃尔德（Michael Grunwald）在《新新政》（*The New New Deal*，2012）一书中总结说：

> 《经济复苏和再投资法》本身并没有终止经济衰退。“不良资产救助计划”解决了金融滑坡，奥巴马的压力测试帮助重塑银行系统的信心。他的汽车援助计划拯救了通用汽车和克莱斯勒公司，是对反向激励的重要对抗手段，阻止了中西部工业的崩溃。[1]

这项法律尽管创造了 250 万个工作岗位，但是直到 2010 年末为止，并没有将失业率降至总统制定的目标 8% 以下——那时的失业率仍然高达 9.6%。到了 2010 年，经济开始逐渐恢复。美国经济再次增长，失业率开始下降。2013 年美国经济增长了 1.8%，失业率在年末降至 6.7%。格伦沃尔德强调了积极的后果。但是，约瑟夫·斯蒂格利茨和保罗·克鲁格曼（Paul Krugman）（二位都是凯恩斯主义者）等经济学家认为，这项法案的预算不足。克鲁格曼感觉，奥巴马政府本应该为财政刺激提供更多的资金，仅凭一项货币政策（降低利率）是不够的，

---

1 Grunwald, M.（2012）*The New New Deal*. New York: Simon & Schuster, 297.

因为利率已经几乎是零了。他认为财政刺激——在收入乘数效应的支持下——才是刺激总支出，创造工作岗位的适当政策。[1] 他将 7870 亿美元的刺激政策和因房地产和股价大跌而蒸发的 13 万亿家庭净利润进行了比较，认为这个刺激政策的总额太小，远远不能满足需求。[2]

《经济复苏和再投资法》遭到了共和党议员的强烈反对。他们大部分人支持传统的紧缩政策，认为“眼前的痛苦将会得到长远的收获”。由于削减了 1.2 万亿的联邦支出，美国的经济发展再次慢下来。在 2013 年，（布什政府推出的）针对高收入人群的减税政策也到期了。同年，员工缴纳的社会保障信托基金比例削减也结束了。所谓的自动减支包括减少 8.5% 的政府支出，这也影响了总需求和经济增长。尽管如此，据估计，美国经济 2015 年依然增长了 3%，失业率下降到 5.4%。

欧盟成员国，尤其是欧元区成员国对大衰退的应对如下。在最初的财政刺激之后，欧元区国家以及英国等其他欧盟成员国开始了结构性改革。2010 年，财政刺激和结构性改革导致了欧洲发生了二次衰退，加深了欧元区危机。欧元区之所以深陷困境，一个重要的原因是区内经济体的巨大差异，以至于德国和希腊这样截然不同的经济体都要采用同一套货币规则。正如埃森格林观察的那样：

> 我们没能吸取合理的教训……其中最大的失败当然就是决定采用欧元。20世纪二三十年代鲜明地展示了多个差异巨大的国家采取同样的货币政策是多么危险。两次世界大战之间的金本位制则生动表明，资本倾向于从利率低的国家流向利率高的国家，而这种流动一旦停止，随之而来的便

---

1 斯蒂格利茨提出使用平衡财政乘数的理论。他在《不平等的代价》（*The Price of Inequality*）一书中说到“如果政府在增加税收的同时加大支出——那么当前的赤字就能保持不变，同时刺激经济增长。当然，税收自身会加剧经济困难，但是，财政支出会刺激经济增长”。*The Price of Inequality: How Today’s Divided Society Endangers Our Future.* New York: W.W. Norton & Company, 217-218.

2 Krugman, *End This Depression Now*, 117.

是社会动荡。金本位制的实践还表明，如果唯一可行的应对之策是紧缩政策，那结果只会是经济衰败，政治震荡。欧洲领导人应该在推行欧元时，花点时间反思这段历史。[1]

从财政角度看，重点是降低预算赤字。在货币措施上，欧洲央行向欧洲经济两次紧急注入1560亿欧元贷款。欧洲央行维持了较低的利率。2010年建立了暂时欧洲金融稳定基金（European Financial Stability Facility，EFSF）和欧洲金融稳定机制（European Financial Stability Mechanism，EFSM），用于向财政困难的成员国贷款——通常还有国际货币基金组织的贷款，条件是借款国要进行结构性改革，控制金融发展。还应该提到的是，在欧洲金融危机之始，美联储曾帮助欧洲银行解决其美元短缺问题。

欧洲央行主席德拉吉（Draghi）颁布了两项长期再融资操作（Longer-term Refinancing Operations，LTRO）；第一项在2011年12月，第二项在2012年2月。第一项操作包括1%利率的三年期贷款，共计4890亿欧元。而第二项操作放松了对合格担保的管制，刺激银行借款5295亿欧元。2012年7月26日，德拉吉主席在伦敦发表了重要讲话，他说，“在我们的授权下，欧洲央行已经做好准备，不惜一切保住欧元。相信我，我们能够做到。”德拉吉的讲话产生了积极的影响。欧洲的股价突然上涨，南欧国家的债券利息应声下跌。

欧洲央行准备购买经济较弱国家的债券。这个措施被称为直接货币交易（Outright Monetary Transactions）。2012年10月，贷款容量高达5000亿欧元的永久性欧洲金融稳定机制（Permanent European Stability Mechanism）取代了欧洲金融稳定基金和欧洲金融稳定机制。在建立银行联盟之前，欧洲央行在2014年对欧洲主要的银行进行了压力测试，官方称为资产质量审查。审查涉及130家欧元区银行。25家银行没能通过测试。[2] 大部分欧元区国家的财政赤字已经降到3%，

---

1 *Hall of Mirrors*, 382.

2 同时，这25家银行中，有12家显著提升了他们的资本缓冲能力；剩余的13家应该在2014年11月末之前，将各自的缓冲能力提升至未偿还贷款的8%。

或者将近3%。然而，欧元区的失业率仍然很高：2015年5月末，失业率达到11.1%。希腊（25.4%）和西班牙（22.7%）的失业率更高。更糟糕的是，在南欧，18–25岁人群的失业率更高，大约在50%。

欧元区国家经济再次增长。预测2015年的增速是1.5%。尽管欧洲央行的通货膨胀率目标是2%，但是实际的数据要低一些（尽管有迹象表明它可能在增加）。这两项都是通货紧缩的信号，从而刺激欧洲央行引入了大规模的货币宽松政策，并扩大了其权责。德国和北欧国家并不赞成向欧元区经济注入1.1万亿欧元。它们害怕这会引起新的"泡沫"，而且会降低政府进行必要结构性改革的压力。

大部分的评论认为，财政刺激过去是——而且现在仍是——防止通货紧缩的必要举措。紧缩会导致总需求减少、投资下降、失业率上升，人们会更愿意存钱，从而加剧全球储蓄过多的问题。[1]

据马丁·沃尔夫说，欧元区经济危机的罪人是德国："受德国的影响，欧元区的政策近乎放任清算破产，尽管欧元区的中央银行相对强势，也通过了一些财政支持……选择的政策包括财政紧缩、竞争力的非对称调整（几乎所有的调整都是在逆差国家），对遭受危机国家的银行资本重组给予有限的帮助。对通货膨胀的过度恐惧，尤其是德国，限制了欧洲央行出手，而且抵触量化宽松政策或其他有争议性的政策，例如大幅度实行负利率。"[2]

中国没有受到大衰退的严重影响。没错，它的增长率从2007年的11.9%

1 马丁·沃尔夫在他的《转型与冲击》（*The Shifts and the Shocks*）一书中提及了凯恩斯："凯恩斯提出了经济理论的第二种选择——当经济衰退，短期利率为零，长期利率低到极限时，可以通过产出和收入进行调整，因为'流动性偏好'的作用——人们在这个时刻偏向于持有现金而不是债券，因为债券的收益太慢，缺乏吸引力……他写道，对储蓄的期望更高，就会导致需求下降，从而降低产出和收入。"（2014）*The Shifts and the Shocks: What We' ve Learned—and Have Still to Learn—from the Financial Crisis.* London: Allen Lane, 152.

2 *The Shifts and the Shocks*, 329.

下降到 2009 年的 6.2%。由于中国政府实行了 5860 亿美元的内需刺激计划，于是经济增长在 2010 年反弹到 11.9%。从占 GDP 的比值看，中国刺激政策的比值是奥巴马 7870 亿美元刺激政策的两倍。然而，中国的增长很有可能下降到 7% 左右。它还面临着其他的挑战。

中国在房地产领域以及一些工业部门，如钢铁、造船和采矿都存在产能过剩的问题。另一方面，它的服务业在不断增长，2013 年占中国 GDP 的 46%，超过了工业产出的占比（44%），国有企业将会越来越受到市场自由运作的影响。收入不平等威胁政治稳定，腐败以及不成熟的司法体系可能会促使外资撤离中国，消费只占中国 GDP 的 35%。这些都反映，中国经济仍然是由投资驱动的。中国面临的挑战是，如何将经济的主要驱动力转变为服务和消费。

中国政府的挑战并不局限于经济领域：大气、水和土壤污染仍然需要解决；中国的劳动力数量在快速降低。此外，壮大的中产阶级是否会提出威胁政治稳定的要求仍不得而知。

日本首相安倍晋三在 2012 年 12 月再次当选之后，启动了一项具有凯恩斯主义特征的刺激计划。他的计划称为“三支箭”，旨在解决日本长期的经济停滞问题。第一支箭包括巨额的财政刺激计划；第二支箭包括日本央行的货币宽松政策，将通货膨胀率推升到 2%。第三支箭包括结构性改革，增强日本的竞争力。这三支箭组成了所谓的“安倍经济学”。

日本的央行将通货膨胀率设定在 2%，同时向日本经济注入大量货币（也就是量化宽松），推行实际负利率。通货膨胀在 2015 年年中，徘徊在 0.6% 左右。新一轮的财政刺激扩大了日本本已庞大的预算赤字。在 2014 年，增收消费税使得日本经济再次陷入衰退。通货膨胀跌至 0%。预测日本 2015 年 GDP 仅增长 0.8%。好消息是，由于日本银行的量化宽松政策，日元相对贬值，从而增强了日本出口产品的竞争力。

吸取教训

大萧条教会了我们如何使经济脱离金融崩溃。那么当大衰退爆发时，我们吸取了这些教训了吗？

例如，埃森格林总结说，决策者们的所为恰好阻止了另一场大萧条的到来。但是，所谓的“恰好阻止”就意味着，他们并没有使世界变得更安全。当然，现在监管机构要求银行有更高的资本缓冲和流动性缓冲。然而，仍然有银行“太大而不能倒”。欧洲已经避免发生大萧条，但是，还要应对棘手的问题，例如在欧元区创建一个银行联盟，防止希腊退欧。鉴于目前并没有充分挖掘大衰退发生的更深层原因，埃森格林认为，未来发生更严重的衰退也是可能的。

挑 战

世界经济日新月异。马丁·沃尔夫这样说：

> 三大驱动力——自由化、技术进步、人口老龄化——共同塑造着世界经济的新面貌，造成了大量的总资金和净资本跨界流动，国家内部不平等，投资快速变动，信贷逐渐放宽。美国前财政部长劳伦斯·萨默斯提出，这些变化使得高收入经济体进入了“长期增长停滞”——总需求的结构性不足。[1]

金融危机爆发后，资本主义体系几乎崩溃。巨额银行救助行动（纳税人埋单），非传统货币政策，还有紧缩措施（造成大量失业人口，数百万人陷入贫穷）促使许多经济学家思考着资本主义的阴暗面。[2] 有一本书十分出色；事实上，2014 年的英文版出版后，它立即成为畅销作品：托马斯·皮凯蒂的《21 世纪资

---

1 *The Shifts and the Shocks,* 184.

2 仅举几例：Ha-Joon Chang（2010）*23 Things They Don't Tell You about Capitalism.* London:Penguin; Sedlacek, T.（2011）*Economics of Good and Evil: The Quest for Economic Meaning from Gilgamesh to Wall Street.* New York: Oxford University Press; Skidelsky, R. and Skidelsky, E.（2012）*How Much is Enough? Money and the Good Life.* New York: Other Press; Stiglitz, *The Price of Inequality.*

本论》。[1]就像1919年《和平的经济后果》出版后，凯恩斯声名鹊起一样，皮凯蒂在《21世纪资本论》出版后也成了学术明星。

他不是第一位谈及收入和财富不均危险性的人。[2]两年前，约瑟夫·斯蒂格利茨在《不平等的代价：当今分裂的社会如何危及未来》（*The Price of Inequality: How Today's Divided Society Endangers Our Future*）一书中就谈到过这个问题。这两本书的不同之处在于，斯蒂格利茨仅分析美国，而皮凯蒂分析的范围更广。他尽可能多地收集了过去三个世纪间众多国家的收入和财富数据。他认为库兹涅茨曲线——经济增长首先会导致收入和财富不均，然后这种差距会逐渐缩小——并不成立。发达国家的收入差距在1920年到1973年之间的确减少了。那时，两次世界大战引起经济震荡、大萧条、累进制收税以及强大的工会争取到更高的工资，这些导致社会整体财富减少。皮凯蒂认为，1920–1973年这段时间是一个例外；收入和财富差距现在又增大了。工会已经失去了一部分协商力量；在许多发达国家，工资停止增长。他认为，无论从政治、经济还是道德方面看，贫富之间的差距都是令人不安的现象。

那么我们能怎么办呢？皮凯蒂的一个建议是加大对教育的投入，因为受到更好教育的人能够获得收入更高的工作。然而，他最主要的建议是对高收入者课以重税，建立全球财富税制。这个目标较难实现，所以他提议采取渐进的方法来缩小贫富差距。

---

1 Piketty, T. (2014) *Capitalism in the Twenty-First Century*. Cambridge: Belknap Press of Harvard University Press.

2 张夏准在《资本主义的真相：自由市场经济学家的23个秘密》（*23 Things They Don't Tell You about Capitalism.*）这本书中谈到不平等的问题："尽管'经济增长会强化亲富政策'这种二元论断很常见，但是，在过去的三十年，亲富政策却没有促进经济增长。所以这个论断的第一步——也就是将财富蛋糕的大片分给富人，将会使蛋糕变得更大——这个论点站不住脚。论断的第二步——富人创造的财富最终会因为消滴效应流向穷人——也站不住脚。"（137–138）

第二章

世界大战和大萧条

引 言

在“一战”之前，欧洲在全球化贸易中受益，人们的生活很好，但只有不必为生计发愁的人是如此。约翰·梅纳德·凯恩斯曾经描绘了这样一个迷人的画面：一名伦敦市民在床上品着早茶，订购全世界各种各样的产品，送货上门。

当1914年7月28日“一战”爆发时，长期的繁荣和稳定突然结束了。欧洲国家一个接着一个卷入了战争的旋涡。“一战”共造成940万人死亡，1770万人伤残。直到1917年美国加入协约国之后，战争才结束。战争和谈持续了一年，1919年7月28日交战双方签订了《凡尔赛和约》。

凯恩斯的《和平的经济后果》一书出版于1919年12月，书中预测《凡尔赛和约》只会引起更大的悲剧。他本来希望美国威尔逊总统可以推动采取合理可行的战后处置事宜，但是威尔逊总统没有斗过法国总统克莱蒙梭和英国首相劳合·乔治。与此同时，1917年的十月革命后，布尔什维克上台。20世纪20年代，法西斯主义兴起，其中最主要的是德国、奥地利和意大利三国。

大萧条使得欧洲本已动荡的政局进一步恶化。错误的经济政策只能加剧经济危机。这一次，又是凯恩斯在他的《就业、利息和货币通论》（1936）一书中说明了应对危机的措施及其原因。

本章包括约翰·梅纳德·凯恩斯的小传，然后简要介绍了《和平的经济后果》

和《就业、利息和货币通论》。

人物小传：约翰·梅纳德·凯恩斯（1883–1946）

2011年，英国期刊《经济学人》邀请“特邀经济学家论坛”（由约50名著名经济学家组成）成员来提名过去十年间最具影响力的经济学家。美联储前主席本·伯南克当选第一，凯恩斯名列第二。由此可见，去世65年之后，凯恩斯仍然发挥着巨大的影响力。那么，这是为什么呢？因为凯恩斯在许多方面都尤为出众。在他的整个职业生涯中，他挑战了传统的政治和经济思想，革新了经济理论，指出政府应当干预经济，以达到充分就业，还参与设计建立了布雷顿森林体系。除此之外，他还参与了货币和股票投机；他是剑桥大学国王学院的财务主管，英格兰银行的主管之一，艺术品赞助人，在剑桥修了一座剧院，挽救了柯芬园的皇家歌剧院，还收集了众多罕见的书籍和绘画。

伟人总会有所作为

伟人会改变他们所在的学术领域的观点，甚至基本原则。凯恩斯当然改变了——有些人说是革新了——经济学。1883年6月5日，也就是卡尔·马克思去世的那年，约翰·梅纳德在剑桥出生。米尔顿·弗里德曼曾说马克思和凯恩斯两人对人类产生了极大的影响。然而，他们各自的目标相去甚远：马克思预言了资本主义注定灭亡的命运，然而凯恩斯尝试拯救资本主义免于危机。

凯恩斯的父亲，约翰·内维尔·凯恩斯是剑桥大学的教授，而他的母亲佛罗伦萨·艾达·布朗是一名公务员，在1932年成为了剑桥的市长。那时的剑桥学术氛围浓厚，思想激荡。新古典主义圣经《经济学原理》（*The Principles of Economics*，1890）的作者阿尔弗雷德·马歇尔（Alfred Marshall）正在剑桥授课。哲学家G. E. 摩尔（G.E. Moore）也在剑桥任教。这两位大师都对凯恩斯产生了巨大的影响。

伊顿公学

少年时的梅纳德是个聪明的孩子，尤为擅长数学和古典学。他获得了伊顿公学的奖学金，就读期间砥砺了自己的头脑。也是在伊顿上学时，他发现了自己同性恋的倾向。凯恩斯在伊顿度过了愉快而成功的生活：荣获奖项，表演喜剧，在即将毕业时当选伊顿文学社主席，等等。在1901年，像理查德·达文波特-海因斯（Richard Davenport-Hines）所说，他获得了（在伊顿）最大的胜利：成功入选伊顿公学要求最严格的社团，伊顿公学联谊辩论俱乐部。当选之后，凯恩斯的着装开始变化。他穿着鸭绒裤，华丽的背心，每天都预订鲜花插在扣眼中。凯恩斯的母亲这样说：

> 这件服装彰显着某种地位的外在标志，它赋予着装者一些特权，例如站在观众席的前排观看比赛，可以携带一支短小的手杖，敲打那些擅自闯入者的脚踝。还可以和地位相似的男生挽手走在街道上。[1]

国王学院

在父亲的指导下，梅纳德获得了剑桥大学国王学院的奖学金。在那里，他在情感和精神方面都成熟了起来。他天资聪颖，兴趣广泛，文理均有涉猎。他的才华很快得到了伦纳德·伍尔夫（Leonard Woolf）（弗吉尼亚·伍尔夫未来的丈夫）以及里顿·斯特拉奇（Lytton Strachey）（他是个怪人，后来成为布卢姆斯伯里文化圈的中心人物）的赏识，[2]他们邀请年少的凯恩斯加入了著名的秘密组织剑桥使徒社团（the Cambridge Conversazione Group）。凯恩斯的传记作家注意到，加入使徒社团强化了凯恩斯的自我意识和强烈的优越感。他有一种“不

---

1 Davenport-Hines, R.（2015）*Universal Man; The Seven Lives of John Maynard Keynes*. London: William Collins.

2 斯特拉奇是个同性恋，尽管他的幽默感很差，但是总喜欢发表惊人的言论。他曾经在晚宴上和一位维多利亚时代的贵妇谈论性取向问题，当时说道“这整件事，用打高尔夫比喻，就是球洞和球的问题”。

可摧毁的优越感情结”（哲学家以赛亚·伯林如是说）。凯恩斯最喜欢的学生之一琼·罗宾逊（Joan Robinson）发现凯恩斯非常自信而大度，他总认为自己的想法最有价值。如果有人和他意见不合，那么一定是别人愚蠢；他从不会因此生气。但是，凯恩斯不仅仅有大度的一面，他也会表现得粗鲁怪异。他的传记作家罗伯特·斯基德尔斯基举了两个例子：

他的粗鲁主要针对那些本应有更好见解的人。有一次，在全国互助人寿保险公司（National Mutual Life Insurance Company）董事会上，作为主席的凯恩斯嘲讽印度总督寇松侯爵的兄弟弗朗西斯·寇松（Francis Curzon）说：“真的，寇松，你的自大像足了你的兄弟，但是你没有他一分聪明。”思维迟钝的人绝对难以和凯恩斯相处愉快。几乎在所有的聚会上，他一直都是最聪明的，无所不知，无处不显。在“二战”期间，凯尼思·克拉克和他同是音乐艺术促进会（the Council for the Encouragement of Music and the Arts ）的成员，他曾抱怨说，凯恩斯展示起自己的才华来“毫不保留……从来不会低调一点”。[1]

凯恩斯在国王学院读本科时学习了数学。后来，阿尔弗雷德·马歇尔成了他的导师，并对他的论文给予了很高的评价，希望他研读经济学，尤其是货币和银行业方面。然而，凯恩斯并没有接纳他的建议。斯基德尔斯基说，凯恩斯从来没有获得过经济学学位，这确实是对的。他的博士论文是关于概率论的。尽管如此，他在关于阿尔弗雷德·马歇尔的一篇文章中说道，经济学是门简单的学科，然而真正擅长的人很少。对于这个矛盾，他解释道：

经济学大师必须兼备多种稀有天赋。他必须在不同领域都有较高的造

---

1 Skidelsky, R. (2004) *John Maynard Keynes 1883-1946: Economist, Philosopher, Statesman.* London:Pan Books, 471.

> 诣，集罕见的才华于一身。他必须同时是数学家、史学家、政治家、（某种程度上的）哲学家。既要理解数学符号，而又能用语言表达。必须能用普遍概念来思考具体情形，兼顾抽象理论和具体实践。必须借鉴历史，研究当下，警示未来。必须考虑到人性或者人的直觉。必须目标坚定，同时又公正无私；像艺术家一样高冷正直，但有时又要像政客一样世俗现实。[1]

至于数学在经济学上的应用，凯恩斯从一开始就有所疑虑，随着年岁的增长，他的质疑非但没有减弱，反而增强了。斯基德尔斯基感觉，这应该是凯恩斯更深入地了解到社会生活的复杂性和自反性。

摩尔的《伦理学原理》（*Principia Ethica*）对凯恩斯的哲学观产生了影响。摩尔主要的哲学观是，善是不能定义的，唯一具有内在价值的就是"心理状态"，而其中价值最高的就是人际交往和美的享受。这听起来很模糊，但关键是，凯恩斯和他同时代的人正在努力摆脱维多利亚时代的价值和信念（尼采说，上帝已死）；他们在寻找另一种"宗教"，一种更贴近他们的感受和观念的信仰。

任职印度事务部与重返剑桥

凯恩斯本想攻读伦理学的博士后，但是他的父亲已经为他规划好了前途，让他备考公务员。1906 年，凯恩斯成功通过了考试，名列第二。第一名奥托·尼米耶（Otto Niemeyer）的经济学得分比他的要高。凯恩斯去了印度事务部（the India Office），那是当时年轻公务员最好的去处之一。印度事务部的经历并没有令他十分激动，但是，他在那里的两年也没有浪费；凯恩斯在 1913 年出版了一部很受欢迎的书：《印度的货币和金融》（*Indian Currency and Finance*）。

凯恩斯又写了一本关于货币的书：《货币改革论》（*A Tract on Monetary Reform*，1923），论述了通货膨胀的危险性。凯恩斯认为，通货膨胀不会在未来逐渐减弱，应当采取矫正措施。德国和奥地利的恶性通货膨胀凸显了凯恩斯

---

1 Davenport-Hines, *Universal Man*, 137.

预言的悲剧性后果。1909年，从印度事务部离职后，凯恩斯回到了剑桥担任讲师，并受邀成为《经济学杂志》（*Economic Journal*）的编辑（当时他的父亲拒绝了这个邀请）。这个工作他做了33年。在自己的退休晚宴上，他提议举杯，感谢"那些经济学家，他们不是文明的信托人，而是文明可能性的信托人"。

同时，布卢姆斯伯里文化圈（布卢姆斯伯里是伦敦一区名，20世纪初曾为文化艺术中心。布卢姆斯伯里文化圈是指弗吉尼亚·沃尔夫、E·M·福斯特、里顿·斯特拉奇等经常聚会的一批文人——译注）也想拉他入伙。伦纳德·伍尔夫和里顿·斯特拉奇这两位邀请凯恩斯加入剑桥使徒社的人物，现在都属于这个富有影响力的知识分子和艺术家小圈子。他们邀请Pozzo（给凯恩斯起的外号）加入布卢姆斯伯里文化圈。美国诗人和讽刺作家多罗蒂·帕克曾说，那群人聚会于小楼花苑之处，秉持故作高深之态，身陷迷情错爱之中。

《和平的经济后果》

直到一战（1914–1918）结束，凯恩斯才声名鹊起。他在战争之初加入了财政部，任职于海外金融部。布卢姆斯伯里文化圈的朋友们都反对他做这份工作。凯恩斯并没有强烈的反战情绪，他反驳道，如果战争是件坏事，那么至少他在财政部的工作能会使它不那么坏。

战后，凯恩斯代表财政部加入英国代表团，参与协商《凡尔赛条约》的签订。后来他发现，这对他来说真是一次极为令人沮丧的经历。凯恩斯第一个发现了条约对德国不公平，而且将会产生灾难性的经济后果和政治影响。它将会剥夺德国等战败国一切战后经济恢复的手段。条约只会为欧洲带来饥荒、贫穷、政治动荡和经济混乱（他的预言是正确的）。他本来希望能够促进经济恢复和再次增长，这将会有利于恢复政治稳定，抑制革命潮流。他最初希望德国赔偿的数额远小于盟国的要求，希望美国能够给负债的盟国和德国提供金融援助。

面对协约国（尤其是法国和英国）咄咄逼人的态度，凯恩斯心生厌恶，筋疲力尽。他退出了财政部，愤怒地写下了《和平的经济后果》一书。1919年7月28日《凡尔赛条约》签订，几个月后此书出版了，在英国和美国广受欢迎。

凯恩斯认为，德国的战争赔款高得离谱，协约国要求德国割让大量的铁矿和煤炭生产设施，移交所有1600吨以上的船只、5000辆汽车和15万辆马车，这些行为只会导致悲剧和灾难。战败的德国非常无助；他们毫无选择，不得不接受条约严苛的条件。在书中，凯恩斯时不时地表达了对战败敌人的同情；有些批评人士认为他太亲德了。罗伯特·斯基德尔斯基认为，这可能是凯恩斯小时候和他的德国女家庭教师度过了一段快乐的时光，导致他对德国的灾难非常敏感，而这与当时英国、法国和美国的舆论风向截然相悖。

离开了财政部，书也出版了，他现在的问题是：接下来做什么呢？凯恩斯进入了剑桥授课，为《曼彻斯特卫报》、英国的《标准晚报》以及美国的《新共和新闻杂志》撰稿。他成为《新政治家》的出版人，还成了一名成功的投资家——当然也是有赔有赚。他还成为国王学院的财务主管，指导一家人寿保险公司的金融事务。他收集法国印象派画家的作品，还有珍贵的书籍（弗里德里希·哈耶克也有这个爱好）。

令布卢姆斯伯里文化圈的朋友大吃一惊的是，1925年，他娶了达基列夫剧团的芭蕾舞女莉迪亚·洛普科娃。[1]他们婚后无子，但是有迹象表明（斯基德尔斯基曾提过）她在1927年流产过。凯恩斯在婚前买下了位于萨里的蒂尔顿田庄，在那里撰文著书，从案牍劳形中偷得半日闲。

2013年5月加利福尼亚州卡尔斯巴德的一次投资会议上，史学家尼尔·弗格森（Niall Ferguson）曾声称，凯恩斯说出那句名言“从长远来看，我们都难逃一死”，是因为他自己是同性恋，没有后代，所以对未来漠不关心。要是弗格森对凯恩斯的生活了解更多一些，他可能就不会说出这种尴尬的话了。他的评论受到了广泛的批评，人们认为他冒犯无礼，言语不实，而且扭曲了凯恩斯

1 布卢姆斯伯里文化圈朋友的惊讶是意料之中的事情。因为在爱上莉迪亚·洛普科娃之前，凯恩斯确实有过许多同性恋人。理查德·达文波特－海因斯用了整整一章说明凯恩斯是个动人的爱人。凯恩斯记录了他和其他同性恋人几次简短的性接触，从“柏宁酒店的马童”“海格的鞋匠”到“巴黎银行的西里尔大公”。（*Universal Man*，215-216）

的思想。弗格森在报道传开后迅速公开道歉，声称他的评论“愚蠢而又迟钝”。在道歉声明中，他说，“我不同意凯恩斯的经济理念，这与他的性取向毫不相关。我之前暗示他的经济政策源于其私人生活，这是错误的。”

《货币论》

凯恩斯在1930年出版了《货币论》（*A Treatise on Money*）。事实上，6年之后，它以更成熟的形式——《就业、利息和货币通论》再次出版了。《货币论》中强调了投资和储蓄的作用。

《货币论》的基本思想是，信贷经济没有能够保持储蓄与投资平衡的自动机制。货币主管当局应该担负起管理货币流通量的责任，维持储蓄和投资的均衡，以此控制经济波动。另外，储蓄是由大众而非投资人决定的。货币总量受银行系统控制，但是短期的货币需求是不稳定的。唯一能够维持信贷经济短期平衡的机构是中央银行。央行应该维持储蓄和投资的平衡。但是，随着英国在1925年重回金本位制，英格兰银行无权降低银行利率，也就无法维持投资水平与大众储蓄平衡，结果导致了大量失业。凯恩斯已经在1925年的“丘吉尔先生的经济后果”（The Economic Consequences of Mr Churchill）一文中就预测到了这种局面。温斯顿·丘吉尔是当时英国的财政大臣，重启了英国的金本位制，恢复到了“一战”前的状态。

所以，导致价格下跌以及失业的是投资相对于储蓄不足。凯恩斯发现，推动企业（投资）的不是节俭（储蓄），而是利益。后面会谈到，这一洞见在《通论》中得到进一步的阐发。斯基德尔斯基注意到，古典学派认为储蓄会自动为投资提供资金支持，凯恩斯摈弃了该观点，从而为经济心理学开启了一片新视野。

弗里德里希·哈耶克在伦敦经济学院的经济学期刊《经济学刊》（*Economica*）上发表了一篇针对《货币论》的评论。最初，凯恩斯亲自上阵，猛烈反击了哈耶克。但是，后来他把论战的任务交给了他的剑桥小组（Cambridge Circus）助理理查德·卡恩（Richard Kahn）和皮彼罗·斯拉法（Piero Sraffa）。和凯恩斯不同的是，哈耶克所属的奥地利学派支持储蓄，因为他们认为，个人储蓄奠定了国家财富的基础。利率负责调节消费者和生产者之间跨期计划的价格。然而，只有货币当局维持货币中立的地位（也就是不存在通货膨胀或者通货紧缩），利率才能高效地完成这项工作。

哈耶克站在凯恩斯的对立面。哈耶克的观点是，只有考虑个体间的互动才能理解经济：这是微观经济学的方法。另一方面，凯恩斯认为，理解经济的最佳方法是掌握全局，也就是从上向下地分析总需求和总供给，总储蓄和总投资：这是凯恩斯发明的宏观经济学方法。

虽然凯恩斯和哈耶克一生都是学术对手，但是他们也一直是好友。收集珍贵的书籍是他们经常讨论的话题。尼古拉斯·韦普肖特（Nicholas Wapshott）在《凯恩斯大战哈耶克》（*Keynes - Hayek: The Clash That Defined Modern Economics*，2011）一书中回忆道：

> 二战期间，约翰·梅纳德·凯恩斯和弗里德里希·哈耶克整夜整夜地待在剑桥国王学院的屋顶上。他们的任务是注视天空，观察是否有德国的轰炸机要向风景如画的英国小城投放燃烧弹。[1]

《货币论》出版之后，1932年，凯恩斯开始写作《就业、利息和货币通论》。这本书将要成为20世纪最具影响力的经济著作之一。

《就业、利息和货币通论》

新古典主义经济学认为经济具有自我调节性。但是凯恩斯说这是错误的：经济不能自我调节；必须通过调整或者阻止失衡来确保充分就业。这就是《通论》的核心思想。凯恩斯在1935年开始分发并讲授《通论》的手稿。他在给剧作家朋友乔治·萧伯纳（George Bernard Shaw）的信中写道：

---

1 Wapshott, N. (2011) *Keynes - Hayek: The Clash That Defined Modern Economics*. New York: Norton & Company, xi.

……你要知道，我相信自己正在写作的这本经济学理论著作将会极大地革新——我想不是马上，而是在接下来的十年里——人们对于经济问题的思考方式。[1]

事实证明他是对的。《通论》出版于1936年，引发了凯恩斯革命。这本书认可了古典学派的一些说法，但是也揭露了新古典主义学说的弱点。新古典主义学说认为，任何经济失调都能被市场力量矫正，所以在适当的时候，经济将重新达到均衡，实现充分就业。凯恩斯批评这一点，认为不应该使用基于充分就业的模型，而应该建构模型尝试解释为什么总有失业的情况。凯恩斯阐释了由于总需求的减少，经济失衡可以和就业不足同时存在。1929年末爆发的大萧条中就出现了这样的情况。

《通论》的中心问题就是找出就业数量的决定因素。就业水平取决于消费者的购买目标和投资者的投资对象。一旦我们知道一个社区的消费内容（在轻微的经济紧缩或者增长时不会变化太大），就业的数量就取决于它的投资率（参见第五章米尔顿·弗里德曼对凯恩斯消费函数的批评）。一旦投资的回报率比借款成本高，那么投资就会增加。然而，投资不如消费稳定。投资的不稳定性是就业波动的重要原因。问题在于，这些投资的未来回报率也具有波动性：在经济萧条时，没有足够的投资来利用可用的储蓄。这对于经济增长有负面影响：人们会失业，而失业率上升会导致经济加速下行。凯恩斯总结说，归根结底，是总需求决定了经济活动和就业水平。

新古典主义学说的解释与此不同：如果投资的倾向下降，那么利率和工资也会因此下降，新的投资因而会产生，市场的自我调节功能将使得经济恢复平衡。凯恩斯写道，在经济衰退时，如果我们可以计算出人口的购买总额，以及那些失业者就业后增加的购买额，那么我们就能计算出政府需要向经济注入多少额

---

1 Heilbroner, R. (1995) *The Worldly Philosopher: The Lives, Times and Ideas of the Great Economic Thinkers*. London: Penguin, 269.

外的“需求”或者购买力，以弥补产出的差距，从而实现充分就业。

凯恩斯提出了投资乘数论（这是受到了他的学生理查德·卡恩的就业乘数论启发）。当储蓄和投资之间存在差距时，投资乘数效应就会出现。简单来说就是，政府支出增加 1 美元带来的私人支出会大于 1 美元，因为最初获得这 1 美元的人会增加雇工和消费，从而刺激更多的支出，如此继续——当然，新增的量可能会逐级递减。

在新的收入均衡情况下，投资会增加，消费也会由于收入提高而增加。投资乘数效应表明了为消除预期储蓄和实际投资的差额，应该增加多少投资。它还建立了收入－产出调节模型，这个是促使经济达到新平衡的主要机制。投资乘数效应表明了政府应该需要多少额外的支出来消除失业。那么问题来了，政府为了刺激失业向经济注入的资金是什么呢？凯恩斯并没有给出清晰的答案，相反，他提出了一个古怪的建议：

> 如果财政部在旧瓶子中塞满钞票，把瓶子埋入废弃煤坑里，用城市垃圾把废坑填平，然后听任私人企业依据自由放任的原则再把钞票挖出来……那么失业问题就不复存在，而且在后续影响的推动下，社会的实际收入很可能变得更多。确实，建造房屋之类可能是更合理的办法；但是如果实际做起来有困难，那么以上的提议可以说聊胜于无。[1]

说到货币政策，有关主管部门（也就是中央银行）可以降低利率来减少投资成本、扩张信贷，或者在经济过热时，提升利率，紧缩信贷。至于后一种情况，凯恩斯注意到医治经济危机的正确做法不在于取消繁荣，这会使我们永远处于半萧条状态；而在于消除萧条，使我们永远处于准繁荣状态。纵观历史，储蓄倾向大于投资诱导是一个长期的趋势，从而为半萧条创造了条件。凯恩斯总结说，这就是一直以来经济问题的核心所在。

---

1 *The General Theory*, 129.

我们再来看看凯恩斯发明的另一个名词：动物本能——“去行动，而非无所事事的自发冲动”。他的论据是，我们评估潜在投资所依靠的知识并不可靠。例如，股价并不取决于实际的投资前景，而是靠感觉，而这却会因为每天消息的变化而波动。正是因为传统估价所依赖的知识不足，才使得投资函数特别依赖动物本能。如果企业对未来充满信心，那么他们就会加大投资，经济因而迅速增长，甚至引发泡沫；但是如果他们对未来悲观，那么就会减少投资，收入随之降低，失业率上升。

政府在调节乐观和悲观情绪上有着重要的作用。它可以通过出售债券（持债人向政府购买债券）来减少流通中的货币（这样就减少了同等数值的流通货币）。在经济萧条时，政府应当向经济中注入货币来刺激总需求，并通过公共工程创造就业。

《通论》还谈到了利息的一般理论。凯恩斯再一次偏离了新古典主义学派。后者认为资本市场这只看不见的手可以将储蓄变为投资。他们的论述是，收入总会导致消费；无论是直接消费，还是间接投资股票，后者将被公司用来投资机器等资本品。凯恩斯否认了储蓄和投资间的自动转换关系。不是储蓄决定利率，而投资会受到利率的影响。同时，投资还取决于预期回报率。如果预期回报率高于利率，那么就会产生投资行为。

凯恩斯还提出了一个术语：流动性陷阱。他认为，人们对持有现金储蓄的偏好越大，要想让他们把这些钱取出来用作他途，所需的利率就越高。斯基德尔斯基从投资的角度解释道：

> 预期收益率的暴跌会导致流动性偏好的增长，因此将本应处于低位的利率推高。利率就能一直高于实现充分就业所需的“资本回报率”，《通论》的逻辑链就此完成。[1]

1 *The General Theory*, 534.

凯恩斯提议的政策主要关心就业方面。一旦摆脱了需求不足，那么就可能实现充分就业，而这正是当时政府的当务之急。凯恩斯偏离了新古典主义学派，反对他们适得其反的政策，从而发现了更有效的手段应对衰退和失业。

这是凯恩斯对政治乃至人类最大的贡献。他发展了宏观经济学，提供了一种分析经济关系的全新视角。当然，他的理论也有缺陷，没有考虑到技术的进步会引发新的资本投资。凯恩斯假设资本工具的种类是不变的。他的模型过于静态，不适合分析长期增长的问题。

另一项批评是，凯恩斯的模型过于宏观。例如，没有谈及收入分配的分解问题。他的模型将收入分为两类：工资和利润。大型企业的储蓄没有包括在内。他假设，工资和利润要么有着相同的消费模式，要么它们之间的收入分配是不变的，也就是总收入的函数不变。尽管如此，模型本身是一致而完整的。

凯恩斯始终认为，资本主义体系的脆弱性不在于不平等或者不公正，而在于不稳定。凯恩斯的思想成为新凯恩斯主义进一步阐释宏观经济的基础。

《通论》之后

《通论》出版之后，新古典主义学派的支持者和凯恩斯主义者之间爆发了激烈的辩论。琼·罗宾逊在她的《经济哲学》（*Economic Philosophy*）一书中这样描写前者：

> 《通论》令人难以接受之处不在于其学术内容，它在冷静思考后是很容易掌握的；而是它蕴含的影响太震惊世人了。这门新学说的观点不是个体的恶习对公众有利，而是更加的坏，更加的令人不安：个体的美德（节俭和精打细算）对公众有害。[1]

斯德哥尔摩学派（Stockholm School）的经济学家实际上先于凯恩斯提出了

1 Robinson, J. (1974) *Economic Philosophy*. Harmondsworth: Penguin, 73.

类似的观点。其中就有贡纳尔·默达尔（Gunnar Myrdal）（1898–1987），他指责凯恩斯不具备“原创性”。默达尔已经阐释过，投资相对于事前储蓄的增长会导致收益等其他收入的增长，储蓄也随之增加，这样事后储蓄就会和投资相等。同理，事前储蓄的增加，会导致销售减少、失业增多、利润降低。因此，公司会减少投资，所以事后的储蓄也会和投资相等。在《通论》中，投资和储蓄总是相等的(从默达尔的事后概念看)。正如加尔布雷思在他的回忆录中所言，斯德哥尔摩学派大大领先凯恩斯。他们成功地推动政府利用充分就业中获得的收入和高水平产出，来维持预算平衡。如果就业和产出下滑，税收也随之减少，公共支出的赤字就是有利且必要的刺激手段。政府应该提供需要的购买力，以维持就业水平，这是个常识。由此可见，凯恩斯的观点在瑞典并不令人激动。[1]

罗宾逊强调说，凯恩斯通过打破新古典学派个人利己主义和公共服务的妥协，引导道德问题回归经济学视野。凯恩斯声称看不见的手不起作用，新古典学派的理论对解决当时的问题毫无用处，这给予了新古典学派毁灭性的一击。他的抨击顺应了当时的学术氛围和民众意愿。

弗里德里希·哈耶克，如前文所述，在《经济学刊》上发文尖锐地评论了《货币论》，但是他的出版商建议他不要评论《通论》。但是，哈耶克发现，凯恩斯医治大萧条的方案不过是治标，因为人为地促使总需求上升会扭曲生产结构，导致就业不稳定。米尔顿·弗里德曼质疑凯恩斯的消费函数，因为他发现，这个函数表明随着经济增长，平均消费倾向不会降低。他还指出，凯恩斯主义者不能解释滞胀。不同于凯恩斯的干预主义做法，他为经济不稳定性提出了货币主义的药方。详细的批评意见参见第五章弗里德曼的小传部分。有人曾经采访弗里德曼，询问他是否认为凯恩斯尝试拯救资本主义，他这样回答：

不是。凯恩斯的……目标，就像我的目标一样，是为了促进社会的健

1 Galbraith, J.K. (1983) *A Life in Our Times: Memoirs*. London: Corgi, 94.

康发展。我是凯恩斯的崇拜者。我认为他是个伟人，伟大的经济学家。我并不赞同他针对经济萧条的假说，但是，每一门科学的进步都得益于曾经是错误的假说。[1]

罗伯特·卢卡斯和詹姆斯·布坎南（James Buchanan）等人也提出了批评意见。卢卡斯是宏观经济学理性预期学说的代表人物，为宏观经济学提供了一个微观经济学的基础：新古典宏观经济学。这个学说可总结为：类似经济人（*homo economicus*）的宏观经济行为者，都是理性的人类，寻求自我利益的满足。凯恩斯的观点与此不同，他在经济行为者的行为中加入了动物本能这个因素。卢卡斯坚持认为，人类是用理性来构造对未来的预期的。

卢卡斯的见解暗示道，因为需求不足，所以不会产生非自愿性失业。凯恩斯的观点恰恰相反。卢卡斯认为失业是由于工资太高的缘故。所以，如果工人愿意接受更低的工资，那么他们就会找到工作，劳动力的供给和需求就会再次达到平衡；卢卡斯总结说，这样经济就会恢复平衡。

詹姆斯·布坎南因为研究政治领域交换行为的公共选择理论而出名。政治交换的基础是得利的预期（例如：这样我能得到什么？这符合我的利益吗？）。凯恩斯认为，假定官员和决策者为公共利益服务，政府可以治理经济失衡。但是布坎南持反对意见。他的理念是，除了人民自己，没有人（包括政府和公务员）能够决定什么是为他们好。官员不能够维护公共利益。因为他们越是这样做，就越会影响个体自由。对此，布坎南提出了双管齐下的解决办法：（1）修改宪法，限制政客谋取私利的能力；（2）修改宪法，确保预算平衡。

这里值得一提的是凯恩斯和荷兰的经济学家简·丁伯根（Jan Tinbergen）之间的辩论。和丁伯根不同的是，凯恩斯质疑相关性研究的可信度。国际联盟曾资助丁伯根出版专著，检验经济危机的各种假说。凯恩斯1939年9月《经济

1 Ebenstein, L.（2007）Milton Friedman. New York: Palgrave Macmillan, 107.

学刊》的文章提出，经济学是门“伦理学科”，因此经济学家在应用模型时需要不断地做出价值判断。他质疑丁伯根使用多重相关性分析非均质材料的逻辑，以及较长周期固定相关性的假设。凯恩斯问道，“难道说那些等式在下一回还可能同样有用吗？”凯恩斯向丁伯根发出了这样一个致命的设问：“人们将会记得，《旧约圣经》的70位译者，分隔在70个房间翻译《旧约》的希腊文本，当他们翻译完毕之后，出来带着70份完全相同的译文。如果将70个多重相关因子应用于同样的数据材料，会发生同样的奇迹吗？”[1]

《通论》的支持者将这本论著看作政策的引擎，就像一个评论所言的那样，能够“不需要使用监狱或者没收财产，就能恢复并保持经济繁荣”。不论失业的原因可能是什么，《通论》对于为什么以及如何增加总需求以创造就业做了有力的论述。

《通论》在美国的学术界和政治圈造成了很大的影响。甚至在本书出版之前，凯恩斯就在1933年12月31日的《纽约时报》上的一封信中，敦促罗斯福总统通过贷款融资的方式给经济注入政府资金，以应对经济萧条。《通论》得到了哈佛经济学家的支持。就像约翰·肯尼斯·加尔布雷斯在《纽约时报书评》上发文所言的那样，哈佛是凯恩斯主义传播到美国的主要渠道。几代经济学家的导师保罗·萨缪尔森是凯恩斯主义青年团的公认领袖。萨缪尔森甚至提出所谓的加速器概念拓展了凯恩斯学说。他提出，当经济扩张时，企业主会更加乐观，加快投资。结合凯恩斯的乘数效应分析，产出的规模会更大，从而刺激更大的预期和投资，这就是乘数效应的加强版。

阿尔文·汉森（Alvin Hansen）最初对《通论》持保留意见，但是发现它的意义后变成了坚定的支持者。他撰写了大量的文章书籍，用清晰简明的语言解释凯恩斯大师的理念。毕竟，《通论》读起来并不容易。渐渐地，美国政府的

1 Verbon, H.（2013）De Late Erkenning van de Zwarte Zwaan door Paul Samuelson. In: ESB, Jaargang 98 (4664m, 4665) 12 July 2013, 463.

高级官员都相信了凯恩斯主义。当然有保守派反对。然而，就像加尔布雷斯所言，凯恩斯主义的反对派全部都因为没有读过《通论》而处于劣势。加尔布雷斯讽刺说，这就好像不懂梵文，却要抨击《爱经》是黄书一样。

凯恩斯也为此付出了高昂的代价。他因为不同的见解和阐释失去了不少朋友。在《通论》发表之后的紧张压力下，他在1937年因为心脏病而病倒，这迫使他放慢了学术研究的脚步。然而他还是闲不住。甚至在写作《通论》时，他还忙于在剑桥修建剧院。罗伯特·海尔布伦纳（Robert Heilbroner）在他的《世俗哲学家们》（*The Worldly Philosophers*，1995）一书中写道，凯恩斯给剧院添了个餐馆，研究它的菜单，并和不同类型的娱乐活动相比照，试图弄清食物消费与人的幽默感之间的联系。剧院还有个酒吧，特价出售香槟以促进消费。

布雷顿森林协定

在1939年“二战”爆发时，凯恩斯就职于财务部。作为政府的咨询顾问，他的工作主要是为英国筹集作战资金，以及如何在战后组织一个合理的国际金融和贸易系统。凯恩斯想要帮助各国避免再犯“一战”之后协约国的错误。他支持建立国际清算联盟，并实行新的国际储备货币班科（Bancor）。清算联盟用临时贷款帮助贸易逆差国家，惩罚推行贸易顺差的国家，以防止国际经济系统再次陷入萧条。

罗斯福总统邀请43个国家参加新罕布什尔州的布雷顿森林会议，旨在形成确切的议案建立稳定的国际货币系统，成立国际货币基金组织（IMF）。此外，还可能——如邀请书所言——成立重建和发展银行，更普遍的名称是世界银行。这样做是为了重振世界贸易，稳定货币走势（这是国际货币基金组织的职责），处理战争债务，冻结信贷市场。西尔维娅·娜萨（Sylvia Nasar）在她的巨著《伟大的追求》（*Grand Pursuit*，2011）一书中论述了当时的情形：

> “二战”时的大部分国家陷入极度贫困，它们必须通过自我努力恢复繁荣。从最广义的角度来讲，救助意味着重建和重塑，使各国恢复到1913

年之前的全球化水平，但是摒弃“一战”之前认为经济系统会自动运行的观点。[1]

美国的财政顾问哈利·迪克特·怀特（Harry Dexter White）主持了国际货币基金组织的磋商会议。凯恩斯主导商谈成立世界银行。凯恩斯代表了一个几乎破产的没落帝国，而美国人却财源广进。美国成功通过了一项修正案，从根本上看就是允许成员国将本国货币同黄金或者美元绑定。这使得美元成为唯一能同黄金兑换的货币（而不是采用凯恩斯的班科），在货币系统中扮演关键角色。美国当时是巨大的贸易顺差国，因此并不喜欢凯恩斯提出的惩罚顺差国家的想法；他提议建立国际清算联盟也被否决。凯恩斯在布雷顿森林会议的闭幕晚宴上发表闭幕词。他有点来迟了，整个会场都默默起立，直到他走到讲台，整理好衣着。

去世

在20世纪40年代前半期，凯恩斯被任命为英格兰银行行长，古典音乐及艺术政府促进委员会主席。他还加入了英国伦敦国家美术馆董事会（the National Gallery's Board of Trustees）。最重要的是，他被授予贵族头衔，成为蒂尔顿男爵凯恩斯阁下。在“二战”的最后几年，他和美国人进行艰苦的商谈，多次往返于大西洋两岸，这损害了他的健康。凯恩斯于1946年4月21日因心脏病二次病发而逝世。

约翰·梅纳德·凯恩斯，在逝世60多年之后，再一次产生了巨大的影响。但是，他是给经济学带来革命性变化的天才吗？不，他不是，尽管他确实有一些天才般的见解。我觉得，对他做出了最合适评价的应该是荷兰经济学教授简·潘恩（Jan Pen）：

1 Nasar, S. (2011) *Grand Pursuit: The Story of Economic Genius.* London: Fourth Estate, 393.

一旦人人都接受收入和消费分析的常识，能够开放地看待市场的不稳定性，理解总需求不足如何造成了失业。一旦这些为大众所熟知，那么我们就可以用“凯恩斯”来指那位特殊的人物，他生于1883年，逝于1946年。[1]

《和平的经济后果》

约翰·梅纳德·凯恩斯因为《和平的经济后果》而全球闻名。该书出版于1919年12月，时值残酷的“一战”结束后一年。[2]它既是一本富有激情的政治手册，也是尖锐有力的经济分析读本。

它是一本爆炸性的专著，它的观点和当时大众的观点完全相反。凯恩斯是为数不多的批评《凡尔赛条约》的人物。该条约由获胜的协约国（美国、英国和法国）与战败国德国在1919年7月28日签订。凯恩斯曾代表英国财务部参与条约的协商。他还作为财政大臣的助手参与最高经济会谈。早在条约签订之前，凯恩斯就辞职了。他感到精疲力竭，对条约的内容失望透顶。他认为，这个条约将会使欧洲陷入更深的悲惨与动荡之中，而这恰恰是他在会谈中试图阻止的。

南非的会谈代表斯密兹将军（General Smuts）和凯恩斯相处融洽，他在会谈快要结束时告诉凯恩斯，如果经济问题没有事先妥善处理，那么政治分歧和领土纠纷是不能解决的。根据凯恩斯的传记作者罗伯特·斯基德尔斯基所言，凯恩斯当时应该表示十分赞同，而且自己从未这样思考过。斯基德尔斯基写道，这个见识可能就是《和平的经济后果》主旨的最初来源。[3]

该书由七章组成，从“绪论”开始，以“补救”结束。凯恩斯描述了欧洲1870年之后日新月异的转变。然后，他描述了《凡尔赛条约》的协商过程及条

---

1 Pen J. (1983) Keynes, Keynes, Keynes. *Intermediair*, 3 June 1983, 9.

2 本章基于 Cosimo Classics 的版本 (New York, 2005)。

3 Skidelsky, R. (2003) *John Maynard Keynes 1883-1946: Economist, Philosopher, Statesman*, 232.

约内容，并预测了条约生效之后欧洲可能的变化。该书因条理清晰而广受欢迎，但是，有些批评家发现凯恩斯有亲德立场，而且他对于一些政治家，尤其是威尔逊总统的性格刻画，过于尖刻。

第一章：绪论

巴黎和会与会者的所作所为风险巨大，他们继续走在德国开启的毁灭之路上。他们构建的和平可能会进一步打击本已饱受“一战”摧残的脆弱的政治和经济。凯恩斯警告说，一个时代已经结束，他害怕欧洲大陆正在面临“一个文明在消失之前可怕的挣扎”。

最高经济会谈经常收到报告，汇报中欧和东欧的悲惨无序、分崩离析。而与会者们似乎脱离了现实，这最终会导致一个伟大组织的毁灭，但是——凯恩斯又补充说——也可能缔造一个新世界。凯恩斯这样描述当时的情况：

> 灾难迫近的感觉笼罩着各种无聊的场所；人类在重大事件面前显得无助渺小；意义重大的决策却不切实际；轻率、盲目、傲慢、混乱，叫嚣四起——古典悲剧中所包含的一切要素都具备了。[1]

第二章：战前欧洲

1870年之后，欧洲大陆迅速从农业社会演变为工业社会，人口飞快增长，经济相互依存性逐渐加深。在1890年，欧洲的人口是北美和南美人口之和的三倍。德国经济超越了法国，成为世界经济强国之一。德国是英国第二大交易国，第二大产品供给国。

几乎完全自由的原材料和制成品国际贸易促成了这种转变。凯恩斯称之为经济理想国，这在一定程度上也受益于收入和财富不均。财富被投资于发展效率更高的生产模式。凯恩斯写道，人类的工作不是为了今日一时享乐，而是为

1 *The Economic Consequences of Peace*, 6.

了未来的安稳改善，为了人类的进步。

“一战”终结了这段繁荣时期。自由贸易让位于保护主义政策。大部分参战的国家都几乎破产。虽然他们的人口大量增长，但是，他们的农业和交通系统遭受严重破坏。凯恩斯指出1914年之前的欧洲存在的几点不稳定因素：（1）过量人口依靠进口食物，尤其依赖美国；（2）劳工阶级和资产阶级的心态不稳定性。

第三章：巴黎和会

获胜的协约国似乎对欧洲大陆悲惨的经济状况熟视无睹。每个战胜国的首席谈判代表都有自己的政治考量。法国总统克列孟梭想要痛击德国，削弱它的经济力量，从而阻止德国可能的复仇。据凯恩斯所言，克列孟梭“对法国抱有幻想，但是对于包括法国人和他的同事在内的人类却非常清醒”。[1]

美国总统威尔逊先生，在会谈中扮演调解员的角色，想要达成他的“十四点计划”，包括返还入侵的领土以保障航海自由，充分保障各国军备有效减少，建立国际联合机构等。国际联盟确实成立了（美国并没有成为国联的成员，因为美国参议院否决了这个提议），但是威尔逊总统先生却在谈判桌上被其他人欺骗了。凯恩斯写道，在会谈之前，总统先生的威望颇高，影响很大，称得上史无前例。但是，总统先生既不是英雄也不是先知，

> 他只是一个慷慨大度的好人，其他的人性缺点他都有，但是他缺少一些重要的智力上的准备，这些在应付和会上那些狡猾阴险的演说家的时候是必不可少的。他们在权力和人性的巨大冲突中出人头地，在取舍迅速转换的游戏中成为获胜者——而这个游戏，威尔逊根本没有任何经验。[2]

英国首相劳合·乔治最初是站在调解的立场，后来因为即将到来的英国大

1 *The Economic Consequences of Peace*，32.
2 *The Economic Consequences of Peace*，39.

选而变得强硬起来。

本章的结尾解释了本书的目的：展示《凡尔赛条约》忽视了将要塑造欧洲未来的、深层次的经济力量。《条约》将会释放人类欲望和精神力量，压垮社会组织、破坏当前的社会秩序。

第四章：条约

威尔逊总统想要成立国际联盟，而且准备只要确保联盟的成立，就会做出妥协。尽管德国代表团接受了威尔逊的“十四点计划”，但是英法两国反对“航海自由”条款，反对德国的商船享受此权利。第二个反对项目是，英法两国想要德国为战争遗孀支付抚恤金。会谈的结果是，《凡尔赛条约》十分苛刻、不切实际。该书然后分析了为什么《条约》“十分苛刻”（实指：不道德），而且从经济学的角度看，这个条约注定失败。

德国的经济力量主要来自三大方面：（1）出口收入；（2）开发煤矿和铁矿；（3）交通体系以及较低的消费税。

可以说，条约旨在破坏这三大经济“支柱”。德国必须将所有吨位超过1600吨的船只、1000~1600吨之间船只的一半移交给协约国。德国的殖民地，包括那里的私人投资都必须移交给协约国。所获的收益将会用于偿还德国、奥地利、匈牙利、保加利亚和土耳其等国民向协约国国民借款所欠的债务。

阿尔萨斯—洛林地区（Alsace-Lorraine）拥有丰富的煤炭和铁矿资源，要归法国所有，包括那里的大型德国企业。含煤丰富的萨尔盆地（Saar Basin）将由国联接管。上西里西亚（Upper Silesia）（德国消费的20%煤炭都来自这里）的命运将由投票决定。

德国还不得不向协约国输送大量的煤炭，一部分是为了补偿协约国煤矿的损失，一部分是抵偿战争赔款。凯恩斯计算说，如果德国同意的话，那么它每年的煤炭消费缺口将达到5000万吨。所以，结果是德国不得不进口煤炭以恢复本国的工业生产。奥地利、北欧和瑞士也将受到影响，因为它们有大量煤炭从德国进口。

关于德国的关税系统，该国将在5年之内对协约国履行最惠国待遇。然而，德国自己却没有权利享受这种待遇。还有一些其他的措施，但是，归根结底，都是对战胜国有利，而德国却不能享受相应的权益。在交通运输体系上，德国必须移交5000辆机动车和150000辆马车给协约国。至于河运体系，协约国要求对德国国内的河流管理进行史无前例的干预，完全剥夺了德国对本国航道的实际掌控。条约规定，德国主要河流例如莱茵河和多瑙河的管理，将会由国际委员会负责，而德国在委员会中不占据主要位置。

第五章：赔款

德国必须赔偿战争给协约国造成的损失。有一个问题是，德国是否应该承担它的同盟国例如奥匈帝国、保加利亚和土耳其所造成的损失。威尔逊总统的"十四点计划"没有明确的答案。凯恩斯注意到，德国的偿还能力将会被协约国直接提出的合法要求耗尽。德国对其盟友的或有负债问题就变得复杂。

凯恩斯说，有些索赔非常不负责任：比利时的索赔竟然超过了德国战前所有财富的总和，这真是荒唐至极。法国是协约国中受战争影响最深的，索要战争赔款竟高达228亿美元。凯恩斯计算过，合理的索赔大概在40亿美元。英国索赔28.5亿美元，主要是因为它的商船队遭受了巨大损失。总之，根据凯恩斯的计算，协约国的合理战争索赔是106亿美元。他总结说：

> 我认为，要求德国政府在和平谈判中接受总计100亿美元的最终决定，这是非常明智而公正的，不要进一步追究细节了。这将推出直接而确定的解决办法。如果给德国一些宽限，那么德国并非完全不能支付向它索要的数目。[1]

尽管劳合·乔治最初同意威尔逊的"十四点计划"，但是他后来意识到，

---

1 *The Economic Consequences of Peace*，135.

如果他想要再次当选首相，那么，他必须对德国采取更加强硬的态度，而他也确实这样做了。那时人们普遍认为这是种政治失德的表现。根据首相先生在选举日之前发表的讲话，德国不得不竭尽全力支付赔款。劳合·乔治赢得了选举，带着这个承诺，他去参与了巴黎和会。凯恩斯那时观察到，

> 欧洲所期待的未来能有怎样的不同，在于劳合·乔治或者威尔逊能否认识到他们关注的最严峻的挑战不是政治或者领土，而是财政和经济问题；在于他们能否认识到未来的危险不在于边界和主权，而在于食物、煤炭和交通问题上。他们中的任何一个人在和会的任何时刻都没有给予这些问题足够的重视。[1]

像法国和意大利这样的协约国身负大量战争债务，他们因此要考虑金融问题。但是，凯恩斯说，这个问题最好的解决办法是美国给予慷慨帮助。他还建议，考虑到前敌对国恢复经济的需要，应当允许他们发行一定数量的债券。这些提议请求美国提供慷慨的资助，因为它是唯一有能力购买这些债券的国家。

条约并没有提及德国应该支付的战争赔款确切总额。我们将在“赔款”一章中予以讨论。赔款委员会负责管理赔偿工作；更准确地说，是负责完善索赔单，要求德国30年内还清；确认赔偿方式；允许必要的削减和迟交。赔款委员会还能够决定，从德国剥夺的资源有多少可以返还给德国，以维持德国经济的正常运行，保证以后能够继续赔偿。总之，这个委员会是德国经济生活的主宰者。

凯恩斯自己粗略估算了一下。他得出的赔偿总额在250亿美元，包括了抚恤金和津贴。然而，协约国的索赔额（除去150亿美元的抚恤金外）将达到400亿美元。问题是，德国有能力偿还吗？凯恩斯的计算显示不能。德国的赔款来源包括：（1）可以立即变为财富的黄金、船舶和外国证券；（2）所割让领土的财产价值；（3）每年的现金和实物（例如煤炭）赔偿。凯恩斯依据可获

1 *The Economic Consequences of Peace*，146.

得的数据和文件，从每个来源估算德国的赔偿潜力。他总结说，只有比利时可能能够在1921年5月之前（第一截止日期）获得5亿美元的赔偿。比利时已经和其他协约国成员协商一致，要求第一个接受赔偿以弥补本国巨大的损失。总之，凯恩斯认为协约国的期待应该降低些，尤其是考虑到德国战后悲惨的境地：

很明显，德国的支付赔款能力与战前相比大受影响，这主要有以下几点原因：几乎丧失了所有的殖民地、海外联系、商业船舶和外国财产；割让了1/10的土地和人口、1/3的煤矿和3/4的铁矿；200万成年男子阵亡；人民受饥4年；承担巨额的战争债务；货币贬值，价值不到战前的1/7；盟国及其领土四分五裂；国内发生革命，与布尔什维克主义的俄国为邻；吞噬一切的4年战争和最后的战败严重削弱了德国的实力和希望。[1]

德国只有经过一段时间缩小进口并扩大出口，才能够支付赔款。因为德国那时候是个净进口国，所以它的首要任务就是调整消费和生产，以消除贸易赤字。德国大部分的出口产品销往协约国。除非协约国准备加大进口德国产品，否则德国出口总额的大量增加只能依靠对中立国的倾销。进口可以有所减少；但是，每年贸易盈余最多只不过是5亿美元。鉴于德国境内的政治、经济和人为因素，凯恩斯怀疑这些盈余是否能够支付给协约国。他最终的结论是，400亿美元或者250亿美元的巨额赔款超出了德国可能的支付能力。如果夺走这些贸易收入，那么德国人民的生活质量会急剧恶化，凯恩斯对此这样描述：

我们不能忽视……生活水平的降低和一国剩余生产力之间的互相影响。另外，我们从不清楚在近乎奴役状态下生活的白种人的心理状态。然而，一般可以假定，如果一个人所有的剩余产品被剥夺，那么他的效率和勤奋都会削弱。如果德国人的工业果实被剥夺，不能用于改善他们的儿女

1 *The Economic Consequences of Peace*，187.

和他们自己年老时的生活，给予他们骄傲或者地位，而是为了外国征服者的享乐，那么企业主和发明家将不再创造，商人和店主将不再储蓄，劳动者将不再辛勤劳作。[1]

德国是怎样应对的？它提议，在各种附加条件下支付250亿美元，包括保留完整的领土及其殖民地权益，贸易关系中享有互惠权。最后的一期赔款是1926年5月。然后凯恩斯在这里指出了迄今没有人提及的一点：协约国承认，德国重担在身，前景不明，这给双方带来了不利，因此，他们提议，总索赔的最后期限可以定于1921年5月1日。但是，这个提议并没有解决德国实际支付能力难题。本章的结尾是这样的：

这种政策将使德国一整代人处于奴役状态、降低千百万人的生活水平、剥夺整个国家的幸福。即使它不会散播令整个欧洲文明生活衰退的种子，这种政策也是可厌可恨的……有人鼓吹说这是正义的做法。在人类历史的重大事件中，在国家复杂命运的发展中，正义并非如此简单。即使是这样，国家也没有权力……可以将敌对国的父辈或者统治者所犯的罪行迁怒于他们的子孙身上。[2]

第六章：条约之后的欧洲

《凡尔赛条约》并没有提到如何促进欧洲经济恢复。巴黎和会没有安排如何恢复法国和意大利的金融状况，或者调整旧世界的体系来适应新世界。克莱蒙梭、威尔逊和劳合·乔治都没能认识到这些挑战。

欧洲人口稠密，生活水平较高。欧洲不能够自给自足：它自己不能解决食物问题。这里的生活依靠一种精密而复杂的组织系统，依靠煤炭、钢铁、交通

1 *The Economic Consequences of Peace*，207.

2 *The Economic Consequences of Peace*，225.

运输和其他大洲源源不断供应的食物及原材料运行。生活标准的迅速恶化意味着有人要挨饿，而俄国已经出现了这种情况（奥地利也即将如此）。如果德国不能接受食物援助，这意味着许多德国人可能会死于饥饿。

但是，还要考虑其他的事情：生产力下降、交通和贸易中断、欧洲无力购买海外产品。失业率正在上升，通货膨胀也逐渐升高。

德国的农业生产因为土壤肥力的损失而减少，牲畜的质量下跌了55%。德国之前的谷物和牛肉进口国，例如俄国和奥地利，也深陷泥沼。即使它们有剩余产品可供出口，这也是办不到的，因为欧洲的铁路系统已经瘫痪。马尔萨斯所言的人口过剩难题出现了，欧洲生产的食物不足以养活1亿人口。就像美国救济委员会（the American Commission of Relief）的赫伯特·胡佛（Herbert Hoover）报道的那样，那时的欧洲无法进口食物，饥饿就在所难免。

德国的马克、意大利的里拉、法国的法郎甚至英国的英镑都贬值了。凯恩斯总结说，贸易复苏有三大障碍：（1）国内价格和国际价格失调；（2）缺乏购买原材料的个人国外信用，而原材料是保护流通资本、重启经济周期所必需的；（3）货币体系混乱，贷款操作危险性高，难以实现。

这不仅妨碍了欧洲立即生产足够的出口品，以获取收益支付其所需的进口品，而且损害了欧洲的信用，无法获取所需的流通资本以重启经济周期，进一步破坏了经济规律的平衡力，经济衰退的现状不但没能改善，反而一直持续。凯恩斯担心，俄国、奥地利和匈牙利的悲惨境地可能会导致社会的崩溃。

第七章：补救措施

英国的经济状况并不像欧洲大陆那样糟糕。凯恩斯观察说，英国有着更根本性的问题：19世纪的发展力量已经是强弩之末。英国必须经历新工业时代诞生的痛苦。然而，在土耳其、奥地利、俄国和匈牙利等国，情况非常糟糕。我们能做什么呢？有些人不相信《凡尔赛条约》会起作用，对此，凯恩斯提出了三项建议：（1）修订条约；（2）解决协约国之间的债务问题；（3）妥善处理中欧和俄国的关系。

对于《凡尔赛条约》的修订，凯恩斯提议将德国的战争赔款定在100亿美元；赔款委员会应当解散。在煤炭方面，德国应当补偿对法国煤矿造成的损失。前5年，德国移交的煤炭每年不应该超过2000万吨，随后的5年不应该超过800万吨。萨尔盆地应当在10年之后归还德国。但是，这样做的条件是，法国同意在这10年之内为德国提供铁矿，数量相当于战前德国从洛林输入的铁矿的一半；作为回报，德国应如以往一样，向洛林提供同等数量的煤炭。对上西里西亚未来的地位，要公民投票决定。

在关税方面，应当在国际联盟的主办下建立一个自由贸易联盟，联盟的国家不能建立贸易保护壁垒。只要几个大国所拥有的领土足够大，那么我们可以忍受经济边界。但是，如果德国、奥匈帝国、俄国和土耳其等几大帝国被20个左右独立的机构分割管辖，那么我们就难以忍受经济边界了。

协约国之间的债务问题也应当妥善解决。英国应当放弃现金索赔，将其让与比利时、塞尔维亚和法国。德国的赔款应当首先用于满足这些国家的重建需要。

另一项提议是希望美国能够慷慨解囊。美国应当取消协约国因战争所欠的债务。作为回应，欧洲应当保证不会再卷入战争，而是积极重建受损的经济和基础设施。凯恩斯从来都不认为欠债国会一直偿还这些战争债务。他预测，他们会支付几年的欠款，但是，随后就会停止偿还。

没有一时的外来援助，欧洲要重新恢复生产是很困难的。因此，凯恩斯支持实行国际贷款，而减轻经济负担的直接资源，必然大部分都是来自美国。凯恩斯还提议支持德国。他的提议是以设问句开始的：

至于援助德国，欧洲的协约国把德国的最后一丝生产资本都剥夺干净，并反对美国财政代表在巴黎和会上的争辩和请求，现在却求助美国提供资金以促进德国恢复到足够程度，让它们在一两年内可以再次掠夺，这是合理的吗？可以容忍的吗？[1]

---

1 *The Economic Consequences of Peace*，284.

国际贷款应当由可以借款的国家提供，例如英国、美国和中立国。这笔贷款将向欧洲大陆所有交战国家（不论是盟友还是敌人）提供购买外国产品的信用。凯恩斯计算到，第一笔10亿美元的基金就能够发挥很大的作用。贷款的支出应当由借款国全面监督。凯恩斯意识到，只有当社会舆论发生重大改变时，他的提议才能有一丝实现的可能。

至于中欧和俄国的关系，首先应当暂停对俄国的封锁。欧洲不能没有俄国的谷物等农作物；然而，我们应当记住，俄国的出口只能缓慢地增长，因为它当前的生产力水平较低。交通系统可以在德国技术专家的帮助下得以修复和改善。凯恩斯在书的结尾写下了这段话：

> 即将到来的事件，并非由政治家的精心策划所控，而是受制于一股奔涌的暗流，它潜藏在政治历史之下，无人能预测结果如何。我们能影响这股暗流的唯一办法是：激发指引和想象的力量以改变人们的观念……在人的一生中，人类灵魂的普世价值从未如此衰微。出于这些原因，新一代人还没有发出他们的声音，而沉默的意义也没有形成。谨以此书，奉献给未来的普世观点。[1]

《就业、利息和货币通论》

《就业、利息和货币通论（1936）》激发了凯恩斯革命。[2]凯恩斯坦白说，该书的写作是“一种尝试逃离惯性思维的努力”。要想完全理解这本书比较困难，因为它本身就有所不足（参见前文凯恩斯小传一节），而且凯恩斯时不时谈到的相互依赖性让读者非常迷惑。然而，凯恩斯在前言写道，他希望不是经济学家的读者也能理解《通论》。他解释说，该书基本上是研究决定

1 *The Economic Consequences of Peace*，297–298.
2 此处采用的版本是Harcourt Brace & Company出版的Harvest Book（1964）。

产出和就业变化的宏观力量。从这就可以预见，凯恩斯已经从宏观经济学的视角研究社会了。

本篇总结试图尽可能准确地呈现凯恩斯的文本。它没有使用方程式或者数学等式，而是使用词语的本意进行阐述。

凯恩斯的导师阿尔弗雷德·马歇尔是新古典主义学派的教父，大萧条启发凯恩斯脱离了马歇尔的理论。[1]《通论》揭示了大萧条时期，新古典主义经济学政策的失败所造成的灾难性后果。

《通论》的理论出发点是经济均衡可以和失业共存。经济系统不能自我调整。在需求下降时，凯恩斯指出：（1）货币主管当局应当降低利率，以刺激投资；（2）政府要借款以资助公共工程，从而提高收入、创造就业。凯恩斯认为，政府应当准备使用最后一招，具体来说，中央银行启动最后一招。自 2008 年经济危机发生以来，凯恩斯的这种刺激经济措施再一次得到广泛的应用。

《通论》在本质上，是分析就业量的决定因素。为了解决这个问题，必须揭示消费、储蓄、投资、利息和货币之间的相互关系。就业的水平取决于消费者的购买需求和投资者的投资需求。但是，投资者和消费者不是完全理性的；他们受到多种心理因素的影响。凯恩斯称之为“动物本能”。虽然古典学派相信，人是理性的“经济人”，但是凯恩斯坚持认为人基本上关心的都是未来（好日子很快就结束了），因而愿意存钱为以后的苦日子做准备。这就会引起消费减少，从而导致经济表现不佳和失业情况。现在凯恩斯说，在经济衰退时，如果我们可以用货币来计算人们的购买量，以及失业人口再就业所产生的额外产量，我们就能计算为了弥补产出差距，需要向经济内注入多少额外的“需求”或者购买量。

《通论》分为六大篇章，每一篇又分为几个章节。本书的总结将呈现这六大篇章的本质内容。

---

1 马歇尔的《经济学原理》（1890）是新古典主义经济学的经典读物。那时候的流行语是：马歇尔什么都讲到了！

第一篇：引论

凯恩斯认为，古典理论的假设只适用于特殊情况，并不适用于一般情况；它所假设的情景只是各种可能的均衡状态中的一个极值。此外，古典理论所假设的特殊情况的属性恰恰不具有现实性。所以，如果我们尝试将其应用于实际情况，它那误导性的教导会导致灾难性后果。

古典经济学的假设前提

古典经济学假设，现有可用资源有着固定的使用量。但是，关于何种力量决定现有资源的实际使用量，却没有纯理论对此阐述。古典学派的就业理论建立在两大根本前提之上：（1）工资等于劳动力的边际产出；（2）给定就业数量的情况下，工资的效用等于此就业数量的边际负效用。古典学派的前提并不承认非自愿失业的存在。他们确实承认摩擦失业和自愿失业。在这些限制条件下，就业资源的数量由这两个前提决定。增加就业的方法有四种：（1）完善机构组织、增加可预见性，以减少“摩擦”失业；（2）减少实际工资表示的劳动负效用，从而会有更多的劳动者愿意工作，以减少“自愿”失业；（3）工资品行业中的边际实物劳动生产率的增加；（4）或者非工资品的价格相对于工资品价格而增加。

生活经验告诉我们，劳动者要求得到的是货币工资而不是实际工资，这是正常情况。工人会拒绝货币工资的降低，但是如果工资品的价格上涨，他们却不会拒绝工作。

新古典主义学派认为，经济萧条的典型特征失业是因为劳工拒绝接受货币工资的下降，但是事实并非如此。如果现行的实际工资确实达到最低限度，而在低于这个限度下，愿意工作的劳动者不会超过限制的就业量，那么，非自愿失业就不会存在。传统理论坚持称，劳资之间的工资协议决定了实际工资，所以劳动者就可以将实际工资等同于在同一工资下雇主们提供的就业量的边际负效用。如果这是错误的，那么我们就不再有理由期望实际工资和劳动的边际负效用会趋于相等了。

如果货币工资变了，古典学派可能会争辩说，价格也会以同等幅度发生变化，那么实际工资和失业率基本上和以前一样。据凯恩斯所言，事实并非如此。他会证明决定实际工资的一般水平是其他因素。

货币工资的讨价还价会影响实际工资总量在不同劳动集体之间的分配，不会影响每一个就业者的平均实际工资，后者取决于一系列不同的因素。一群工人联合起来是为了保护他们的相对工资。实际工资的一般水平取决于经济系统中的其他因素。每个贸易工会都会反对削减货币工资。然而，每当生活成本上升时，工会却不会因此一次次地罢工。

非自愿失业的定义是：当工资品价格相对于货币工资略涨，愿意接受现行货币工资而工作的劳动供给总量，以及在同一货币工资之下的劳动需求总量都大于当前的就业量，那么人们就处于非自愿失业状态。只要古典主义的假设站得住脚，那么就不会发生失业。因此，显而易见，失业一定是转换工作之时的暂时性失业，或是因为高度专业化资源的需求时有时无，或是由于工会限制非工会人员就业的“限雇原则”。

如果新古典主义学派的理论仅适用于充分就业，那么将其用于解决非自愿失业难题无疑是不可取的。凯恩斯然后总结说，我们需要抛弃新古典主义的第二个前提，然后研究存在非自愿性失业的经济系统的运作规律。但是凯恩斯认同第一个前提。在既定的组织机构、设备和技术下，实际工资唯独和产量（还有就业量）相关；所以，只有在实际工资下降时，就业量才会增加。因此，如果就业量增加了，那么，从短期看，每个劳动者所得的以工资品表示的报酬必定会下降，从而导致利润上升。

让－巴普蒂斯特（Jean Baptise）曾说，供给会创造自己的需求。意思是，生产的全部成本必须用于购买生产出来的产品。因节制消费而解放的劳动和商品将会被用于投资生产资本品。换句话说，个人的一次储蓄会不可避免地引起一次投资。凯恩斯认为，有这种想法的人是被蒙蔽了。他们假设，节制当前消费和准备未来消费是紧密相关的；然而，后者的决定因素却和前者的决定因素毫不相关。

古典主义理论假设社会总产量的需求价格及其供给价格相同，这种说法就是“平行线公理”。如果这一点成立，那么其他的理论假说也就随之成立，例如私人和国家节俭对社会有利、看待利率的传统观点、古典学派的失业论、货币的数量论、自由放任在对外贸易上带来的不利影响，如此等等。

有效需求原理

要素成本是指企业家因生产要素的现行劳务而付出的成本。购买其他企业家的产品，再加上使用机器设备不让其闲置所产生的成本被称为使用者成本。产品价值超过要素成本的部分就是利润，也就是企业家的收入。因此，要素成本加上企业家的利润就构成总收入。

在技术、资源和每一单位就业量的要素成本均既定时，每个厂商以及整个行业的就业量都取决于企业家对产品所能带来的预期卖价。企业家会努力使就业量水平维持在卖价减去要素成本之余最大化的水平。如果就业量既定，此时的卖价大于总供给价格，企业家就会想要增大就业量，直到总供给与总需求相等。这就是有效需求原理。

这就是《通论》的实质内容，接下来的论述将主要考察影响这两大函数（总供给和总需求）的各种因素。

古典学派认为，供给创造自己的需求，这意味着劳动力的供给和需求是均衡的，充分就业一直存在。有效需求并不是具有唯一的均衡值，而是具有无限个、均可接受的均衡值。从而，除了劳动的边际负效用所定的上限外，就业量的大小也是不确定的。萨伊定律意味着，充分就业不存在任何障碍。

这种就业理论想说明什么问题呢？它假设，单位劳动力的货币工资和其他要素成本是恒定的。当就业量增加时，收入也随之增加。因此，如果增加的就业人员仅被用于增长的即期消费，那么企业家便会蒙受损失。这样，为了维持既定的就业量，就必须要有足够量的现行投资来吸收总产量超出社会消费量的部分。

考虑到人的消费倾向，就业的均衡点（也就是雇主此时并不愿意扩大或者缩减雇员）取决于现行投资量。同时，流动资金量又取决于投资诱导。而这取决于资本的边际效率曲线与期限和风险不一的贷款利率结构之间的关系。

因此，我的结论是在消费倾向和新投资率既定的情况下，只存在一个均衡水平的就业量；因为，任何其他水平的就业量都会导致产量的总供给价格和总需求价格之间的差异。这就是《通论》的实质内容。充分就业的有效需求只是个特例，只有当消费倾向和投资诱导之间维持一种最优关系时才会发生。

经济系统可能在没有达到充分就业时就已经处于稳定均衡状态，也就是在总需求函数和总供给函数相交之处。

消费倾向和新投资率二者一起决定了就业量，而就业量又决定实际工资——并不是颠倒过来的情况。如果在一个未来可能富裕的社会，投资的诱导力量微弱，那么，尽管可能有富裕的潜力，但是，有效需求的工作原理会迫使它减少实际产出，结果是，这个社会愈加贫穷，一直到产量超出消费的部分减少到与微弱的投资诱导相适应为止。在富裕的社会中，不仅边际消费倾向微弱，而且，由于它的资本积累已经较多，除非利率下跌得够快，否则就难以吸引进一步的投资机会。这使我们注意到利率论，思考为什么利率不能自动下跌到合适的水平。因此，凯恩斯总结说，分析消费倾向、定义资本边际效率以及利率论是应当必须研究的三个知识缺口。

忽略总需求函数是李嘉图经济学的基本原则——李嘉图是对的。有效需求的难题并没有出现在马歇尔、埃奇沃斯（Edgeworth）、庇古等人的著作中。它的逻辑上层结构庞大而连贯，这赋予了它一种审美上的优越。但是，它的缺憾是不能进行科学预测，凯恩斯写道：

> 普通人也能看到经济学理论和事实的差异，因此越来越不愿意向尊敬其他学科的工作者那样尊敬经济学研究者，因为，其他学科的理论在应用于现实时，能够符合现实观察的结果。[1]

1 *The General Theory*, 33.

第二篇：定义与观念

单位的选择

凯恩斯在写作中受到三个难题的困扰：（1）适合分析整个经济系统难题的单元问题；（2）预期在经济分析中的作用；（3）收入的定义。经济学家一般使用的单位如国民所得、实际资本存量以及一般价格水平，并不令他满意。因为这些概念并不能用价值进行合理衡量，不如不用。

谈到就业论，凯恩斯提议只使用两个基本概念：货币量和就业量。衡量就业量的单位是“劳动单位”，每一劳动单位的货币工资是“工资单位”。在研究整体经济系统行为时，如果仅仅盯住货币和劳动这两大单位，那么就可以避免很多不必要的困扰。当处理孤立的个体厂商时，可以使用特定的产量和设备单位分析具体案例。

预期决定产量和就业

一切生产的最终目的都是为了满足消费者的需要。同时，企业家也受到预期引导：包括短期的和长期的。短期预期与“制成”品相关。长期预期关心的是将来收益，即：如果企业家购买制成品来增加自己的资本设备，他希望以此能获得的未来收益。正是这些预期决定了企业将会提供的就业量。

现在，一般来说，只有一段时间之后预期的改变才能对就业产生充分的影响。每种预期状态都会有相应的长期就业水平。假设某次改变使得新的长期就业水平比过去的高，那么就业量刚开始不会增长太大。然而，就业会逐渐增长。因此，预期的改变能够在其发生作用的过程中，造成像经济周期那样的波动形式。任何时期，就业量不仅仅取决于当下的预期，而且也取决于过去一段时间内的预期。

收入、储蓄和投资的定义

企业家的收入是指制成品的卖价超过主要成本的部分。这个收入也就是我们常说的毛利润，这取决于他的生产规模，他总是努力使其最大化。

有效需求不过是企业家从他决定提供的就业量那里期望得到的总收入，包括他在其他生产要素方面的收入。有效需求是总需求函数上的某一点，该点的需求是有效的，因为，考虑到总供给情况，该点对应了企业家的预期利润最大时的就业量。在计算企业家的净收入和净利润时，我们通常会将补充成本（预期的折旧超出使用成本的部分）的估价从上面定义的收入和毛利润中减去。在企业家作为生产者决定是否使用设备时，主要成本和毛利润是两大重要概念。但是当他作为消费者时，他会将补充成本当作主要成本的一部分。

储蓄和投资

储蓄是指超过消费支出的那部分收入。消费支出可定义为全部消费量减去企业家之间的购买量。现行投资是（由于本期的生产活动）在资本设备上造成的额外价值。这和我们定义的储蓄相等。其原因在于：储蓄是收入中没有用于消费的部分。

每位消费者的收入都是部分用于消费，部分存储起来。投资者也将他们的收入用于消费和投资。因为收入 = 产出的价值 = 消费 + 投资，而储蓄 = 收入 - 消费，因此储蓄 = 投资。总收入和总储蓄是个体在消费和投资上自由选择的结果。二者都不能脱离上述有关消费和投资的决策，而根据另一系列决策得到独立的数值。因此，消费倾向的概念将会代替储蓄倾向。

进一步考察储蓄和投资的意义

投资包括资本设备的增加额，不论是指固定资本、营运资本或是流动资本而言。投资的定义若有重大差异，那么，就是因为将这三种资本的一种或者一种以上排除之外。企业家在寻求当前和未来利润最大化的条件下，决定就业量（还有产出和实际收入）。然而，能够使他们的利润最大化的就业量，又取决于总需求函数。总需求函数代表在各种不同设想条件下他所预期的来自消费和投资的产品卖价。

不可能仅有买家而没有卖家，或者仅有卖家而没有买家。如果个人的交易相对于整个市场太过渺小，那么他倒是可以忽视需求不是单方的这一事实。但是，当我们谈到总需求时，这样做就毫无道理。这就是总体经济行为理论和个体行为理论的本质区别。后者认为，个人需求的改变并不会影响他 / 她的收入。

第三篇：消费倾向

就业量是总供给函数和总需求函数的交点决定的。而总需求函数的作用一直被我们忽略了。该函数说明了任何既定的就业水平与该就业量预期能实现的“卖价”之间的关系。社会对消费品的支出受到多种因素的影响：社会收入、其他客观的附带情况，消费者的主观需求、心理倾向和习惯，以及社会收入的分配原则。

影响消费倾向的客观因素主要有：（1）工资单位的改变（消费更多的是实际收入函数，而不是货币收入的函数）；（2）收入和净收入之间差额的改变；（3）在计算净收入时，没有计入资本价值的意外变动；（4）时间折算贴现率的改变，即现有物品和未来物品交换比例的改变；（5）财政政策改变。如果财政政策有意地提升收入的平均分配水平，那么它对增加消费倾向将会有更大的影响。当政府政策从借债转变为设置偿债基金（或作相反的转变），就能造成有效需求严重的收缩或明显的扩张；（6）人们改变对现在和将来收入水平差距的期望。所以，我们得出的结论是，在既定的条件下，如果我们消除以货币来表示的工资单位的变化，消费倾向函数可能是相当稳定的。虽然其他因素可能会发生变化，但是以工资单位衡量的总收入是首要变量，它决定了总需求函数的消费部分。

如果个体的实际收入增加了，他的绝对消费量不会增加同等数量，所以绝对储蓄量增加了。这意味着，如果就业和总收入增长，那么并不是所有新添的就业量都会用于满足新添的消费量。另一方面，就业减少导致收入减少，这可能不仅会导致一些个人超支，而且可能会导致政府出现财政赤字或者要借款来提供失业救济。除非消费倾向发生改变，否则就业只会伴随着投资的增长而增长。

其原因在于：当就业增加时，消费者的开支小于总供给价格的增加，所以除非投资增长以填补二者的差距，已增长的就业就是无利可图的。

远在需要花钱重置资本设备之前，偿债基金就抽掉了消费者的购买力。例如，在美国，截至1929年，之前五年的资本设备过度扩张，不需更换设备的厂房也有着巨额的偿债基金和折旧费用，以至于仅仅是吸收这些金融款项就需要大量的新投资。同时，要想找到更多的新投资，以利用当时处于充分就业下的丰裕社会的储蓄，那几乎是毫无希望。仅此一项就足以造成经济衰退。此外，由于那些有能力的大型企业总是在经济萧条中采取类似的财务稳妥态度，所以它严重阻挠了经济在较早的时刻进入复苏阶段。

随着资本存量的增加，我们越来越难以使资本投资超过资本负投资，从而足以弥补净收入和消费之间的差额。只有人们预料将来的消费支出会增加，新资本投资才能超过现有的资本负投资。资本并不独立于消费而存在。恰恰相反，作为长期习惯的消费倾向每一次减少，都会造成资本需求和消费需求的减少。

消费倾向 II：主观因素

在以工资单位来衡量的总收入和我们已经讨论过的客观因素都既定时，决定消费开支的还有主观因素和社会因素。有8个主观动机促使个人节制消费：（1）积累资金以备不时之需；（2）为了已经预料到的个人所需开支与其收入之间的关系做准备（例如为了养老）；（3）为了获得利息和财产增值，即：为了以后更多消费而节制现在的消费；（4）享受开支的逐渐增长；（5）享受独立性和干出一番事业的荣誉；（6）为了投机而积累本钱；（7）为了能留下遗产；（8）纯粹想做守财奴，不合情理而且坚定不移地禁止消费行为。

企业和政府也有节制消费的动机。例如，防止进一步的投资（保证现金持有量）；促进收入的稳定增长；财政稳妥心理的影响。然而，也有一些动机导致消费超过了收入。这取决于文化和制度因素，受制于积极动机和消极动机的相互角力。

短期消费的改变主要取决于收入（以工资单位来衡量）利率的改变，而不取决于在既定收入下消费倾向的改变。利率的改变对实际储蓄的影响是巨大的，但是通常与我们预期的影响相反。原因在于：总储蓄取决于总投资；利率的升高会使投资减少；利率升高会导致收入减少，从而储蓄和投资以同等程度减少。

既然收入减少的绝对量会比投资多，那么，当利率上升时，消费率确实会下降。但是这并不意味着储蓄会增加。恰恰相反，储蓄和消费二者都会减少。如果收入不变，利率升高可能会促使储蓄增加。但是，如果高利率阻碍了投资，那么我们的收入必将减少。我们越是节约，那么当利率相对于资本边际效率而言是上升时，我们的收入就会下降得越多。

边际消费倾向和乘数

凯恩斯的学生理查德·卡恩发明了就业乘数概念，因为就业量将会是净增减投资量的函数。收入的增减会引发更小幅度消费的增减。边际消费倾向可定义为下一次的产量在消费和投资之间进行分配的倾向。

凯恩斯然后又引入了投资乘数概念。它能说明如果总投资增加了，收入也会增加，增量等于投资增量乘以乘数系数。如果想要消费掉收入的每一分增量，那么经济就会动荡，价格会无止境地飙涨。除非公众准备增加储蓄，否则投资不会增长。而只有当公众的总收入增加时，他们才愿意增加储蓄。因此，花费掉一定的收入增量将会刺激产出，收入因而会出现新增长，而这会产生足够的储蓄余量足以相应地引出投资的增长。

乘数效应说明了，促进实际收入增长需要增加多少就业，才能刺激公众增加必要的储蓄，而乘数效应也是一个包含公众心理倾向的函数。

如果边际消费倾向仅略大于零，那么投资的微小波动就会导致就业也发生微小波动。同时，可能需要加大投资以达到充分就业。如果多余的消费是进口品，那么乘数效应可能会波及外国。然而，我们必须用乘数效应的一般原理来解释，虽然投资量占国民收入的比例相对较小，但是它的波动为何能够对总就业和收入产生更大的影响。在某些情况下，例如资本品行业扩张前景未知时，投资量的影响要过一段时间才会消除。这在分析经济周期时非常重要。

边际消费倾向越大，乘数越大。在既定的投资变动下，就业量受到的影响也就越大。有人可能会认为，储蓄占收入比例小的贫穷社会比储蓄占比大的丰裕社会（从而乘数的数值较小）更容易发生剧烈的经济波动。这其实忽视了边际消费倾向和平均消费倾向影响的不同之处。虽然对一定比例的投资变动来说，高边际消费倾向会对其产生相应的影响，然而，如果平均消费倾向也较高，那么，它对绝对量的影响还是微小的。虽然贫穷社会的乘数较大，但是假若丰裕社会的现行投资占当前产出的比例比贫穷社会的大得多，那么丰裕社会投资波动对就业的影响就大得多。

当失业问题严重时，在公共工程上雇用一定量的人员，会比在接近充分就业时对总就业量产生更大的作用。凯恩斯总结说，如果我们假设在失业问题加剧时，储蓄在收入中的比重变小；那么，仅从节约救济资金的角度看，即使本身效用尚未证实的公共工程也能在失业严重时再一次自给自足。然后，凯恩斯提出了一条广为人知的公共工程施工方法：

> 如果财政部在旧瓶子中塞满钞票，把瓶子埋入废弃煤坑里，用城市垃圾把废坑填平，然后听任私人企业依据自由放任的原则再把钞票挖出来……那么失业问题就不复存在，而且在后续影响的推动下，社会的实际收入很可能变得更多。确实，建造房屋之类可能是更合理的办法；但是如果实际做起来有困难，那么以上的提议可以说聊胜于无。[1]

如果随着充分就业的临近边际消费倾向稳定下降，那么，我们会发现要想通过加大投资而保证就业增长就变得难上加难。

1 *The General Theory*，129.

第四篇：投资诱导

资本边际效率

借助于资本资产的预期收益及其供给价格或重置成本之间的关系，可以推出资本资产增加一个单位的预期收益和该单位的重置成本之间的关系，我们把这种关系称为资本边际效率。凯恩斯对此做出更确切的定义，他认为资本边际效率是一种贴现率。考虑到资本资产可用期内提供的预期收益，该贴现率能使多期年金的现值与该资本资产的供给价格相等。这是某一具体种类的资本资产的边际效率。不同资本资产边际效率的最大值即可被当作一般的资本边际效率。对于每一种资产，我们均可做表格或者曲线说明：要想使资本边际效率降低到某一特定数值，在同时期需要增加多少的投资量。然后，将这些结果相加可得到投资需求曲线；或者称为资本边际效率曲线。

显而易见，人们会逐步推高实际的现行投资率，以致没有任何一种资产的资本边际效率能够大于现行的利率。换句话说，观察此时投资需求曲线上投资量的位置，会发现一般资本边际效率等于现行的市场利率。

对资本边际效率的意义及重要性的最大混淆之处源于未能认清这一事实：资本边际效率取决于资本的预期收益，而不仅仅取决于其现行收益。货币贬值的预期能刺激投资，从而也能增加就业，因为贬值能提升资本边际效率。

通常，我们会错误地认为，货币价值的预期变化将直接作用于利率，而不是一定存量的资本的边际效率。既有资产的价格总会针对货币价值预期的改变而调整。对产量的刺激取决于既定资本存量的边际效率相对于利率的上升值。未来利率下降的预期会降低资本边际效率；因为，这意味着机器设备今天生产的产品将要在其使用期内，与成本较低的机器设备所生产的低价产品相竞争。

既定存量的资本边际效率取决于预期的改变，理解这一点至关重要。因为，主要是这种依赖关系使得资本边际效率具有剧烈的波动性，而这种波动性可以解释经济周期。资本边际效率相对于利率的波动起伏，可以用于解释并分析经济繁荣与萧条的交替出现。

总之，资本边际效率曲线至关重要。因为，对未来的预期主要是通过这个因素（而不是利率）影响现在。即使以利率而论，它实际上不过是当期的现象。如果我们把资本边际效率也降低到同等水平，那么，我们在对当前均衡的分析中，就会割断将来对现在的直接影响。

长期预期状态

长期预期不仅仅取决于我们所做的最可能实现的预测，还依赖于我们做出这些预测时的信心。信心很重要，因为它是决定资本边际效率曲线（也就是投资需求曲线）的主要因素之一。

投机信心减弱或者信用水平下跌都会引起资产价格的暴跌，而这会对资本边际效率产生灾难性的影响。当企业化为投机旋涡上的泡沫时，投机的前景也变得严峻了。

除了由于投机造成的动荡，还有由于人性而造成的动荡。我们积极行动的很大部分是出于自发的乐观而不是数学推导，不论这种乐观情绪是源于伦理支撑、享乐推动还是经济考量。我们在决定主动做事时，大部分情况下要很长时间才能得知事情的结果，这起源于动物本能—— 一种自发的采取行动，而不是无所事事的冲动；我们不是先把效用和概率乘起来，算出加权平均数，然后再采取行动的。

如果动物本能有所减弱，而自发的乐观精神又萎靡不振，我们就只能依靠数学推导了。这样的情况下，企业便会萎缩衰亡，虽然现在害怕企业破产与过去期望大赚特赚一样，都没什么道理。只有当合理的计算得到动物本能的补充和支持时，个人才会有充分的积极性。这样，虽然失败的结局往往击垮企业家，而这也得到经验的证实；但是，就像健康的人会暂时搁置死亡的预期，创业者也会暂时搁置失败的结局。不幸的是，这不仅会加剧经济衰退和萧条，而且还使得经济繁荣高度依赖政治气氛对一般工商业者的友好程度。

然而，我们不能由此认为一切都取决于非理性的心理波动。恰恰相反，长期预期状态往往是稳定的。而且，就算当它不稳定时，其他因素也会施加补偿性影响。我们内在的行为冲动推动车轮运行，而我们的理智尽其所能，在能够计算的时候加以计算，以便做出最好的选择；但是当动机不足时，经常会因为一时兴起，或感情用事，只是为了碰碰运气便铤而走险。

利率的一般理论

什么因素决定利率？[1]我们发现，人们认为利率取决于资本边际效率曲线和储蓄心理倾向之间的相互作用。我们还应该考虑个人的流动性偏好。一个人的流动性偏好是指，他所拥有的以货币来衡量的资产中，在不同的情况下愿意以货币形式贮存的资产的价值。

利率可以定义为，在一个特定时期内放弃流动性的报酬。另一个影响利率的因素是货币量。它和流动性偏好一起决定在既定情况下的实际利率。

流动性偏好的存在是因为未来利率具有不确定性，也就是指，不同期限债券的未来利率复杂难辨。凯恩斯区分了三类流动性偏好：（1）交易动机，即：当前交易需要现金；（2）谨慎动机，即：为了安全起见，把全部资产的一部分以现金的形式保存起来；（3）投机动机。一般来说，我们可以假设：体现货币量和利率之间的关系的流动性偏好曲线是一条平滑的曲线；该曲线表明：随着货币量增加，利率会下降。

然而，虽然货币量的增加可能会导致利率下降，但是，如果公众的流动性偏好比货币量增长得快，那么利率就不会下降。虽然利率下降可能会引起投资量上升，但是，如果资本边际效率曲线比利率下跌得更快，那么投资量就不会上升。虽然投资量上升可能会增加就业，但是，如果消费倾向下跌，那么就业量也不会增加。最后，如果就业量增加，那么价格将会上升；上升的幅度部分取决于物质供给函数，部分取决于以货币衡量的工资单位是否易于提高。当产量增加、价格上涨后，就会影响流动性偏好，从而增加必要的货币量，以维持一定水平的利率。

---

1 凯恩斯在附录中（*The General Theory*，186-193）概述了这个问题以前的答案。

贮藏货币可能被认为是最接近流动性偏好的一个概念。我们习惯忽略利率和贮藏货币之间关系，这可能在一定程度上解释了为什么通常认为利息是不支出的报酬，然而实际上它是不贮藏货币的报酬。

古典学派的利率论

一直以来，经济学家提出实际建议的基础理论——新古典主义经济学原则都认为，支出的减少往往会降低利率，而投资的增长会提高利率。但是，如果这两个变量决定的不是利率（古典主义的利率观），而是总就业量呢（凯恩斯的观念）？那么，对经济系统运行机制的看法就会发生深刻的改变：人们从非常不同的视角看待消费意愿的下降。以前认为这个因素能促进投资增长，现在认为它会减少就业。传统分析方法忽视了这一事实：收入取决于投资，当投资改变时，收入必须发生必要的改变，以使得储蓄和投资的变化值相等。

流动性偏好的心理动机和商业动机

人们对流动性偏好有着不同的动机：（1）收入动机（为了在两次收入之间的支付之用）；（2）商业动机（在得到销售款之前支付业务开支）；（3）谨慎动机（以备不时之需）；（4）投机动机（在传递货币总量改变的影响上非常重要）。为了满足投机动机而引起对货币需求的总量，通常会随着利率不断变化而持续调整。这就是说存在一条连续性的曲线，呈现满足投机动机的货币需求量的变动与不同期限的债券和债务的价格变动（即利率变动）的关系。

新闻的变化会引起预期的改变，流动性函数自身也随之变化。这种变化是不连续的，同时也会对引起利率的不连续性变化。通常情况下，是利率的变化，而不是现金的重新分配，对新闻变化的反应最强烈。

人们因为交易动机和谨慎动机而持有现金，这两个动机与投机动机不同，而且基本上是相互独立的。交易动机取决于收入水平，而谨慎动机取决于当前利率和预期状态。利率受到心理作用的高度影响。它不会低于在充分就业时的水平，否则会引发实际的通货膨胀。在通货膨胀中，出于交易动机和谨慎动机而持有的现金总会吸收掉日益增加的现款。如果利率高于充分就业时的水平，市场的长期利率就不仅取决于货币主管当局的现行政策，而且也取决于对这些机构将来政策的预期状态。

货币量的变化和利率的变化之间存在一种特别的直接联系。这是因为，银行系统和货币主管当局经营的是货币和债务，而不是资本品或消费品。货币主管当局针对期限和风险不一的债券建立一整套利率的能力受到以下因素的限制：（1）货币主管当局自身的限制，它们实际上仅愿意经营某一类特殊的债券；（2）如果利率降低到某个特定水平，此时流动性偏好就几乎会成为绝对的偏好，也就是说人人都宁可持有现款，而不愿持有债券，因为债券的利率太低；（3）利率稳定性彻底崩溃；这常见于通货危机中，会导致资本外逃。

货币数量理论的一大缺陷是：它没有区别由于产量变化而引起的价格变动和由于工资单位变化而引起的价格变动。这一忽略也许是因为假设人们没有贮藏货币的倾向，也假设充分就业永远存在。

关于资本性质的几点考察

就业的唯一动机就是消费预期。消费预期的削弱会对就业产生消极影响，这一结论应当毫无矛盾之处。人们储蓄是期望有所收益。预期收益完全取决于人们对有效需求与供给条件之间未来关系的预期。如果储蓄不能推动预期收益的增长，那么它也不能刺激投资增长。令新投资品的生产者满意的预期收益不能低于现行利率所规定的标准。而现行利率取决于持有流动性资产和持有非流动性资产的欲望的强弱，以及这两种财富形式之间的相对供给量。

资本必须长期保持足够的稀缺性，以便能使其边际效率在其有效期内至少能达到与利率相等的水平，而利率则是由心理状态与社会组织所决定。英国和美国的战后经验是现实的例证。它表明，社会累积的财富体量巨大，以至于其资本边际效率下降的速度超过利率在主导的社会制度和心理因素影响下可能有的下降速度。这一情况，在以自由放任为主的社会条件下，会损害生产技术水平本可以满足的合理就业和生活水平。凯恩斯写下了这段值得铭记的话：

亿万富翁们建造巍然的豪宅来容纳他们活着时的肉体，建造金字塔来保卫死后的身躯，或是，为了忏悔罪恶，兴建教堂、捐助教会或国外布道使团，这样，充盈的资本损害充沛的产品之日得以推迟。用储蓄的钱来偿付“在地上挖窟窿”的费用不仅会增加就业量，还会增加有用产品和劳务构成的国民收入。[1]

我们假设已经采取措施来保证利率能符合充分就业情况下投资量的需求。我们还假设国家会采取控制手段来促使资本设备增长到饱和点，而增长的速度则不致对当前一代人的生活水平造成严重的负担。基于这些假设，凯恩斯提出，如果一个社会管理良好，拥有现代技术资源，而且人口增长并不迅速，那么应当能在一代人的时间内把就业均衡时的资本边际效率降低到零左右。这将会使我们的社会处于接近静止的状态，那时变动和进步只能来自技术、偏好、人口和制度的改变。

凯恩斯推测说，要使资本品充盈到资本边际效率为零的程度还是比较容易办到的。这可能是逐渐消除资本主义诸多缺点最合理的方式。人们加以思索就会发现：积累的财富逐渐丧失升值力，这将会带来多么巨大的社会变革。人们仍然能够累积收入，以备日后之用，但是，他们积累的财富将不会升值。

利息和货币的根本性质

为什么产量和就业量与货币利率的关系更为密切，而不是和其他的产品利率呢？凯恩斯是这样解释的：

货币的利率似乎在限制就业水平上有着特殊的作用。如果某一资产资本要成为新产品，那么它的边际效率必须达到货币利率所指定的标准。[2]

---

1 *The General Theory*，220.

2 *The General Theory*，222.

货币利率，如前所述，不过是一笔合同规定的将来支付的款项超过其现值的百分比，这也就是我们所说的合同规定的未来支付款项的“现货”价格。可以这样说，每一种耐用消费品（例如小麦）自身都有一定的利率。大宗商品（例如小麦）的现货合同和期货合同的差别与小麦的利率之间有着必然的联系。然而，既然期货合同上所规定的到期交货的价格是货币单位，而不是用现货小麦做单位，那么自然就会引入货币利率问题。

不同商品的利率（即它们自身的利率）与商品的期货和现货价格之间的关系并不相同。然而，结果是，货币的利率与产量和就业量的关系更为紧密。随着产量增长，与其他商品利率相比，货币利率自身作为标准并不趋于下降，这就解释了本节开篇提出的问题。因为，无论从短期还是从长期看，货币的生产弹性很小，甚至接近为零。货币的生产不是件容易的事。因此，货币利率相对来讲很难下降。第二，货币的替代弹性等于或接近于零。这意味着当货币的交换价值上升时，人们并不倾向用其他要素来替代它。第三，我们所习惯的经济类型中，货币利率往往很难进行充分的下降。

货币工资往往具有黏性，比实际工资要稳定得多。这会限制以货币为单位的工资的下跌趋势。然后我们还要考虑流动性偏好。在某些情况下，这将会使得利率不能对货币数量（相对于其他的财富形式）的大幅增加做出敏感的反应。换句话说，如果超过一定的数值，那么流动性的收益不会随着数量的增加而下降；即使会下降，其微弱的程度也赶不上其他种类资产在数量增加时收益下降的程度。

货币利率的重要性可见于货币特点的共同作用，即：因为流动性偏好动机的作用，货币利率可以不随货币量在以货币计量的财富形式中的占比变化而变化；货币自身（可能）有零（或可忽视的）生产弹性和替代弹性。

如果所有可用资产自身利率的最高值等于所有资产的边际效率（用自身利率最大的资产作为衡量单位）最高值，投资量就不可能再增加了。在充分就业状态下，上述条件必然会得到满足。但是，如果某种资产具有零值（或相对较小）的生产弹性和替代弹性，在产量增加时，它自身的利率又比用它自身做衡量标准的各种资产的资本边际效率下降得慢，那么，在未达到充分就业之前，这些条件也可能得到满足。

合同是固定的，而以货币计量的工资通常是稳定的，这毫无疑问给予了货币很高的流动性溢价。然而，仅靠这一点不足以促成货币利率所拥有的特点。商品的产值不可能会比其货币价值更稳定。因此，人们之所以认为以货币为衡量单位的工资具有相对大的黏性，是因为在流动性溢价减去保管费之后，货币的余额比其他任何资产多要大。

对于每一个利率来说，都存在一个使其成为“自然率”的就业水平。这意味着，在该自然率和就业水平下，经济处于均衡状态。

重述就业通论

本节将简述就业通论的内容。凯恩斯认为（经济制度的）既定因素有：现有的技能和劳动量、现有设备的质量和数量、现有的技术水平、竞争的激烈程度、消费者的品位和习惯、不同强度劳动的负效用、监督与组织活动的负效用以及决定国民收入分配的社会结构。

自变量有：消费倾向、资本边际效率曲线、利率。因变量是就业量和国民收入。

资本边际效率曲线既取决于既定因素，也取决于不同种类资本资产的预期收益。而利率既取决于流动性偏好，也取决于货币数量。凯恩斯因此总结说，我们有时可以认为，最终的自变量包括：（1）三大基本心理因素：消费倾向、对流动性的态度、对资本资产预期收益的估计；（2）由雇主和雇员间讨价还价确定的工资；（3）中央银行的行为所决定的货币数量。这些因素共同决定了国民收入和就业量。如前所述，我们想要寻找在任一时期中，是什么因素决定了某一既定经济制度的国民收入及其就业量。我们的最终任务是，在现实经济制度下，选择出中央当局能够着意加以控制或者管理的变量。

货币通论综述

投资诱导可以促使新投资达到某一数值；在此数值，每种资本资产的价格和它的预期收益一起可以使总资本边际效率大致等于利率。资本品产业物质供给的条件、对预期收益的信心、对流动性偏好的心理预期以及货币量一起决定了新投资的水平。但是，投资量的增加/减少一定会带来消费水平的增加/减少；因为公众的行为特点是，如果收入增加/减少，那么他们只愿意扩大/缩小收入与消费之间的差距。消费量的改变和收入的改变保持相同的方向（虽然前者的数量较小）。消费的增加必定伴随着储蓄的增长，这二者的关系可以用边际消费倾向加以说明。投资的增量与相应的总收入的增量（用工资衡量）之间的比值可以用投资乘数加以说明。如果我们假设就业乘数等于投资乘数，那么我们可以将上文所述的各因素所致的投资的增加量/减少量乘以投资乘数，以此推出就业的增量。就业的增加/减少会提高/降低流动性偏好曲线。就业量的增加会以三种方式提升对货币的需求量。因为，当就业增加时，即使工资和价格不变，产值也会增加。但是，随着就业的改善，工资自身也会上涨，由于短期成本的增加，产量的增加会引起价格（以工资单位来衡量）的上升。因此，这些关系会影响经济均衡点；还有其他关系也会影响。此外，在上述的这些变量中，没有一个不会毫无征兆地发生变化，而且有时候改变的程度很大。由此可见，现实事件的变化是极端复杂。尽管如此，如果我们将这些因素孤立地研究，还是有用的。如果按照上述的理论框架来考察现实问题，就会使问题更易于掌握，我们用现实的直觉来处理问题就不会那么棘手。

我们现在的经济体系有这样一个特征：虽然它的产出和就业上波动较大，但是，它并不是非常不稳定。它似乎能够在很长的时间里，将经济活动保持在正常水平之下，同时又没有趋于恢复或者完全崩溃的显著倾向。充分就业是例外，而不是常态。因此，凯恩斯考虑什么样的心理倾向能导致稳定的经济系统，它们是否能存在于我们生活的世界中。

上述分析想要的稳定条件包括：（1）边际消费倾向能使乘数大于 1，但不会特别高；（2）资本预期收益或利率的温和变动不会造成投资量的巨大改变；(3)就业的改变不会引起货币工资朝同一个方向改变(这是有关价格稳定的条件，而不是有关就业的稳定条件）；（4）如果在一段时间里，投资量持续大于 / 小于过去的量，那么它就会有助于减少 / 增加资本边际效率，而且减少 / 增加的量不会很大。

这四条足以解释我们实际经验的特点，即：我们明显在充分就业之下、最低就业水平之上的一个中间位置上下波动；如果达不到最低就业水平，基本生活就会受到威胁。

第五篇：货币工资与价格

新古典主义经济学声称，经济系统的自我调节性建立在货币工资弹性假说上；如果货币工资没有弹性，就将其归咎于管理不善。古典学派认为，在某些情况下通过降低制成品的价格来刺激生产，减少货币工资是可行的。凯恩斯批判该理论，认为既然我们不允许将在某一产业的上所得的结论类推到所有产业，那么，我们也不能回答货币工资的减少会对就业产生何种影响。凯恩斯说，以庇古的总结看，古典学派失业理论“毫无可用之处”。

然后凯恩斯提出了两个问题：（1）当整个社会的消费倾向、资本边际效率以及利率均保持不变，减少货币工资是否会直接增加就业量？（2）如果能够对这三个因素的产生一定的影响，那么减少货币工资是否可能引导就业量朝一定的方向发展？

对于第一个问题，我们知道，就业量只与以工资单位衡量的有效需求量具有相关性。有效需求是预期的消费和预期的投资之和，所以，如果消费倾向、资本边际效率和利率均保持不变，那么有效需求是不会变的。在这三个因素不变的情况下，如果企业家还要增加就业量，那么他们的收益必将小于总供给价格。

我们没有办法分析减少货币工资的影响，除非继续考察它对这三个因素可能的影响：（1）减少货币工资可能会降低价格，因此在一定程度上会导致实际收入的再分配。（2）收入会从工资劳动者那里转移到边际主要成本中的其他要素上，这些要素的报酬未削减。（3）收入从企业家那里转移到食利者那里，后者的货币收入是固定不变的。而这二者的净影响可能都是消极的。（4）如果我们研究的是一个开放的经济制度，那么货币工资是相对于外国货币工资而减少（两种工资均以相同单位来衡量），这种减少趋于扩大贸易顺差，显然有利于投资。（5）在开放的制度中，虽然减少货币工资可以增加贸易顺差，但是它也可能使贸易条件恶化，因此实际收入会减少。（6）如果货币工资是相对于未来货币工资而减少，那么它会增加资本边际效率，这有利于投资；出于相同的原因，它也可以有利于消费。但是，如果货币工资的减少使人们更加坚信未来工资会进一步减少，那么它对投资和消费会产生完全相反的作用。（7）工资的减少，再加上价格和货币收入的降低，将会缩减个人收入与企业整体发展的货币需求。这会导致利率降低，因此有利于投资。此时，对未来的预期将会朝上述第 6 点的反方向发展。（8）如果仅针对某一企业或行业削减货币工资，这总是会有利于该企业或行业，所以工资的普遍性削减也可以增强企业家的乐观情绪，从而打破恶性循环，摒弃对资本边际效率过分悲观的估计，促使事态再次正常运转。（9）过重的债务负担对企业家造成压抑的影响，这可能会将工资降低的欢快心情一扫而空。

我们没有理由相信，弹性的工资政策能保证充分就业状态持续；同样，在没有帮助的情况下，开放的市场货币政策也不达到这一目标。这两种方法都不能赋予经济系统自我调节的功能。

弹性工资政策和弹性货币政策有着天壤之别。凯恩斯从三个重要的视角阐述了这一点：（1）没有任何手段能统一削减每一种劳动者的工资。大多数国家都有权改变货币数量；（2）如果货币工资没有弹性，那么随着现有设备产量的增加，价格的变动会反映出设备边际生产率的减少；（3）通过减少工资来增加货币数量会相应地加重债务负担。同时，在保持工资不变的情况下，增加货币数量会得到相同的结果，但是对债务人却具有相反的影响；（4）如果要通过降低工资来降低利率，那么这会从两个方面压低资本边际效率，也就有了双重理由来推迟投资，延迟经济复苏。

根据以上论述，我们发现，如果劳动者按照逐渐减少的就业量而逐渐减少所要求的货币工资，那么，由于这对产量的不利影响，所以通常并不会减少实际工资，反而可能会增加实际工资，导致价格极其不稳。

考虑到这些情况，凯恩斯认为，对于一个封闭的经济系统来说，维持货币工资总体稳定是最应采用的政策。如果一国能通过浮动汇率来保持与他国的国际收支平衡，那么这一政策也适合于开放的经济制度。从长期看，考虑到技术进步的因素，工资应当缓慢增长，同时保持价格稳定。

就业函数

就业函数与总供给函数唯一的区别之处在于，前者实际上是后者的反函数，而且是以工资单位加以衡量的。就业函数体现了以工资单位来衡量的有效需求与就业量之间的关系；其目的在于说明，当一家厂商、一个行业或整个产业面临一定量的有效需求时，他们应该确定何种就业量才能使其产量的供给价格等于该定量的有效需求。

如何看待总需求的增量在不同商品之间的分配问题会极大影响就业量。例如，如果增加的需求大量流入就业弹性较高的产品，那么，由此增加的总就业量就会大于需求大量流入就业弹性较低的产品的情况。如果需求流往就业弹性较低的产品，那么，就算总需求不变，就业量也会下降。如果增加的需求流到就业弹性较低的产品中，那么其中的大部分将会成为企业家的收入，小部分成为工人的收入，结果可能是对支出造成不利影响。因为和工薪阶层相比，企业家可能会更多地把增长的收入存起来。

当有效需求不足时，就会出现劳动者就业不足；这意味着，有人愿意接受低于现行实际工资的工资而劳动，但仍处于失业状态。因此，随着有效需求的增加，就业也会增长（虽然实际工资等于或小于现行的工资），直到没有更多的劳动者愿意为这时的实际工资而劳动。

如果已经到达这种状态，而总支出仍在持续增长，那么会有什么样的后果呢？严格的均衡条件要求工资、价格以及利润与总支出做同比例的增长，而包括产量和就业量在内的“以实物衡量的”位置没有任何改变。这样，货币数量论就完全适用了。

然而，这一结论还要考虑以下的限制条件：（1）上升的价格可能会迷惑企业家，令其增加就业量，以至于超过他们能获得的最大利润（以产品来衡量）的水平；（2）因为企业家必须支付给食利者的那部分利润有着固定的数额（用货币来衡量），所以，上升的价格也会使收入再分配有利于企业家。在达到充分就业之后，价格的进一步上涨将意味着，要提升利率以阻止价格无限制地上升。货币数量增加的比例将小于支出增加的比例。

有效需求如果收缩到充分就业水平之下就会压缩就业量和价格。如果膨胀到这一水平之上，就仅仅会影响价格。这种非对称性不过是反映了这样一个事实，即：当实际工资小于某一就业量的劳动边际负效用时，劳动者总是可以拒绝工作。

价格论

我们可以认为，货币量的改变对价格水平的影响由两部分组成，即货币量的改变对工资单位的影响和对就业量的影响。我们可以进一步假设：（1）所有的失业资源都是相同的，其效率相同，可以在生产时相互替代；（2）只要存在计入边际成本的劳动要素，他们便不会要求增加现行的货币工资。在这种情况下，只要有失业现象，我们就会有持续的收益和固定的工资水平。就是说，只要失业现象存在，那么货币量的增加就对价格没有任何影响；而且，就业量会保持相同比例随货币量的增长而增长。只要达到了充分就业，和有效需求保持相同比例增长的就变成工资水平和价格。

货币数量论是指：只要存在失业情况，那么就业就会保持相同比例随着货币量的改变而改变；当达到充分就业时，价格会保持相同比例随着货币量的改变而改变。这是基于上文所提假设而建立的传统观念。凯恩斯然后引入了一些可能影响事态发展的各种复杂因素：（1）有效需求不和货币量做出同比例的改变；（2）由于资源并不完全相同，所以随着就业量的逐渐增加，收入可以递减，而不是保持不变；（3）工资在达到充分就业之前，已经趋于上升。

所以我们必须首先考虑货币量的改变对有效需求数量的影响；增加的有效需求一部分被用于增加就业量，一部分别用于提高价格水平。这样，我们遇到的不是失业情况下的价格不变，而是价格随着就业的增长而逐渐增长。因此，价格论必须研究上述所提的复杂因素。

1. 货币量的改变是通过影响利率进而影响有效需求量。考虑到不同因素的相互作用,我们还应该考虑这些因素。例如,流动性偏好(部分影响有效需求量),取决于新增货币中有多少被纳入收入和企业业务流通之中，而这种流通又取决于有效需求增加的程度，以及有效需求在提高价格、提高工资、增加产量和就业量之间的分配情况。如果我们掌握了全部的数据，那么就会有足够多的联立方程来获得具体的解答。只有在非常例外的情况下，货币数量的增加才会导致有效需求数量的减少。我们称有效需求量与货币数量之间的比例为“货币的收入流通速度”。这个比例受到许多复杂变量的影响。

2. 当既定设备的产量增加时，供给价格将要增加；产量增加将会导致价格上升。

3. 当产量增加时，会碰到一系列的瓶颈；这时某些产品的供给已经不再具有弹性，它们的价格必须上涨到某一程度，将需求引向其他方面。如果在普遍失业的情况下，有效需求发生温和的变化，那么，这种变化可能不会消耗在提升价格上，而主要消耗在增加就业上。同时，如果事先未料到有效需求发生了一次较大的变动，则会遇到一些暂时性的瓶颈。增加需求会消耗在提高价格上，起初提高的幅度较大，随后变小。

4. 在最终到达充分就业的临界点之前，我们在早期会到达一系列准临界点，那时有效需求的增加会趋于提高货币工资，虽然提高的程度并不完全等于产品价格上升的程度；当有效需求减少时，会产生类似的结果。

5. 以货币衡量的各种要素的报酬呈现出不同程度的刚性，而且，针对货币报酬的改变，它们也呈现出不同程度的供给弹性。

在边际成本中，与工资不成比例地变动而且变动幅度也较大的要素很可能是边际使用者成本。因为，当就业开始改善时，如果有效需求的增加导致人们都迅速改变更换设备的预期日期，那么边际使用者成本可能会急剧上升。

当有效需求量的增长不能进一步提高产量，而是完全被消耗于与它同比例增长的成本单位，我们就处于真正的通货膨胀状态。货币数量的任何增加都会造成通货膨胀的说法源于古典学派的基本假设条件。该条件认为，我们总是处于这种情况，即：生产要素的实际报酬的减少会导致它们供给量的下降。

我们如何看待货币量的改变及其对价格的长期影响呢？从长期看，价格几乎始终保持增长的趋势。因为，当货币相对充裕时，工资上涨；当货币相对稀缺时，人们总会采取措施来提高有效货币的数量。

国民收入和货币数量之间的长期关系将会取决于流动性偏好。而价格的长期稳定性和不稳定性则取决于总工资的上升速度与生产效率提高的速度二者之间的关系。

第六篇：《通论》引起的几点思考概述

略论经济周期

消费倾向的改变、流动性偏好的变化以及资本边际效率的波动都能够部分解释经济周期。但是，经济周期的时间顺序及长短的规律性则主要受到资本边际效率波动的影响。当然，伴随这种波动而发生的经济系统中其他重要的短期变量也会加重经济周期。

如果资本边际效率曲线突然暴跌，那么就会发生经济危机。暴跌之后，流动性偏好才开始扩大。这种暴跌可能非常彻底，无论利率降低多少都无济于事。市场信心的回归会有助于经济复苏。资本边际效率曲线的下跌也会对消费倾向产生负面影响，因为它会导致股价暴跌，对消费倾向产生消极影响，而这时却恰恰需要提升消费倾向。

凯恩斯然后讨论了这样的情形：资金不是非常充裕，整个社会不再需要合理使用资金。但是，这时的投资条件却是不稳定的、难以持久的，因为人们怀着投机的心理，而他们是注定要失望的。这就是投资不当的例子。一旦人们发现投机失败，那么乐观的情绪就会被悲观情绪所替代。这里的悲观是指过度消极的反应。经济周期正确的解决方法并不在于消除繁荣，从而使我们永远处于半衰退状态，而是在于消除衰退，使我们永远处于半繁荣状态之中。

除战争时期之外，凯恩斯怀疑近来是否有过充分就业的经济繁荣时期。严格意义上的充分投资从未发生过。因此，把高利率当作恢复繁荣的治疗方法是荒谬的。因为，如果这一假定能成真，那么，那些把病因归于消费不足的人就说对了。正确的方法应当是通过收入再分配等方法来提高消费倾向，因而能够用较少的现行投资量来维持一定的就业量。

如果无法实际增加投资，那么，除了增加消费之外，就没有办法提高就业水平。扩大产量有两种方式：（1）增加资本；（2）提高消费倾向。

最后，凯恩斯谈到杰文斯（Jevons）关于用农产品价格波动解释经济周期的观点。但是，农产品的重要性降低了不少，一是因为它在国内生产总值中所占比重大大降低，二是全球农产品贸易消除了丰收和歉收之间的差别。

略论重商主义、禁止高利贷法、加印货币以及消费不足论

凯恩斯在本节论述了贸易保护主义可能会提高国内就业水平。重商主义能增强一国优势。利率和投资量不具有自我调节性。凯恩斯希望在可能造成国内失业的情况下，不再使用银行利率来保护外贸平衡。重商主义从来不认为利率能够自我调节，达到合适的水平。恰恰相反，他们认为过高的利率取决于流动性偏好和货币数量。他们既关心流动性偏好的减少，也关心货币数量的增加。重商主义者认识到价格低廉的弊病，也知道过度竞争的危险性，这可能会使贸易损害国家利益。他们也认识到“怕货”（即阻止进口以保护国内就业）和货币稀缺是失业的原因，这个观点在两个世纪之后被古典学派摒弃。重商主义者的政策一箭双雕：一方面国家可以出清不受欢迎的过剩货物，这被认为是失业的原因；另一方面，国家的货币总量增加了，带来的好处是利率下降了。

凯恩斯注意到，纵观历史，储蓄倾向大于投资诱导是一个长期的趋势。投

资诱导的微弱一直是经济问题的关键。

在历史上，从来没有一种像国际金本位那样有效的办法来造成一国与其邻国之间利益的对立。它使得国内繁荣直接取决于对市场的争夺和对稀有金属的夺取。不受国际事态影响的自主利率，再加上针对国内最佳就业水平的国家投资计划才会使本国和邻国同时得益。如果所有国家一起同时执行这些政策，那么，不论是用国内的就业水平还是用国际贸易来衡量，世界经济健康和力量都会得到恢复。凯恩斯指出利率经常呈现上涨过高的趋势。

他称赞了伯纳德·曼德维尔（Bernard Mandeville）的《蜜蜂的寓言》（*Fable of the Bees*）一书。曼德维尔坚持说，是消费而不是储蓄促进了经济繁荣；这个观点在当时并不受欢迎。马尔萨斯（Malthus）在晚年发现，有效需求不足可以解释失业现象。

简述《通论》可能引起的社会哲学

我们现在的经济社会的显著缺陷在于，它没能够提供充分就业，在财富和收入分配上缺乏原则和公正性。

我们已经发现，资本的增长并不取决于消费倾向的减弱，反而会受到后者的阻碍；只有在充分就业的条件下，消费倾向的减弱才有助于资本的增长。经验告诉我们，在现今的条件下，企业的储蓄以及偿债基金所代表的储蓄已经足以满足需求，采用可能提高消费倾向的收入再分配措施可能会利于资本的增长。

凯恩斯已经指出，有效储蓄的程度必是由投资规模决定的，而投资规模的扩大得益于低利率的推动。最符合我们利益的做法是：在既定的资本边际效率之下，将利率减少到实现充分就业之处。

因此，我们实际上可以致力于提高资本量，直到它不再具有稀缺性。这样已经丧失其社会职能的投资者就不会再得到报酬；凯恩斯预见了“食利者的消亡”。仅凭银行政策对利率的影响似乎不大可能决定最优投资量。因此，凯恩斯感觉到，在某种程度上，投资的全面社会化将会成为取得近似充分就业的唯一手段。当然，这里需要国家当局和私人倡议之间进行一些折中合作。

凯恩斯旨在阐明，经济力量自由运行所需要怎样的环境，以便挖掘全部生产潜能。要实现充分就业所需的中央控制将会极大扩充传统的政府职能。凯恩斯对此辩护说，这既是避免破坏当前经济形式完整性的唯一可行方法，也是促进个体倡议成功运作的条件。

今天的集权主义国家似乎以效率和自由为代价解决了失业问题。可以肯定的是，世界上仍普遍存在现代资本主义式的个人主义。然而，正确分析问题也有可能治愈疾病，同时还保存了效率与自由。

凯恩斯指出，在自由放任政策和金本位制的条件下，政府被迫在国外争夺市场以缓解国内经济不振的问题。确实，除了改善贸易平衡之外，一切有助于解决长期失业的办法被都弃之不用。如果各国学会用国内政策达到充分就业，那么，就不会存在重要的经济原因使其与邻国的利益相对立。

最后，凯恩斯预测说，如果他的思想是正确的，那么在很长时间内其影响力都是毋庸置疑的。《通论》一书的结尾广为人知：

……经济学家和政治哲学家的思想……比普通人所设想的更有力量。确实，世界就是由他们统治的。讲求实际的人自认为他们不受任何学问的影响，可是他们经常深信某个已故经济学家的思想。当权的狂人道听途说，他们的疯狂想法不过是从以前拙劣的学术作品中提取出来的。诚然，这种影响不是立即产生的，而是要经过一段时间；因为，在经济学和政治哲学领域，25岁或30岁之后还能接受新理论影响的人是不多的，因此，公务员、政客甚至煽动家所应用的思想都不大可能是原创的。但是，不论早晚，不论好坏，危险的东西不是既得利益，而是思想理论。[1]

1 *The General Theory*，383-384.

第三章

资本主义还是社会主义？这是个问题

引言

温斯顿·丘吉尔曾说，资本主义之恶，是幸福不均；社会主义之善，是痛苦共享。丘吉尔的这段言论可能在20世纪三四十年代并不适用。那时资本主义的命运悬而未决。实际上持续了十多年的大萧条，是对资本主义社会的极大讽刺。然而苏联的社会主义制度却自称毫无资本主义极端经济波动的恶习，也没有失业现象。凯恩斯致力于帮助资本主义实现复苏。他的一篇文章中写道：

在我看来，如果资本主义管理得当，很可能成为现在所有体系中最能有效达到经济目标的体系；当然，资本主义自身有诸多令人厌恶之处。我们的难题是研究出一种社会制度，使其效率最大化的同时，仍保留着令我们满意的生活方式。[1]

他的同时代人约瑟夫· 熊彼特为马克思所折服。熊彼特研究了社会主义能否超越资本主义这个问题。他的研究结论是肯定的。他在《资本主义、社会主义与民主》一书中详细阐释了这个观点。该书于“二战”的1942年出版。两年之后，另一个流亡到美国的移民卡尔·波兰尼（1886–1964）也在《大转型》一

---

1 Keynes, J.M. (1931) *Essays in Persuasion: Politics*. London: MacMillan & Co., 321.

书中批判了盛行的资本主义体系。这两本书都是经典之作，自初版以来不断再版。

本章首先介绍了熊彼特和波兰尼的生平，然后呈现了《资本主义、社会主义与民主》和《大转型》两书的主要内容。

人物小传：约瑟夫·阿洛伊斯·熊彼特（1883–1950）

约瑟夫·熊彼特，阐发创新价值的先知、短期与长期经济周期的分析专家，其声誉与学术威望与日俱增。他当然是有史以来最具影响力的经济学家之一。他的学生罗伯特·海尔布伦纳在《世俗哲学家们》的一章中写道，熊彼特对资本主义的经济学分析最终得出了乐观的结论，然而——讽刺的是——他以非经济学理由对这个体系判了死刑。熊彼特另一个有名的学生是美联储前主席艾伦·格林斯潘。他说，就像其他有力的思想一样，熊彼特的“创造性破坏”一词也是简练至极。它在互联网浪潮中变成了流行语。其他学生还有诺贝尔经济学获得者保罗·萨缪尔森和罗伯特·索洛。海曼·明斯基在1986年预测了2008年的金融危机，他也是熊彼特的学生。马克思主义经济学家保罗·斯威齐（Paul Sweezy）也是熊彼特的学生。斯威齐说，熊彼特不关心他的学生思考什么，只要他们确实在思考就行。

《经济学人》对经济学家的评价是，他们大部分过着枯燥的生活，但熊彼特的生活可一点儿都不枯燥。有些观察家认为他是“可怕的顽童”。他最有名的妙语是，他有三个愿望：成为一个优秀的爱人、卓越的马术师、伟大的经济学家。他开玩笑说，这三个愿望中已经实现了两个，而且奥地利已经有太多卓越的马术师了。

他一直过着贵族式的生活。比如，在年少的时候上课迟到还穿着马裤。有时他能负担起舒适的好生活。1919年，作为奥地利的财政部长，他在维也纳租了好多别墅和公寓。自己驾着马车去财政部，有时还与聪明而又靓丽的应召女郎相伴。当他在1924年破落时，不得不在德国和美国写文章、做讲座来支付债务，最后他确实还清债务了。

他的一生

1883年是经济学收获颇丰的一年，因为约瑟夫·阿洛伊斯·熊彼特和约翰·梅纳德·凯恩斯都是在这一年出生的。1883年2月，熊彼特生于特里希（Triesch）（今捷克共和国特莱斯），这个摩拉维亚（Moravia）小镇当时是奥匈帝国的一部分。他的父母是德国天主教徒。父亲拥有一家纺织厂，他在约瑟夫4岁时就去世了，约瑟夫几乎不认识他。他的母亲约翰娜带着年幼的约瑟夫搬到了奥地利的格拉茨（Graz），这是为了让她的儿子尽可能获得最好的教育。约瑟夫11岁时，他的母亲和一位退休的将军结婚了。她说服丈夫搬到了维也纳。这座首都吸引了很多的人，包括知识分子和艺术家。在熊彼特到达维也纳的时候，奥地利的经济在快速发展；它拥有欧洲第四大工商业中心。

得益于他继父的贵族人脉，熊彼特可以就读特雷西亚学校，这是一所贵族子弟学校。在那里他学习了骑马和击剑。语言课程包括两门古典语和三门外语。在特雷西亚学习时，约瑟夫培养了一身贵族的举止、不规律的生活习惯和高雅的品位。但是这只是他个性的一个方面。另一方面，他是个富有好奇心的学者，广泛阅读法律、哲学、经济学和社会学的书籍。

熊彼特在维也纳大学学习法律。著名的奥地利学派经济学家欧根·冯·庞巴维克（Eugem von Bohm-Bawerk）指导了他的博士论文。1906年，年仅23岁的熊彼特完成了他的博士论文。然后，他在德国、法国和英国广泛游学。在英国的时候，他过着半贵族、半苦行僧的生活。他的贵族生活习性包括，量身定制的套装、打猎、观看戏剧、参见晚宴、在乡村别院度过周末等等。

在英国，他爱上了一名英国贵族女子格拉迪丝·西维尔（Gladys Richarde-Seaver），比他大了12岁。他们于1907年结婚，婚后就去往经济繁荣的埃及。熊彼特在开罗为一家意大利法律公司工作，并且管理一位埃及公主的财务，他大赚了一笔。在经商之余，他写了一本书：《理论经济学的本质和主要内容》（*The Nature and Essence of Theoretical Economics*，1908）。熊彼特在埃及患病，后来夫妇二人在1909年回到了欧洲。

熊彼特担任了乌克兰切尔诺夫策大学（University of Czernowitz）的经济政治

学副教授，当时他只有 26 岁，是整个奥匈帝国最年轻的教授。在切尔诺夫策，他写作了《经济发展理论》（*The Theory of Economic Development*，1911），主要讨论了资本主义的持续变化。三年后，他搬到了格兰茨大学教授政治经济学。他一直待在那里，直到 1913–1914 学年度，受纽约哥伦比亚大学之邀前往教学。

当 1914 年一战爆发时，他回到了奥地利。战后的奥匈帝国分裂了；皇帝开始流亡。曾经为维也纳供给食物、工业原料和燃料的腹地从帝国分离了出去。总之，奥地利破产了，维也纳人民陷入饥荒，奥地利还要支付巨额的战争债务。

熊彼特受邀和一群德国和奥地利社会主义政客一起，讨论如何促进私人所有的工厂和企业国有化的问题。据说，一位年轻的经济学家向熊彼特询问道，一个吹捧私有企业的人怎么会参与到将其国有化的任务中呢？熊彼特回答说，如果某人想要自杀，要是医生在场的话会是件好事。当时奥地利的外交部部长奥托・鲍威尔（Otto Bauer）也是组员。有人催促他邀请熊彼特加入内阁。令人难以置信的是，卡尔・伦纳（Karl Renner）总理任命熊彼特为财政部长。毕竟，奥地利几乎没有黄金等金融储备了，食物还要进口，也没有资金来支持政府的预算；大部分的资金都来自获胜的协约国。

1919 年，熊彼特递交了他的财政计划，拯救他的国家免于陷得更深。该计划的首要目标之一就是阻止奥地利的汇率下跌，更别说崩盘了。他还确信，就像他后来在《资本主义、社会主义与民主》（1942）中描述的那样，一国的资源和土地本身不算什么，只有当企业家被允许利用这些资源，在有效的金融机构及最少的贸易壁垒的支持下创立新的企业，它们才能发挥更大的作用。他的计划还包括对财产进行一次性收税，所得收益可以用于偿付国债。他还提议建立中央银行。

尽管熊彼特制订了种种计划，奥地利克朗还是开始贬值了。协约国没有提供任何帮助。所以，政府别无选择，只能增发货币。奥匈帝国一朝获知了《圣日耳曼条约》（the St German Treaty）（《凡尔赛和约》涉及德意志帝国的部分）中严苛的战争赔款条件，克朗就开始自由落体式下跌。熊彼特的官位不保。1919 年末，当他质疑政府与德国结盟的计划时，他被开除了。国会赠予了他一个银行执照作为临别礼物。

熊彼特回到了格兰茨大学。短暂的停留后，1921 年，他被任命为比德曼银行行长。维也纳股票市场崩溃之后，1924 年比德曼银行破产了。熊彼特失业了，多年积累的财富也付诸东流。

他和格拉迪丝离婚了，娶了年轻的安妮·莱辛格。自从安妮出生，熊彼特就认识她了，她是熊彼特和他的母亲搬到维也纳时住所门房的女儿。

熊彼特在 1925 年回到了学术界，在德国波恩大学教授公共财政学。熊彼特在波恩生活得很愉快，但是，这种快乐是短暂的。他深爱的母亲在同一年去世了。短暂的丧母之痛后，他的妻子安妮在生产时母子俱亡。这些丧亲之痛过于沉重，他再也没有走出来。1927–1928 年和 1930 年，他在哈佛疯狂地工作，兼职客座教授。1931 年，他去了日本，在日本商学院做讲座。他开始养成在日记中对自我所得进行打分（0–1）评价的习惯。在那段时间他的自我评分很低，这表明他对日常所得并不满意。

1932 年，和其他诸多中欧学者一样，熊彼特搬到了美国，在哈佛大学担任教授。1939 年加入了美国国籍。熊彼特娶了美国学者伊丽莎白·布迪（Elizabeth Boody），她帮助推广普及熊彼特的著作。熊彼特一直待在哈佛，直到 1950 年 1 月 8 日逝世。

熊彼特的学术工作

熊彼特在 1908 年第一次去英国时，在伦敦经济学院听课，又在大英博物馆的图书馆读书，确保自己总是能坐在卡尔·马克思写作《资本论》时坐过的位置。熊彼特迷上了达尔文的自然选择理论。在他看来，经济理论似乎忽略了经济发展的演化特征。经济理论基本上是静态的：围绕着经济平衡而运转。并没有像马克思那样，考虑到经济的动态特性。熊彼特是一位讨论资本主义动态性的经济学家。他总结说，经济均衡论是有问题的，因为经济持续失衡是基调，其中体现了资本主义的本质。

熊彼特发现，就像达尔文在生物学上贡献卓著，马克思在经济学上也建树颇丰。有两个突出的问题：（1）有人能够证明经济发展是源自经济原因，而不是外部原因（如政治变化或人口增长）吗？（2）资本主义与民主是永恒的吗？在熊彼特看来，经济增长和发展的过程并不仅仅是一个内生的过程；他还暗示，经济在扩大、发展带来生活水平的提升，经济结构也会改变。他在《资本主义、社会主义与民主》一书中写道："资本主义积累的力量，并不主要体现在'为女王们提供更多的丝绸长袜'，而在于降低生产成本，使工厂女工们都能用得起丝绸长袜。"[1]

经济不存在静止状态，也没有收益递减规律。实际上，是创造性破坏、创新、企业家精神以及生产力进步这些常年的动力推动经济的增长。熊彼特的创新不是指新主意自身，而是指其能够获利的创新运用。这可能涉及多种变化：新的产品、生产过程、供应源、市场或是组织形式等。创新还会推动突破性、间歇性的跨越式发展。创新是经济周期背后的动力。企业家往往会为了建立私人商业帝国、获取社会尊重而努力奋斗。他们在获得低息贷款的条件下，通过某种创新打破旧有的生产组织模式，对生产过程进行变革。当然，也会有人仅仅是因为享受创造的乐趣，凭借巧思获得一些成就。熊彼特注意到信贷的重要作用。资本主义的指挥部就是货币市场——这里负责信贷的分配。

熊彼特在哈佛教书很受欢迎。他喜欢做讲座，喜欢和学生辩论。奇怪的是，他从不为自己的学术著作做讲座。他与同事交往并不多。熊彼特不是个凯恩斯主义者，这与他大部分的哈佛同事都不同——正是他的这些同事将凯恩斯主义引入了美国。1942 年，熊彼特在哈佛出版了他的经典著作《资本主义、社会主义与民主》，之前出版了《经济周期：资本主义过程的理论、历史和统计分析》（*Business Cycles: A Theoretical and Statistical Analysis of the Capitalist Process*，1939）。

在《经济周期》中，熊彼特坚持说是企业家打破了经济的经典均衡。企业

---

1 *Capitalism, Socialism and Democracy*, 67. The edition used is the 12th impression of Unwin University Books (1970).

家通过创新应用制造经济波动。熊彼特提出了时间跨度不同的三种周期：最长的是康德拉迪耶夫周期，有45–60年之久。伟大的创新推动康德拉迪耶夫周期运行，起初是工业革命，后来是修建铁路、汽车的出现、电力和化学产品、互联网革命。在康德拉迪耶夫周期之内，有两个朱格拉周期（7–11年），我们一般所说的经济周期就是这一种。在一个朱格拉周期内，有两（或三）个基钦周期，是企业库存变化引起的。熊彼特省去了库兹涅茨周期（15–25年），因为他认为这个周期没有意义。如果以上的每个周期都同步下行，那就能解释灾难性的经济衰退以及随之而来的经济萧条。在《经济周期》一书中，熊彼特阐释了资本主义的历史，以及它发展迅速和不稳定的特征。书中还有一些观点在几年后的《资本主义、社会主义与民主》中得到了充分的阐释。熊彼特在《经济周期》的最后预测说，资本主义还会持续繁荣几十年。他强调，尽管这个体系获得了经济成功，但是它所产生的价值道德正逐渐失去撼动人心的力量。

1939年《经济周期》出版时名声不显，而三年前出版的凯恩斯的《通论》风光无限，获得了国际关注和瞩目。另外，《通论》开出了治疗大萧条的药方，而熊彼特的《经济周期》却没有。

熊彼特对《通论》做了评述，很可能是出于专业上的嫉妒心，当然也是出于学术意见不同。他注意到，凯恩斯的理论实际上不是个通论，因为它适用于一种具体的情形：萧条的资本主义经济。

他指责凯恩斯为适应政府赤字开支政策而设计了这个理论。他总结说，凯恩斯的论述混淆了实际问题和科学问题，并且以政策偏好而不是分析能力来给经济学家分类。凯恩斯相信，能够在低投资和低就业的条件下实现经济均衡的延迟。熊彼特的资本主义观点否认了长期滞胀的可能性。

凯恩斯的许多观点后来都成为经济学家词汇的重要组成部分，例如：乘数、消费倾向、流动性倾向，而且还创立了宏观经济学。熊彼特并没有为此对凯恩斯大加称赞。然而，熊彼特自己在20世纪30年代早期提出了一个凯恩斯主义的方案，也就是向美国经济注入90亿美元的公共支出应急资金。这份巨额资金比新政所有的资金支出都要多。

熊彼特和凯恩斯之间互相反感是一种遗憾，因为熊彼特的著作很好地修正了凯恩斯对创新在资本主义革命中的重要作用的忽略。熊彼特打破了经济难题的静态分析诅咒。在凯恩斯的领域，例如消费和投资可以从总量上考虑，某些问题可以从宏观经济学的角度进行分析，熊彼特在此都有所欠缺。

在《资本主义、社会主义与民主》一书中，熊彼特像马克思一样，从社会、政治和历史的角度分析了经济学。他提出这样一个问题："资本主义能幸存吗？"他对此的回答是："不。我认为它不能。"创新型商业的企业家将会逐渐消失，取而代之的是官僚式企业的工薪经理，这会导致创新活力的消失。这些大型企业会致力于普及官僚思维，还有越来越多的知识分子批评资本主义系统，这两项限制了资本主义创新的范围，最终将杀死创新之本。所以，像马克思一样，熊彼特预测了资本主义的衰亡。海尔布伦纳在《世界哲学家生平》一书中总结说，"但是他胜过了马克思，因为他指明，或者至少用自己的理由争论说资本主义必将让位于社会主义，而不是用马克思的理由！"[1]

那么社会主义又如何呢？它能起作用吗？熊彼特认为可以。成功的条件有两个：一是工业发展已经达到成熟阶段，二是过渡性问题得到妥善解决。熊彼特总结说，社会主义制度是完全可管控的，这一点与某些人（例如哈耶克）意见相反。熊彼特警告说，我们应该记住，社会主义经济需要庞大的官僚机构，或者是有利于其形成和运行的社会条件。熊彼特进一步讨论说：在社会主义系统中，我们更容易处理企业家在资本主义经济中所遇到的不确定事件。根本不会有不确定事件，因为社会主义化的工业管理者将会非常清楚他们应该生产什么。读者们都怀疑这些对社会主义社会的美好想象是否能成真，因为本质上讲，熊彼特自封是保守主义者。

关于社会主义是否能行的部分是用充满讽刺和矛盾的典型熊彼特风格写

1 *The Worldly Philosophers*, 303.

就的，当时被许多评论家误解。熊彼特的传记作家托马斯·麦克劳（Thomas McCraw）在《创新的先知》（*Prophet of Innovation*，2007）一书中总结说，仔细阅读这一部分就会发现，熊彼特一直都是在赞扬资本主义、谴责社会主义。

至于民主，社会主义在民主方面的问题比资本主义要多。资本主义有一个优势，因为限制公共权力从而制约了官僚的政治权限。熊彼特指出，事实上，现代民主是随着资本主义的发展而兴起的。然后，问题是会存在社会主义民主吗？熊彼特回答说：是的，但是困难相当大，只有大部分人民坚决遵守民主规则，社会主义民主才能实现。

《资本主义、社会主义与民主》1950 年的第三版加入了他的“迈向社会主义”演讲词。这是 1949 年 12 月他在美国经济学协会做的演讲，他是该协会第一个非美国籍主席。在该演讲中，熊彼特谈论了美国以及欧洲的经济情况，指出可能面临资本主义的经济滞胀，表达了对计划经济的支持。熊彼特说他并不推崇社会主义，也不想讨论社会主义的吸引力。他不想成为“先知”或者预言家。他说，他所做的是诊断可以观察到的趋势。

尽管熊彼特自己不是数学家，但是他帮助建立了计量经济学会，并在 1940–1941 年担任学会主席。他对于计量经济学的兴趣表明了他追求精准经济学（他发明的术语）。熊彼特尝试将经济学变成一门可以和化学、物理学相媲美的科学。他并没有成功，因为他认识到，改变经济进程的是那些优秀的创新者和发明家，以及他们的代理人企业家。他们的创造发明是无法总结出规律的，从而限制了经济学家预测未来的能力。

熊彼特 1950 年死后，他的妻子伊丽莎白·布迪筹备出版他的《经济分析史》（*History of Economic Analysis*，1954）。这本书堪称一绝。熊彼特向他的出版商写信说，该书会描述自希腊罗马时代以来，经济学领域的经济分析的发展和成就。他确实做到了。

他的遗产

熊彼特为“二战”之后世纪经济的快速变化提供了最好的指南。他的术语“创造性破坏”可能是同时代最广泛应用的经济学语言。

至于熊彼特的理论遗产，他对经济发展的动态分析并不能够转变为数学模型。毕竟，政治、社会和历史视角都在熊彼特的分析中发挥着重要作用，从本质上说，这些都是不能预测的。因此，我们很难将熊彼特的见解变成理论模型，从而推出可检验的假说。

熊彼特确实有着学术上的继承人（也就是新熊彼特学派）。他们扩展了创新的形成基础。虽然熊彼特预测了个体创新者 / 企业家作用的削弱，他的继承者们引入了一个国家级“创新系统”模型，研究不同行动者例如企业、大学、研究机构和政府之间的互动。

哈佛商学院以他的名字命名学分。《经济学人》以他的名字为一个企业家精神和创新精神的每周专栏命名。欧盟的创新项目也是受到熊彼特思想的启发。正如某些评论家所言，熊彼特在经济学的贡献，就如同弗洛伊德在精神分析领域的贡献。

为了纪念熊彼特，哈佛大学为他竖立了一面铜牌，上面写道，“尽管他成了最具国际视野的一个人，但是维也纳早期的经历并没有真正消失掉。直到最后，他都是传统奥地利学派的一位学养丰富的绅士。”

《资本主义、社会主义与民主》

熊彼特在20世纪三四十年代之交写作了《资本主义、社会主义与民主》一书，那时西方社会正尝试从大萧条之中恢复出来，法西斯主义正在各地崛起，“二战”一触即发。[1] 总之，人们对未来充满深深的忧虑：资本主义和民主会渡过这段难关吗？还是社会主义将会胜利？

受到卡尔·马克思的启发，熊彼特认为，资本主义将会在自身成功的重压

1 第五部分：这里并没有对社会主义党派进行历史概述。这里收纳了熊彼特 1949 年 12 月在纽约美国经济协会的演讲“迈向社会主义”。

之下崩溃，而社会主义将会很好地取而代之。他这两个观点都错了。至少现在看来如此。世界经济的游戏规则中，资本主义占统治地位，民主国家从未像今天这样普遍。我们对于未来只知道两件事：（1）在某些方面，历史惊人地相似；（2）未来不可预测。

《资本主义、社会主义与民主》由五个部分组成。第一部分批判性分析了马克思主义。第二部分讨论资本主义能否生存下去的问题。第三部分研究社会主义是否有效的问题。第四部分比较了社会主义与民主。最后，第五部分对1875年到“二战”期间欧洲和美国的社会主义党派进行了历史性概述。

熊彼特的写作风格处处显示讽刺的色彩。《资本主义、社会主义与民主》读起来并不轻松。读者真的必须集中精神思考熊彼特想要表达的内容。该书有一章写的是创造性破坏；这个术语是熊彼特发明的，已经成为一个重要的经济学词汇。他在第二版的序言中写道，“我坚持认为，随着工业‘进步’（研究机构的团结协作等）机械化的加强，创造性破坏，以及资产阶级最重要的经济支柱之一在某一时刻必将倒塌。”[1]

据熊彼特所言，该书并非失败论。它是写给那些私企社会的支持者和社会主义民主的倡议者的。熊彼特在同一篇序言中写道，如果二者能够比以往更清楚地认识他们注定要在其间行动的社会形势的性质，他们一定会得益。

第一部分：马克思的学说

先知马克思

在论述社会主义时，如果不分析马克思这位伟大社会主义思想家的相关评论，那将是无法想象的。当熊彼特写作此书时，马克思的思想又风行一时。他的学说在苏联得到了应用；然而那里实际的应用情况与马克思真正的意图有着天壤之别。

卡尔·马克思是一位先知。为了理解他的成就，我们必须置身于他的时代

1 *Capitalism, Socialism and Democracy*, ix.

来猜想他的著作：那是 19 世纪中期左右，资产阶级文明处于顶峰。马克思的学说为劳苦大众带来了希望，增添了新的生活意义。马克思主义成为一种宗教；它有着狂热的“信徒”，盲目地推崇先知的话，相信自己终将胜利。熊彼特羡慕马克思，因为他能够给数百万群众带来希望。他还认识到马克思的博闻广识，认为他是个“学识渊博”之人。

社会学家马克思

马克思热爱哲学。德国式的纯哲学是马克思学习的出发点。他曾经是一名新黑格尔主义者，他的经济史观并不认为人们受到经济动机的驱使。相反，阐释非经济动机的作用和机制，以及分析社会现实在个人思想中的表现方式，是马克思理论的重要部分，也是他最有意义的贡献之一。

马克思尝试揭示造就伦理观念与政治决断，并决定其兴衰的经济条件。在马克思看来，观念与价值是社会机器的传送带。马克思的理论可以归纳为两个命题：（1）生产条件是社会结构的基本决定因素，而社会结构反过来产生各种态度、行动和文化。（2）生产方式本身有其固有的逻辑，也就是说，它们根据内在的必然性而变化，只凭它们自己的作用就能产生继承者。

马克思有一句广为人知的话：手工磨坊创造了封建社会，而蒸汽工厂创造了资本主义社会。蒸汽工厂的出现和运作反过来创造新的社会职能与社会地位、新的集团与观点，这些东西发展壮大相互作用，冲破了它们自己的框架。然后，我们就有了推进器，导致经济变化和社会变化。社会的历史就是阶级斗争的历史。但是，熊彼特争论说，社会结构和社会态度，是“不会轻易熔化的铸币”；一旦形成，它们就一直存在。

马克思与其他经济学家不同的是，他认识到社会阶级的重要作用。其他人认为社会阶级是拥有一些共同特性的，像地主、农民或者工人那样。马克思看到了两种阶级：有产者——资本家，以及不得不出卖劳动力的无产者，也就是劳动阶级、无产阶级。马克思还看到了处于中间的阶级，例如办事员和职业人士。但是他认为这些不是正常的阶级，将会消失在资本主义的发展过程中。资产阶级和无产阶级是马克思眼中的主角，它们是资本主义社会固有的特征：资产阶级和无产阶级的关系是阶级冲突。资本家彼此毁灭，然后毁灭整个资本主义体系。

熊彼特写道，资本主义体系的生成逻辑是，它来自封建社会，并不是一群聪明勤劳的人使社会变成资本主义的，马克思忽视了这一点。这就是他思想的缺陷之处，他的理论并没有合理解释实际发生的事情。有些人应该永远是资产阶级，有些人应该永远是无产阶级，这种划分完全不现实，忽视了社会阶级的这一特点：各个家族的兴衰起伏，导致他们时而进入时而脱离上层阶级。

在马克思看来，生产方式决定了社会结构，而社会结构展示了文明的形式以及整个文化史和政治史。这解释了为什么马克思不得不将他的两个阶级研究限定为纯粹的经济现象。事实上，这是一种聪明的分析策略，它连接着阶级的命运和资本主义的命运，以至于从定义上看，社会主义成为唯一可能的无阶级社会。除了马克思的阶级定义和资本主义定义外，再也没有任何定义能够获得这样独创性的同义反复了。他故意忽略的是，与其说这两个阶级之间是敌对的关系，不如说是合作的关系。但是因为分析的需要，马克思别无选择。

经济学家马克思

谈论马克思的经济学家身份，就是谈论他的剩余价值理论。他受到李嘉图和魁奈的影响。马克思和李嘉图二人都认为，一切商品的价值都是与包含在该商品内的劳动量成比例的，劳动量以工作小时为度量标准。两人在垄断或者不完全竞争方面都没有有价值的评论。我们现在知道价值论是有缺陷的。另外，价值论并不能作为一种分析工具。首先，没有完全竞争这个条件，它就行不通；其次，除非劳动力是唯一的生产要素，而且所有劳动都是同一性质，否则它不会顺利地起作用。所以，利用劳动力理论进行分析的话困难重重，如履薄冰。

马克思指出，他的剥削理论并不是产生于偶然或者个别的情况，而是由于资本主义制度的必然性产生的，它不可避免地、完全独立于任何个人意图之外。在完全均衡状态下，可以为生产服务的工时数就等同于之前为劳动者提供吃住等抚养服务的工时数。

然而，资本家可以攫取比实际支付小时数更多的时间，从而赚取剩余价值。所以资本家在剥削他的工人。马克思没有讨论不公平定价、限制生产或者在市场上欺诈等问题：那会让他的论证增添不必要的复杂性。熊彼特反对这个理论，还因为这个理论并不能适用于劳动力，因为这就意味着工人像机器一样是根据理性计算而生产的。但现实生活并不是这样。另外，如果所有的资本家都剥削获利的话，完全竞争均衡就不能存在。这会导致生产增长、工资上涨，从而将剥削的利润降至零。

马克思理论的另一点是利润率有下降的内在趋势。这是从工资品产业中总资本的相对重要性有所增长中推断出来的：如果这些产业中的工厂和设备的相对重要性增加（就像在资本主义革命中表现的那样），同时剩余价值率保持不变，那么总资产的回报率将会提高。

马克思理论的积累理论归根结底是这样的：剥削劳动力所获利的最大部分变成了资产。就像上文所说的，剥削利润使得资本家能够扩大生产，而这反过来提高了工资，降低了物价。

资本主义经济并不是静态的，它是由新企业从内部不停地进行变革。所以，任何现存的机构和经营企业的所有条件都是一直处于变动的过程中。新产品以及以更低成本生产的旧产品，与旧产品共同竞争，迫使生产商们保留一部分利润进行再投资。结果是每一家企业都能有所积累。工业产值的总利润率从长期看是不会下跌的。然而，每一家厂商的利润都不断受到新产品或者新生产方式实在或潜在竞争的威胁。

马克思的集中理论指出，在资本主义过程中工厂和控制单位的规模有日益增长的趋势。考虑到马克思理论的时代背景，预言大型企业的出现本身就是个成就。

马克思理论中最著名的可能是贫困理论【德语 Verelendung，熊彼特将其翻译为贫困化（immiserisation）】。在资本主义革命进程中，实际工资的水平和大众的生活水平在薪资较高的工人阶层中将会下跌；根据资本主义进程的逻辑推断，这些情况在薪资最低的工人阶层中也无法改善。然而，经济发展表明事实并非如此。总体看来，工资的增长幅度很大。马克思需要再引入一大批产业后备军来阐释工资会下降的趋势。

马克思在经济周期方面的观点乏善可陈，因为他根本就没有相关的理论。马克思的机械积累理论，就其逻辑而言，基本上是富裕会减少，而萧条也会减少。马克思使用了“危机”一词。他认为，资本主义革命将会在某天打乱资本主义社会的组织框架。在实际崩溃之前，资本主义会冲突不断，呈现其病入膏肓的特征。马克思将反复出现的危机与资本主义秩序这一独特的危机相联系，他甚至暗示说，前者在某种意义上讲可以看作是资本主义最终崩溃的前奏。

熊彼特建议说，资本主义革命最终会毁灭资本主义社会的根基。他对此的论证不同于马克思，他总结说：

> 因此，这位谬误甚多的作者也是第一个想象出（即使以现在的眼光看）属于未来的经济学，对于这个理论，我们现在还在缓慢地、吃力地积累着石块和石灰、统计资料和函数方程式。[1]

导师马克思

马克思主义的特色在于它促使历史事件和社会制度服务于经济分析的解释过程。用熊彼特的话来说，政治不再是从基本原理研究中提取出来的独立因素，而是：

> 扮演顽童的角色，在工程师转过身去时恶意地摆弄机器，或者扮演具有哺乳类的神秘聪明、被恭敬地称为“政治家”的天外救星角色。[2]

熊彼特用一个例子说明马克思主义如何解决问题：马克思的帝国主义理论。

---

1 *Capitalism, Socialism and Democracy*，43.
2 *Capitalism, Socialism and Democracy*，47.

资本主义国家利润率的下跌推动了殖民地的扩张。这发生在资本主义晚期。一旦殖民地开始生产他们自己的制成品，从宗主国的进口就会下跌，这就导致宗主国的产品缺少出路，可能会引发破产等灾难。历史就是这样简单。但是，事实上并不如此。帝国主义理论并不反映实际的情况。例如：殖民扩张时代恰恰处于资本主义早期并不成熟的阶段，那是资本主义原始积累的时期，对国内劳动力的剥削没有任何阻碍。总之，这种扩张导致工资的提升，同样导致利润的增加。而且从长期看，和资本家相比，它确实给无产阶级带来了更多的好处，

最后，熊彼特讨论了马克思理论是否能看作科学社会主义这个问题；科学意味着它有着预测等能力。马克思的理论暗示无产阶级会夺取“控制权”，创造一个无阶级的社会。很明显，马克思的语言是错误的。

第二部分：资本主义能继续存在吗？

资本主义能继续存在吗？“不，我认为它不能继续存在。”[1] 作者如何论证他的观点呢？他的主要观点是，恰恰是资本主义的成功破坏了它所依存的社会制度，强烈地指明社会主义作为它的继承人。熊彼特注意到他最终的结论和大部分社会主义作家并无不同，尤其是马克思主义的观点。

总产量的增加率

经济绩效的首个检验标准就是总产量，也就是在单位时间内（一年、一个月，随你定义）生产的所有商品和劳务之和。熊彼特描述了大萧条以后美国产量暴跌的情况。他说，1937 年之后经济再次衰退，很明显是由于不能较好地适应新财政政策、新劳工立法以及政府对私营企业态度的普遍改变。所有这些都明显不同于生产机构的作用。社会情况的改变如此广泛而迅速，以至于影响了经济发展。这就解释了美国在拥有快速恢复的极佳机会时，为何经济复苏仍然令人失望透顶。

---

1 *Capitalism, Socialism and Democracy*, 61.

至于美国收入分配的变革，只要资本主义能自由运作，那么我们就没有理由相信，美国平均收入的分配在 1978 年会与 1928 年有显著的不同。熊彼特总结说，如果资本主义能够从 1928 之后，再在半个世纪里保持每年 2% 的增长率，那就足以解决贫穷问题，甚至是对于最底层的人来说也是如此。这种福利源于资本主义的大规模生产。随着个人工资的提高，人们会发现越来越多的收入被用于购买个人服务和便捷商品，这些价格大部分是工资率的函数。

如果要对经济秩序进行马克思式的全面评估，那么我们就不能停留在相应的传送带传给社会不同群体的产品上，还要考虑：（1）那些经济传送带不是直接传送，但为此提供传送手段和政治意志的东西；（2）经济传送带产生的精神状态所引发的文化成就。超高的失业是繁荣阶段之后适应期的特征之一。

失业一直是苦难的根源。尽管如此，真正的悲剧并不在于失业本身，而是失业加上无力充分地支撑失业人口的生活。如果失业人口的个人生活不受到失业的严重影响，那么失业就不那么可怕了。熊彼特在本章结尾说，在 20 世纪 30 年代，失业率过度上升，除了反资本家政策的影响，还有在萧条之后公众立即坚持实施经济上不合理的金融救济，以及铺张浪费的救济管理方法。

合理的资本主义

商业和工业资产阶级凭借事业的成功而发迹。这创造了一种无比简单而有力的动机模式。它将巨额的奖赏给予少数胜利者。然后，精心挑选的那批人的最大成就不是为社会服务，而是为了赚钱，也就是说他们致力于使利润最大化，而不是提升社会福利。古典学派认为，所有的生产者都努力使产品的利润最大化，避免损失。

古典学派假设完全竞争的存在。但是这在现实生活中并不存在，除了大规模生产的农产品市场。我们生活在垄断竞争市场时代，令人珍视的经济均衡不复存在。事实上，在垄断或者寡头垄断中，根本没有确定的均衡。可能出现的是，一系列措施和应对措施反复出现，企业之间总有无尽的战争。所以，古典学派所谓的有益竞争不复存在，取而代之的是致命竞争，或者拼死夺取金融世界的掌控权。这会产生社会浪费在内的多种浪费，例如广告营销的成本增大，新生产方式受到抑制等。在这些情况下，就不再保证能达到完全竞争理论所言的充分就业或者产出最大化。在没有充分就业的情况下可能存在经济均衡；在低于这个最高产量水平时经济均衡必然会存在，因为在完全竞争条件下不可能实行的盈利策略，现在必然会得以实施。

创造性破坏的过程

古典学派认为，完全竞争会激发生产的最佳表现。一旦垄断或者寡头出现，完全竞争就不复存在。然而，在总产量的时间序列中，没有任何迹象表明完全竞争趋势的中断。另外，大众生活水平在相对自由的大企业时代有所改善：工人可以用工时工资买到比过去更多的东西，由此可见，大企业提高了人们的生活水平。

资本主义本质上是经济的变动；它永远不会保持静止。这种变化的特征不仅仅是源于经济生活所处的社会和自然环境在变化，还因为这些变化也改变了经济行为。它们通常为工业变革提供条件；然而，它们并不是首要的推动者。推动并维持资本主义引擎运转最根本的动力，是资本主义企业创造的新消费品、新生产方式和交通方式、新市场和新产业组织结构。

生产工具的历史就是一部革新史。这些革新存在于分立的进步过程，它们之间互不打扰，十分安静。然而，这个过程的顺畅性在于，革新的结果总是被革新或被吸收，这两个方面一起组成了经济周期。经济结构从内部破坏旧的产品和服务的生产方式，创造新的生产方式。这个创造性破坏的过程就是资本主义的本质。熊彼特注意到，在某一时间点评价某种过程是不合情理的，我们必须从长远的角度来评价。另外，既然我们研究的是个有机过程，仅仅分析其中某一部分（例如个体）是不能得出确定结论的。

我们所见的难题通常是资本主义如何管理现存的结构，但是，真正关系重大的问题是资本主义如何创造和破坏这些结构。熊彼特强调说，只要研究人员没有注意到这一点，那么他们所做的就是无用功。过去，价格竞争是经济分析中最重要的部分。现在，质量竞争和销售手段（即广告和市场营销）也正成为分析的一部分。正是来自新商品、新技术、新组织形式的竞争要求企业拥有压倒性成本优势或者质量优势；它打击的不是现存企业的边际利润和产出，而是他们的生存根基。这种竞争的威胁是恒常存在的。

垄断的做法

新技术极大地减少了长期保持已有地位的影响力。通过限制行为来暂时维持已有地位。尽管保留落后产业毫无意义，但是避免这些产业瞬间崩溃，尝试将溃散（可能成为经济不景气的汇集中心）转变为有序的撤退确实有意义。熊彼特警告说，他所言的限制概念并不包括全部的限制或管理策略。这并不意味着违反国家管理措施。与惩罚性措施不同，政府当局的理性管理成了一个很棘手的问题，不是每一个政府代理机构都值得委托解决这个问题。

刚性价格是典型的短期经济现象。目前并没有发现有长期存在的刚性价格，因为价格总是能够调整自我以适应技术进步；它们经常因此大跌。商业策略尝试避免季节性、随意性和周期性的价格波动。这就是为什么价格不会在经济衰退时立即下跌。

真正的问题在于，短期的刚性价格如何影响总产出的长期发展。经济衰退中的刚性价格可能会带来消极的影响，因为买家损失的钱可能等于那个企业从价格刚性中得到的利润。如果买家是倾其所有的那种人，而那个企业并不花费所得的利润而是将其搁置，经济的总支出就会减少。如果是这样，那么其他产业将会遭受损失，如果他们也限制开支，由此产生的消极影响将会层层累积。换句话说，价格刚性可能会影响国民收入的总量及分配，从而会减少资金余额，增加闲置余额（即储蓄）。

价格刚性是由于需求对短期价格变动的不敏感而引起的。那些拒绝降低价格的产业通过提高利润或避免产业市场混乱，增强了自身的地位。由于政策性的限制行为，总产出和总就业也可能会处于较高水平，甚至比经济萧条能够影响价格结构时还要高。换言之，在资本主义革命所创造的条件下，完全普遍的价格弹性可能在经济萧条中进一步破坏系统，而不是稳定系统。

长期的垄断很少见，因为在资本主义运行条件下，几乎不能长期地尽情剥削某一给定的需求。熊彼特补充说，在公用事业领域外，能长期独占卖家地位的机构往往并非一副垄断做派。

熊彼特用许多事例批评了古典学派的完全竞争理论，以及按照一定收入分配情况对资源进行最佳配置。这种主张已经站不住脚了。在一种新的理论研究出现后更是如此：希克斯（Hicks）、丁伯根（Tinbergen）和弗里希（Frisch）等人提出的动态理论。一旦受到某些因素干扰，经济均衡将被打破，那么建立新均衡的过程就不会像旧的完全竞争理论所言的那么可靠迅速，而且具有经济效率。我们的调整行为可能就会导致经济系统远离，而不是靠近新均衡。

禁猎期

上文的主要结论是资本主义系统有利于增大产出。然而，我们还要面对另一个挑战。资本主义体系所取得的成就可能是特殊环境的产物。因此，我们还要检查有关时期的经济与政治历史。熊彼特发现了五个相关因素。

第一个是政府的行动。1870 年到 1914 年这段时期有其独特性，我们很难找到另一个时期，同样不受社会政治领域带来的刺激或者抑制影响。第二个是黄金。黄金的产量比总量的增长要低，因此它不可能是资本主义生产成就中的一个重大因素。关于货币管理也是一样，当时的货币管理采取的是适应型策略而不是进取型策略。第三个是人口增长，这能够部分解释产量的增长。第四个特殊条件是开拓新土地。1870 年到 1914 年，有大量广袤的土地进入了欧美范围。第五个条件与第四个相关，就是这些土地带来的丰盛的食物和原材料，支持着城市日新月异的发展；这些都是导致经济产量增长的特殊因素。

马克思预测了贫困。然而，在我们讨论的那个时期，相反的情况发生了。马克思主义者解释说，对处女地的开发导致资本家没有剥削劳动力。无产阶级能够享受一段禁猎期（所以没有剥削）；这就是本节题目的来源。有些人认为技术进步是维持总产量增长率在 2% 的另一个因素。熊彼特否认了这个说法，因为资本主义企业和技术进步是一体的；后者是前者不可分割的一部分。

然后熊彼特提出，假定资本主义机器在未来能够和过去一样成功地运行，那么这个假设合理吗？

投资机会的消失

大萧条之后，我们经历了一段令人失望的恢复期。然而，熊彼特写道，这并不一定表示资本主义革命进程的中断。其他的经济学家认为，鉴于过去的经历，由于活力的永久丧失，资本主义的发展面临根本性变革。马克思已经预测，资本主义在整体崩溃之前，将会进入永久性危机阶段。既然资本主义体系适应于短期投资，那么即使这些投资消失了一部分，也足以让人们预测资本主义发展会失败。而这似乎就是 20 世纪 30 年代发生的事情。

熊彼特注意到这样的事实，马克思和凯恩斯之间并无太大差别。鉴于资本主义秩序不仅是经济变化过程的框架，而且是社会变化过程的框架，因此，20 世纪 30 年代发生的萧条并不一定会持续到未来。然而，熊彼特有三个悲观的理由。资本主义的发展产生了一种敌视其自身的发展的政治权力分配和社会心理态度（可见于相应的政策中），并有望积聚力量最终阻止资本主义机器的运行。第二个理由和资本主义机器自身相关。消失的投资机会理论与另一个理论联结在一起，后者认为现代商业代表了僵化的资本主义形式，在这种形式中，限制措施、价格刚性、只重视保存现有资本值等特色是其固有属性。熊彼特的第三个理由是关于资本主义机器滋养的“原料”，也就是向新企业和新投资开放的机会。这些机会正在消失，原因是投资饱和、人口减少、有限的新土地和技术进步的可能性，再加上现有投资机会属于公共投资领域而不是私人投资领域。

熊彼特承认，新土地这个原因并不非常重要，因为仍然有许多土地没有开发，人口也正在下降。至于技术进步，这事实上不是一个限制性因素；它会进一步推动产量增长而不是限制产量。

新国家的发展并不一定会限制投资机会，也不会创造空隙影响总产出的增长率。大部分论证最后的结果是，持有不断更新以永葆经济活力的大量资本品，应该能促进总产出的增长。

已经有经济学家发现，新技术进步往往会导致对固定资产投资的需求降低。所以，资产配置支出的相对重要性将会下降。既然这会危害经济活动间歇性的繁荣，就显然也会影响总产量可见的增长率，因此，总产量的增长率必然下降，尤其是当储蓄以原有的速度继续增加时。熊彼特补充说，事实很可能是几乎任何经济可行的新过程都会既节约劳动力也节约资金。这并不一定意味着会限制产量的扩大规模。另外，可以预见，国家级和市级的公共事业投资在资本主义社会中也会增长。

资本主义的文化

本节涉及资本主义的文化反面：就是社会心理的上层建筑。史前人类有一些共同特征：集体的、情感的特质，在一定程度上和那些原始社会中的巫术发挥着同样的作用。人类的理性态度是出于经济上的必要性才不得不如此；经济模式是逻辑的母体。

利润动机和自身利益也是受到经济考量的启发。资本主义实践将货币单位转变为合理的成本 - 利润计算工具——复式簿记。而这些反过来又促进了企业逻辑的发展。15 世纪的数学主要关心的就是商业算术问题。个人主义随着上升的资产阶级而升起。资本主义还创造了空间，促成了基于个人经济成就的新阶层的出现。

只有当资本主义企业——最早是商业和金融，然后是矿业，最后是工业——展示出其无限可能时，那些才能卓越抱负远大的人才会开始走向工商业经营这第三条道路。熊彼特总结说，毕竟，资本主义一直在推动着人类行为的理性化发展。所有现代文明的特征，不论直接还是间接，都是资本主义发展的产物。当然还有资本主义艺术和资本主义的生活方式。

资本主义的发展为社会立法提供了所需的手段和意愿。这不是简单粗暴地强加于资本主义社会的东西。我们承袭下来的责任感转为以改善人类生活的功利思想为中心。尽管资本主义发展取得了瞩目的成就，但是，这并不意味着，例如和中世纪相比，人们变得更“快乐”或者更“富足”。

熊彼特在本章的结尾这样写道：“大部分文明还没来得及充分实现其许诺就消失了。因此，我不打算用那种成就为依据，争辩说资本主义插曲可能会延续下去。”[1] 事实上，他在下文中做出了截然相反的结论。

倒塌的围墙

如果我们考虑这个事实，即一旦达到了较高的生活水平，人们的需求会自动扩大，新需求会出现，满足成为一个无法企及的目标，尤其是当我们将闲暇也当作一种消费品时。尽管如此，熊彼特仍然假设了不需要进一步发展的完美状态。这是种类似于静止的状态。进化性的资本主义就会衰退。此时企业家将无事可做。利润和利率将变为零。人口中的资产阶级将会消失。工商业的管理将会只与行政相关，从业人员都会具有官员的特性。一种更清醒严肃的社会主义自然会出现。人们的能量将离开工商业，经济领域之外的事业将会吸引有才之士，为其提供冒险的机会。熊彼特坚持说，现在已经可以看见这种发展了。

现在比过去更容易创新，更容易完成某些事。熊彼特以创新为例，说明创新已经成为一种日常事务。技术进步日益成为训练有素的专家小组的业务，他们制出所需要的东西，然后就任由机器运转了。经济进步日趋自动化，变得与人无关。资本主义企业家的传统作用正受到削弱；他们在社会和经济进步中的重要性逐渐消失。不论从经济学还是从社会学上看，资产阶级依赖于企业家——作为一个阶级——它和企业家生死相依。

资本主义企业自身的成就趋向于使其进步自动化，那么，它自己也会变得多余。完全官僚化的巨型企业会驱逐中小型企业，使其业主陷入贫困。熊彼特然后总结说，不是知识分子或煽动分子在宣扬社会主义，而是范德比尔特、卡耐基和洛克菲勒这类人！

资本主义革命首先摧毁了封建社会的组织机构，然后改变了对立法机关和

1 *Capitalism, Socialism and Democracy*，130.

公共舆论的态度。与旧的经济组织一起，那些在组织中发挥领导作用的阶级的经济和政治特权，特别是土地贵族和教士的免税权和政治特权统统消失了。

在英国，贵族阶层继续当家做主，直到完整的、充满活力的资本主义结束。领主和骑士转变为官员、外交家、政客和与中世纪骑士完全不同的军官。然而，工业家和商人的情况完全相反。资产阶级是理性主义者，不相信英雄主义。资产阶级无力应付一国正常要面对的问题。但是，没有非资产阶级群体的保护，他们在政治上孤立无助，不能领导他们的国家，甚至不能维护他们的阶级利益。

现在，在摧毁资本主义之前的社会结构时，资本主义不仅扫除了其前进的障碍，而且还破坏了防止其崩溃的支架。认清了这一点，我们就可以放心地说，资本主义是一种社会形式，或者仅仅是封建主义瓦解过程的最后阶段。所以，资本主义的发展也破坏了其自身的机构支架。

资本主义的发展不可避免地打击小生产商和小商人的经济立足点，而且将最终消灭他们。一国的政治结构会深刻地受到中小型企业消失的影响，这些企业的所有人兼经理，在投票上有着数量的优势，还掌握着我们可以称之为领班阶层的人们，这是大型单位的管理部门从不曾有过的。私有财产和自由契约的真正基础在一国里销蚀了，它最有活力、最有意义的人群从人们的道德视阈中消失了。业主形象连同明确的业主利益都从画面上消失了。取而代之的是领薪水的董事和部门经理，还有大股东。

资本主义的发展，以一包股票代替了工厂的围墙和机器，夺走了财产观念的生命力。它放弃了过去紧紧抓住的东西——人们根据自己的爱好处置财产的法律权利和实际能力。所有权的持有人也丧失了为“他的”工厂及其控制权，从经济上、肉体上、政治上为之奋斗的意志。最终将不会再有人真正地关心它，无论是业内业外，一个都没有。

日益增长的敌意

前两章描绘了这样一个动态图景：资本主义对其社会秩序产生一种普遍的敌意。马克思主义也得出了这样的见解；然而，熊彼特认为，这个理论对此现象的解释不足，因此很有必要稍微详细说明一下。

资产阶级的抵御危害能力缺失，与资本主义制度敌视之间在历史上存在紧密的相互关系，这一点可以证实我们的理论。世俗生活的改善被视为理所当然，再加上饱受怨恨的个体不安全感，当然是哺育社会骚动的最佳食谱。为了扩大社会动荡，必须有一些想要煽动和组织仇恨的人群。资本主义由于它自身文明的逻辑在社会动荡中造就、教育并资助了一个利益集团的形成。

知识分子在这个领域有着重要的作用。知识分子不是一个专门的阶层（然而，他们和专业人士之间有着密切的联系）；他们从四面八方而来，大部分的时候都在彼此斗争，组成不为自己阶级利益奋斗的先锋队。知识分子实际上是一群拥有舆论影响力的人。他们与其他做同样事情的人的不同之处在于，他们对实际事务不负直接责任。正如熊彼特所言，他们不过是徒增人们的烦恼而已。

早在资本主义社会之前就出现了知识分子，但是他们的人数很少，他们是教士和僧侣，他们的写作只有极少数人才能看到。但是印刷机的发明改变了这一现状。人道主义者是第一批拥有大众读者的知识分子。他们批判的态度日益强烈。到 18 世纪末，自由写作的知识分子开始研究公共舆论的社会心理机制。熊彼特然后注意到，公开讨论的自由包含了“对资本主义社会基础吹毛求疵”。另一方面，资本主义秩序不能有效地控制知识分子。知识分子不得不吹毛求疵，因为他们就是以批评为生，他的整个地位都依赖于刺人的批评。在没有什么神圣不可侵犯时，这种批评将注定成为对阶级和制度的批评。

然后，我们看到生活水平的提高，书籍和报纸成本的下降，无线电广播出现。但是，最重要的是教育急剧扩展，尤其是高等教育。这可能会导致局部失业，也造成令人失望的就业状况——就业于低标准的工作，或就业的工资低于收入较高的体力劳动者的工资水平。还可能造成令人沮丧的无力就业状况。

熊彼特注意到（这是在 70 年前！），十几个有正式资格的人申请一项工作，却没有一个人能极好地胜任这项工作。所有那些失业的、对职业不满的和无力就业的人都流入没有明确标准、能包罗不同等级的才能的行业中。这会滋生不满和怨恨情绪。它通常将自己包装成一种合理的社会批评，无论如何都是知识分子对人类的一种旁观态度。这就是仇视资本主义制度的理由。另外，随着资本主义革命的每一个成就，这种敌意也不断增加。

知识分子闯入劳工政治。最终将革命的倾向投入到大多数资产阶级工会工作。社会氛围解释了为什么公共政策对资本家利益越来越敌视，以至于严重阻碍了资本主义的发展。官僚从来不是资本家真正的朋友，现在很容易向现代知识分子转化；他们与现代知识分子，经过相同的教育，获得了许多共同之处。另外，在政府行政机构迅速扩大时，必须从知识分子集团中吸取所需要的增补人员。

资本主义体系的瓦解

我们已经看到，一个大型公司的经理变成了工薪阶层，而股东和公司的关系也不同于以前的所有人兼经理。现代公司使资产阶级的思想社会化了；它无情地缩小了资本主义动力的范围；更糟糕的是，它会毁灭资本主义的根基。

还有一个因素促进了资本主义体系的瓦解，就是资产阶级家族的瓦解。至于生活方式，资本主义的发展减弱了资产阶级家庭的称心合意，为资产阶级家庭提供了替代物。资产阶级失去了资本主义伦理观——为将来工作，不论你自己能否收获。随着家庭动机的衰弱，企业家的视野缩小到了他本人的预计寿命。他逐渐形成反储蓄的心态，并接受短期哲学的反储蓄理论。

在资本主义体系敌人的影响下，资本主义发展了不同的价值，似乎愿意仇视自身的存在。这些变化不仅会导致资本主义的转型，还会导致社会主义的出现。熊彼特总结说，马克思的设想是正确的。他还同意马克思将我们眼下进行的社会转型归因于主要受到经济推动。然而，熊彼特注意到，我们对于未来可能产生的社会主义一无所知。而且他补充说，事实上，我们不知道社会主义是否真的会到来。

然而，中产阶级仍然拥有政治力量。竞争仍然是个主要因素，企业仍然活跃，资产阶级的领导力仍然是任何商业场景的重要因素。资产阶级家庭还没有灭亡。根据当前实践的立场，以及出于短期预测的目的，这些表面现象可能比下层缓慢向另一个文明发展的趋势更重要。然而，在20世纪30年代之后，没有纯粹的经济理由说明资本主义不应再有一轮的成功。

第三部分：社会主义行得通吗？

准备行动

社会主义行得通吗？当然可以，熊彼特说道。前提是满足两个条件：第一，已经达到必要的工业发展阶段；第二，过渡问题能够成功解决。

熊彼特指出有两种社会类型：商业社会和社会主义社会。有一个制度模式定义了商业社会，它有两个要素：私有化的生产方式和私人契约调节的生产过程。这种类型的社会一般不是纯资产阶级的社会。商业社会与资本主义社会也并不完全相同。后者是前者的一种特殊形式，有创造信用这一额外的现象。

社会主义社会的制度模式是指，生产方式和生产本身的控制权都掌握在中央当局手中。社会的经济事务属于公共范围而不是私人范围。熊彼特用中央集权的社会主义表示不存在控制单位的多元化。他进一步提出了中央局或生产部一词。这并不意味着企业人员的积极性完全来自中央当局。中央局或生产部可能必须向议会或国会提交议案。可能也会出现一个监管机构，例如总审计部。还必须给“现场负责人”也就是个别行业的经理们，留下一些自由行动权。

社会主义将会从国家的灰烬中涅槃重生。熊彼特在他的社会主义定义中并没有使用国家一词。他坚持认为，国家在这个行动中死亡并无不便——就像马克思指出的那样。

谈到经济模式是真正的推动力，熊彼特说道，社会主义有着超越温饱的更高目标，正如同基督教并不仅仅限于天堂地狱的享乐主义。至于社会主义的文化维度，熊彼特没能得出满意的定义。他认为这是社会主义文化的不确定性。

社会主义蓝图

社会主义就其逻辑来说无可厚非。然而，冯·米塞斯教授却表示恕不赞同。他认为，既然没有稳定价格的市场，因而也就不存在理性生产的基础。结果是，整个经济系统如果要运行，那么其运行方式势必呈现偶然性。这个观点受到其他经济学家的反对。产品的生产和分配是同一过程的不同方面，同时影响过程的运行。可是对于社会主义经济来说，事实不再如此。这就是商业经济和社会主义经济最大的不同。

既然生产资料没有市场价值，社会主义社会的原则也不会允许它们成为分配的标准，那么，社会主义社会就缺乏商业社会中的自动分配机制。这个空白就必须使用政治手段加以补充。因此，分配就成为另一种活动，同生产完全分离。必须建立产品分配的原则。例如：我们的假定条件是平均分配，但是消费者仍可以自由使用他们的“商品券”（由中央局或生产部提供）。这些商品券可以成为“美元收入”。消费者想要“购买”的产品体现了他们的品位，对于剩下的、消费者不想要的产品，生产部要想清空库存，将不得不接受它们的“价格”。要想做到这一点，那么平等分配的原则在实施中就大打折扣。当然，这一切的前提是，每种产品都已经有一定数量的成品了。

我们假设，生产资料的数量是有限的。各行各业都有权威机构来管理生产资料，同时配合中央局的工作，后者负责控制协调所有的行业管理人员。中央局的工作方式是，依据相应的规则，向这些行业的管理层分配生产资料。这要满足三个条件：第一，他们的生产必须尽可能高效。第二，他们在先前出售的消费品收入中，必须向中央局上交议定数量的消费者美元。第三，管理部门必须以最节约的方式使用他们所得的生产资料，这个限度是他们不必在上交给中央局以获得相应数量的生产资料时因为美元不足而不得不“出售”部分产品。

那么经济“进步”又是何种场景呢？假设人们设计出更高效的机器。它能以更少的投入获得同样的产出。这样，它向生产部上交的美元可能就比从消费者那里得到的美元要少。我们将这部分差别叫作“利润”。行业管理部门如果实现了这个利润收入，就会因此违反条件三。如果它选择遵守这一条件，为满足这个条件而立即生产更多的产品，那么利润就永不会出现。中央局可以通过额外奖励来阻止此类事情的发生。社会可以将收入与每个工人的标准工作时间挂钩。这就会产生劳动力登记系统。这些“收入”将不会是工资，因为它们只存在于中央局的记录里，只是由劳动类型和等级构成的重要系数。

至于租金，熊彼特提到了地租的例子。土地必须像劳动力和资本一样节约使用。土地必须具备一种经济重要性的指标。任何新的使用方式都必须与该指标进行比较，根据指标土地进入社会簿记行列之中。

同样的原则也适用于利润、利息、价格和成本。有些经济学家一直急于找到社会主义经济和完全竞争的商业经济之间的相似性。他们认为，社会主义是在现代世界中获得完全竞争的唯一方法。然而，在所有真正重要的事情中——在决定收入形式、选择行业领导、创造性和责任感的分派、成败的定义等诸原则中——总之，在竞争性资本主义所有组成要素里，这个蓝图与完全竞争背道而驰。

人们不得不设立一个权威机构来评估所有消费品的重要性。考虑到社会主义经济的价值体系，这个权威机构可以采用绝对确定的评估方式。那么计划过程的其余部分就能正常发展。凭证、价格和抽象单位依旧服务于控制和计算成本。所有从经济行为的一般逻辑而衍生的概念将会再次出现。

和哈耶克不同的是，熊彼特坚持认为上文描述的系统是完全可控的。然而，我们应该记住的是，社会主义经济需要一个庞大的官僚机构，或者至少是有利于其出现并运行的社会环境。熊彼特进一步说：这样可比商业领导们处理资本主义经济中的不确定性难得多。社会主义的各行各业都十分清楚他们将要生产什么，因此不存在不确定性。熊彼特总结说：

> 这种做法将大大减少工厂管理人员的工作量。相较于引导一家有一定重要的公司穿过资本主义海洋的惊涛骇浪，管理这样一种制度所需的知识要少得多。[1]

几幅蓝图的比较

熊彼特警告说，没有社会主义者会同意说俄国的做法完全实现了社会主义。

---

1 *Capitalism, Socialism and Democracy*，186.

经常有人宣称，社会主义的计划经济，通过解除个体的经济困扰，将会释放无数的文化能量。但是，现在这些文化能量却浪费在日常糊口之中。

有一种强有力的说法认为，社会主义制度在经济效率方面比资本主义制度更有优越性。只需要考察大型企业或者垄断竞争就能证明这个优越性的真假。如果采用社会主义而不是资本主义的管理方式，那么将会有或者本应有怎样的生产设备呢？熊彼特发现，从长远来看，效率更高的体系将会在每单位时间内生产更大的消费品流。

有了一定量的消费品流，一般来说只要平均分配就能产生最大的满足。平等主义的经济制度与商业经济制度有着相等的效率，其福利水平比较高。任何社会主义社会的经济都会消灭有闲阶级（富贵闲人）。然而，熊彼特计算说，如果以美国 1929 年的经济为标准的话，那么经济的所得量将会十分微小。

资本主义经济中的不确定性在社会主义经济中将不复存在，所以效率会得到提高。可以通过社会主义管理来避免产能过剩。典型的例子就是为经济战争而保留后备生产能力。

还有商业周期的问题。与操纵利率、任其自主浮动或供应信贷相比，对经济进程指定计划，尤其是系统协调并有序分配各行各业的新风险投资，对于适时防止经济泡沫、抵抗经济萧条有着不可比拟的优越性。事实上，这将会消除经济周期性起伏的动因，而在资本主义社会中，我们只能削弱它。社会主义管理可以沿着生产的长期趋向前进，从而自然形成与大型企业政策十分相似的趋势。最后，熊彼特承认说，以上反映了蓝图的逻辑，并由此发现社会主义“客观上”可能很难实现。然而，我们不能否认的是，社会主义蓝图的绘制提升到了更高的一个层次。

在社会主义社会中，失业将会减少，这主要是消灭了经济萧条的结果。在技术进步导致失业时，生产部将会将工人分配到其他的就业岗位。

商业社会有一个无比重要的特点，那就是私人领域和公共领域的分离。这两个领域的雇员不同，因而导致紧张冲突。想一想以前资产阶级经济学家的用语：政府干预！商业经济中，在对抗政府干预上我们花费了太多的精力和金钱（想一想律师的工作）。中央局可以大显身手，防止许多才俊走向这个非生产性职业。最后，还要提一下商业社会的税收系统。人们建立了一个庞大的官僚机构进行收税。资产阶级也成立了机构以减轻税收部门的剥削。而在社会主义社会中，将不会存在这种冲突。

人的因素

本章的开篇就提到，社会主义的反对者将会对前一章所做的评论：

> 哦，好呀，当然，如果你们有神人来指导社会主义机器，有天使长为它配置人员，一切可能就是这样。但问题是你没有神人，也没有天使长的帮助。而人性如此，因此，资本主义凭借它的动机模式，它的责任及报酬的分配方式，虽然不是我们能想象的最好安排，但还是不失为最好的实际安排。[1]

熊彼特反驳说，我们不能将既定的事实和想法相比较。如果想要比较资本主义现实与社会主义成功的可能性，那么最好选择熊彼特时代的资本主义：受限的大企业资本主义。

至于神人，熊彼特坚持认为一旦过渡的时期结束，他们的任务将不比现代社会各行各业领导者的任务更艰巨。天使长代表了这样一种主张，社会主义形式的存在前提是人们较高的道德水平，而人类是达不到那种水平的。

社会主义社会必须改变什么呢？熊彼特认为，农业基本上保持原样，因为社会主义的管理部门仅仅制订与实际发展情况相符的农业计划，可能程度上有所差别。对于劳动者和职员的世界，他们的工作基本上保持不变。

对于那些社会上层或领导阶层，我们需要理性对待。这些阶层的代表人士可能会被当作社会主义的“敌人”。但是，我们最好和他们协作，这对于社会主义秩序的成败来说至关重要。毕竟这个阶层担负着重要的职责，在社会主义

---

1 *Capitalism, Socialism and Democracy*，200.

社会中这些职责同样需要人来承担。

因此我们的问题是，一方面，我们能否利用资产阶级财富为社会主义社会服务，另一方面，资产阶级履行的职能被社会主义所剥夺，这些职能是否能由其他集团来履行，或用不同于资产阶级的方法来履行，或由其他集团用不同的方法履行。

合理使用资产阶级人才无疑将是社会主义政权感到最棘手的难题。资产阶级毕竟是无产阶级的剥削者。要成功解决这个问题需要允许资产阶级人才去承担他们能胜任的工作，并且选择管理人员时要以是否胜任为原则，不可歧视前资产阶级人士。

官僚机构是现代经济发展不可避免的组成部分，它在社会主义经济中发挥着重要的作用。熊彼特说，将资产阶级人才注入官僚机构中并改造机构的工作习惯并不困难。一些酬劳制度，例如社会认可度和个人威望将会展现出优越性。至于实际收入，用支付实物与提供现金相结合的方式，补偿适当履职的支出是比较合适的。

说到储蓄，私人储蓄所能做的，中央政府也能做到。它只需要直接调配一部分国家资源投入到新工厂和设备的生产中。

至于纪律，社会主义社会在确保遵纪守法方面有着更多的优势。首先，与任何资本主义管理相比，它都将拥有更多的权威性纪律供其调度。而这些管理人员比资本主义民主政府有着更强的动机来维护自身的权威。

生产部将负责经济的运转。任何意图使经济瘫痪的行为都等同于攻击政府，这是不能容忍的。苏联的工会被塑造成维持纪律和绩效的工具，后来又被摆样子公审和政治清洗委员会利用。这些罪恶内涵并不意味着，在其他的情况下工会没有存在的必要。

过渡

从资本主义向社会主义的过渡总是会引起很多问题。本章讨论了向社会主义过渡的两种环境：成熟的社会主义化和早熟的社会主义化。上述章节描述的是，经济发展过程趋向于使其自身社会主义化，包括人的灵魂。

对于不同的社会主义者来说，令其满意的状态是不同的；某一时刻，实际上是否达到他们的满意要求，他们的判断也是不同的。

成熟的社会主义化意味着，抵制改变的力量很弱，社会各个阶层的大部分人都会合作起来。由于革命不大可能发生，因此将以和平的方式修改宪法。另外，还会有一群经验丰富、责任心强的人，准备好领导这个国家。他们有能力并且愿意维持纪律，使用理性的手段减少社会震荡。他们还会得到其他人的协助，包括训练有素的政府官员和企业官僚，这些人习惯于接受合法权威的一切命令，而且并不偏袒资本家的利益。

社会新秩序将把农民的问题搁置一旁，这样就避开了土地财产的敏感话题。小手工业者和小本零售商可以继续提供产品和服务，至少在一段时间内可以如此。那么股东和保险单受益者怎么办呢？他们所得的补偿是，将所有的应得收入变为有期限的年金，或者使用适当的所得税和遗产税，在这些税制永远消失之前，最后一次发挥效用。

银行将会改组为中央银行的分支机构，而这种形式可能依然保留一些机能，同时，还可能赋予他们对工业管理的某些权力，如有权给予或拒绝“贷款”。中央银行可能独立于生产部，成为一个总监督机构。律师也会改行做其他的职业。可以预见，这种社会主义将能够实现其制度蓝图中固有的一切卓越成就的可能性。

至于早熟的社会主义，情况就十分不同了。熊彼特简要描述了美国大萧条时期的场景。那时大部分公司都是中小型企业；因此想要接管它们十分困难。劳动人民一点也不向往社会主义；他们很有可能抵制它。尽管当时美国的资本主义活力锐减，但是还没有完全消失：这种情况非常不利于向社会主义过渡。

如果在这种不利环境下进行过渡，那么就需要对人民采取残酷的手段。第一件事就是引发通货膨胀。列宁曾说过，“为了破坏资产阶级社会，你必须败坏它的货币。”第二，通过政治革命建立社会主义政权，然后推进社会主义。所有的大型企业都必须国有化。然而，农业部门和中小型企业保持不变。在大部分国家，都没有顺利过渡的有利环境。所以，我们同时要做什么呢？再等半个世纪？还是在接管之前宣传社会主义化的政策？

英国比较利于实行社会主义化。它的银行系统和保险机构已经十分成熟，可以进行国有化。还有一个部门是铁路运输和货车运输。采矿也可以作为国有化的候选对象。电力供应也是如此。钢铁行业的国有化可能争议较大，但还是可以实施的。建筑及建筑材料业可以由国有机构负责。

第四部分：社会主义与民主

问题的背景

过去的社会主义者声称，自己是唯一真正的民主主义者。据他们所言，生产资料私人所有是罪恶之源，它不仅给予资产阶级剥削劳动阶级的能力，而且帮助资产阶级将符合其阶级利益的命令强加于全社会的政治管理事务之上。因此，资产阶级的政治力量，其实是他们经济力量的一种特殊形式。社会主义党派的做法并不特别民主，但是，这要取决于他们行动的环境。例如，瑞典或者英国的社会主义党派就遵循民主的原则。德国的社会主义者称自己是社会民主党。

民主是一种政治方法，是为了达到政治、立法和行政目标的一种制度安排，因此，其自身并不能成为目标。

本章概述了哲学家们解读民主一词的历史，阐明古典民主学说，希望能帮助我们认识社会主义社会民主的发展前景。

古典民主学说

民主就是为实现公共利益做出政治决定的制度安排，其方式是选举一些人，让他们集中执行民主的意志。这就是 18 世纪民主哲学的精简表述。然而，并没有人人赞同的唯一的公共利益。即使大家对于未来的公共利益达成共识，这并不意味着对具体的问题都有明确的回答。民主学说的哲学家们（功利主义者）并没有认识到这一点的重要性，就是因为他们没有认真考虑经济框架和资产阶级社会习惯发生的重大变化。结果是，功利主义者据为己有的人民意志这个概念烟消云散了，因为这个概念的假设前提是存在人人都可辨认的唯一明确的公共利益。

人民意志这个概念有些不同，因为每当个人意志分歧很大时，由此产生的政治决策可能不会是人民真正想要的。遇到非是即否的事件，例如开战，困难就更大了。所得的结果可能会引起所有人的厌恶，但是如果是专制统治者强行下令，人民的接受度可能会更高。

第一，人们并不一定会理性地思考和行动。想想大众心理吧。第二，人还会受到广告等游说方式的影响，看起来生产者常常指导消费者而不是接受消费者的指导。有一个例外的情况就是地方治理。如果小镇不是很大，那么爱镇主义可能对于促进民主的实现有着重要作用。此外，一个乡镇的问题在许多方面都类似于一家制造企业的问题。所以，了解前者的人也会了解后者。

第三，有许多国家大事直接关系到个人和集体的利益，所以他们会产生真实的偏好。然而，当政治与个人关心的事情没有直接的联系，那么现实感就经常丧失。熊彼特这样写道：

> 反过来，责任感的削弱和有效意志的丧失说明，普通公民对国内外政治了解有限，缺乏判断力。更令人吃惊的是，这种情况更多地发生在受过教育的人以及非政治事业的成功人士身上，而不是在地位低微、未受教育的人的身上。[1]

公民的思想变得充满联想、更加任性，这有两种结果。第一，公民容易听任非理性偏见和冲动的摆布。第二，这就给别有用心的群体以机会。政客们能够在很大限度内塑造甚至创造人民的意志。所以，我们遇到的是人造的意志。捏造社会问题及相关的大众意志，与商业广告营销如出一辙。然而，这一切都是有限的。毫无疑问，我们可以认为，在一定的时间里，大众心理将发展出极为合理的意见，而且常常令我们吃惊。

---

1 *Capitalism, Socialism and Democracy*, 261.

为什么古典民主学说历经理性分析的攻击还能存在呢？第一，因为它和宗教信仰相关，这个学说体现了新教的特点；事实上，它就是源自这个新教主义。第二，对于许多国家来说，古典民主学说的形式和主义都是与其发展历史相关的，得到了大部分人的认可。第三，我们绝不能忘记的是，在有些社会模式里，古典学说与事实的相似程度确实够高。典型的例子就是，在小的原始社会，人的愿望和观点并无太大差别。第四，这些辞令既能讨好大众，又是逃避责任的极好借口，还能以人民的名义打压对手，政客们当然喜欢。

另一个民主学说

鉴于18世纪功利主义者的民主定义并不令人满意，熊彼特提出了另一个定义："民主就是为了达到政治目的的一种制度安排，个人通过争取人民的选票来获得政治决定的权力。"[1]这个定义将民主政府与其他的政府形式相区分。古典理论之所以遇到困难，是因为其他非民主的政府也能，甚至更好地服务于人民的意志和幸福。这个新定义还考虑了领导力。每个集体几乎无不接受领导而行动。政治里总是会有竞争。这个定义还澄清了民主和个人自由之间的关系。它还暗示，选民既能够建立政府，那么同样地也能废除政府。

议会活动的社会意义在于，制定法律和一部分的行政措施。但是为了理解民主政治是如何为这个社会目标服务的，我们必须从权力地位的竞争开始，并且认识到，社会功能的实现可以说是顺便的事情——就像在生产中，获取利润也是顺便的。

议会成员的意愿不是产生政府过程的最终依据。这个说法同样也适用于选民。选民的选择不是出于选民的主动，而是被塑造出来的，而对选择的塑造是民主过程不可缺失的部分。选民并不会解读议题。他们也不会用开放的眼光，从有资格的人群中选出议员。正常情况下，主动权在竞选议员的候选人那里。选民只限于接受一个他比较喜欢的。这些候选人都属于各个政党。政党是其成

1 *Capitalism, Socialism and Democracy*, 269.

员协同一致以便竞争得到政治权力的团体。如果这样说不对的话，那么就不可能出现不同的政党采取完全相同或者几乎完全相同的政治纲领了。政党的口号和进行曲不是可有可无的东西；他们就是政治活动的精义所在，政治首领也是不可或缺的。

推论

社会主义者认为民主就需要社会主义，没有社会主义是不能建立真正的民主的。其他人认为完全成熟的社会主义与民主完全不能相容。熊彼特认为社会主义和民主之间并没有什么必然的联系。但是，两者间确实也没有不相容之处：在适宜的社会条件下，社会主义的国家机器是可以在民主原则上运行的。这都要看如何解释这些概念了。

他认为在任何语言环境下，民主不是也不能意味着人民实际上能够以“人民”的名义进行“统治”。民主只意味着人民有机会选择接受或拒绝谁来领导他们。从某一方面来说，民主就是政客的统治。政客有这种职业追求。反过来，这意味着我们要重新认识政客个人的职业需求以及政治职业中的集体利益诉求。

由于国会内外领导者之间无尽的斗争，执政者的精力大量损耗，因而降低了民主政府的效率。政治作战的紧急情况要求政策的扶持，从而进一步降低了民主政府的效率。政客运用民主的方法争夺政治职务，这也带来了立法和行政两个副产品。

政客目光短浅，往往牺牲长期利益。民主培养了专业政客，然后又将其变为业余的管理者和“政治家”。然而不管社会环境如何（可能完全竞争的资本主义要排除在外），选举体系不是只检验人的表演能力。政客们的拿手好戏是操纵群众，也知道如何赢得领导地位，这些都是个人力量的结果。

民主在特定政治环境下蓬勃发展，但是关于民主在缺乏这些特征的社会中如何发展这个问题，似乎没有讨论的意义。对于高度发达的工业化国家来说，特征如下：（1）成功进入国会或者升到内阁的政客应该素质足够高；（2）政治决策有效范围不应该太大；（3）政府必须能够控制一个训练有素的官僚机构，官员声誉良好，承继了强烈的责任感与集体荣誉感的传统。这样的官僚机构就是对外界质疑政府管理能力的主要回应。官僚必须实力够强，能够引导，必要的时候，甚至指示各部门领导。（4）有时国会成员必须克制自己，要抵制住使政府难堪的诱惑。总之国会成员的知识和道德水平都必须足够高，以抵制政治骗子。（5）为了能够实现领导权间的有效竞争，政客们必须对意见分歧有极大的包容。

纵观历史，现代民主与资本主义同时兴起，其中有着因果的联系。熊彼特再次说道，资本主义社会已经失去了它的魅力。资本主义社会是一种特殊的历史事件，建立在一个已经被我们抛弃的标准上。但是我们应该记住，资本主义社会是促进民主成功的温床。但是如果国家在社会结构的基本问题上有分歧，那么民主就不能很好地发挥作用。资产阶级并没有为自己建立一个成功的阶级架构。想到这些，这样的民主的发展前途似乎不太光明。这也解释了为什么在一些情况下它会屈从于独裁统治。

古典社会主义思想是资产阶级思想的产物。它尤其继承了后者的理性主义和功利主义，以及包含在古典民主学说中的种种观念和理想。但是，社会主义并没有汲取保护私人财产这个重要内容。

我们所要考虑的重点是，社会主义自身能否保证民主制的有效运行。社会主义社会缺乏资产阶级规制下那种自动控制政治环境的体系。不仅如此，资本主义政治的低效率毕竟保证了自由，在社会主义社会中，人们不可能从此中得到慰藉。在社会主义社会，缺乏效率的管理终将难以为继。但是，那些实际操作经济机器的机构（比如中央局），其组织和人事配置的方式，应该能够充分发挥它们的职责，不受政客的干扰。

民主程序并不一定要随着资本主义的消失而消失。大选、政党、国会、内阁和首相可能仍然是处理政治决策日程最便捷的工具。私人利益的冲突以及调节它们的必要性将会从日程中消失。但是还会存在其他的考虑，比如决定投资规模的大小或者是如何修订社会产品的现行分配规则。

无须多言，只有在满足所有“成熟”条件的社会环境中才有希望实现社会主义民主，这里的成熟尤其指有足够的能力建立社会主义秩序，官员声望良好、经验丰富。满足上述要求的社会可能会有决定性的优势。现在不再有绝大多数的国家致力于遵守民主规则，这揭示了一些阻力的存在。这也不是上文所定义的那样的社会主义社会。随着资本主义利益冲突的减少，剩下的敌意也会在数量和影响力上进一步减弱。政治生活将变得更纯净。但是一旦出现紧张状况，领导者就容易实施高压手段。毕竟，社会主义经济的有效管理意味着，在工厂中对无产阶级实行独裁而不是无产阶级的独裁。

熊彼特的书是这样结尾的：

> 实际生活必将证明，社会主义民主比资本主义民主更加虚伪。无论如何，这样的民主绝不是代表着个人自由的增加。再强调一遍，它也并不会更接近于古典民主学说所推崇的理想。[1]

“迈向社会主义”

1949年11月30日美国经济学会大会上，熊彼特发表了这篇演讲。

熊彼特解释（中央集权的）社会主义是指生产方式受到控制的社会组织。政府权威代替私有企业和私人管理的公司决定如何生产、生产什么和谁能得到哪些产品。迈向社会主义的过程就是人类的经济事务从私人领域向公众领域的转移。如果社会主义社会没有一个庞大的官僚机构来管理生产和分配过程，那是不可想象的。反过来，政治民主组织以及依靠竞争选票来争取政治地位的官员们，可能控制这个官僚机构，或者受其控制。因此，熊彼特总结说，我们可以迈向社会主义的过程理解为国家征服私有产业和贸易的过程。社会主义并不是禁止民主决策，也并不排除竞争机制。在社会主义社会中，消费者自由选择职业的权利（虽然并不绝对）还是受到限制的。

熊彼特强调说他并不鼓吹社会主义，但他也并不打算讨论我们对它的渴望

1 *Capitalism, Socialism and Democracy*，302.

度。他并不想要“预言”或者预测什么。他在演讲中就是分析一些观察到的趋势。没人能够预测到苏联经济发生巨变。美国工会的实例说明行会式的社会主义发展是可能的。

熊彼特继而列出他在《资本主义、社会主义和民主》中阐述资本主义秩序自我毁灭的原因，并认为中央集权的社会主义明显可能步其后尘。首先，在经济发展中，商人阶级成功为所有阶级创造了一种新的生活标准，但是矛盾的是，它削弱了自己的社会及政治力量，因为他们的经济作用已经过时，并且顺从于官僚组织。其次，资产阶级活动喜欢传播理性的思维习惯，损害从属的忠诚和习性，而这些又是在生产工厂中实施有效领导的重要因素。再次，商人阶级对于经济和政治极为关注，这利于建设一种政治体系和知识分子阶级，它们的组织结构和利益诉求变得独立于、敌视大规模商业的态度。最后，由于上述原因，资本主义社会价值体系不仅失去对公众的影响，甚至资产阶级内部也动摇不定。这四个自取灭亡的趋势就可以解释现代社会对于安全、平等和管理的追求。

在分解的过程中，我们可以发现政府采用了不同的稳定政策来预防萧条，其中就有对商业环境的公共管理，包括坚持充分就业原则。人们还十分渴望收入更加平等，希望实施与之相关的再分配税。除此之外，还有大量调整措施，包括调整价格、对于劳动力和货币市场进行公共控制等。社会上还有无数的需求等待国有企业给予满足。当然还有各种立法。然后他讽刺了朝圣山学社：“我相信，经济学家会在瑞士的一座山上开会，反对我所说全部或者大部分。”[1]

熊彼特声明，他不反对也不希望批判这些政策，他所想要说的只是这样一个事实：

……我们已经远离自由放任的资本主义，更深层次的事实是，要发展并管理资本主义机构，从而使私人企业的运作状态与真正的社会主义计划

1 *Capitalism, Socialism and Democracy*，418.

经济并无太大差别，这是有可能的。[1]

我们看见的是资本主义引擎极大的生产潜力。它使我们感到，大众生活水平可以无限地提高，大量补充免费服务，甚至能够在保持经济继续运行的同时，没收资产阶级的利益。这个引擎可能会服务于劳动者的利益，换句话说，劳动阶级的资本主义出现了。一些经济学家认为这种资本主义会永远存在。不仅如此，不平等和家族财富的文化将会消失。过去的成就多多少少依赖于无限制的资本主义，这并不代表着劳动阶级会继续使用这种方式。

战争促进社会秩序迅速转型，正如第一次世界大战之后的欧洲：社会构架遭到破坏，建设社会主义的暗流蠢蠢欲动。一些地区妄图恢复战前政策，事实证明这是不可能的，比如英国想要恢复金本位制就失败了。

人物小传：卡尔·波兰尼（1886–1964）

卡尔·波兰尼是一名经济历史学家、经济人类学家、政治经济学家、历史社会学家和社会哲学家。1886 年 10 月 25 日，卡尔出生于匈牙利布达佩斯的一个富裕犹太家庭。他的父亲是一个铁路大亨，对于自己的孩子他有独到的教育方法。他的孩子们都受到严格管制，不与外界接触，只能见到他们的四个家庭教师：一个英国人、一个瑞士法国混血、一个瑞士德国混血和一个匈牙利人。这些教师每周轮流向一个孩子授课。老波兰尼完全遵循法国哲学家让－雅克·卢梭的想法来把孩子养大，让孩子绝对远离社会的伪善与腐败。管理学大师彼得·德鲁克（他和波兰尼家族很熟）这样评论道，这些孩子没有一个变成了傻瓜，他们都成长得各有特性、与众不同。卡尔的弟弟迈克尔后来成为一名著名的物理化学家和哲学家。

在匈牙利的首都布达佩斯，年轻卡尔的智慧在此形成，也正是在此他发展

1 *Capitalism, Socialism and Democracy*，418–419.

了社会主义的观点。他在布达佩斯大学学习时，成立了激进而又富有影响力的伽利略俱乐部。他与格奥尔基·卢卡奇（Georgy Lukacs）和卡尔·曼海姆（Karl Mannheim）等哲学家有过思想上的碰撞。1908年，他取得哲学博士学位，1914年他又获得了一个法学学位。出于对左翼思想的忠诚，他和迈克尔·卡罗依伯爵（Michael Karolyi）一起在1914年成立了匈牙利激进党，他担任书记。在波兰尼25岁时，当选为匈牙利国会的一员。

在第一次世界大战期间，波兰尼担任奥匈帝国军队的骑兵军官。战后，他回到布达佩斯继续政治活动，支持卡罗依的社会民主主义政府。然而1918年第一次世界大战结束后，中欧又发生了政治动荡，匈牙利也未能幸免。1924年，贝拉·库恩（B é la Kun）推翻卡罗依政府建立了匈牙利苏维埃共和国。

维也纳时期

波兰尼离开布达佩斯去了维也纳，在那里他担任了权威的《奥地利经济学家》的副主编。1924年至1933年，他生活工作在维也纳，那也是欧洲的文化中心。维也纳的知识分子们经常在兰德曼咖啡馆（现在仍存在）聚会讨论精神分析以及马克思主义晦涩难懂的问题。西格蒙德·弗洛伊德（Sigmund Freud）、卡尔·波普尔（Karl Popper）和路德维希·维特根斯坦（Ludwig Wittgenstein）当时都住在维也纳，还有一些经济学家例如路德维希·冯·米塞斯（Ludwig von Mises）、弗里德里希·冯·哈耶克和约瑟夫·熊彼特等人。当时住在维也纳的还有画家埃贡·席勒（Egon Schiele）、古斯塔夫·克林姆特（Gustav Klimt）和奥斯卡·柯克西卡（Oskar Kokoschka），还有作家阿图尔·施尼茨勒（Arthur Schnitzler）和斯蒂芬·茨威格（Stefan Zweig）。

彼得·德鲁克在《旁观者》[1]中生动描述了波兰尼家族，1927年，他受到《奥地利经济学家》杂志的邀请，作为嘉宾参加编辑会议，这是他第一次见到卡尔·波

1 Drucker, P. (2007) *Adventures of a Bystander*. New Brunswick and London: Transaction Publishers.

兰尼。那是个圣诞节的上午，编辑们和德鲁克等了有一个多小时，卡尔才冲进房间，胳膊里夹着两个大箱子，里面全是书籍、报纸和杂志。他从中拿出成堆的书，并且对于下一期报纸的刊登内容给出了许多建议。波兰尼邀请德鲁克到他的家中与家人共进圣诞晚宴。然而，事实是，波兰尼家族住在维也纳非常贫穷的社区。据德鲁克描述，用来招待的饭菜是他这辈子见过最糟糕的。这并不是因为波兰尼的薪水微薄，而是因为波兰尼家把他们几乎所有的收入都接济了逃往维也纳、无谋生手段的匈牙利难民。德鲁克这样写道，波兰尼家族如此声名显赫是因为他们家族的人都怀有一个共同的志愿：超越 19 世纪，找到一种新的社会模式，自由但并不“官僚”，也非“自由主义”，繁荣但不被经济所左右，共有但又不同于马克思主义的集体主义。波兰尼家族每个人都走了不同的道路，但是都朝着同一个目标前进。

波兰尼可能是被维也纳充满刺激的智识环境所启发，但一定是受到第一次世界大战的灾难及其后果的影响，他开始批判冯·米塞斯和哈耶克的自由市场理论，这两位都是奥地利经济学派声名显赫的代表人物。波兰尼极力反对自由市场的经济体制，在他最为知名的书《大转型》（*The Great Transformation*）中，他为社会改革和规制改革提供了有力依据。

英国、加拿大和美国的经历

1933 年希特勒执政德国，波兰尼被迫辞去在《奥地利经济学家》的工作。他离开奥地利去了伦敦，找了一份记者的工作，并兼任工人教育协会（the Workers’ Educational Association）的导师。他开始为《大转型》搜集材料，1940 年开始动笔写这本书，1944 年完成，当时他是佛蒙特州本宁顿学院的访问学者。这本书当时虽然遭到了一些批评，但还是对于经济学历史影响力最大的书籍之一。

波兰尼因为《大转型》而受到关注，并应哥伦比亚大学之邀教授经济学历史。1947 年到 1953 年，一直在该校任教。他在哥伦比亚大学办的讲座吸引了大批感兴趣的同学。他的妻子伊莲娜·多茨卡（Ilona Duczynska），原来是一名共产党人，被拒进入美国（当时参议员约瑟夫·麦卡锡领导了一场对共产党人士的政治迫害）。波兰尼一家就在加拿大安大略省的皮克林安家，卡尔从这里坐车去纽约。

波兰尼得到了福特基金的大力赞助，研究货币、贸易和市场在前资本主义社会中的作用以及帝国主义的经济系统，希望能够用历史的眼光研究当前经济系统的作用。1957年，他又出版了一本广受称赞的作品《早期帝国的贸易与市场》(*Trade and Market in the Early Empires*)。1964年4月23日，他于安大略省的皮克林逝世。

波兰尼的思想

波兰尼的中心理论是这样的，自我调整的市场系统需要社会服从于这个市场，而不是按照历史常规看法那样，经济服从于社会。这意味着就是社会的运转只是经济的一个附属物，而不是像在原始社会中那样，经济镶嵌于社会关系中。

镶嵌论是波兰尼理论中重要的一部分。在19世纪市场自由主义出现之前，人类的经济就一直是镶嵌在社会里的。波兰尼举例说，美拉尼西亚的特罗布里恩人就是以一种和谐、平衡的方式做生意的。一些人类学家指责波兰尼把原始文化浪漫化了，因为波兰尼似乎暗示着非现代人、非西方人是不一样的，并不能像西方人那样具有经济理性。

经济历史学家和诺贝尔经济学奖得主道格拉斯·诺斯指出，人们很容易在波兰尼的分析体系中发现瑕疵。诺斯说，波兰尼挑选了几个与他的想法相一致的历史案例，但是没有考虑那些不一致的案例。[1] 不过，波兰尼纵观历史，发现定价市场从未完全左右经济决策。即使是在波兰尼特别关注的19世纪，有一大部分的分配决策也不由定价市场决定，相互作用和再分配都起到了相应作用。诺斯举例说明在价格市场之外也能分配资源，比如合作社、工会和行会等等，这些过去是现在也是市场之外分配资源的机构。诺斯总结说，经济历史学家需

---

1 North, D.(1997) Markets and Other Allocation Systems in History: The Challenge of Karl Polanyi. *Journal of European Economic History* 6 (Winter), 703 - 716.

要成功地定义并解释过去经济组织各异的分配系统，经济学历史才能有进一步的发展。据诺斯和彼得·德鲁克所述，正是波兰尼的直觉天赋发现了即将到来的分配系统问题。

波兰尼注意到，市场自由主义引起了社会的关注，反过来市场自由主义就不能像计划那样无拘束地运作。19 世纪支配全球经济的机制（比如：金本位制）使得国内和各国间矛盾升级。所有这些在第一次世界大战、贸易保护主义以及随后的大萧条中达到高潮，把上一世纪的市场自由主义带到了尽头。一些社会上共产主义和法西斯主义兴起，另一些社会上民主主义得到了发展。

波兰尼和凯恩斯

约翰·梅纳德·凯恩斯和卡尔·波兰尼是同时代的人。尽管波兰尼赞同凯恩斯对市场自由主义的一些批判，但是他并不是一名凯恩斯主义者，毕竟凯恩斯是一名自由主义者，而波兰尼是一名社会主义者。像波兰尼一样，凯恩斯批判新古典主义对于经济运行的观点。凯恩斯一方面接受新古典主义的一些观点，一方面又建议通过政府干涉建立一个抗衡的力量。但是波兰尼反对这一点，他认为市场自由主义会对社会造成干扰，它最终难逃消亡的命运。马克思也预测到了市场自由主义的崩溃。但是波兰尼并不是一个马克思主义者，因为他反对马克思的经济决定论。

波兰尼不赞同凯恩斯对于战后灾难性发展的原因分析，凯恩斯在他的《和平的经济后果》一书中把一切归咎于协约国（法国、英国和美国）政治上的贪婪，这一点可以在《凡尔赛和约》中要求德国赔偿的天价战争赔款中看出。这是为了防止德国经济上（和政治上）恢复元气。据凯恩斯说，这个合约同样也摧毁了使得战前一派繁荣的经济系统。波兰尼则把接踵而至的灾难性后果归咎于经济系统和社会之间的紧张关系。

道德主义者波兰尼

波兰尼强调我们不应该把自然和人类当作由市场力量定价的物品。他坚信，这样一个概念侵犯了长期以来社会治理的原则：人们几乎总是认为自然和人类生命拥有神圣的力量。波兰尼指出这样一个事实，当自然环境被转化为商品经济，它的毁灭便是在所难免的了。当时保护环境还未流行开来，波兰尼大概是最早的环境主义者。

《大转型》出版时恰逢第二次世界大战即将结束，波兰尼希望这个时候出现这样一种态势：各国经济和全球经济都在服务于民主政治。波兰尼认为，人类应该利用民主治理的手段来控制引导经济满足人类的需求。

至于全球经济，布雷顿森林体系已经建立，后来又扩展成为世界贸易组织。然而，我们可以认为，到目前为止，全球经济并未像波兰尼希望的那样，遵循市场服从于社会的逻辑运行。至于国民经济，大概只有采取了中间道路的北欧国家最接近波兰尼的期望，能够在市场的紧迫性和社会顾虑中维持一种微妙的平衡。

《大转型：我们时代的政治与经济起源》

卡尔·波兰尼在“二战”期间完成《大转型》的写作[1]，这本书在当时广受欢迎，现在也被奉为20世纪的经典之作。《大转型》至今仍未过时，因为它强烈批判了市场自由主义。最近，2008年发生的经济危机和随之而来的大萧条再次证明了这种批判。

波兰尼分析了19世纪文明的政治与经济根源，这受到了工业革命的影响。20世纪30年代的“一战”和大萧条加速了这种文明的毁灭。波兰尼认为，在19世纪所有的机制中，金本位制非常重要，它的衰落是这种文明毁灭的首要原因。

《大转型》的中心思想现在仍然适用：市场的自我调节机制并不总是发挥作用。如果没有限制，就会出现过剩。这从市场以及整个经济无尽的波动（甚

1 *The Great Transformation: The Political and Economic Origins of Our Time*, 2001.Boston, Beacon Press.

至极端波动）中可见一斑。诺贝尔经济学奖得主约瑟夫·斯蒂格利茨在为波兰尼的书撰写前言时说道，自我调节市场的内部运行及其影响（比如对于穷人）都存在巨大缺陷，因此政府干涉变得必不可少。

书的结构

《大转型》包括了三个部分。第一部分《国际体系》描述了百年的和平，大致是从过去的19世纪一直到1914年“一战”爆发，接着就是20世纪20年代的保守和30年代的大萧条和革命。第二部分标题为《市场经济的兴衰》，波兰尼借鉴了19世纪之前较为原始的社会来描述社会与市场之间的平衡。

这一部分也描写了英国的政治经济发展历程，从15世纪到1795年斯品汉姆兰法令（无论薪水多少，都要保证穷人的最低收入）的颁布，再到工业革命给经济和社会哲学领域带来的变化以及社会经济后果。第三部分《进步中的转型》，分析了第一次世界大战、大萧条、欧洲出现的法西斯主义、共产主义以及美国“新政”的根源。

第一部分：国际体系

波兰尼指出了对19世纪西方世界政治经济秩序至关重要的四个体系：（1）政治力量的均衡体系；（2）金本位制；（3）自我调节的市场（SRM）；（4）自由主义国家。其中自我调节的市场尤为重要，用波兰尼自己的话来说是“整个系统的基础和坐标”，是“带来某一文明的创新”[1]。在四个机制中，金本位制非常重要，它的衰落大概就是19世纪文明毁灭的首要原因。国际金本位制的崩塌无形中连接了世纪之交世界经济的瓦解和20世纪30年代整个文明的转型。20世纪30年代早期金本位制崩溃时，19世纪其他的大多数机制都因试图挽救局面而牺牲了。

市场经济、自由贸易和金本位制都是英国提出的。20世纪20年代在世界

---

1 *The Great Transformation*, 3.

各地，这些制度纷纷崩塌。波兰尼这样总结：

……德国、意大利和奥地利的改变更加政治化、更加剧烈。但是不管最终带来的景象如何、程度如何，研究这个文明毁灭的长期因素，应该要去工业革命的诞生地——英国。[1]

第二部分：市场经济的兴衰

19世纪初市场几乎是自由的，这促使经济学家们坚信亚当·斯密在《国富论》首创的市场体系自我调节的福祉。约翰·斯图尔特·密尔和大卫·李嘉图深化阐释斯密所说的“看不见的手”，并且论述经济行为者自己的利益大体上也是为社会服务的。毕竟，任何生产者都是通过销售产品来谋生，而这些产品反过来也满足了消费者的需求。市场机制使得供需达到平衡。

由于工业革命促进了经济发展，自由主义的经济哲学占据了思想的上风，成为当时世界经济的组织原则。人类经济活动的自然规律似乎就应该采取市场形式。

尽管如此，自由放任从不是自然而然的产物；任事物自由发展，从来不是自由市场形成的方式。自由放任主义是由国家实行的，同时有大量的官僚来完成自由主义支持者的任务。它的缺点是，自我调节的市场系统自出现以来都在对社会产生不利影响。正如波兰尼所说：“对于整个社会组织来说，市场对于经济系统控制的影响是巨大的；这说明社会的运作只是市场的附属品。”[2]

不是经济系统镶嵌于社会关系，而是社会关系镶嵌于经济系统中。波兰尼承认被剥削工人的物质生活的确有改善，但是他总结道，人类社会变得服从自我调节的市场。

《大转型》中展示了除了自我调节的市场之外的经济形式的例子。波兰尼

1 *The Great Transformation*, 32.
2 *The Great Transformation*, 60.

指出，许多社会的生产和分配都采用了再分配系统，小到布须曼人的部落，大到汉谟拉比王朝，甚至苏联的计划经济都如此。在封建时代和庄园时代之末，大多数西欧国家都采用再分配和互惠系统的组合。这些系统日益得到市场交易的支持发展。中世纪市政主义和重商主义的国家政府都把对于市场交易的控制和激励作为主要关注点。

波兰尼强调社会对于商品交换的互惠原则和再分配原则，特罗布里恩群岛就是实行库拉圈交易的实例：

> 建立在互惠原则上的西方美拉尼西亚库拉圈是世界上人类所知道的最为复杂的贸易方式……这里有一种约定俗成的规则，库拉的每个伙伴用等价值的臂镯和项圈换得另一人的库拉物品，而且更愿意要名人用过的。现在，经过远途运输，对有价值的物品进行系统化、组织化的交换，只是简单地被称作交易。然而这复杂的整个流程还是只依赖于互惠原则……这并不是人们对于商品贸易有所偏好，而是人们在依照社会行为中的互惠原则做事。[1]

从18世纪末起发生了两件大事，并且一直贯穿19世纪。首先，由于系统因素的急剧增长，商业和工业之间的关系发生了变化。生产变成了大规模的资金投入，再加上对这些资金的偿付义务。其次，经济自由主义作为一种新思潮，促进出台了一系列新的公共政策，这些政策促使土地、劳动力和资本转变为自我调节的经济系统中的虚拟商品，这三种商品的交易完全自由。波兰尼认为，这些都是虚拟商品，因为土地、劳动力和资本都不是为了销售而生产的，当这三者的价格很低时，它们的供给量也不会从市场上消失。

1 *The Great Transformation*, 52-53.

彼得·德鲁克在《旁观者》中对于土地、劳动力和资本等“虚拟商品”这样说道：

卡尔认为，一个运行良好的社会必须通过市场来进行商品交换和资本分配，但是绝不能通过市场来分配土地或者劳动力，因为这些并不适合使用互惠或者再分配原则，比起经济学理性，它们更适用于社会和政治行为的原则。这也正是《大转型》所主张的，良性社会应该排除市场在外。[1]

对于波兰尼所说的互惠、再分配和市场交易分类原则，德鲁克这样总结：

一旦我们开始涉及系统化的经济学理论……就会不由自主地借鉴波兰尼对于经济一体化的社会原则的分类：再分配、互惠和市场交易。然而，这种分类是《大转型》的重要贡献，但在当时只有少数人注意到这一点。[2]

波兰尼描述了人们是如何无视自由放任主义对于社会的威胁，把它奉为借助自我调节市场来拯救世俗社会的真理。波兰尼注意到，托马斯·马尔萨斯（Thomas Malthus）也把贫穷看成是自然秩序的一部分。马尔萨斯指出人口增长和社会供养人口的能力之间是不均衡的。因为他没有意识到科技发展会大力提升农业生产力。所以他的结论是，当人口增长超过现有的农业供养能力之后，饥荒就会爆发，接着人与食物供给会再次达到均衡。

市场自由主义也带来了这样一种不可避免的反应：人们会合力保护社会免受市场的伤害。人们一方面努力建立、维持和扩大自我调节市场，另一方面致力于保护人和社会不受自由市场的影响，波兰尼将这种紧张和冲突称为“双向

1 *Adventures of a Bystander*, 136.
2 *Adventures of a Bystander*, 137.

运动”。这种情况在英国表现得最明显。一方面是发展自我调节市场的哲学理念并推动立法运动，从18世纪90年代的圈地运动，到1834年的《济贫法》改革，一直到《1844银行特许经营状法令》的颁布和1846年《谷物法》的废除；另一方面是范围广泛的无组织的运动、立法改革和行政政策来限制自我调节的影响，从宪章派早期立法限制妇女和儿童的工作时间，到工会的发展、食品关税的重新征收，再到预示建立福利国家的第一部法律。

双向运动内在的压力有哪些呢？自我调节市场不能自由运转，大概是因为其他运动的矫正影响。在这种条件下，波兰尼对于社会主义的定义耐人寻味。他的定义是，工业文明所具有的内在趋势，通过将自我调节的市场置于民主社会之下，从而实现对市场的超越。这个定义允许市场在社会主义社会内持续发挥作用。波兰尼注意到，整体上看，社会主义工人阶级政党是致力于改良资本主义而不是推翻它。

自我调节市场在实践中受到削弱，这意味着跨国公司和自由国家的合理性的下降。事实上，不断增长的贸易保护主义对自我调节市场的破坏很大以至于政府不得不出面干预。波兰尼建议说，如果外国的债务人拒绝清偿债务，政府应该对由此带来的压力做出应对。在紧急情况下，社会的团结是通过干涉的行为显现出来。更多破坏性的压力会突然出现。在金本位制下，任何能够引起预算赤字的措施都可能带来货币的贬值。如果另一方面看，扩大银行信贷以抑制失业，那么国内物价的上升会打击出口，影响收支平衡。无论怎样，交易都会大幅减少，相关国家会感受到本国的货币压力；也就是说，国家进入了一个两难的境地。

贸易保护主义阻碍了跨国自由贸易。短短几年内，自由贸易就已经一去不复返了。无论贸易保护是否合法，世界市场体系凸显了其弱势所在。一国的进口关税阻碍了另一国的出口发展，逼迫它必须在无贸易保护地区寻找市场。经济帝国主义主要是工业化强国互相斗争，争取扩大无政治保护地区贸易特权。但是维持金本位制非常必要。转型的中心内容就是市场体系乌托邦的破灭。

当19世纪最后幸存的机制——金本位制在20世纪30年代崩塌时，国家之间的紧张情势得到了缓解。他们的反应是尝试适应传统世界经济的消失。波兰尼这样总结第二部分："当传统世界经济体系瓦解时，市场文明自身也被淹没了。这就解释了那个令人难以相信的事实：文明竟然会被那些毫无灵魂的制度的盲目行为所毁灭，这些制度唯一的目的仅仅在于让物质福利自发增长。"[1]

第三部分：进行中的转变

20 世纪 20 年代国际系统崩溃时，几乎已经被遗忘的早期资本主义问题又重新浮出水面了，大众政府问题就是其中的一种。人们努力重建金本位制以恢复 19 世纪的体系，但是这最终毁灭了国际金融系统。

在欧洲，指责通货膨胀成为 20 世纪 20 年代反对民主立法的有力驳论，这产生了深远而又毁灭性的影响。不削减工资或者社会福利的后果不可避免地受到市场机制的影响，货币也难以逃避这样的危机。无一例外，相应的责任都是要稳定通胀的工资和失衡的预算。如果美国不脱离金本位制，新政也永远没有机会实行。

对于其他国家来说，放弃金本位制无异于说与世界经济脱节，大概唯一的例外就是英国，它在国际贸易中所占比重很大，能够制定国际货币体系的运作形式，从而把金本位制的压力转移至别国。"一战"之后的战后赔偿对于战败国家的货币来说有着极为不稳定的影响，尤其是德国和奥地利。国际信贷机制的压力首先转移到了欧洲胜利者那里，随后又转移到了美国。1929 年 10 月美国经济的崩溃将其余的工业化国家拉入了经济大萧条。人们被恐惧所支配，急于拥护那些不计代价迅速摆脱萧条的领导者。波兰尼总结说，这正是激进革命的好时机。

自我调节市场崩溃后，法西斯主义和共产主义随之兴起。法西斯主义与第一次世界大战没什么关系，与《凡尔赛和约》也无甚关联。毕竟，在战败国保加利亚、战胜国芬兰和挪威甚至意大利、西班牙等南欧国家，都出现了这些运

1 *The Great Transformation*, 228.

动。波兰尼总结说，法西斯主义的作用受到一种因素的控制：市场体系的情况。裁军会议停止，1933 年德国退出国际联盟。世界政治、经济系统同时瓦解。纳粹寄希望于 19 世纪经济的最后解体。

俄罗斯的崛起也和它在转型中所起到的作用相关。农场的集体主义意味着市场经济的瓦解，他们采取了合作社的方式解决土地问题。俄罗斯代表了一种可能代替市场经济体制的新体制。国际体系的崩溃释放了历史的能量——其轨迹却是市场社会固有的趋势所设定好的。市场与组织化社会基本需求间的矛盾造成了那个世纪的动荡不安，其产生的典型张力和压力最终毁掉了整个社会。外在的战争只是加速了它的毁灭。

经济学史表明，全国性市场的出现绝对不是经济领域从政府控制中渐进、自发地解放出来的结果。相反，市场通常是政府出于非经济的目的，故意强制干涉市场组织的结果。波兰尼总结说，19 世纪社会的先天缺陷不在于它是工业化的，而在于它是一个市场社会。

波兰尼对于针对 19 世纪经济体系所做的应对措施的长期效果是乐观的，他期望，国家经济和全球经济会服从于民主政治和个人自由。有三项事实构成了西方人的意识形态：对于死亡的认识，对于自由的认识和对于社会的认识。发现社会并不是自由的终结或是重生。波兰尼的书是这样收尾的：

> 只要有人诚挚地为所有人创造更多的自由，他就无须惧怕权力或者计划会与他作对，也无须害怕他使用权力或计划来建立的自由会遭到毁灭。这恰恰是复杂社会中自由的内涵，它给了我们所有需要的确定性。[1]

1 *The Great Transformation*，268.

第四章
丰裕社会

引言

纵观人类历史，贫穷一直是主流，富裕总是少数情况。在20世纪30年代，人们就看到了希望之光，相信可以有更多的人而不是“少数幸运儿”共同享受富裕。通常不怎么关心社会长期发展的凯恩斯写了一篇文章，名为“我们后代的经济前景”（Economic Possibilities for Our Grandchildren）[1]。他在文章中预测说，到2030年人类将能够解决这个经济问题，因为在先进的资本主义社会，生活水平将提高4至8倍，这将使我们有时间专心从事满足生活需求之外的事情。人们摆脱了为生存而挣扎的日常之后，凯恩斯发现了另一个问题：“如何利用这个自由来过上‘智慧、愉快、健康’的生活？”他总结说，我们都还没有真正领略到生活的艺术，也不懂得如何利用富裕享受。这个问题就是提勃尔·西托夫斯基在《无快乐的经济》（1976）中研究的内容。

1938年，卡内基集团找到瑞典经济学家贡纳尔·默达尔来研究美国的种族问题。他的广泛调查的结果收录在《美国的困境》（*The American Dilemma*，1944）一书中。默达尔认为是美国人对黑人的歧视导致美国经济的进一步下滑。根据他的累积因果理论，他建议为黑人提供就业机会促进整个国家的收入增长，

1 Keynes, J.M.(1931) Economic Possibilities for Our Grandchildren. In *Essays in Persuasion*. London, MacMillan, 349-357.

而这反过来有利于提高国家医疗教育事业，培养遵纪守法的公民。

显然，20 世纪 50 年代，缓解贫困仍然是美国慈善基金主要的资助领域。古根汉基金会（the Guggenheim Foundation）邀请约翰·肯尼斯·加尔布雷思研究美国的贫困现象。但是同时，由于“二战”后的经济繁荣，美国人普遍富裕起来了。这促使加尔布雷思不再围绕贫困，而是围绕富裕进行写作。然而他又花了一个章节来描写贫困，他在《丰裕社会》中这样解释道，“再没有比美国的大城市持久的贫困和农村山区未见的贫穷更使美国蒙羞的了。”

人物小传：约翰·肯尼斯·加尔布雷思（1908–2006）

想要详细研究加尔布雷思的漫长人生是十分困难的。约翰·肯尼斯·加尔布雷思（朋友们称呼他为“肯”）不仅仅是 20 世纪最著名的经济学家，还是一名令人敬畏的自由政治活动家、哈佛大学的教授、艺术历史学家、小说家、《财富》杂志主编、摄影师、BBC 电视台的节目主持人和外交官。

加尔布雷思于 1908 年 10 月 15 日生于加拿大安大略省的一个农场。他的家庭有着苏格兰血统，他比平常人块头都大。确实，他个头高大（6 英尺 8 英寸），又善于表达，是一个高产的作家（他写了 40 多本书和 1000 多篇文章），而且他从不谦虚。在他的回忆录《活在当下的一生》（*A Life in Our Times*，1983）中，他写了他在人际关系上遭遇的一些问题。他自己分析说：这种折磨来源于害怕自己的优越性被别人无视。在曼彻斯特剑桥大学优雅的客厅里，加尔布雷思的橡木书橱上展示着他的“第一准则”：谦虚是一种被过分夸大的美德。

加尔布雷思的教育背景

从安大略农业大学毕业之后，加尔布雷思前往崇尚自由主义的加利福尼亚大学深造。他于 1934 年在加利福尼亚大学获得了农业经济学博士学位，之后去了美国东部，先后在哈佛、普林斯顿任教。

加尔布雷思受阿尔弗雷德·马歇尔《经济学原理》和性格怪异的经济学

家托斯丹·凡伯伦（Thorstein Veblen）的影响。凡伯伦著有嘲弄富人的《有闲阶级论》（*The Theory of the Leisure Class*，1899）一书。加尔布雷思在他的回忆录中承认，凡伯伦对像有加尔布雷思这样背景的人有着致命的吸引力。据加尔布雷思说，凡伯伦写的东西就好像是炮轰所有那些因为财富、职位、道德声望、优雅举止而攫取世俗高位的人。加尔布雷思在回忆录中承认，凡伯伦对他的影响很深远。[1]

凯恩斯则对加尔布雷思产生了长达一生的影响。加尔布雷思一生都是一个凯恩斯主义者。他曾经在1937年作为博士后在剑桥国王学院访学，而这正好是凯恩斯的《就业、利息和货币通论》发表一年后。然而当时凯恩斯在接受严重心脏病的康复治疗，加尔布雷思并不能亲自去拜访这位经济学大师。

华盛顿特区

1934年，加尔布雷思因农业部的工作而去了华盛顿特区，而这段时间正好赶上富兰克林·德拉诺·罗斯福总统的“新政”，致力于把美国经济从大萧条中拯救出来。正是加尔布雷思早年在华盛顿的日子让他决定成为一名美国公民。

1941年，加尔布雷思成为美国物价管理局副局长，负责价格控制。许多原材料和食品都被征为军用。另外，政府资助生产大量战争用品引发巨额预算赤字，而这反过来又可能导致通货膨胀。因此，定量供给及控制价格成为必要之举。通货膨胀得到了控制。但是加尔布雷思的很多批评者说，他在履行职责上过于严格。1943年他被撤职了，这令他气愤不已。

加尔布雷思深受打击，甚至去寻求心理医生的帮助。他在回忆录中也十分

1 在《经济学展望》（*Economics in Perspective*，1987）一书中，加尔布雷思回忆了一个花花公子凡伯伦的趣闻：“有一个流传于哈佛的逸事，说的是罗威尔校长曾邀请凡伯伦到哈佛的经济学院任教。凡伯伦和几个经济学同行聚餐之后，与校长一起共进饯别晚宴。这时校长小心翼翼、礼貌地指出了凡伯伦出了名的学术缺点。‘凡伯伦先生，你要知道，如果你来哈佛的话，我们有一些教授会开始有些担心他们的妻子。’对此凡伯伦回应道：‘他们不用担心，我已经见过他们的妻子了。’”

动容地描述了这一段经历。他联系了Time-life公司的老朋友，后被任命为《财富》杂志的编辑，并在这个岗位上工作到1948年。加尔布雷思在回忆录中写道，正是在《财富》杂志的这段时间他学会了写作。1949年，他去哈佛大学任经济学教授一职，一直持续到他学术生涯结束。

加尔布雷思因担任美国战略轰炸调查团（United States Strategic Bombing Survey）的经济分析师而暂时回到了华盛顿。担任此职时，他在二战结束后不久就去了德国，讯问了阿尔伯特·斯佩尔（Albert Speer）、赫尔曼·戈林（Herman Goering）、菲尔德·马歇尔·凯特尔（Field Marshall Keitel）和尤里乌斯·施特莱彻（Julius Streicher）等纳粹头子。

民主党人士加尔布雷思

加尔布雷思是一个杰出的民主党人士。从阿德莱·史蒂文森（Adlai Stevenson）到乔治·麦高文（George McGovern），他为所有民主党总统及总统候选人都服务过，担任私人顾问、演讲稿撰写人和竞选活动家。在1947年，他和艾连诺·罗斯福（Eleanor Roosevelt）、赫伯特·汉弗莱（Hubert Humphrey）一起成立了“美国民主行动”，来支持经济公平和社会正义。加尔布雷思支持与苏联缓和关系，同时坚决反对越南战争。

加尔布雷思和肯尼迪总统有着特殊的关系。他满足了加尔布雷思的夙愿，任命他为美国驻印度大使（1961–1963）。由于他与肯尼迪总统关系特殊，以及他自身非典型外交官的身份，加尔布雷思经常直接向肯尼迪汇报。加尔布雷思对此解释说，通过联邦政府传达信息就好像是“弓身穿过床垫”。

他作为印度外交官的日子大概是他一生中最珍爱的时光。他与印度前总理贾瓦哈拉尔·尼赫鲁（Jawahrlal Nehru）有直接的接触。和其他人一样，他建议合理结束印度与中国的边界之争。他尽情享受着印度半岛的游轮之旅，并且深深地迷上了16至18世纪的印度绘画。他和别人合著了《印度画：风景、主题和传说》（*India Painting: The Scenes, Themes and Legends*，1968）。

广播电视经历

在印度短暂的工作结束后，加尔布雷思回到了哈佛大学。在做讲座和写作的同时，还受到英国广播公司（BBC）的邀请去主持系列片《战时世界》（*The World at War*），他讲述了自己在“二战”中任职于罗斯福政府的亲身经历。后来BBC又邀请他做客里斯讲堂（名字来源于当时大名鼎鼎的BBC总台长约翰·里斯）。在这些讲座中，加尔布雷思谈论了自己的下一本书《新工业国》（*The New Industrial State*，1967）。他接下来在BBC所做的经济学历史系列讲座专题片《不确定的年代》（*The Age of Uncertainty*），在当时大受欢迎。加尔布雷思把发言稿重新修订整理成书，在1977年以同名出版。

加尔布雷思在他的回忆录中解释他为何能写出那么多的书籍和文章。多年来，他每天早晨都会留出三四小时来写手头上的书，或是做一些相关的阅读和调查，剩下的时间都用来做补充性阅读和思考。他培养了一种将自己从周围的环境完全抽离的本领，能够不受房子里的噪音、飞机场、想搭话的过往路人等等的影响。他定期从哈佛大学请几个月假去佛蒙特州或瑞士的格施塔德的家中来完成一本书。书中的许多措辞加尔布雷思都要检查4到5遍，然后再送到他20多年私人编辑安德里亚·威廉姆斯（Andrea Williams）手里。

经济学家加尔布雷思

加尔布雷思作为经济学家有怎样的成就呢？这是个很难回答的问题，因为尽管他是20世纪五六十年代世界最著名的经济学家之一，但是他没有获得诺贝尔经济学奖。

许多学者指责加尔布雷思没有提出一个可靠的经济学理论。像凯恩斯的传记作者罗伯特·斯基德尔斯基等人，就认为加尔布雷思缺乏理论智慧，或许只是对纯理论有兴趣而已。诺贝尔经济学奖获得者保罗·克鲁格曼（Paul Krugman）说话就没那么客气了，他称加尔布雷思为“政治企业家”，一个只为大众写书的经济学家，而不是通常意义上为学术写作的经济学家，他为复杂的经济问题提供了过于简化的答案。

弗里德曼在很多方面与他截然相反。他们在思想意识、外形身材（弗里德曼身材弱小）和数学能力上都截然不同。弗里德曼在分析加尔布雷思的经济学贡献时也毫不留情，这体现在下面弗里德曼对加尔布雷思评价的文字里。但是加尔布雷思十分准确地揭示了随着19世纪以来经济的快速发展，形成于19世纪的新古典主义学说的基本原则不再有效。新古典主义学派完全无视权力和政治利益的作用。加尔布雷思还是一个典型的制度主义者。他认为现实是一个不断变化的制度结构，制度是分析经济学问题的一个十分重要的因素。

在物价管理局工作经历的启发下，加尔布雷思撰写了《价格管制理论》（*A Theory of Price Control*，1952）一书。在书中，他阐释了为防止通货膨胀失去控制而进行价格控制的必要。他认为市场并不能平衡我们的价格，是那些寡头企业制定了价格。然而那些寡头企业只能控制市场的一小部分，所以价格控制会更容易一些。

在《美国资本主义：抗衡力量的概念》（*American Capitalism: The Concept of Countervailing Power*，1952）一书中，加尔布雷思引入了抗衡力量的概念：大公司受到工会制衡，而工会又得到联邦政府的支持。在1993年第九版的引言中，加尔布雷思注意到，垄断或托拉斯这些剥削性市场力量从前受到抗衡力量的抵抗，现在市场的全球化已经削弱了它们的力量。他在同一篇引言中写道，考虑到大公司的力量，我们现在与其说是害怕公司的力量，不如说是担心它们的无能。

加尔布雷思最畅销的书是有关大萧条的《1929年大崩盘》（*The Great Crash 1929*，1954），接着是《丰裕社会》（1958），主旨是我们生产的好多产品和服务都是过剩的。通过对教育、道路和环境等公共产品受损的负面宣传来刺激消费需求。如果在公共领域投资不足，那么未来经济的发展可能会受损。

《新工业国》（1967）考虑到美国的多样化特征，描述了这样一个社会：大型生产商拥有所有的经济力量，竞争变得无关紧要。企业家不再管理这些公司，他们的作用被“管理机制”代替。是那些更庞大的专家组为企业决策带来所需的专业知识。加尔布雷思把这种组织称为技术结构组织。股东在批准管理机制的所作所为上是十分被动的。这些大公司的目的是控制市场（也就是增强市场的可预测性），而不是被市场所控制。垂直整合和广告营销都是用来中和竞争、控制消费者倾向的手段。

弗里德曼谈论加尔布雷思

1976 年，弗里德曼在经济研究所发表了名为“加尔布雷思的传统智慧”的演讲，剖析了加尔布雷思的观点。[1] 他的剖析充满恶意。弗里德曼首先抨击道，加尔布雷思相信自己世界观的正确性，但是几乎没有一个经济学家能够证明他是正确的，这就是个谜团。

对于加尔布雷思的《丰裕社会》，弗里德曼认为这本书并没有在谈社会的富裕，相反是在谈论其他主题：诋毁普通人的品位，他们比起诗歌更喜欢图钉，比起精致昂贵的小汽车更喜欢大而无用的尾翼。它旨在吹捧增强政府力量的好处。一个重要的主题是他所断言的私人富裕与社会贫困之间的对比。

弗里德曼指出，在过去几十年里，美国和英国的政府预算都在急剧增长。在美国，1929 年政府预算只占国家收入的 10%，在 20 世纪 70 年代已经增加到 40% 多。所以很难坚持说是个人的铺张浪费而不是政府的挥霍无度使得国家更穷。

弗里德曼还质疑加尔布雷思有关广告的理论，因为根据许多经济学分析，大多数的广告只发挥信息告知的作用而非劝服消费的作用。

弗里德曼对于“抗衡力量”这一概念持否定态度，因为有些工会力量最集中的产业里雇主的权力并不集中。当时，挖煤矿工工会是强大的组织，能够为其成员争取利益，因为这个恰恰是产业本身的力量分布特征。卡车司机的工会也是如此。

弗里德曼怀疑，像肯尼斯·加尔布雷思这样一个聪明、思考全面、有独立

---

1 Friedman, M. (1978) From Galbraith to Economics Freedom. London: *Occasional Paper 49, the Institute of Economic Affairs.*

思想的人，怎么会持有如此明显与事实不符合的观点。弗里德曼不把加尔布雷思看作一个科学家，而是一个渴望信徒的传教士。弗里德曼总结说，这样我们就能直接从加尔布雷思的思想体系推出他的世界观，而不是后者推出前者。

他在批评加尔布雷思时总结说，对于那些坚信个体尊严的人来说，我们只有通过劝说才能影响其他人的价值观。这其中就包括属于自由演讲形式的商业广告。

如果加尔布雷思在2014年仍然活着的话，他应该可以用同样犀利的语言，批评弗里德曼所信奉的自由市场和人民自由选择的观点。毕竟，在2008年的金融危机和接踵而至的大衰退之后，我们从未如此清晰地认识到自由市场需要被规范以防失控。

因为他们的思想观点不同，加尔布雷思有一次开玩笑说，他特别希望历史站在自己的一边而不是弗里德曼教授一边。[1]

大型公司和工会扮演了什么样的角色呢？莫伊希斯·奈姆（Moises Naim）在《权力的终结者》（*The End of Power*）[2]中描述了下列情形。无疑，现在仍有大公司的存在，但是它们的地位没有以前那么稳固了。1980年，一家在行业排名前五的公司在未来五年中掉出前五的可能性只有10%，而现在这个可能性已经上涨到25%。熊彼特所说的“创造性破坏”的节奏也比以前更快了。几十年来，通用汽车公司在规模经济下一路凯歌，但是现在互联网巨头已经无法依赖这种经济来发展了。至于美国工会的抗衡力量，他们实力的衰减比大公司快得多。私人企业的工会覆盖率已经从1950年的40%降低到现在的不到7%。

这告诉了我们什么呢？首先，这表明加尔布雷思可能不是全错，而弗里德

1 Sint, M., Verbruggen, H. (1982) *Economen over Crisis*. Amsterdam, Brussel: Uitgeverij Intermediair, 193.

2 Naim, M. (2013) The End of Power. New York: Basic Books, Fortieth Anniversary Edition (1999). London: Penguin Group.

曼不是全对。如果现实经济与某个哲学思想相符，那么这种思想就会大行其道。但是，不幸的是，我们的普遍结论是，经济学的预测能力确实很差。

总之，加尔布雷思很好地把握了社会由匮乏到富裕的发展方式，然后他用一种批判的、略带揶揄，但总是很有趣的方式写下了这些。他的畅销书《丰裕社会》是他写作风格的代表作。他引入了新的术语，如“抗衡力量”“传统智慧”“无为者引导无为者”和“私人富足而公共贫困”，这些词汇已经进入了日常语言。

《丰裕社会》

约翰·肯尼斯·加尔布雷思1958年出版了《丰裕社会》，当时美国经济正处于繁荣阶段。他书中分析的现象其实到了1958年就本应该显而易见了。阿尔弗雷德·马歇尔口中的美国，我们的“能源帝国”正在走向丰裕社会。[1]加尔布雷思精彩描述了那个时代的特征。在他之前几乎没有人能够做到这一点。托斯丹·凡伦半个多世纪之前在《有闲阶级论》中做到过。《丰裕社会》谈论了主流经济学的传统智慧以及顽固的政治信仰，言论大胆而又充满争议。

加尔布雷思不喜欢数学工具，他想让更多的大众都能看懂经济学。而他这样做很可能是受他的学术著作《价格管制理论》出版的启发。他这样跟一个《纽约时报书评》的记者说，每个读过这本书的人都说这是加尔布雷思写得最好的一本书。加尔布雷思然后告诉记者：“唯一的麻烦是，读过这本书的人可能只有五个，或者十个……我想要让更多的人读这本书。”利用在《财富》杂志编辑的工作经验，他的想法成真了，《丰裕社会》连续30周荣登《纽约时报》的畅销书榜。

在19世纪50年代早期，加尔布雷思在研究美国的贫困的时候就萌发出了

---

1 加尔布雷斯在心里选定的书名是《为什么人们会贫穷》（*Why People Are Poor*）。但是这个题目并不合他的口味，写作时的书名是 *The Opulent Society*，但是他又感觉 opulent 这个词读起来没什么吸引力，他就在韦氏大学词典里查了一下“opulent”这个词语，然后出现的第一个同义词正是“affluent”！

写《丰裕社会》的想法。他的灵感来自贫富差距。加尔布雷思讲述了美国财富的故事以及它对于美国社会的意义。这本书的目的在于描写经济观点是如何根植于贫困、不平等与以往的经济危机之中，继而研究某些经济态度是如何暗合丰裕社会的。

1998年，在出版四十周年版本的引言中，加尔布雷思回忆这本书的原稿剖析了自己的对与错。从理论的角度，他有些遗憾地总结说，经济学的书籍和教学向人灌输思想和信仰，而这些想法拒绝适应不断变化的世界。加尔布雷思事后反思说，他本应更加强调收入的不平等，因为这种现象越来越严重了。加尔布雷思坚信，生产过程整合了消费需求的生产方式，而消费需求又受时尚、社会期望和简单模仿的支持，而消费需求最重要最明显的来源是这些生产厂家的广告和推销工作。在早期的版本中，加尔布雷思流露了对于价格工资螺旋上升所引起的通货膨胀的担心。在编写新的引言的时候，社会处于一种低通货膨胀、低失业率的情况，加尔布雷思补充说，这种环境更受欢迎，因此调整了原来描写通货膨胀的章节。

作者宣称说，他最初重点在于强调公共与私人生活水平的极大反差，这一点现在依旧没变。加尔布雷思注意到，在这片土地上，我们在私人消费上非常富足，但是学校、图书馆、医疗健康和执法的不足也是经常评议的话题。他对于环境恶化的关注是合情合理的，现在这个话题更加引人关注。

丰裕社会

“财富并非一无是处，虽然常常也有相反的说法，但是它却从未具有广泛的说服力。”该书的开篇就是这一令人难忘的句子。作者继续以一种巴洛克风格的笔调写道：只有当我们摆脱贫困的假想的执念时，才能首次看到我们面前的新任务和新机会。经济学的弱点不是在于其最初的错误而在于其未及时修正的落后性。那个时代，无论是社会背景和政治信仰如何，人人都想寻求一种舒适被认可的生活，而一个具有争议的人（正如加尔布雷思这样评价自己）被视为一种不安的因素。那是一个将原创性视为不稳定因素的社会，是一个无为者领导无为者的社会。丰裕社会不自知的社会问题根本不会影响到富裕本身。但是它们不会像贫困社会的问题那样严重，贫困问题的紧迫性致使误解的机会都没有，但是对于这一点我们也是束手无策。

传统智慧的定义

传统智慧是加尔布雷思定义的一个术语。他这样描述它：为方便起见，对那些在任何时代都能被接受的想法冠以这个固定的名称。这些想法就代表着传统智慧。在经济学上，必要的调整通常进展缓慢，而那些旧有的、优雅的解释能长久留存，因为大众能够接受、理解并喜欢它们。另外，如果知道其他更出名的人也赞同他的结论，那么个体会心满意足。传统智慧不是任何政治团体的所有物。在许多经济社会事件上总是有一个显著的共识。传统智慧的敌人不是思想，而是时间。一旦某些事情发生了，就会有人质疑传统智慧的恰当性。

19 世纪以来，自由主义就是传统智慧的具体表现。但是经过时间的推移，在寻求保护、安全和平等议价权方面，人们的需求愈加强烈，这时传统智慧就无法适用了。加尔布雷思提到罗斯福、劳合·乔治、费边·悉尼和比阿特丽斯·韦伯（Beatrice Webb），说他们帮助人们接受这个新事实，结果造就了后来的福利国家。与 19 世纪古典自由主义的决裂是致命的，这种警示从没有停过。

在经济萧条时保持预算平衡也是一种传统智慧，这一点甚至连罗斯福最开始都是坚信的，但是后来大萧条爆发了。还是凯恩斯在《就业、利息和货币通论》中阐释了平衡预算这个传统智慧的不恰当性。凯恩斯革命是新传统智慧的具体表现。

经济学和绝望的传统

这个章节描写了自亚当·斯密（Adam Smith，1723–1790）以来的经济学的发展。《国富论》（*The Inquiry into the Nature and Causes of the Wealth of Nations*，1776）描绘了在一个自由社会里，由竞争和市场而非国家来负责管理，每个人都利用自己的资源，为社会的富足而有效工作。大卫·李嘉图（David

Ricardo，1772–1823））和托马斯·马尔萨斯（Thomas Malthus，1766–1834）将大规模剥削和极大的不平等作为基本前提。马尔萨斯预测说，随着人口的增长超过农业的发展势能，就会发生悲剧和饥荒。李嘉图分析了财富的分配。他总结道，这些决定分配的定律具有惊人的不平等性。斯密、李嘉图和马尔萨斯代表了经济学的轴心传统。

19世纪中期，经济学思想出现了分化。古典传统多多少少沿同一脉络发展，但是卡尔·马克思（1818–1883）与其分道扬镳，向左派发展。马克思也预测了悲惨、剥削的生活，但是，他同样预测了自由社会的崩塌。

不确定的再保证

与马尔萨斯和李嘉图预测的相反，实际工资开始上涨，但是不平等也随之加剧。洛克菲勒和卡内基这类人成为百万富翁。至于工资，《经济学原理》的作者阿尔弗雷德·马歇尔（Alfred Marshall，1842–1924）坚持认为，最终工资应该限定在抚育等必要支出的总和之下。所以，总的风向是坚持最低限额。人们坚信，一旦陷入贫穷，也没办法对此做出什么改善。

但是，经济行为开始与这一中心传统渐行渐远。当中心传统需要市场有更多的公司时，现实中公司却少得多。寡头垄断和不完全竞争取代了完全竞争。对于经济生活的控制权似乎转向了越来越少的势力中。富裕的人变得更加富裕。大萧条把这一切都改变了。以前人们认为经济周期的起起伏伏是一种常态，这个系统自己会恢复平衡。但是大萧条的破坏力太大，系统无法自己修正，必须要采取一些措施来应对。约翰·梅纳德·凯恩斯对此给出了解决办法。

美国心态

一直以来，是英国的经济学家出尽风头。加尔布雷思怀疑，难道就没有美国的经济学家增添一些乐观主义的调调吗？事实并非如此，的确有个人产生了持久但并不乐观的影响，他就是托斯丹·凡伯伦。加尔布雷思这样描述凡伯伦的观点：

> 富人和成功者与任何严肃的经济职能相分离，甚至被剥夺了进行严肃或愤怒抨击的尊严。相反，他们脱离大众、困惑不已，甚至成为被鄙视的观察对象……工作，相反变成了一种低能的社会等级标志……劳动因此变成了一种卑下的象征，是一个有身份的男子所不屑为的。[1]

传统理论的核心观点认为：不平等是不可避免、永久存在的。但是在经济发达国家不平等又是如何演变的呢？赫伯特·斯宾塞的社会达尔文主义指出，是自然选择在发挥着作用。但是，在美国有着这样一种信念，活力充沛的盎格鲁－撒克逊人和新教徒至少应该能够首先靠着自己的努力富裕起来。

马克思主义的棺木

马克思改良了工资的基本规律。工人在贫困的边缘线挣扎，与其说是因为他们自我发展到这一步，不如说是因为他们在与雇用者博弈时处于弱势。最后，经过长期的萧条，资本主义体系终会崩溃；革命不可避免，此后将建立新的体系规则。

生产力、不平等和不安全感都是经济学长期以来关注的话题。如加尔布雷思所说，在20世纪30年代，人民生活陷入急需被改善的困境时，这些问题尤其受到经济学的关注。现在我们的生活已经极大改善。但是，这个时候，人们会以为传统智慧要与现实脱节了。这并不是说这些变化对传统观点毫无影响。尤其是不平等和不安全方面，还是产生了重要的影响。

不平等

19世纪，激进人士普遍要求重新分配财富。反对者说，如果财富被广泛分配的话，它会被消耗殆尽，但是如果财富集中流动到富人手中，其中肯定有一

---

1 *The Affluent Society*, 45–46.

部分会被节省下来或者用于投资。但是，在现代社会史中，最明显的莫过于人们对不平等这一经济学问题的兴趣越来越少。然而不平等的现象越来越严重。在1972年，只有7%的家庭税前收入达到25000美元，但是他们却占据了总收入的21%。在另一个极端，17%的家庭税前收入不足5000美元，他们只占总收入的4%。在随后的这些年，流入富人手中的财富大大地增长了。

不平等作为一种经济学问题越来越不被重视的首要原因是，虽然不平等一直存在而且愈加严重，但是并没有引起激烈的反对。第二个原因在于财富再也不是像约翰·皮尔庞特·摩根、洛克菲勒和哈里曼等大亨的标志，随着富人越来越多，他们最终成了一种“减色通货”。

生产力的提高是一种替代财富再分配的有效方式，使得低收入者也能享受到社会进步的好处，这大大地缓解了不平等所带来的压力。加尔布雷思强调，经济增长的目标根植于保守主义以及美国左派等的传统智慧。争论者把他们的关注点更多地放在了生产力增长的目标上，但是在收入金字塔的底端，总有一部分边缘是永远属于贫穷的。

经济安全

在完全竞争的社会，不安全感是有用的，它驱使商人、工人和个体户提供最好最有效的服务，因为如果他们不这样做的话，就会受到严重的惩罚。

大型企业致力于降低风险（通常是控制价格并减少竞争）而不是追求利润最大化。消费者倾向被广告支配。在调查研究和技术变动上的投资确保了大型公司能够与这些领域的最新发展保持同步。他们为自己的资本投资筹资，在没有政府的帮助下，他们也能做好对于风险的防范。合同规定，工人、农民和其他公民必须以最低价格、津贴和失业保险等的政府援助方式来保证自己的经济安全。工会也帮助增强成员的经济安全性，会保护成员不被解雇、降级并确保养老保险到位。

大萧条以来，减弱经济周期带来的损害成为政府公共政策的基本目标。20世纪30年代末期，由于凯恩斯主义和新政的实行，人们开始相信萧条是可以被控制的。此后经济可以自行恢复稳定。

对于经济安全感的关注并不是源于贫穷的经济体，相反，是随着经济经历前所未有的增长而逐渐增强的。当美国和西方国家开始关注如何降低完全竞争系统的风险时，经济出现了史上最显著的增长。安全和进步之间的矛盾（曾一度被认为是世纪难题）从一开始就不存在。

自大萧条以来，增加的产出不再关注于涉及的产品，而是关注如何增强经济安全感。生产的不稳定只会导致一些部分失业。对一个政府来说，不必要的失业绝对是最糟糕的事情了。对此解决的办法有增加就业和提高产量。为了增强经济安全性而做的努力也将会成为生产的动力。生产成为溶解经济不安全性带来的痛苦的溶剂。

生产的至高无上的地位

生产是至高无上的，然而问题是，是什么生产呢？是什么类型的商品呢？重点在于，私人消费品的过剩是建立在公共产品受损的基础上的。不受欢迎的产品被视为珍宝，有益于公共的商品却至多成为令人讨厌的必需品。生产公共产品通常并不能使人感到自豪。

为什么会出现这样的情况呢？这其中有一些可以解释的因素，比如人们通常认为政府就是这些不可靠且昂贵的产品的提供者。公共服务是必要的，但是它们经常被视为一种必须由私人厂商肩负的重担。另一种观点是，政治结构可能也处于危险中。传统智慧的一个分支这样认为，美国经济从未远离社会主义，可以用公共支出的增长来丈量社会主义迈进的步伐。

加尔布雷思指出了私人物品和公共产品不平衡的消极后果：

> 除了它们各自差强人意的问题，私人服务和公共服务之间的竞争是一个不平等的竞争。给予私人消费卓越的荣誉，而公共生产卑下的地位，这种歧视将会给社会带来众多严重的后果。[1]

---

1 *The Affluent Society*，112.

消费者需求的必要性

生产需要被消费需求吸收。现在，一旦衣食住行等基本生活需求得到满足后，心理需求也必须受到重视。经济学理论鼓励产品生产的增长，因为这样可以增加人们的福利。一些经济学家怀疑，那些各种（琐碎）的商品拉低了效益，只能通过广告的帮助才能卖出去，需要那么迫切地生产它们吗？

加尔布雷思怀疑社会本身是否失去了辨别这个经济问题紧迫性的能力。他预测社会的反应将会是拒绝失去这种能力。人们会说世上仍有贫穷存在，所以需要增加生产以对抗贫穷。但是，人的天性就是想要更多东西，想要一种持久的紧迫感；没有生产的话，经济就会停滞。

依存效应

强调社会生产能力的价值体系催生了消费欲望。在基本生存需求满足之后，产品和需求之间的关系就会超越生存的联系，通过广告和营销建立另外一种联系。它们创造了新欲望；它们使我们发现之前从未出现过的需求。新产品的投资变得和扩大广告预算同等重要。萨伊定律的一种变体指出，供给可以通过广告来创造需求。当时的经济学观点难以解释这种现象，所以并没有考虑这个说法。既如此，生产依旧是第一要义。尽管如此，需求还是要依靠产出。

加尔布雷思提出“依存效应”的说法，意思是随着生产力水平的提高，需求创造的水平也会提高，由此导致需求满意度必然提高。需求的形成要付出巨大的代价。1987 年，社会总广告支出高达 1100 亿美元。尽管如此，经济学家还是选择对现代广告这个最扎眼的经济现象视而不见。这就导致了需求自主确定论的存在。这意味着，一个产品只要是不被需要的，边际效用是零，人们就不会去生产它。如果我们认为这种生产是边际生产，那么除了广告和推销术之外，现有总产量的边际效用也是零。

产出的既得利益

在美国社会，商人的优越性毋庸置疑。但是，我们也毫不怀疑，这取决于生产继续保持首要的地位。现代政府威胁着商人的声望。崇尚自由的美国成了商人的乐土。自由主义政策支持累进个人所得税，增强经济安全，保护自由贸易，援助农民等，人们认为这些措施并不会对经济总产量造成太多影响。

20 世纪 30 年代时，情况完全改变了。政府把重点从发展生产转移到降低失业上。对美国的自由主义政治来说，不断扩大生产日益成为关注的重点。继而约翰·梅纳德·凯恩斯提出，总需求决定生产。增加生产就是在缓解失业、减少农业不稳定等情况。在凯恩斯提出这个观点几年后，生产水平成为战争总动员的重要因素。

为了能够操纵产出，政府的力量必须更大。高生产意味着低失业，因此这是个诱人的政治提案。自由主义者经过理智思考，接受了我们应该持续增加产品库存的观点。凯恩斯主义成了新的传统智慧。

但是缺陷也开始显现。对于商人来说，产品不再能够保住自己尊贵的地位了。对于自由主义政客来说，这也不再是处理公共事务的一个固定模式了。经济自己在发挥着作用，同时智者获得了声望地位。最终，现代的自由主义者也不再将生产的发展等同于政治的成功。人们开始关注生活而不是生产数量，这也变得习以为常了。但是，在质疑生产的无上地位时，我们的这个挑战对象仍然有着神秘的英雄力量。

收账人的时代

对于现代大公司来说，需求和产出的缩减仍是不可掩盖的风险。出于经济安全尤其是个人经济安全的考虑，必须全速推进生产。但是这也是风险的来源。

其中一种风险就是借款消费。消费者们再也不用遵守先存款再消费的清教徒生活。膨胀的消费信用增加了消费者偿还开支的不确定性。尽管如此，显然消费信用对于需求的车轮起到润滑剂的作用，促进社会不断生产。因此，人们并不喜欢采取措施来限制清算的潜在危害。借款消费很容易，而公共产品就并非如此了。

我们在创造需求的过程中增加了负债，因此必然依赖这种膨胀。债务增长受到干扰就可能意味着商品需求的实际减少。但是债务不可能无限增长。当然，还款周期可以被延长，但是总会有抵押物到期的时候。失业率的增长可能导致避免新债务同时减少旧债务，这又会导致消费需求变小，继而影响就业率，最终极大地影响减少债务和增强还款能力。但是，消费信用扩张容易引发恶性竞争，颁布法令等政府措施都会遭到人们最激烈的反对。尽管颁布法令在英国和过去战争时期的美国很有用，但是这种方法并不适用于未来，除非是在灾难之后。

政府可能要贷款来建学校，但是社会极度不信任政府，所以会鼓励想买车的人贷款买车。

通货膨胀

通货膨胀对于任何稳定的经济体来说都是灾难，而这种情况贯穿了 20 世纪 50 年代，又在 70 年代中期彻底失控。人们曾经认为和平时期的通货膨胀会自我调整，而且还害怕如果政府采取措施来抑制通货膨胀，整个经济会因此而衰退，这是人们无论付出何种代价也要阻止的。然而，价格和工资呈现出螺旋上升的趋势。那些有固定工资的例如享受津贴的人，都是通货膨胀的受害者，同样无弹性商品的生产者例如农民，也深受其害。他们的产品不会卖得比以前多，但是他们的成本上升了。

需求出现的原因总是与生产有关，需求产生的过程和产品产生的过程是一样的。因此，当现有工厂的生产能力提高时，相应产品的购买力也会提升，并促使消费者更想要使用手中的购买力。

如果生产力已经接近于最大生产能力，那么要想增加产出，就必须要增大最大生产能力。这就意味着需要增加投资，也就是说包括工资、原材料的支出，资金收益和利润都要增加，这就会导致购买力的提升以及商品现行需求的增加。工资 – 价格螺旋式上涨也会因此出现。要注意的是，只有寡头产业才需要关注需求、最大生产能力和价格的关系。当需求受限或出现过剩产能时，价格并不会马上受到压制。

那么我们如何应对这种情况呢？首先，当经济衰退时，通货膨胀率会逐渐下降。其次，通过降低需求水平或者控制价格和工资，也可以降低通货膨胀。但是，这些方法都与有效利用资源的原则相冲突，不仅如此，降低需求也与以重视生产的原则相违。实施货币政策可以避免这些冲突吗？

在第二次世界大战早期，政府大幅提高了军人工资。在喧闹的火奴鲁鲁，妓女们对于军人工资上涨的反应是，她们立即提高了服务费。这段时期，总量的增加一度导致了平均单位成本的下降。但是部队高官纷纷号召工资恢复到原来的水平。后来在加尔布雷思负责的物价管理局的介入下，还是恢复了原来的工资。

货币幻觉

凯恩斯坚信，货币政策的实际效用是非常小的。然而在第二次世界大战之后货币政策备受青睐，而像价格控制之类的手段都不为人所接受。货币政策似乎是控制通货膨胀的良方。但是货币政策并不直接影响价格和工资之间的相互影响，所以并不能解决问题。它只有通过提高利率和减少贷款资金来达到减少总需求的目的。产品需求降低了，产能和劳动量的压力就减少了，价格平稳从而能够获得保证。这就是理论思路。

银行通过增加或减少借款来影响货币的供应量。如果货币供给受限，那么与借贷相关的支出也会受限。加尔布雷思认为，如果限制消费借款，那么就会立即受到消费需求创造机制的反对，而且增加的消费贷款利率会导致月供微涨。总之，货币政策对于消费者借款的影响是可以忽略的。大公司的投资越来越不依赖借款，他们可以自己融资。但是，小公司、合约工和农民的确依赖于银行借款。现在如果借款利率提升，这些公司就必须减少投资，从而导致产出减少、失业增加。政府不希望看见这种状况，会施加一些政治压力来减少损失。

总的来说，货币政策这个经济控制手段迟钝、不可靠、有偏见，甚至很危险。但是，它却经受住了考验，因为一个好的货币政策意味着利率会很高，这对于有钱可借的人来说再适宜不过了。

生产和物价稳定

货币政策是保守派的工具，财政政策才是自由主义者的武器。然而，因为在二战后没有得到大力推行，财政政策对遏制通货膨胀作用不大。不仅如此，财政政策为求物价稳定而没有发挥生产的最大产能，这不利于经济的增长。只要它的使用与其他经济目标相悖这一问题没有解决，那么政府就不会积极推行财政政策，至少在和平年代是如此。

还剩下最后一种可能性，就是财政政策与价格控制相结合。它们调节了最大产能、产量增长、价格稳定之间的矛盾。价格控制防止了在最大产能状况下出现工资价格螺旋上升的情况。新古典主义学派的经济学家十分反对价格控制，因为价格控制必须大规模实行，而这干涉了自由市场，并且影响了资源的有效配置。加尔布雷思指出，战争时期价格控制和增加产出应该配合进行，并不需要实行全面控制，有限的控制也行得通。

加尔布雷思在《丰裕社会》的40周年版中说，到1998年为止，美国已经好些年都维持着相对低的失业率和有限的通货膨胀率。这个新情况表明，工会的力量越来越弱，企业主的力量越来越强，在消费服务、娱乐、艺术和一些专业领域，工会根本不存在，或者说作用很小。

社会平衡论

一些商品供给充足而另一些商品供给不足的悬殊导致了社会不安以及社会弊病。这是丰裕社会至今未解的难题。加尔布雷思总结的基本困境如下：

富裕领域和贫穷领域之间的界限，大约也正是划分私人生产和投入市场的产品与服务以及公共提供的服务之间的界限。首先，我们的财富不仅与公共产品的匮乏形成鲜明的对比，而且，它还显著造成了公共服务供给上的危机。因为我们没能看见在两者之间维持平衡的重要性和紧迫感。[1]

显而易见，私人产品生产的增长刺激了增加公共产品生产的需要。凡是我们能想到的，更多的车需要更多的道路、更多的红绿灯、控制空气污染等等，其他的私人产品和服务也会产生相同的影响。但是，公共产品的生产远远落后于私人产品。这是为什么呢？加尔布雷思指出，所有的私人需求都优先于所有公共产品需求，因为公共产品要用收税支付，而且它那不可避免的强制性损害了公民的自由。在这种不平衡下，人们就生活在私人富裕而公共贫穷的环境中。下面的内容节选了《丰裕社会》中最脍炙人口的一段，描述了这种不平衡：

一家人开着车穿过城市游玩，车身紫红相间，配有车载空调、机动行驶刹闸。他们驶过的城市道路崎岖、垃圾环绕、大楼凋敝、广告牌林立，丑陋无比。还有早就应该埋在地下的电线。然后，他们驶入了乡村，这个乡村却被商业广告弄得面目全非，不可复见。（广告牌上宣扬的产品在我们的价值体系中占有绝对优势，所以乡村美景就瞠乎其后了。在这种事情上我们的意见是一致的。）他们从便携冰箱中拿出包装精致的食物，在污浊的河流旁边开始了野餐，接着他们在既不卫生、也不安全的公园里度过了一夜。他们在腐坏垃圾的恶臭中，躺在尼龙帐篷的空气床垫上，打盹儿前或许会模糊地想到人民的幸福程度如此参差不齐。难道这就是美国人的天才发明吗？[2]

最好用一个名词表达私人产品服务与公共产品服务之间令人满意的关系，我们称之为社会平衡。社会发展的趋势一直会是公共服务落后于私人生产。在私人富裕而公共贫穷的环境中，私人产品得到充分的发展。社会的不平衡会导

1 *The Affluent Society*，186.
2 *The Affluent Society*，187-188.

致社会混乱，阻碍经济发展。

对不平等的妥协和通货膨胀是我们社会的两个深刻的特征，社会平衡也深受其害。“二战”后，人们坚信税收是人为操纵的，因而组成一个战略同盟要求尽早减税，所以联邦政府为促进社会平衡所起到的作用被削弱了。最终，社会不平衡是通货膨胀的自然产物。国家和地方的税收相对没有弹性，当公务员的工资上涨时，可以用于公共服务的资金就变少了。

如前所述，个体可以选择的私人需求都优先于公共产品需求，因为公共产品要用税收支付，而且具有不可避免的强制性。即使人们并没有充分意识到平衡公共服务和私人服务的需要，但是随着时间的推移，人们已经能够看见由于社会不平衡所带来的混乱。

投资平衡

现代经济活动需要许多训练有素的人才。对人力资本的投资和对物质资本的投资一样重要，两者是相互依存的。技术进步与经济发展紧密相关，它几乎完全依赖于教育和科研投资。所以，对于教育和科研的公共投资成为经济持续增长和繁荣的先决条件。几乎所有对于个人的投资都属于公共领域，其中国家对个人投资的贡献最大。

不幸的是，自动调节物质和人力投资的机制并不存在。整合需求的过程是经济不稳定的潜在来源。不论这些危险的大小，假若我们的消费经过广泛的分配，而且生产能力全部用于服务人类需求（不管是公共的还是私人的），那么危险性是可以减轻的。

加尔布雷思相信，公共和私人需求的平衡可以通过投资教育来恢复。考虑到现代经济对于技术和科学的需求，教育不可或缺。不仅如此，教育还能挖掘人独特的天性潜力，培育独立批判的精神。

过渡期

丰裕社会（与贫穷社会相对来说）需要转变传统智慧的经济思考方式、政治内涵和道德标准。本书的主要任务是说明，产品的生产因其无与伦比的重要性，成为我们的中心议题。幸福多多少少都与生产力有关。这仍然是对政府的要求。我们能够或者应该怎样做才能消除人们对于生产的执着呢？还有一个心理学问题：许多人会相信生产没有那么急迫，但是仍然难以接受实际行为的改变。

但是，人们开始理解商品不是那么重要，而且发现了生产不证自明的公理。然而，尽管对生产的执着有所减弱，但是人们还是紧抓生产这个标准。幸福多多少少与生产力有关联，这是个相对简单的标准。其他的衡量标准例如热情、幸福、安康、社区问题或者其他社会紧张状况最小化现在也变得重要了。

不仅仅是经济决策，整个道德系统都处于危险中。在过去，不工作的人受到的惩罚就是没有收入，这种惩罚现在依旧存在，即使它现在促进了相对不重要产品的生产。显然，如果想要享受到丰裕社会的果实，这个问题必须得到解决。

越来越不安全的生产

收入和就业已经代替生产成为基本的经济学焦点。一个经济较好的时代总是与高就业相关，而不是与生产相关。但是为所有人提供就业会对生产造成压力，而这可能会造成通货膨胀。为了缓解这种给所有人提供就业的压力，加尔布雷思提议建立与周工资接近的失业津贴制度。他注意到，当超过某一临界值时，鉴于当前缺乏熟练工人，并不应该促进未受教育的、没有经验的、身心残疾或者黑人就业。因此，实行合理的失业津贴对于缓解更多生产（和通货膨胀）的压力是有用的。

恢复平衡

接下来我们要做的是恢复私人产品富足和公共产品稀缺的平衡，这样才能根除社会混乱。营业税可以帮助恢复平衡（因为政治上并不接受所得税的增收）。毕竟，营业税对于社会平衡问题的影响是直接的。社区的私人物品丰富而公共物品匮乏，所以解决办法是对于前者征税以资助后者，这会使得私人产品更加昂贵。于是，生产会根据人类的全面的需求，而不是部分的需求而进行。

贫穷的地位

阿尔弗雷德·马歇尔说，研究贫穷的原因就是在研究大部分人类困苦潦倒的原因。自马歇尔时代之后，美国的贫穷率大幅降低（穷人的政治地位也是如此），但是那一小部分穷人依旧是存在的，他们需要帮助。1958年《丰裕社会》出版时，美国有1340万穷人，加尔布雷思建议给经济困难的家庭提供经济援助，为他们的孩子提供好的教育、更好的医疗服务、更好的营养和娱乐产品，这些有助于贫穷的孩子脱离贫穷。因此在很大程度上，扶贫救济与为了恢复社会平衡不谋而合。

劳动力、闲暇和新兴阶级

丰裕社会的工作更加宜人，也就是劳累的时间较少，闲暇时间更多。社会需要较少的人提供产品和服务，而那些无业者将得到失业津贴。老人和儿童不必去工作。随着时代的发展，越来越多的女性将加入工作的行列，年轻人可以在学校中学习更长时间。教育是推动社会和经济进步的工具。

在这种情况下，加尔布雷思指出了新兴阶级（凡伯伦的有闲阶级的接班人）的兴起。这个阶级的人都受过良好的教育，阶层队伍在不断壮大。他们不管经济收入多少，总是尽其所能地工作，并从中获得满足感。这个阶级的成员不用去做体力工作，不必受无聊的困扰，能够在一个干净、激励智力发展的环境中工作一生。

加尔布雷思警告说，自动化等技术进步（新兴阶级扩张后的红利）发展太快，可能会导致目前工作人员的过剩。这可能是更大的危险。尽管传统智慧并没有承认教育投资是社会的中心目标，但是实际上人们对此已经达成共识。因此，传统智慧不可能无限地抵抗下去。

论安全与生存

摆脱了生产产品的束缚，人们能更自由地去追寻其他机会来增进幸福。苏联在太空领域的成就导致美国政府将一半以上的公共支出都投入军用。美国在与苏联进行一场技术创新的竞赛。过去的军备竞赛和经济状况密切相关。军用研发对私人领域有着积极的溢出影响，特别是在空运和计算机技术领域。此外，这个调研更把美国从商品经济所固有的技术停滞中解救出来。但是这种资助方式对于整个科技发展来说效率不高，因为它在发展技术的同时还附带营造了恐惧的气氛。世界各地有成千上万的穷人，如果不帮助他们必将导致社会混乱。

尽管军备竞赛结束了，科技前沿依旧存在。不管这是为了国际竞争，还是为了享受发现带来的尊严和满足。不论未来怎样，是自然资源枯竭还是人口过剩，美国要应对这些挑战靠的将是它的能力、智慧和教育，但这些方面的发展又受到私人和公共产品间的资源分配不公的阻碍。如果没有解决生产商品的问题，人类将难逃最古老最悲惨的厄运。但是如果没有意识到我们已经解决它，以至于没有进一步改善，那就是彻头彻尾的悲剧了。

后记

在贫穷的世界，经济学这个主角一直没能迅速发现财富所带来的不同。财富不断累积，惠及更多人群，已经改变了政治和社会的态度及行为。在富裕带来的影响中，有两点需要强调一下。第一点是，我们将要过上舒适的生活，但是并没有考虑到还有人没能享受到这样的好处和文化，这是个危险的心理。我们以后有可能会发展一个理论来佐证这种忽视的合理性。第二点是，这些充裕的富足也是一种资源，可以用于生产愈加危险的武器。我们的富足招致了一些比较不幸的国家的嫉妒，尤其是有些国家的经济体系否定财产所有权及所得收入。所以我们要用富裕武装自己，以此保护我们享受的财富。

加尔布雷思在最后提出两点希望：让我们把根除丰裕社会的贫穷当作重要的社会问题和政治议题。让保护我们的富裕，免受那些毁灭世界之人的威胁。丰裕社会并不是完美无瑕的，但是把它从困境和毁灭的势头中拉回来是很有意义的。

人物小传：提勃尔·西托夫斯基（1910–2002）

提勃尔·德·西托夫斯基，更为人熟知的名字是提勃尔·西托夫斯基。1910年6月3日生于匈牙利的布达佩斯，2002年6月1日在加利福尼亚州的斯坦福大学逝世。他就经济学等学科的诸多方面写了许多文章，出版了将近十本书，其中，最为著名的是《无快乐的经济：人类获得满足的心理学》（*The Joyless Economy: The Psychology of Human Satisfaction*）。

西托夫斯基出身于贵族家庭。他的父亲提勃尔·德·西托夫斯基爵士是位银行家，同时曾经短暂地担任匈牙利政府的外交部部长。年轻的提勃尔在布达佩斯的圣彼得大学学习，获得了法律硕士学位。1930年他去剑桥的三一学院学习经济学。回到布达佩斯后，他开始在父亲的银行里从事初级的工作，从基础学习金融交易。他不喜欢银行业务，反而越来越关心德国兴起的纳粹主义。在1935年他决定回到英国去伦敦政治经济学院学习。1939年获得留美奖学金，先后在哥伦比亚大学、哈佛大学和芝加哥大学学习。

当美国对德国和日本宣战时，他加入了美国陆军。最开始做军队卡车司机，后来成为反情报人员。入伍时，他想起他还有家人生活在德国的盟友匈牙利，所以他改名为托马斯·丹尼斯。提勃尔认为这个名字比西托夫斯基容易拼写多了，但是他的上司曾经质问过他："丹尼斯这个单词里的n是一个还是两个？"

作为美国战略轰炸调查组的中尉，丹尼斯受约翰·肯尼斯·加尔布雷思领导。据说，读过托马斯·丹尼斯备忘录的人都会对此印象很深，这的确是一件很了不起的事情，加尔布雷思在回忆录《活在当下的一生》中这样描述调查小组成员的报告：

我的下属（只能这么说说而已，因为人类战争史上还没有多少军事组织像他们这样缺乏服从观念）中后来有很多人成为下一代经济学家中的佼佼者。尼古拉斯·卡尔多（Nicholas Kaldor）（后来成为卡尔多勋爵），"小的是美丽的"提出者E. F. 舒马赫，我的老搭档格里菲斯·约翰逊

（Griffith Johnson），保罗·巴兰【Paul A. Baran，后来他和保罗·斯威齐（Paul Sweezy）都成为美国最著名、最风趣的马克思主义者】、著名的经济学家提勃尔·西托夫斯基、现代统计学的泰斗之一爱德华·丹尼森（Edward Dennison），等等，不一而足。[1]

西托夫斯基喜欢看高品质的话剧，听优美的音乐会，也喜欢进行激烈的讨论，还有最重要的是，他热爱学术研究。他让人误会他内向虚弱，就像肯尼斯·阿罗在西托夫斯基的讣告中写的那样。实际上他非常健康，他每天都要游泳半公里，直到逝世前几年才停止。他有着非凡的机械能力。西托夫斯基坚信，优质的生活并不是取决于金钱富足。这个信念可能是深受他父母的司机的影响。这位师傅是一名坚定的马克思主义者，小提勃尔和他一起度过了很长时间。西托夫斯基在回忆录中说道，他早年对共产主义的印象很好，但是看到了西班牙内战和斯大林的残暴统治，这种印象便随之消失了。

他父母与人为善，不论对方贫穷还是富有，这一点也影响了西托夫斯基的观念。尽管提勃尔爵士很富裕，但他依旧彬彬有礼，对人慷慨热情，这些美德使他不同于那些粗野招摇的绅士。西托夫斯基在回忆录中写到了他憎恶不文明的行为，这大概奠定了他一生的左翼倾向。

学术生涯

1946 年，西托夫斯基被任命为斯坦福大学的经济学讲师，由此开启了他的经济学家生涯。自职业生涯开始，西托夫斯基对于提升斯坦福大学经济学院的学术质量发挥了重要的作用。他慧眼识才，能够吸引前途远大的年轻经济学家，其中就有后来被授予诺贝尔经济学奖的肯尼斯·阿罗。

1958 年，他离开斯坦福去伯克利待了十年。在伯克利，他还是哈佛的访问学者。在伯克利的最后两年，他休假去法国巴黎的世界经济合作发展组织做研究。

1 Galbraith, J. K. (1983), *A Life in Our Times*, 212.

从1968年到1970年，他在耶鲁大学担任海因茨讲席经济学教授，在那里他并不快乐。1970年，他以前的大学同事成功说服他回斯坦福。到1976年退休为止，他一直担任艾贝尔讲席经济学教授。似乎这些还不够，1976年之后他先后又在伦敦政治经济学院、斯坦福大学、加州大学圣克鲁兹分校任教，20世纪90年代他还一直忙着发表经济学文章。

学术成就

提勃尔·西托夫斯基在经济学的多个分支上都有着重要影响，比如说福利社会的基本概念（他发明了西托夫斯基反转悖论）、经济发展、外贸和外部性的概念。他的反转悖论到现在依旧存在。它描述了这样一种情况，当资源的分配从A转变到B时，受益者可以因为这种转变补偿损失者，但是损失者也可以因为回到了之前的状态而补偿受益者。

《无快乐的经济》对丰裕社会中人的满足感和幸福感的本质进行了心理学分析，堪称行为经济学的先驱。[1]

西托夫斯基自述，他是在剑桥大学学会思考的。他的导师是伟大的经济学家凯恩斯的学生琼·罗宾逊，她对他非常严格。

西托夫斯基在回忆录中阐释了琼·罗宾逊是如何教他思考的。罗宾逊夫人曾经让小提勃尔写一篇有关货币理论的文章：

> 我当时刚开始学习经济学一个月，甚至都不知道还有货币理论这回事。但是我努力地准备我的第一篇英文论文……我读了能找到的所有材料，想把它们整合成一个整体。我看着琼读我的文章，屏住呼吸等着她下结论。她说把其他人有关货币的看法列举出来并没什么可以指责的，但是她在文章中看不出我的理论，所以她建议我重新写一遍，这一次阐

1 在《市场是如何失败的》中，卡西迪用了整整一章来描写行为经济学，名为“心理学在经济学的回归”。

述自己对于这个主题的看法。我感觉自己被羞辱了一般，心灰意懒地回到了家。我在匈牙利学习了一年的法律，但是没有学会独立思考，形成自己的见解。两个星期，我痛苦地咬铅笔，像是一只困兽那样走来走去，我努力地不去阅读，只去思考，专注反思我对于货币理论的看法。不知怎么地，我成功地交出了一份让琼接受的论文。虽然那并不是一篇好的作品（我想不起来我都说了什么），但是我感谢琼教会了我如何思考。[1]

西托夫斯基起先研究了约翰·梅纳德·凯恩斯失业理论的基础，他将失业现象归咎于产品价格和资本市场的无弹性，为此写了一本书：《资本积累、就业和价格刚性》（*Capital Accumulation, Employment and Price Rigidity*，1941）。同时，他还研究了福利评价标准，发现当时改善福利的标准会导致一种悖论——西托夫斯基反转悖论。

在《关税理论的再思考》(*A Reconsideration of the Theory of Tariffs*，1942)，中，西托夫斯基展示了这样的场景：各国独自改善本国的福利，可能会导致世界陷入贸易保护主义和贫穷旋涡。本书构建了第二次世界大战之后降低关税的基础。接着，他又转而研究外部经济的经济学特质，还写文评价了竞争的替代形式。他的作品《福利与竞争：充分就业的经济学》（*Welfare and Competition: The Economics of a Fully Employed Economy*，1951）成为这一主题的经典之作。

西托夫斯基对跨国贸易、金融是那样兴致盎然。他对于欧洲贸易自由化的制度发展尤其关注，在《经济理论和西欧一体化》（*Economic Theory and Western European Integration*，1958）中，他阐释了关税同盟概念。1970 年，他与李特尔（I. M. D. Little）以及 M·F·G·斯科特（M. F. G. Scott）合作出版了《一些发展中国家的工业和贸易》（*Industry and Trade in Some Developing Countries*），其中他分析了发展中国家贸易保护的后果，着重阐释了一些发展

1 引自安德拉斯·纳吉对于回忆录《一个骄傲的匈牙利人》的书评，发表于《匈牙利季刊》，40 卷，1999 年秋季，109-110.

中国家过度保护国内产业的不利影响。这个做法在拉丁美洲发达国家和一些国际组织，如联合国贸易和发展会议，很受欢迎。

西托夫斯基毕生的兴趣大概就是研究人类的幸福。经济学并不能提供一个理论来解释人们在追求幸福时的行为，但是西托夫斯基认为，经济学的视角太狭隘了。他为了更好地理解人类行为而学习了生理心理学，结论就呈现在《无快乐的经济》中。在1991年修订版本的前言中，他坦言道，这本书的写作给予他极大的快乐。

> 容我再说一句，尽管这本书的标题是“无快乐”，但是写起来是最让人快乐的，我非常希望你们在阅读中能感受到我的一些喜悦。[1]

《无快乐的经济》试图阐释为什么经济增长并不一定会导致福利、幸福和快乐随之增长。为福利而奋斗的过程比大多数只关注收入和消费满意度的经济学家想象的复杂得多。《无快乐的经济》的写作根植于美国背景，渗透着欧洲精神。一方面，它关注因为愉快的对话、艺术品、归属感和价值实现带来的快乐；另一方面，它还关注与欧洲社会相比，美国的清教徒更难享受生活，因为美国这个丰裕社会是以牺牲快乐为代价追求舒适。

发展经济学家阿德尔曼（Irma Adelman）曾经说西托夫斯基的作品新颖精妙，充满智慧。读者往往会从中获得启发，从而推进争论。这些话用来评价《无快乐的经济》恰到好处。

所得荣誉

西托夫斯基曾经被评为美国经济学会杰出研究员、皇家经济学会会员、美国艺术与科学学院会员和英国科学院通讯院士。

---

1 *The Joyless Economy*, xii.

《无快乐的经济：人类获得满足的心理学》

《无快乐的经济》为一位杰出的经济学家所著，是首批关注人类行为并与新古典学派的观点进行对比的书籍。[1]约翰·肯尼斯·加尔布雷思的《丰裕社会》中，古典经济的稀缺前提与丰裕社会的丰裕概念对比，探讨了丰裕社会中，广告激发的消费过度以及对公共服务的忽视。《无快乐的经济》集中关注了丰裕社会中花费无度的消费者，他们以牺牲快乐为代价追求舒适。

西托夫斯基总结了生理心理学家对于人类行为的看法，他阐述这个话题的方式幽默有趣、新颖精妙，成为行为经济学家的先驱。

《无快乐的经济》的一个中心话题就是清教徒传统，正是这种职业伦理和教育体系剥夺了我们许多的技能和品位，使我们不能享受刺激的、创造性休闲活动。经济学家毫无保留地相信消费者的自我判断，任其自行决定最有利于其自身、自我品味以及反映其品味的市场行为的消费选择。《无快乐的经济》对此观点做出挑战。西托夫斯基指出事实与心理学家之前发现的人类经济行为不同。用他的话说，他的书提供了：

> ……让人们生活得更谦逊更好的基础。对于我来说，科学的方法就是去观察，观察同一环境下不同人的行为，以及不同环境下相同人的行为，这样你就能够从中总结发现行为理论的规律、基本要素以及似是而非的矛盾。[2]

《无快乐的经济》包含两个部分，每一部分又分别由几章组成。第一部分的标题是《心理学与行为经济学》，第二部分的标题为《美国人的生活方式》。

在第一部分，西托夫斯基总结了生理心理学家对于行为的解释，因为身体的心理是最适于扩展和纠正经济学家的行为经济学理论。第五章融合了心理学

1 本书所用的版本是牛津大学出版社 1992 年出版的修订版。

2 *The Joyless Economy*，xii–xiii.

和经济学分析方法。无须多言，心理学家在人类行为方面比经济学家有着更广阔的视野。他们识别出行为的三个动因：为了缓解不适无聊，以及由此产生并强化缓解程度的愉悦感。另一方面，经济学家把消费者的满足感作为一切经济活动的目标，把经济是否能够很好地满足消费者作为衡量经济效率的标准，并将消费者满足感的提升看作经济进步的标准。但是这种衡量标准真的能够充分反映消费者的满足感吗？

作者在对丰裕社会的分析中着重消费者的舒适和愉悦的现象。其余的部分整合了心理学家和经济学家的观点，形成了一种更为普遍的、分析人类追求满足感的理论，并将其应用于美国社会。总之，包括消费行为在内，人类行为最主要的动力就是人们对于新奇的渴望，对于未知的探索。用西托夫斯基的话来说，“对新事物和新思想的渴望是所有进步、所有文明的源泉；这种渴望是满足感的来源，忽视这一点绝对是错误的。”[1]

第一部分：心理学与行为经济学

在研究行为动因时，经济学家分析行为的理性，心理学家则用直觉（后来被改为动机）来解释，两者的出发点不同。因为生理动机并不能解释所有行为，我们急需建立一个更为普遍的理论框架来支撑或者取代动机理论。神经心理学研究表明，神经细胞能够也确实自行活跃起来；因此，它们是独立于生理动机而活动的。不论我们醒着或者在睡眠中，大脑活动（兴奋）是一直持续着的。大脑的活动可以通过脑电仪监测。神经放电越快，大脑兴奋程度就越高。兴奋的程度不同，放出的脑波也不同（阿尔法波、贝塔波、伽马波等）。其中最为人熟知的是我们在休息或者完全放松的时候，大脑放出的阿尔法波，这种波缓慢而且相对有规律。

兴奋程度取决于中央神经系统接收到的各种刺激，这种刺激有多种来源：感觉、肌肉和内脏，也会来源于大脑本身。只要机体还有生命，大脑兴奋程度

1 *The Joyless Economy*，11.

就不会降为0。我们不仅能够测量兴奋，我们还能感受到它，我们能够感受到痛苦或快乐。不仅如此，由于我们追寻快乐同时避免痛苦，因而兴奋的概念对于解释行为至关重要。警觉性高、反应快速意味着高度兴奋。我们会因此激动、情绪化、焦躁和紧张。相反地，一个人散漫、警觉性降低、昏昏欲睡，这些都是大脑兴奋程度低的表现。

不管刺激的性质或者来源是什么，不同刺激对于兴奋度的影响是不同的，所以总兴奋度是每种刺激带来的兴奋之和。兴奋度对行为效率有影响。例如，当大脑兴奋度提高时，人们会更轻松地记忆诗歌和解决算术问题。我们既然知道为保证行为的高效需要达到或者维持一个合适的兴奋水平，我们会有意识地提高或者降低兴奋度。我们在做脑力活动时服用兴奋药物或者喝咖啡来保持警觉，在开车时唱歌保持清醒，数羊来催眠，诸如此类，都属于提高或者降低大脑兴奋度的行为。更重要的事情是，大脑的兴奋度水平和总体的幸福感有着很大的关系，进而影响着我们的行为。兴奋度过高会令人不适，而最令人愉悦的水平是不过高也不过低的中间水平。西托夫斯基后来进一步详尽地描述，兴奋度水平往往会随着刺激的加大而增高，所以对于刺激和兴奋度来说，最佳的水平就是中等的水平。

性格

西托夫斯基使用荣格的外向－内向量表来分析性格。我们用这个量表来测量人的平均兴奋水平，内向者和外向者之间有着显著差异，这表明性格与平均兴奋水平有很大关系。现在，性格测试在预测行为上很有效。举例来说，在上午内向者做工作更出色，外向者则在下午工作更好，这是一个不争的事实。外向者寻求兴奋、外部刺激和与人交往来提高兴奋度，而大脑兴奋度很高的内向者则更喜欢平静的生活。《无快乐的经济》试图揭示人们寻求满足感的方法和获得满足感的方法，而这些又受到性格的影响。

我们往往会认为人的品位不同，但是实际上他们的性格各异。西托夫斯基总结说，经济学家是通过消费来区分人，并凭此揭示他们的偏好。但是心理学家的研究并不止步于此，他们致力于找到并解释差异的原因。在经济学家看来，兴奋抑制（或者动机抑制）非常重要，因为在他们眼中，所有的经济活动（也就是消费和生产）都受此影响。但是和经济学不同甚至是相当不相容的是，心理学家有关行为动机理论的另一部分内容，也就是关于如何提高过低的兴奋度的问题。

追求新奇

“追求新奇”这一章直面本书的主题。完全的舒适和缺乏刺激的生活在最开始时是平静的，但是很快就变得无聊了。在这种前提下我们开始寻求刺激。同无聊抗争与减缓不适是相反的事情，一个是提高过低的大脑兴奋度，另一个是降低过高的兴奋度。无聊是普遍存在的，然而不适可能是因为某种具体的原因。因此，无聊更难分析。我们在抗击无聊的时候必须要考虑所有可能的活动，同时也要考虑这些活动有哪些共同因素能解释刺激的能力。有好多活动可以提高人的兴奋度，其中大概我们最熟悉的应该是身体刺激。

还有一种刺激是心理刺激：科学上的满足感或者是随意的好奇感，都能提高人的兴奋度。但是再次重申，极端的情况并不适用。新奇的感觉有时候是可怕的，中度的新奇感才是最宜人的。古希腊人就已经明白这一点，他们把这叫作“黄金分割”。

有时候我们接受并处理的信息是熟悉的，有时候是陌生的。那些我们熟悉的信息是不需要处理的，就称之为冗余信息，它占整个客观信息流的比率叫作相对冗余度。另一部分陌生的信息就是我们的主观信息或者主观新颖度，它在整个信息流中的比率叫作相对信息。举例来说，反复听任何一段曲子都可以增加相对冗余度并减少主观信息。

是什么使得新奇刺激令人愉悦呢？新奇能产生问题，但是解决问题则带来了享受。这样，主观的新奇感将会因为融入我们所熟悉的事物而消失。在可以解决的范围内，问题越难，它所会带来的享受就越大。

新奇是满足感的主要来源，我们对于生活中任何事情的第一次都是令人兴奋的，并且珍视于记忆之中的，比如初恋、第一次喝酒、第一次品尝特殊的食物。但是随着时间的流逝，这些会慢慢变淡。这种现象在富裕经济中尤其常见，这种经济生产成千上万的一模一样的耐用品。

有关新奇感的另一个问题就是，为了达到最大程度的快乐，它必须和已经熟悉的事物结合起来。这就意味着，如果一个人要享受某样东西，他首先要了解相关的知识。换句话说，对新奇事物的享受需要学习；对新奇的消费是需要技巧的消费。

舒适与愉悦

在《无快乐的经济》中，舒适和愉悦就是一对关键的概念。人们有保证舒适的行为，包括满足身体需求和心理上对抗无聊的需求，这种行为要提高低兴奋度。尽管这两者有些不同，而且看起来是对立的，但是它们是相似的，因为它们都旨在获得一种消极的好处：远离痛苦、不快和不适。西托夫斯基定义积极的好处是愉悦，这个和舒适是完全不同的概念。舒适和不适一定与提高或者降低兴奋度有关，它们取决于兴奋是否处于最佳兴奋状态，尤其是这些变化能使兴奋从过低水平升高或者从高水平降低直至最佳水平。舒适或者不适与情绪相关，愉悦与这些情绪变化的加速或者减速相关。不适感的缓解会带来愉悦。换句话说，不适感先于愉悦产生。心理学家把这叫作（享乐的）对比效应。顺着这个思路，我们认为太强的舒适感会阻碍愉悦的产生。西托夫斯基认为，这就解释了为什么美国人生活水平高，却普遍感到不满。

人和动物都有过度满足需求的倾向。换句话说，满足需求本身就是令人愉悦的，能够增强所参与的活动的力量，使得组织体系能够继续运行下去，通常会达到或者超过满足点。这与经济学家的理性消费行为理论相矛盾，他们认为市场销量能恰好反映消费者需求，并且能给生产结构提供一个必须遵循的标准。

现在看来心理学家和经济学家之间有矛盾。西托夫斯基说，准确来说未必如此。心理学家着眼于需求满足直接相关的行为，比如说吃；但是经济学家关心的是预算和购物，发生于行为之前的事件。消费者如果想节约吃喝，他们可以决定拉长各餐之间的时间，或者每餐吃得少一点，当他们选择前者时通常就能够解决问题了。

至此，我们讨论的是减少兴奋从而带来愉悦的问题，那么增加兴奋呢？随着兴奋感越强，愉悦感会越强，这会加强并维持刺激行为。而这种愉悦一旦开始，就会促使活动进一步提升兴奋感。举例来说，如果发现问题不能增加兴奋感，解决问题也没有胜利的喜悦，那么我们就不会对艺术和科学追求中的痛苦和困难甘之如饴。

我们满足需求的能力越强（这在丰裕社会中尤其如此），所得的宽慰显然越多。但是，这样产生的愉悦似乎越少。舒适感的产生取决于处于或接近最优的兴奋水平，然而愉悦感产生于兴奋度水平接近最优水平的变化过程。始终保持舒适会消除愉悦感，恰恰是因为兴奋度一直处于最优，因而一直没有变化：舒适多了，愉悦少了。

因此，人们必须做出选择。经济学家认为消费者无时无刻不在进行利害选择，有时候他们的确这样做了，但有的时候他们不是。愉悦感的来源并不是只有满足需求，还有另一个，那就是摆脱无聊所获得的愉悦。满足需求从而驱散不适感，而不适感最初是获得愉悦的必要条件。相比而言，虽然刺激消除无聊的不适感，但是它能带来愉悦感并不是因为它缓解了无聊的不适，而是由于它临时制造的紧张感。

心理学家所公认的三大行为动机有：为了缓解不适、缓解无聊以及由此产生并强化缓解程度的愉悦感。苏格兰哲学家大卫·休谟多多少少也承认这三种动机。经济学家舍弃了其中的两个只保留了一个动机：渴望满足感。

西托夫斯基从心理学家的分类中选出两个用于分析丰裕社会：舒适和愉悦感。由于富裕挤出了满足需求的愉悦感，所以人们在舒适与愉悦之间的选择主要取决于刺激。在这样的社会，满足了需求就差不多达到了舒适水平。因此，在这种社会环境里，人们所得到的愉悦大部分来自这个社会里的刺激。

步入经济学

做完心理学背景的铺垫，下面开始进入经济学范畴。经济活动只是众多满足感来源之一。西托夫斯基想知道为什么一些满足感源于经济活动，而另一些不仅不是，还完全与市场无关。我们需要理解在人类满足感体系中经济处于一个什么样的地位。不仅如此，经济的某些原则将其与非经济范畴区别开来，我们需要根据这些原则把满足感重新分类，并据此找到区分这两类满足感的依据。

一个判断标准就是满足感是否适用于整个市场，并在这过程中获得市场价值。经济学满足感还有另一个特征就是可量化。毕竟，市场价格是人们用于衡量满足感和所得服务的唯一指标。

在经济领域之外我们还能得到哪些满足感呢？西托夫斯基认为互相刺激是有其存在价值的。人们满足感最主要的来源通常是刺激，而这样的元素通常是在经济范畴之外。但是，所有的参与因素都应该或多或少势均力敌。如果事实不是这样，那么双方就不能都享受到满足感。在这种情况下，如果一个人不能提供什么，却能得到一些东西，他就可能会提供一些金钱的激励，这种激励（如果数量够大的话）就会把该活动变成一种经济活动。西托夫斯基总结说，在这些情况下，职业网球选手、礼仪专家、妓女和职业舞伴就会成为一种职业。

除了市场上的商品和服务，还有许多其他不在市场流通的免费产品。它们的互惠性受到风俗、传统和社会压力等的保护。比如说，厨房花园里的劳动、家务活动、父母给子女的建议等等，都属于这个范畴。所有这些产品和服务，尽管大幅提高了人类的满足感，却并不计入国民生产总值。

工作可以说是满足感的一个来源，在很多情况下它的确是的。同样国民产值并不将劳动产生的满足感算进去。理由很简单，工人从工作中获得的满足感并不进入市场流通，它的价值就无法被衡量。经济学家在工作是否令人愉快上无话可说，然而心理学家发现，工作是刺激的一个来源，因此它有令人愉悦的潜力。

实证表明，不同的人对自己工作的评价也不同。那些不必遵从他人所设立的规则和纪律工作的人，那些能自由变换工作从而有效避免无聊并保持兴致盎然的人，似乎在工作时更加投入，并且发现自己的工作充满挑战，令人快乐。尽管如此，他们还是会和其他人一样会有紧张和压力。不过，他们缓解压力的途径不是停止工作，相反，他们会继续工作，直到满足感驱散了压力。志愿者工作也证明了工作能带来满足感。

还有个例子是慈善活动。慈善家很有可能非常享受自己的工作，就像赚钱一样。在钱的需求得到满足之后，慈善工作的满足感就是让他们继续前进的动力。

那些带着热情工作的人也会将这种热情带到闲暇中去，而那些对工作不满的人在工作之后同样会不满。西托夫斯基总结说，如果这种态度的差异来源于工作性质以及工作收入，那么，收入不平等的影响很明显不止于花销上的不同。

作者不仅研究了心理学家对于人类满足感的看法，还讨论了经济学家在这个问题上如何自圆其说。他把经济学家对于经济商品和服务的分类作为参照点，与心理学家的分类相对比。

经济学家把消费者满意度看作一切经济活动的目标。他们把经济能否满足消费者需求作为衡量经济效率的标准，将消费者满足感的提升看作经济进步的标准。但是这个标准足以反映消费者满意度了吗？商品和服务可被分类讨论，最简单的分类就是必需品和奢侈品，但是它们之间的界限并不客观，对一个人来说是奢侈品的东西或许对另一个人来说就是必需品（例如有些人对尼古丁或者酒上瘾），所以这并不是一个有用的分类。另一个由拉尔夫·霍特雷爵士（Sir Ralph Hawtrey）提出的分界线是，一边是防御性的（比如治疗疼痛），一边是创造性的（比如能给人积极的满足感）。西托夫斯基发现，他自己的舒适和刺激二分法更好。因为大多数的产品并不是仅仅拥有防御性或创造性，它们通常都会产生舒适和愉悦。

经济进步打开了一种新局面，人们现在关注痛苦和快乐的区别，而且两者是相互联系的。因为想要满足其中一个（比如说痛苦）轻而易举。避免痛苦的愿望现在可以满足。相比之下，实验室测试表明我们不能满足对于愉悦的渴望。当技术、化学、医学和经济的进展使得我们更有可能完全避免痛苦时，区分可满足的欲望和不可满足的欲望就具有了现实意义。舒适就像必需品（防御性产品）或潜在必需品。当经济富裕使这些潜在必需品变得人人可及，它们就成了必需品。而这导致了防御性产品的过度使用。反过来，防御性产品往往会带来污染，继而增加社会压力。对于社会来说创造性产品比防御性产品更有价值，对个人来说不尽然。

西托夫斯基提出这样的问题，我们对舒适的需求是有限的吗？能够满足舒适产品的要求吗？如果考虑所有的事情（包括工作、日常生活和生活享受），只有一种情况是例外——节省时间是理性的，并且能提升我们的满足感。不过这样的必要前提是，所节省下来的时间和精力能够发挥更好的作用。如果某些人这样做的能力有限，那么他们在其他事情上因节约时间和精力而得到的舒适感也将是有限的。西托夫斯基总结道："这就创造了一种两难的困境，这在现代美国确实出现了。在美国，普通人缺乏身体锻炼，也不知道如何打发闲暇时光，而这已经成为公认的社会问题，而且形势日益严峻。"[1]

但是心理学家是如何看待满意度呢？防御性产品既是舒适的来源，也是必需品的表兄弟。由于必需品的需求是可满足的，那么另一个问题就出现了：对舒适品的需求是否也可满足呢？在回答这个问题时，我们必须要考虑地位和偏好。前者是舒适之源，后者是一种心理过程，这个过程可以从任何产品中获取舒适。这二者都不符合"需求是有限的，舒适是可以满足的"这个规律。这种例外打破了金钱消费和满足之间显而易见的联系。

收入和幸福

消费者花销越多他们就越幸福吗？这至少是经济学家的想法。但这是对的吗？西托夫斯基给出了否定的回答。尽管从1946年到1970年之间经济稳健增长，美国人均收入上涨了60%，但是，据统计，美国人在非常幸福、相当幸福、不太幸福等方面，各部分的占比并没有太大变化。西托夫斯基给出的解释是，一个人的幸福取决于他与邻居之间的对比，与他生活水平的绝对值无关；地位和阶级有着重要作用。

西托夫斯基指出，除了收入之外，还有其他幸福的来源，工作就是一个重要的来源。人们对于工作的满意度与社会经济阶级地位呈正相关。不仅如此，人们痴迷于自己的阶级地位。人们享受加薪带来的新奇感，而这是满意度的来源，从而提升舒适度。换句话说，生活水平由低变高会产生新奇感。我们经济上的满意度只是其中众多来源之一。因此，经济学家把国民收入作为衡

1 *The Joyless Economy*，113.

量人类福利的指标是不恰当的。

理解了这一点后，《无快乐的经济》继而解释了为什么富裕使那么多人不满足这个问题。西托夫斯基打比方说，中国餐馆有几百道菜，但是我们不知道点什么。只有当行家点菜时，我们才会意识到我们自己点菜是多么差劲，我们错过的东西有多么好。也就是说，我们似乎没有合理点菜的技能，缺乏合适的消费技巧。传统消费者行为理论就没有考虑到对于新奇感和多样化的需求。

第二部分：美国人的生活方式

我们需要舒适也需要激励。美国消费者似乎也并不太情愿承认对刺激的需求。这反映在消费模式上：舒适很多但是刺激很少。有人认为这是因为美国的清教徒教义。和西欧人行为相比，我们就能发现挑战在哪里。美国和西欧消费模式的不同在于，前者大多与舒适有关，大多与愉悦无关。美国人变得富裕后，他们就不太努力了。

那么他们对于时间的态度如何呢？时间和努力是一体两面。随着时间的推移，工作周变短了，消费者有更多的时间做自己喜欢的事情，但是，这里出现了一个悖论。就是精英、专家、个体户和企业管理者还是要长时间地工作，其他人则看越来越多的电视，但是并没有从中获得快乐，因为这是一种十分不理智的打发时间的方式。

我们在日常生活中不光懒得投入时间和精力，甚至连关心和麻烦都懒得理。据西托夫斯基所言，人们离开房间时懒得关掉电视，食物没被吃掉直接扔了。美国人逛街也是很随意的。相比之下，欧洲人似乎消费时花费更多的时间和精力。结果是，为了满足欧洲消费者的品位，生产商的压力更大。他们在提高价格的同时要提高商品质量。欧洲商品普遍比美国商品质量好。

“难道不会太无聊吗？”

是不是欧洲人会享受、轻浮、复杂世故，美国人清醒、努力又节俭呢？在《难道不会太无聊吗？》这一章节中，作者比较了西欧人和美国人在打发时间、品味美食、度假和会友的差别。欧洲人更加注重这些活动，投入的时间更多。

性格的不同导致了行为的不同，而性格通常可以用平均兴奋水平来分类。不同国民之间的性格差异研究表明，兴奋度较低的人群似乎与较高的兴奋剂摄入量、较低的镇静剂摄入量之间存在正相关关系。

美国、英国、新西兰、澳大利亚、挪威处于兴奋水平较低的一端，而日本、德国、奥地利、意大利和法国处于另一端。一般来说，兴奋度高的人会较少摄入兴奋剂，大量摄入镇静剂。但是，美国人的数据完全不遵循这条规律：外向的人追求新奇和改变的显著压力，在这里并没有充分地体现。美国人的食物乏味、生活环境单调、喜欢宅在家里，并不愿意和朋友相聚，休闲方式也缺乏创意。

西托夫斯基总结道："如果我们迷恋上做一件事情，但是外界环境强迫我们做相反事情，那么我们可能会感到沮丧，对自己的行为心怀不满。"[1]

"我们的清教幽灵"

这一章主要写了是什么力量驱使美国人违背理智和气质做事。西托夫斯基将矛头指向文化、教育和经济因素，这些力量的累积可能是美国人的所需与所得之间出现冲突的原因，这也是他们沮丧的一个原因。他对于广告的作用一笔带过，的确，广告是会对消费者偏好产生很大的影响，但是，从历史经验来看，广告并不是一个强大的影响因素。

最强大的影响来源于清教徒传统及其对美国消费者的影响。清教徒的教义非常适于动摇人们对刺激的偏好，促使他们选择舒适。这种教义虽然阻碍了愉悦感的产生，但是允许健康、高效生活的合理消费的存在。然而，清教徒并不是反对所有享乐，它们只是不提倡特定的、专门带来或增强愉悦感的活动和花销。和消费相比，市场价值的创造者——生产，以及人们对生产的贡献（包括从中得到收入）都受到了清教徒高度尊重。所以人们就更加关注如何能使收入最大化，而不是如何使用收入购买商品和服务以获得满足。还有另外一个影响美国生活

1 *The Joyless Economy*，202.

方式的文化力量，它是教育偏向引起的，也促使人的消费模式更加倾向于舒适而不是刺激性的享乐。这种教育给美国人带来了什么呢？最好通过训练才能获得享受文化、音乐和文学的能力。而这些都要求大量的练习；一个由易到难循序渐进的过程。简而言之，所有刺激性的享乐都是需要消费技巧的。

然而，清教徒的文化态度也有着影响。在19世纪末20世纪初，美国的教育越来越多地偏向于生产技术的培训，越来越不关注教人享受生活。培训课程极大地受到工商业需求的影响。矛盾的是，职业化培训内容的增加，逐渐将消费技巧挤出了培训范围。但是，对这种技能的需求会随着生活水平的提升而增加。人们对于文化缺乏兴趣传达出一种偏见，他们偏向舒适反对刺激。

我们对于文化的鄙夷

西托夫斯基把文化定义为知识。我们想要进一步地获取更多信息，必须要有文化作为先决知识。因此，消费技巧就算是一种文化，生产技能却不算是文化。由于享受刺激要有消费技巧，享受舒适却不需要技巧，所以只有享受刺激才是一种文化活动。所有刺激的享受都要有一定的技巧。因此，我们要缩小文化的定义，可以说，文化就是享受刺激带来满足感所需要的培训和技巧，这种享受能力是需要训练的。在美国，人们最喜欢的三种方式消磨时间方式是：看电视、开车兜风和购物。闲暇时间变多时，这三种娱乐方式已经不能满足人们的需求，它们带来的新奇感迅速消耗殆尽。

如前所述，西托夫斯基给出的解决办法就是文化消费。美国人必须有消费技能，这些技能可以帮助他们获得社会过去积累的新奇资源，促使他们获得刺激的来源，补充现在的新奇资源。音乐、绘画和文学都是很明显的例子。但是为什么在美国的作用不是这样呢？这里，美国反文化的清教徒传统绝对发挥了很大的作用。

作者也特别看重交流讨论的价值：人们交谈的过程就是互相刺激的过程。如果双方很合得来，交谈就是很愉快的过程，这也需要双方都比较健谈。当然，我们信息的主要途径是教育。但是由于更重视生产技巧，我们往往不青睐文学、艺术、音乐和历史的课程。我们就这样把参与激烈讨论所需的技巧抛于脑后，所带来的就是这样一种后果，就是比起欧洲人，美国人往往更孤独。如果我们想要重拾谈话的乐趣，更加重视自由艺术教育和对于艺术方面的补贴，将会帮助我们重拾谈话的乐趣，增加生活中的刺激和满足感，也就是增添生活的乐趣。

在 19 世纪的美国，由于缺少熟练工人出现了批量生产的状况，这提高了生产效率。但也带来了负面影响，批量生产的产品也是千篇一律。这种生产方式的缺点是，把有趣的、要求高的、有挑战性的工作全都省去，取而代之的是少部分的劳动力从事不费劲、单调的工作。我们还要注意到，随之而来的产品性质的变化，它们也逐渐影响着环境。在批量生产经济中，满足刺激的需要仍然需要新奇，但是批量生产的产品中，其新奇感比舒适感消耗得更快。

此外，我们还缺乏想象力。经济没能够增强人类想象力，创造新奇感，激发生活的快乐。因此，随着我们获取想象力的活动（歌剧、话剧、音乐会和芭蕾舞表演等等）的代价越来越高，新奇也越来越昂贵。普通工人成本的增长被提升的生产率所抵消，因而舒适的代价并没有提高。新奇相对价格的上涨排挤了它的供给方，使得供应方（艺术家、艺人和音乐家）陷入困境：他们必须要做出一个两难的抉择，是要面对收入的减少还是从业人员数量的减少。

然而，由于科技的进步，我们获得新奇的方式比以往的更广更通畅了。这就导致了西托夫斯基所言的“艺术的平民化”。我们经常接触劣质画作和音乐作品的复制品，逐渐消解了它们带来的新奇感。

专业化的问题在哪里?

专业化是高效生产的关键，这就解释了在美国这样一个以生产为中心的社会，专家得以享有极高的地位。如果说专业化是高效生产的必要条件，消费需求的效率就刚好相反。人们的福利取决于他们需求的平衡满意度，其中就包括了享受刺激，而这有多种来源。因此，人们要想有一个充实而又有趣的生活，他们至少要能够享受其中一种来源。专业化同时也是区分专业人才和通才的依据。消费者是通才，美国消费者是拙劣的通才。这时候想提醒读者之前提过的菜品过于丰富的中国餐馆的比喻。因为消费者不知道该如何点菜，所以他们无法享受中式佳肴。

为什么美国消费者的表现那么拙劣呢？通才的声望本就不如专家，但是如果让通才处于一个日益复杂的环境中，他们要不断地理解并有所行动，他们的任务会变得愈加复杂。人们往往轻视通才，不仅如此，现如今成为完成通才的任务也越来越困难，这就传达了一个很危险的讯息：通才的工作将被忽视。还有一个后果就是，像是杂活工这样的通才职业正在逐渐走向衰落，他们的工作被专业工人取代。

西托夫斯基还注意到自己动手（DIY）活动的急剧增加，像是房屋修理、整修、家庭装修和园艺，这显然是一种对于专业化和劳动力分化趋势的反抗，导致人们对于工作逐渐不满。这种工作之所以重要是因为美国存在这样一种冲突，和其他国家的人相比，美国人更倾向于从性、兴奋剂、频繁跳槽和频繁搬家等事情中寻求刺激，但是，他们又不愿意从大多数的消费领域获得刺激。如前所述，前者源于美国的国民性，他们外向的天性；后者是因为美国的文化与经济，催生了美国人拙劣的消费模式，使得美国人不能像其他国家的人一样获得那么多刺激，而刺激正是令人满意生活的重要构成因素。

《无快乐的经济》到底向我们传达了哪些内容呢？它提出，新奇既是欲望的目标，也是满足的来源，生活充实的要素。西托夫斯基总结之前说，别的国家如果照搬美国的生活方式是不可行的，因为空气污染、水土污染、生态退化和能源消耗的代价过于昂贵。我们不禁怀疑，地球还能承受多少个美国式生活的人类。我们应该好好重新思考一下。

西托夫斯基担心的是，人们难以接受为什么降低高消耗生活的方法之一就是使生活少一些严厉，多一些轻松。在书中他是这样收尾的：“这样一个非同寻常的想法与我们根深蒂固的思维方式相抵触，不过，本书的发现却是清晰地指向了这一方向。”[1]

1 *The Joyless Economy*，290.

第五章

新古典主义经济学的回归

引言

凯恩斯主义无力解决70年代的滞胀，新古典主义的方案则加重了30年代的大萧条。这表明，经济学思想流派的流行程度依赖于现实事件。在各自的条件成熟之时，凯恩斯主义和新古典主义这两大学派都曾有过辉煌。新古典主义盛行的条件在70年代末成熟了。丹尼尔·斯塔德曼·琼斯在《宇宙的大师》一书中写道：

然而，到20世纪70年代，政治风向已经变了。新自由主义即将取得突破性进展。新自由主义政策在70年代初还只有极少数人支持，到了1980年则一跃成为罗纳德·里根和玛格丽特·撒切尔政府的核心宣言之一。布雷顿森林国际货币体系的崩溃、席卷西方世界的滞胀、英国劳资关系事实上的崩溃、两次石油危机、价格与收入政策的失败，那些年的经济危机改变了英美两国新自由主义政策的前景。[1]

---

1 Stedman Jones, D. (2012)*Masters of the Universe: Hayek, Friedman, and the British Neoliberal Politics*. Princeton: Princeton University Press, 179.

然而，新自由主义者的阿喀琉斯之踵在于他们的假设，比如理性预期和市场最优。在大衰退中，约翰·卡西迪等人将它们扒了个精光。他的《市场是怎么失败的》（2009）[1]提出了很好的论证，我将在第七章中概述该书观点。早在危机爆发之前，这些假设就已经受到了许多经济学家的质疑，他们认为这些假设并没有反映真实世界的情况。

新制度经济学家道格拉斯·诺斯论证道，从经济学史和发展流变来看，新古典理论先是聚焦于技术发展，近年来又转向人力资本发展。他的结论是，新古典主义对不同时期经济表现的分析包含两个错误的假设：（1）制度不重要；（2）时间也不重要。诺斯指明，制度才是社会保持经济持续增长的决定因素。

艾伯特·赫希曼在《退出、呼吁与忠诚》（1970）一书中反驳了经济行为者理性程度不变的观点。该书引人深思，不啻是新古典主义教条的一份解毒剂。

有些论者认为，弗里德里希·哈耶克和米尔顿·弗里德曼是新自由主义经济学回归运动的先锋人物。凭借鼓吹小政府、市场自由运行和个人自由的哲学，他们对政治和经济思想发挥了影响，尤其是在英语世界。本章将包含哈耶克、弗里德曼和赫希曼的小传，以及第一章中所提的他们的著作概要，其中赫希曼是作为“解毒剂”加进来的。

人物小传：弗里德里希·奥古斯特·哈耶克（1899–1992）

1899年5月8日，弗里德里希·奥古斯特·冯·哈耶克在奥地利维也纳出生。这位日后著作等身的长寿经济学家的父亲是奥古斯特·冯·哈耶克，维也纳卫生部的一名医学博士。哈耶克的父母都是贵族出身。“一战”后，奥地利立法废除了贵族头衔，于是他名字里的冯·哈耶克改成了哈耶克。他的母亲与维特根斯坦家族沾亲带故，而弗里德里希正是哲学家路德维希·维特根斯

1 Cassidy, J. (2009)*How Markets Fail: The Logic of Economic Calamities*. London: Allen Lane.

坦的表弟。

哈耶克是20世纪最负盛名的经济学家之一。在很多方面，他都与约翰·梅纳德·凯恩斯对立。*YouTube* 上甚至还有一段关于他们对立观点的说唱视频（两人关系见第二章的凯恩斯小传）。作为奥地利学派的代表人物，他在早年放弃社会主义思想后，推进了该学派的古典主义哲学。

与路德维希·维特根斯坦一样，哈耶克也于1917年应征入伍，作为奥匈帝国陆军炮兵团的一员在意大利作战。战争期间，他抽空在堑壕中阅读了多本学术著作。战后，哈耶克决定走上学术道路，到了维也纳大学学习法律。

通过他的朋友，世界主义者赫伯特·福斯，哈耶克进入了一个高知青年团体。团体成员在大学附近的浪特曼咖啡馆定期聚会，讨论马克思主义和精神分析等当代主题。哈耶克通过他们知道了多名英国哲学家和作家，比如伯特兰·罗素和“费边主义者”西德尼·韦伯和比阿特丽斯·韦伯夫妇。哈耶克也受到了弗里德里希·冯·维塞尔的民主社会主义的影响。福斯和哈耶克建立了民主学生同盟。后来，他们组织了“精神社团”（Geist-Kreis），讨论从逻辑实证主义到戏剧等各类话题，奥斯卡·莫根施特恩、戈特弗雷德·哈伯勒与弗里兹·马克卢普等经济学家都是其中成员。

学术生涯与著作出版

1921年，哈耶克取得法学博士学位，之后在战争索赔局工作。这一职务给了他足够的时间拿到第二个博士学位，这次是政治学与经济学的交叉领域。当时让奥地利人民（包括哈耶克家族，他们几乎失去了全部财产）饱受折磨的恶性通货膨胀成为他一生关注的要点。

早在求学期间，他就开始去听弗里德里希·冯·维塞尔的讲座了。冯·维塞尔主张价格是理解市场运作方式的关键，而且企业家通过开发新市场而在保证进步中扮演着关键角色。冯·维塞尔将哈耶克引荐给了经济学家路德维希·冯·米塞斯，后者为哈耶克在战争索赔局谋得了一份工作。冯·米塞斯是奥地利经济学派的奠基人，强调市场自我调节的作用。[1]

与此同时，布尔什维克在俄国已经取得了胜利。莱纳政府威胁要将奥地利的关键产业国有化。此时，与奥地利学派思想相悖的社会主义哲学及其同情者正席卷欧洲。冯·米塞斯于 1922 年出版了一本富有煽动性的书：《社会主义：经济学与社会学分析》，给当时政治上左倾的哈耶克留下了深刻印象。冯·米塞斯的书引发了哈耶克对社会主义的怀疑。他后来回忆说，“社会主义许诺将满足我们对一个更理性、更公正社会的希望。然后米塞斯的《社会主义》一书就面世了……我们的希望被粉碎了。这本书告诉我们，我们一直在错误的方向上寻找前进的道路。”[2]

米塞斯在“社会主义制度下的经济计算”（1920）一文中写道，中央计划经济缺少计算供需平衡价格所需的数据。在计划者取代市场之后就不再有市场价格了，于是计划者需要精确计算稀缺资源的价格，并保证这些资源的高效分配。在中央计划的社会中，消费者通过支付某件产品的价格来表达自身偏好的机会被剥夺了。中央计划剥夺了个人的一项根本自由。

如前所述，冯·米塞斯的论证打动了哈耶克，后者在其激励下写了一篇关于房租控制的论文，该政策是奥地利政府在“一战”结束后推行的。事实证明房租控制政策是一场灾难。哈耶克在《自由宪章》（1960）中花了一整章来讨论住房与城镇规划。

美国、泡沫与萧条

在冯·米塞斯的帮助下，哈耶克获得了在 1923–1924 年到美国访学的机会。

---

1 张夏准在《经济学使用指南》一书中指出，奥地利学派和新古典主义经济学是有差别的：“并非新古典主义经济学家都鼓吹自由市场……奥地利学派的信徒甚至比大部分新古典主义的追随者都更狂热地鼓吹自由市场……虽然奥地利学派也强调个体的重要性，但他们并不像新古典主义经济学那样相信个体是原子化的理性存在……‘本能与理性之间是习俗传统’，哈耶克如是说”（138–139）。

2 Wapshott，N. (2011)*Keynes–Hayek：The Clash That Defined Modern Economics.* New York：Norton & Company，29.

在此期间他在纽约大学教授耶利米·惠普尔·杰肯斯手下担任助理研究员，后者担任协约国赔偿委员会的货币专家。[1]哈耶克前往纽约的主要动机是了解美国人关于泡沫和萧条的思想。

冯·米塞斯之前曾跟哈耶克谈过开始经济周期研究项目，并为维也纳商会提供预测报告的想法。他没能为哈耶克在商会找到一份工作。冯·哈耶克后来筹到了足够的款项，建立了一个独立预测机构：奥地利经济周期研究所，哈耶克任所长。他当时只有30岁。在研究所1929年2月的简报中，哈耶克正确地预测了美国股票市场泡沫即将破灭："泡沫会在接下来的几个月内破灭。"[2]

1931年，哈耶克出版了《价格与生产》（*Prices and Production*）。两年后，《货币理论与经济周期》（*Monetary Theory and the Cycle Trade*，1933）出版，他早在纽约时就已经开始写这本书了。哈耶克对衰退的看法是，衰退是由之前的泡沫造成的，在泡沫期间增长已经变得不平衡了。

衰退是让投资与储蓄恢复平衡的一种方式。哈耶克观察到，发达经济体的生产活动越来越复杂，越来越"迂回"。这意味着将产品供给到市场所需的时间越来越长，因为必须先开发更复杂的机器设备。哈耶克指出货币是解释经济周期的另一个因素。在银行增发贷款且没有新增储蓄的情况下，消费产品的需求就会因之增加。这些产品的价格会上升，结果就是通货膨胀。与此同时，生产者会快速采用更简单、耗时更少的生产流程，以满足新增的消费需求。然而，价格上升也会推高利率，补偿了更高的价格水平。这反过来又会压抑消费需求，导致消费产品产量减少，工人失业。由于之前强调快速生产消费品，投资品生产企业获得的投资和就业机会都减少了，更加重了失业问题。

凯恩斯将失业解释为总需求下降的结果，而哈耶克则将其解释为需求构成

---

1 哈耶克到纽约大学报到时，杰肯斯正在康奈尔大学，他在那里有第二份教职。因为缺钱，哈耶克临时当起了洗碗工。让哈耶克欣慰的是，杰肯斯及时从康奈尔赶回，于是他结束了短暂的洗碗工生涯。他本来想在美国多待一年，但洛克菲勒基金会奖学金的消息来得太晚了，他收到时已经在回奥地利的路上了。

2 Nasar, S. (2011)*Grand Pursuit: The Story of Economic Genius*. London: Fourth Estate, 280.

变化的结果；换言之，消费品更多，而投资品更少了。因此，哈耶克提出的补救办法就是减少消费品，以便解放出更多储蓄来为更复杂、更“迂回”的新投资品提供资金。哈耶克认为，凯恩斯给大萧条开的药方，也就是刺激总需求，只会扭曲复苏过程，适得其反。

从维也纳到伦敦剑桥

这些洞见引起了伦敦政治经济学院青年教授利奥尼尔·罗宾斯的注意。他邀请哈耶克来伦敦，哈耶克于1931年就任该校图克经济学与统计学讲席教授。1938年德奥合并之际，哈耶克加入了英国籍。

就在哈耶克定居伦敦前不久，凯恩斯发表了《货币论》（1930）。哈耶克在伦敦政治经济学院院刊《经济学刊》（*Economica*）上对其发起了猛烈抨击（更多内容参见第二章的凯恩斯小传）。凯恩斯当时正专注于《就业、利息和货币通论》（1936）的定稿工作，该书日后将成为20世纪最具影响力的经济学著作。

不论哈耶克与凯恩斯有多少差异，哈耶克在伦敦政治经济学院有越来越多的学生弃他而去，投入了凯恩斯思想的怀抱。哈耶克的思想遭到了大多数经济学家的否定，一大原因就是他的经济周期没有为结束大萧条提出解决方案，而凯恩斯的思想做到了。德奥合并后，哈耶克的许多“精神社团”的旧友纷纷逃离奥地利，冯·米塞斯也在其中。这更加深了他的愁绪。

通往奴役之路

“二战”期间，哈耶克曾希望用德语发表广播发言，帮助瓦解德国人的士气，以此协助英国作战。这件事没有成功。哈耶克继续执掌人数大为减少的伦敦政治经济学院经济系。虽然遭受了这些挫折，他还是鼓起斗志写出了《通往奴役之路》（1944）。哈耶克本来指望这本书会像《和平的经济后果》（1919）那样。后者是一本大众读物，由凯恩斯写于一战结束后不久。与此同时，哈耶克越来越坚信在经济体和社会之中，社会主义政党鼓吹政府应起到的作用对经济发展和个人自由都是有害的。

毫不奇怪，《通往奴役之路》是在为资本主义和自由市场辩护。在关于政府作用的论述中，哈耶克还发出了一条警告：限制个人自由的政府政策最终会推动社会滑向“通往奴役之路”。哈耶克预见到了一个黑暗的时期，之后乔治·奥威尔在小说《一九八四》中也表达了类似的看法。除了限制个人自由外，政府的收入再分配政策也会阻断经济增长，因为富人的投资动机会降低，他们努力工作的成果会被高昂的税收夺走。哈耶克说机会平等也是有害的，因为如果所有儿童都站在同一起点，那就意味着所有父母必须有同样的收入水平。这只有在极权主义统治下才能出现。

他的朋友弗里兹·马克卢普将《通往奴役之路》的手稿寄给了几位出版商，但都被拒绝了，比如哈珀出版社退稿的理由就是“语多繁复”和“矫揉造作”。最后，罗德里奇出版社于 1943 年同意出版。该书初版于 1944 年 3 月面世，当年早些时候，哈耶克听闻芝加哥大学出版社也愿意出版。著名书评人亨利·黑兹利特在《纽约时报》首版发表了《通往奴役之路》的书评。与之前的凯恩斯一样，坚持反对大政府传统的哈耶克在美国一夜成名。本月好书俱乐部版售出了 60 万册。这本书的出版时机非常好，当时“二战”已经接近尾声，美国公众对未来的美苏关系极为关注。该书销量在当时盛行福利国家思想的欧洲就要惨淡得多了。

围绕着何等程度、何种方式的政府经济干预能够与自由社会相容这一论题，哈耶克与凯恩斯展开了长期论战，但从未达成一致。凯恩斯坚信，维护真民主的保障——思想与行动自由——最毋庸置疑的方式就是人人有工作的繁荣社会。然而，凯恩斯也称赞了《通往奴役之路》（1925 年的苏联之行丝毫没有打动凯恩斯），并于 1944 年提名哈耶克进入不列颠学院，而非他自己的学生琼·罗宾逊。1946 年 4 月 21 日凯恩斯死于心脏病发作之后，哈耶克致信凯恩斯夫人，信中说凯恩斯是“我所知道的一位真正的伟人，我对他只有无限的景仰。他离世后，世界必将黯然失色”。[1]

---

1 Skidelsky, R. (2003)*John Maynard Keynes 1883-1946, Economist, Philosopher, Statesman,* 833.

朝圣山学社

战后，哈耶克并没有回奥地利，因为他的朋友大多已经离开奥地利或去世了。他曾经希望重建精神社团，以此表明欧洲的启蒙思想依然富有生命力。1945年，哈耶克的“知识在社会中的应用”一文发表于《美国经济评论》。创刊百年之际，《美国经济评论》曾评出发表过的二十大文章，该文就在其中。哈耶克论证道，市场体系提供了采取经济决策所必要的信息。在市场体系中组织生产的重大优势就是，企业不需要走出去问消费者应该生产什么，生产多少，因为他们有价格作引导。哈耶克把价格体系比作电讯体系。对这一体系的扭曲——比方说由通货膨胀或工资价格管制——会给出错误的信号。价格不再反映最高效的生产模式，于是资源就很可能被投入到既非对相关企业最优、也非对整个经济体最佳的领域中。这会拉低效率和社会生活水平。

哈耶克没有考虑到市场体系的严重失灵。约瑟夫·斯蒂格利茨就是一位批评者，他指出信息正是多种市场失灵的关键所在。斯蒂格利茨称，市场价格并没有完全揭示信息。他认为信息更像是空气：它的充足是其他事情发生的前提条件。如果信息缺失或只有部分信息，那么哈耶克的电讯系统就不能运转。

1947年，由瑞士信贷机构的一位银行家和其他几位投资人建立，持保守立场的沃尔克基金会出资召开了一次会议，旨在建立一个由思想相近的自由派人士组成的团体。哈耶克是首次会议的组织者。该团体后来以“朝圣山学社”之名为人所知，它得名于首次大会会场巴克酒店（Hotel du Parc）所在的山丘，山下就是日内瓦湖。

大多数与会者都是欧洲流亡者，包括哲学家卡尔·波普尔、经济学家路德维希·冯·米塞斯和弗里兹·马克卢普，还有年轻的米尔顿·弗里德曼及其妻兄亚伦·戴雷科特。《新闻周刊》的亨利·黑兹利特和《财富》的约翰·代文波特等记者也出席了会议。会议共开了三天，其间偶有激烈争论，最后由伦敦政治经济学院的利奥尼尔·罗宾斯起草了公报。西尔维娅·娜萨在《伟大的追寻》中提到了几个有名的引语：

“……思想和表达的自由正受到某些学说蔓延的威胁。这些学说在身为少数派时主张宽容的特权，而在能够压制消灭异己之言时，就只想要建立霸权地位。”这份宣言强调自由企业，反对历史宿命论、对国家的义务、道德教条对个人的束缚，而最重要的是，支持彻底的学术自由。[1]

《自由宪章》

第一次朝圣山会议后十三年，哈耶克出版了《自由宪章》（1960）一书，会议公报中的很多内容都能在书中找到踪迹，只是书中的讨论更深入。《自由宪章》更多是一部政治哲学著作，而非经济论文。这本书出版时正值凯恩斯主义顶峰时期。起初，评论界对它的评价并不高，销售也很惨淡。正如约翰·卡西迪所言，哈耶克当时被视为“一个没落教派的传道者”。[2]甚至连他的朋友利奥尼尔·罗宾斯也不看好，他认为哈耶克的这本书对待自由主义太极端了，不可理喻。这本书出版二十年后，英国首相撒切尔夫人和美国总统罗纳德·里根对哈耶克的思想推崇备至。

《自由宪章》描述了一个公民在其中尽享自由的理想社会，说明了如何实现这样的社会，并解释了它的实现实际上意味着什么。这个理想与自由权利和个人自由有关。政府的强制权力应当被尽可能地限制。然而，哈耶克承认政府能够在特定的、明确规定的领域内发挥作用。市场应当被允许尽可能自由地运行，从而为消费者与生产者双方提供正确的价格信号。

哈耶克的批评者将他刻画为政治保守主义者。他在该书后记“我为什么不是一个保守主义者”中驳斥了这个给他扣的帽子。哈耶克自认是一名英国意义上的自由主义者。

---

1 Nasar, *Grand Pursuit*, 404.

2 Cassidy, *How Markets Fail*, 38.

奥地利与德国

哈耶克在朝圣山大会之后前往故乡维也纳。这座曾经光芒四射的大都会一片狼藉，市民也是生活艰难。盟军当时仍然掌管着维也纳，以铁腕手段管理，禁止一切经济活动。哈耶克观察到，奥地利人无法自救，摆脱绝望境地。离开维也纳后，哈耶克在德国境内进行了巡回演讲，这场活动由英国文化协会组织。他在给朋友弗里兹·马克卢普的信中谈到了在达姆施塔特的见闻：

> 我在做讲座的时候，根本不知道德国人民对我已经有所了解了。讲座是在一个大会堂里，听众实在太多，以至于学生们都挤不进来。我发现，当时人群中正在传阅打字版的《通往奴役之路》德文版，但当时这本书的德文版还没正式出版呢。[1]

回到伦敦后，哈耶克组织发起了一场运动，收集由于出版审查和第二次世界大战的原因，德奥两国学者无缘见到的1938年以来出版的图书。他不久就收集到了2500册，全都送去了维也纳。

1948年，马歇尔计划实施，由于该计划的部分支持、货币改革和价格管制解除，工业水平已达到谷底的德国迎来了复苏。德国经济奇迹的推动者，路德维希·艾哈德评论道，经济自由化唤醒了企业的活力。工人乐于工作，商贩乐于销售，而整个经济体则乐于生产。哈耶克对德国的复苏感到很高兴，因为它证明了他对自由市场、自由贸易和稳健货币政策的信念。它也是一个希望的标志：自由的欧洲文明并未毁灭。

执教芝加哥大学

回到伦敦之后，他于1950年收到前往芝加哥大学任教的邀请。他接受了邀请，并辞去了伦敦政治经济学院的职务。米尔顿·弗里德曼等人去听了他在芝加哥大

1 Nasar, *Grand Pursuit*, 405.

学的关于自由传统的演讲，之后更是深受哈耶克影响。然而，弗里德曼也很欣赏凯恩斯富有原创性的思想，还有他创立的宏观经济学。哈耶克重返美国之初受到了美国保守主义者的欢迎。然而，他们注定要失望。哈耶克不仅鄙夷大部分共和党政客，而且也不喜欢美国物质至上的生活方式。

晚年生活

哈耶克于1962年回到欧洲，执教于西德的弗莱堡阿尔伯特－路德维希大学。他在那里开始写作《法律、立法与自由》（*Law, Legislation and Liberty*），该书共三卷，分别于1973年、1976年和1979年问世。他从弗莱堡大学退休后应邀返美。他在加州大学洛杉矶分校当了一年的客座哲学教授。1968–1977年间，他在萨尔茨堡大学任教。在聘任期结束后，哈耶克回到了弗莱堡。

苏联解体和席卷东欧的自由市场改革印证了他在《致命的自负：社会主义的谬误》（*The Fatal Conceit: The Errors of Socialism*）中的看法。这是他人生中最后一本书，出版于1988年，距离推倒柏林墙只有一年。

1992年3月23日，哈耶克在德国的弗莱堡去世，葬于维也纳北郊的新施蒂夫特森林公墓。

所获荣誉

1974年，他与瑞典经济学家贡纳尔·默达尔（Gunnar Myrdal）一同荣获诺贝尔经济学奖。当时他已经失去了国际认可，这令他喜出望外之余还颇为惊讶。然而，哈耶克并不高兴与默达尔同列，后者是一名坚定的社会民主主义者。据尼古拉斯·瓦普肖特称，哈耶克的诺奖致辞之所以富有批判性，很可能正是因为他的愤怒。瓦普肖特是这样说的：

> “在过去三十年间一直指导着货币与财政政策的理论”，他解释道，是“根本上错误的”……他将滞胀描述为自作自受，“是由大部分经济学家建议，甚至呼吁政府采取的政策导致的”。解决滞胀需要艰难的重新调

整，比如进一步提高失业率和大面积破产，但是“均衡”具体会如何“自行建立”是超出所有经济学家的认识的，包括他自己。凯恩斯主义相信每一个经济问题都有解决办法，这只不过会让通货膨胀和失业更严重而已。[1]

哈耶克当时并没有全面回归，那要等到罗纳德·里根和撒切尔夫人上台之后。他们两人公开赞扬哈耶克的著作。里根有一则逸事，说的是他床头桌上除了占星学的书以外就只有《通往奴役之路》这一本书。至于撒切尔夫人，她在1975年4月访问保守党研究部时，还没等发言者开始谈中间道路（即避免采取极端政治立场），她就从包里掏出了哈耶克的《自由宪章》。她举着这本书，用她特有的音色说道，“这就是我们的信念”，然后把书砸在了桌面上。

1984年，哈耶克获得伊丽莎白二世女王荣誉勋位。1991年，老布什总统授予哈耶克总统自由勋章。

《自由宪章》

《自由宪章》不仅是一部经济学著作，也是一部政治哲学著作。[2]哈耶克于1960年出版该书，当时冷战正处于高潮阶段，凯恩斯主义思想与福利国家如日中天。二十年后，哈耶克的自由意志主义哲学才获得垂青，包括英国首相撒切尔夫人和美国总统罗纳德·里根。

《自由宪章》分为三篇：（1）自由的价值；（2）自由与法律；（3）福利国家中的自由。下面的这段简要说明基于2006年的劳德里奇经典丛书版，这一版内含哈耶克撰写的后记，题为“我为什么不是一个保守主义者”，包括了《自由宪章》和《通往奴役之路》两本书的内容。

《自由宪章》描述了一个公民在其中尽享自由的理想社会，说明了如何实

1 本书使用的是2006年出版的劳德里奇经典丛书版。
2 本书使用的是2006年出版的劳德里奇经典丛书版。

现这样的社会，并解释了它的实现实际上意味着什么。这个理想与自由权利与个人自由有关。哈耶克的批评者往往将他刻画为政治保守主义者。正如他在后记中解释的那样，他认为这个称呼是错误的。

导言

导言部分阐述了全书的背景。作者指出，在全世界众多人民借鉴西方文明、接受西方的理想之际，西方文明自身却变得不再自信，而且很大程度上失去了对西方之所以成为西方的传统的信仰。自由曾经实现了经济史无前例的飞速增长，而当时的西方知识分子却几乎放弃了对自由的信念。发展中国家未来的领袖们在西方求学期间了解到,西方并不因得到世界人民的道义支持而欢欣鼓舞，而且坚定信仰的缺失正让西方处于严重的不利境地。

哈耶克最初关注的是经济政策的问题。然而，他逐渐受到一个更宏大的使命的吸引：通过重新表述自由哲学的基本原理来应对他那时的种种社会问题。但是，自由哲学遭受到名目繁多、伪装重重的思想流派的侵害。哈耶克认为，立基于自由哲学的诸文明正在衰落，而且如果它们不希望继续沉沦，就应当复兴作为其根基的哲学。这正是哈耶克所要做的。

第一篇：自由的价值

自由状态就是社会中他人的强制被尽可能地降到最低的状态。个人自由就是一个人不受他人武断意志的强制。自由的前提是个人有某种确定的私人领域，且这个环境中存在某些事情是他人不能干涉的。我们应当把哈耶克对自由的解释与政治自由区分开，后者指的是人们参与选择政府。政治自由意义上的自由人民并不一定是由自由的个人组成的。自由的另一个含义是内在自由，或形而上的自由。它指的是人在行动中受其自身意愿引导的状态。

此外，个人自由还与另一种“自由”概念存在混淆，即用自由来描述做到想做的事情的实际能力。这种自由，比如说飞翔的能力，存在于梦中。直到之前不久，还很少有人将“逾越障碍的自由”与任何一种社会秩序都能确保的个人自由混为一谈。哈耶克警告说，自从社会主义者有意对此混淆视听以来，它就变得危险了。一旦承认自由与权力是一回事，通过误用“自由”这个词来支持摧毁个人自由的措施就会肆无忌惮了。

错误地将自由等同于权力会导致将前者再等同于财富。哈耶克警告读者，自由的生活也可能很糟糕。自由并不必然意味着所有邪恶的消失。从反面看，自由意味着没有某种特定的障碍——其他人的强制。只有当我们利用自由有所作为，这个词才具有主动意义。

显然，自由的含义也取决于强制的含义。强制，指的是一个人在外部条件受他人控制的情况下，为了避免更大的恶果，被迫为实现他人的目的而工作，而不能按照自己的计划行事。哈耶克说，强制之所以是邪恶的，就在于它会使人不再是一个能够思考问题、判断价值的个体，而成为他人达到目的的工具。然而，强制不可能完全避免。自由社会解决这一挑战的方式是由国家垄断强制，并将其限于防止个人之间的强制所必要的程度之内。

自由文明的创造力

文明始于个人能够利用自己知识范围以外的更多知识来追求自己的目标，以及个人能够利用自身以外的更多知识来突破无知的藩篱。如果相信我们只需将引导行动的思想付诸实施，便能获得较高层次的文明，那就大错特错了。我们要向前发展，就必须为目前的观念和理想留有不断修正的余地，因为经验不断增加，人们有必要不断修正目前的观念和理想。人可以有意识地建立文明的想法源于一种错误的唯理智论，它认为个人不仅具有不受自然影响的理性，还具有独立于经验之外的知识和推理能力。人类心智的成长就是文明成长的一部分，而心智永远无法预见自己的前程。不幸的是，科学的进步使人们普遍认为，我们的无知正在逐渐减小，所以能更广泛自如地控制所有人类的行为。

行为方式、传统与制度是文明成长积累的产物，从来不曾是任何一个头脑设计而成。正是在变化的环境下，芸芸众生在日常生活中的平凡行为，某些范例得以产生并流行开来。它们的重要性甚至不亚于那些受到明确认可并传播的重大思想创新。这一过程极为重要的一点，就是个人要能够根据自己特有的，往往独一无二的知识去行动；并且能够利用自己的技能和机会在已知的限度内去追求自己的目标。

哈耶克然后总结道，主张个人自由的立足点是承认我们对实现目标、获取福利的许多决定因素都不可避免地一无所知。所以，为了给不可预见和不可预言的事情留有发展的余地，自由是必不可少的。自由就意味着放弃对个人努力的所有直接控制，所以在一个自由社会里能够利用的知识，远远超过了最聪明的统治者的理解力。某个人从自由之中得到的好处大部分还是出自别人对自由的利用，而且主要出自我自己不能利用、但他人可以利用的自由。

在探索未知领域——这正是研究的本质——时，我们在很大程度上要依赖个别天才的奇思妙想和身边环境的罕见变化。科学的进步，如同新观念突然闪现在个人的脑海之中，乃是社会带给个人的观念、习惯和环境等结合在一起的产物，既源于系统性计划，也源于偶然的机遇。

自由社会的特点之一就是目标完全公开，开始追求新目标的可能只是少数人，但新目标会逐渐成为大多数人的目标。个人不仅在知识方面是文明的产物，其目标和价值也不例外。我们所知道的只是关于好坏的最终判断，这种最终判断不是根据个人的智慧，而是根据群体的衰落做出的；如果群体衰落了，便证明他们坚持了“错误的”信念。成功的群体的目标最终将成为全社会成员的共同目标。

拥护自由并不意味着反对组织，组织也是人类理性能够掌握的最有效的手段之一；但它意味着反对一切具有特权的、排外的垄断组织，尤其反对强制阻止他人为更美好之事物进行尝试的组织。若把社会全体改造为单一的组织，而这个组织又是根据单一的计划构建和运转的，那么结果就会扼杀那种造就了人类思想的力量，而组织恰恰是人类思维设计的产物。这样的社会将停滞不前，不是因为进一步发展的可能性已经枯竭，而是因为人们已经如此彻底地将一切行动和身边环境置于其现有知识的控制下，以至无法为新知识的诞生提供机会。

理性进步的过程是以自由和人类行动的不可预知性为基础的。然而，哈耶克也警告读者“社会的有组织之力量将摧毁促使社会进步的自发力量，我们离这一点已经不远了”。[1]

关于进步，哈耶克说它是一个调整和学习的过程，其中我们所知的可能性，还有我们的价值观和愿望都是在不断变化的。进步包含着对未知的探索，因而其结果必然是不可预知的。我们最多只能希望理解促使其发生的种种力量。人类智力证明自己的方式不是通过享受过去的成功果实，而是通过为未来而生活。

新知识在完全发挥作用之前，必然要经过一个漫长的调整改良的过程。这就意味着，总会有一些人比其他人更早从新成就中获益。很大程度上，快速经济发展正是这种不平等的结果。没有后者，前者就是不可能的。一旦取得了知识，它就终将为所有人可得，给所有人带来益处。但是在大多数人可以受益之前，正是那些拥有更多资源和想象力的人促成了新产品的出现和改良。因此，在一个进步的社会中，相对较富裕的人会比其他人享受到更多的物质上的好处。于是，领先群体的存在对落后群体也是有好处的。

就富国与穷国间的不平等问题，哈耶克指出，其中部分原因在于前者能更有效地利用知识，因而积累了更多的资本。然而，毫无疑问的是，如果在现代文明崛起的过程中，有某个全球权力机构确保避免某一个部分领先其他部分太远，那么现在穷国达到当前西方水平的可能性就要小得多了。

那么一国之内的不平等呢？一个只有掌握政治特权的人可以上升、最先上升的人获得政治权力并用其来压制其他人的社会，并不比平均主义的社会更好。从长远来看，某些人上升的阻碍也是所有人上升的阻碍。

西方文明的成就，尤其是物质进步，已经得到了世界其他部分的艳羡。世界大部分人民的追求只有通过迅速的物质进步才能满足。因此，进步不仅成就了西方，也束缚了西方，因为它现在不得不满足尚未享有西方物质福利的大量人口的愿望。

自由理论在18世纪的英法两国发展了起来。英国的理论重实证，轻体系；

---

1 *The Constitution of Liberty*, 35.

而法国的理论则是理性化的。前者基于对之前已经自发形成的传统和制度的阐释，而后者的目标是建立乌托邦。然而，两者在19世纪合流了。

哈耶克偏爱英国哲学家，因为他们给出了一种对文明发展的解释，今日依然是拥护自由之论辩不可或缺的基石。举个例子：英国哲学家认为制度的起源不是发明或设计，而是只有成功者活了下来。这使得斯密、休谟、弗格森等哲学家、经济学家得以理解制度、道德语汇和法律如何在累积增长的过程中不断进化，而且只有在这个框架下才可能实现。秩序的出现是试错和适应进化的结果。

英国人的论证从来不支持完全的放任自由。他们知道，不是某种神奇的魔法，而是良好制度的发展使利益竞争和妥协的规则协调起来，才将个人努力导向了社会公益目标。

至于传统，成功的自由社会将永远是受传统约束的。主张自由就是在集体行动中提倡遵守原则而反对任意行事。自由就是所有政府行为都受原则引导的体系。它同时也是一种理想，除非将其视为支配一切立法行动的原则来接受，否则它就很难存留下来。

那么，在安排社会事务时，理性究竟应当扮演何种角色呢？哈耶克接下来说道：

> 我们所做的就是阻止那些不了解理性的有效运行方式和持续发展规律的人滥用理性。我们呼吁人们必须明智地运用理性，为此，我们必须为不受控制、非理性的东西保留一块独立的领域。这块领域是不可缺少的，是理性得以发展和有效发挥作用的唯一环境。[1]

所有的改进都必须在一个有效的、但我们无法完全控制的体系下运行。对于这些力量的运行，我们最多只能希望在当前的理解下进行修正和改进。哈耶克并不反对运用理性，但反对像排他的强制性政府那样运用权力，也反对由此

---

1 *The Constitution of Liberty*，61.

产生的一种情况，即比掌权者提出的方案更好的方案都遭到拒斥。

自由的另一面是责任。人们必须承受自身行动的后果，并接受对自己行动的赞扬或责难。然而，哈耶克注意到，这种对个人责任的信念已经随着自由的尊重一同减弱了。这是由决定论的盛行导致的。它是19世纪科学界的统治思想，认为所有自然现象都是由外部环境决定的。因而，根据这种思想，人类的心智也必然遵循统一的定律，其中对自由与责任概念至关重要的个体人格概念似乎已经被消解了。

责任已经成为法律概念，但它也是一个道德概念，其重要性不仅限于强制领域。它最大的重要性在于指导人类自由决策的作用：当人们可以按照自己认为恰当的方式行动时，他们也必须为其行为的后果承担责任。

人并非一定要追求自己的目标，改善其他人的福利也是一个主要的目的。自由社会的本质就在于，一个人的价值与获得的报酬不取决于抽象的能力，而取决于在多大程度上将其转化为了利于他人的现实服务，而其他人也可以给予回报。

在自由社会中，我们不会因为技能本身，而只会因为正确地使用了它们获得报酬。诚然，我们几乎不可能确定一项成功事业中哪些部分归功于知识多，能力强，出力多，而哪些是因为运气好。自由社会所提供的，只是寻求适当位置的机会；没有人拥有获得某项职业，或者某个特定社会地位的“权利”。在自由社会中不存在群体成员的集体责任。大城市的发展已经大大摧折了关切地方事务的责任感。

自由的伟大目标就是法律面前人人平等。只有在法律和行为的一般准则面前的平等对自由才是有益的，只有在确保这种平等时，自由才不会遭到伤害。自由不仅与其他任何形式的平等无关，甚至必然会在诸多方面产生不平等：

……许多要求扩大平等的人并不真的想要平等，而是要求按照更符合人们对个人贡献看法的方式进行分配。他们的要求与更严格意义上的平均主义要求一样，与自由是不可调和的。[1]

当前有一个日益蓬勃的势头，即要求确保受教育权的平等。当我们仔细地审视对这些倾向或要求的辩护，就会发现它们是基于一种不满情绪，这种不满情绪常常是不那么成功的人因为某些人的成功而产生的，说白了就是嫉妒。在约翰·斯图亚特·密尔看来，它是最反社会、最邪恶的一种激情。

对自由而言，任何尝试将对其的辩护建立在支持回报与道德品质成正比之基础上都是很危险的，因为这就是承认了物质回报应当根据公认的品质。正确的回答是，在一个自由体系中，在总体上将物质回报与公认品质对应起来既不是好事，也不现实。此外，自由社会还有一个本质的特点，那就是个人的地位并不一定有赖于他的同伴对他已经获得的品质的看法。

上面谈到不同人付出的相同服务报酬可能不同，比这一点更真确的是，需要不同天赋和才能的不同服务的报酬在相对关系上就更是千差万别了，这个相对差别与天赋关系并不大。总体来说，市场会提供任何对受益者有价值的服务。

接下来是正义问题。正义要求，人们生活中由政府决定的那些条件应当平等地面向所有人。但是这些条件的平等必然会导致结果的不平等。要求在财富分配上更平等的人经常用一个论点来支持其观点，那就是：作为某个国家的成员，他有权利要求获得该国总体财富水平决定的物质水准。虽然有充足的理由说明应当去供养病弱者或救助受灾者，但并非任何人都有权利要求分得全体福利的一杯羹。

多数人的统治

自由主义主要关心的是限制政府的强制权力，不管是不是民主政府；而教条的民主主义者则认为政府只有一种限制：多数人的意志。自由主义学说讲的是法律应当是什么，而民主主义学说讲的是法律将会是什么。自由主义只认可

---

1 *The Constitution of Liberty*，77.

多数人统治是一种做决策的方法，而非关于应当做什么决策的权威。

对教条的民主主义者来说，多数人想要某事物就已经足以证明它是好的了；对他来说，多数人的意志不仅决定什么是法，更决定什么是善法。自由主义者相信，任何短期的多数权利应当受到长期原则的限制，但教条的民主主义者最关键的概念就是人民主权。让一群人成为一个社群的正是对原则的认可。这种共同认可是自由社会不可缺少的条件。如果承认少数人的权利，那就意味着多数人权利的终极来源是少数派也认可的原则。少数意见也可能成为多数意见。

民主政府并不一定没有限度。与其他类型的政府一样，民主政府也需要将保护个人自由作为自己固有的任务。为民主辩护主要有三个论点：（1）民主是迄今发现的唯一和平变革的办法；（2）民主是个人自由的重要保障；（3）民主是教育多数人的唯一有效方法。

民主首先是一个形成独立于政府意见的过程。民主不能离开发言和讨论的自由。

我们的知识和认识之所以会有进步，只是因为总有人会反对多数人的意见。民主是在变动中证明了自己的。进步是在少数人说服了多数人时发生的，因为新观点在能够成为多数观点之前必须先在某些地方出现。

成功的政治家之所以拥有权力，是因为他在已被认可的思想范围内进行选择，是因为他是按照惯例来思考和发言。他的任务是发现多数选民的意见。政治和道德观点是由那些处理抽象概念的专家缓慢地发展起来的。正如伟大的经济学家约翰·梅纳德·凯恩斯所说，长远来看，思想决定着进化过程。新思想往往在经过了一代人甚至更长时间之后，才开始对政治行动发挥影响。

民主议会将权力交给了行政机关，而行政机关则用这些权力去实现威胁着个人自由的目标。哈耶克呼吁对这种现象要警惕。在同意了应当由多数人来决定我们在追求个人目标时要遵循的规则后，我们发现自己越来越受制于其代理人的命令和专断意志。

如果民主想要生存下去，它就必须认识到自己不是正义的源头，也需要这样一种正义观念，即并非多数人对每一个具体问题的看法都是正义的。

受雇与独立经营

在过去，大部分人都是自我经营的；现在受雇于大型组织的人则越来越多。现在独立经营者在社会中所占比例比之前小得多，影响力也弱得多，那么他们是否就因此不那么重要了，还是说他们依然对自由社会的福利至关重要？受雇者应当认识到，保留大量独立经营者符合他们自己的利益。

这个目的是市场机制所无法满足的。拥有独立谋生手段的人之所以在任何自由社会中都有不可缺少的地位，正是因为要支持这一目的。虽然市场机制是获取可定价服务的最有效方法，但也有市场无法提供的极其重要的事物，因为这些事物不能卖给会因之收益的个人。认识到市场无法满足的需求的存在，这并不意味着政府应当是唯一非营利性机构，也不意味着垄断不应该存在，而是应当有尽可能多的、有能力满足这些需求的独立中心。

在文化事业、高雅艺术、教育科研、自然景观保护、历史遗产，还有最重要的，宣传政治新思想等领域，能够以财力支持其信念的领导性个人或团体是尤为重要的。

所有的知识、道德和艺术领袖都属于受雇阶级，尤其是其中大多数都受雇于政府的社会是存在严重缺陷的。但是我们正在朝着那个方向前进。达尔文、托克维尔、石里曼，甚至马克思这样的绅士型学者已经消失了。就算是闲人，若想成功也需要试验探索。我们现在很多司空见惯的生活方式也要归功于那些全身心投入生活的艺术的人。许多后来成为大众消遣方式的运动都是由花花公子发明的。哈耶克总结道，

> 当今时代的一大悲剧就是，大众相信自己达到的高福利水平是因为将富人拽了下来，而且害怕富裕阶级如果出现或者保留下来，他们就会失去本来会得到而且他们认为理所应当的某些东西。如果我们因为嫉妒而消灭了某些非凡种类的生活，我们最终就会陷于物质与精神贫困。[1]

---

1 *The Constitution of Liberty*，113.

第二篇：自由与法律

强制与国家

强制，即一个人的主要行为并非为了自己的目的，而是为了他人的目的。强制蕴含着施加伤害的威胁，以及导致某种行为的意图。强制之所以是坏的，是因为它阻止人完全使用自己的精神力量，因而也阻止他做出对社会力所能及的最大贡献。

在政府是唯一的雇主、并且拥有所有生产资料的完全就业垄断社会中，国家拥有无限的强制力量，比如在彻底的社会主义国家中。承认私有财产是避免强制的一项重要条件。人与人之间互利合作的决定性条件就是，存在许多人能满足个人的需要，这样就无须仰赖其他某些人来获取基本生活所需，或是获得朝着某些方向发展的机会。欺骗和迷惑也是强制，比如欺骗就是操纵某个人做骗子想要他做的事情。

法律、命令与秩序

法律是一项准则，这种准则规定了每个人安全自由地在其中生存和活动的不可分割的边界。时至今日，这种19世纪的法律观已经很大程度上被抛弃了。在从习惯法到现代法的演进过程中，我们能够发现法律从个别具体到普遍抽象的转变。随着个人智力的发展以及与习惯行为方式决裂的趋势出现，有必要明确地阐明行为规则，并逐渐减少积极的行为规定，而代之以不会干涉其他人同样得到认可的行为范围的消极限制。

“法律下的自由”这一概念基于这样一种观念：在遵守法律时，我们并非屈从于其他人的意志，因而是自由的。只有当法律指的是平等地适用于每一个人的普遍规则时，这才是真的。

仅仅因为出自立法机关就被冠以法律之名，而其本质不过是具体命令的，所谓“法律”正是压迫的首要手段。混淆这两种法律概念（即法律是一般规则，还是具体命令）是自由衰落的主因之一。哈耶克关注的不是具体内容，而是在自由社会中，这些规则应当具有的某些一般性质。比如说，立法者将自己的行为仅限于发布一般规则，而非具体命令，这是由于他对规则应用的具体环境不可避免的无知。有一种观点会对人们对法律和道德的尊重产生毁灭性的影响，几乎没有任何观点比它危害性更大，那就是：只有在遵守法律会产生明显有益结果的具体情况下，法律规则才是有约束力的。

自由的敌人总是将自己的观点建立在一个论断的基础上：为了维持人类事务中的秩序，就需要某些人下令而其他人服从。哈耶克正面引用了哲学家迈克尔·波兰尼的话："如果人类生活中的秩序是通过允许人们自己主动地去与他人互动而实现的——只受同样地适用于他们所有人的法律约束——那么社会中就有了自生自发的秩序。"[1]

所以，立法者的使命不是建立一个具体的秩序，而只是创造出让有序安排得以建立并更新的条件。在确实提供（并保卫）个人自由的重要条件，且自由的个人在劳动分工条件下参与合作的社会中，法律的主要职能就得到满足了。

法治的起源

15、16 世纪兴起的高度组织化的民族国家的新权力，首次利用立法程序为有意识的政策工具。17 世纪在英国出现的有限政府概念是一个异数，其动因是应对新问题的需要。18、19 世纪期间，维护并完善个人自由成了英国的指导思想，英国的制度与传统成了文明世界的楷模。

哈耶克随后更深入地考察了古典时代的遗产，因为它们依然与当下相关。希腊人有 isonomia 这个词，意为法律面前公民一律平等。16 世纪，它传到了英格兰。直到 17 世纪，这个词都一直在使用，后来就被"法律面前人人平等"（equality before the law）、"法治国家"（government of law）和"法治"（rule of law）等术语取代了。Isonomia 和民主（democracy）的一个区别在于，虽然民主政府当初的理据源于法律面前一律平等，但后来就开始无视这一原则。柏拉图和亚里

1 *The Constitution of Liberty*，140.

士多德都明确做出了这一区分。

在17世纪，拉丁文作家的影响超过了希腊人。《十二铜表法》是罗马自由的根基，其中“公法表”的第一条就是“不得制定任何特权或法令偏袒某些人，并违背对所有公民都适用的法律去损害其他人，所有个人都有权力使用这个法律，无论来自哪个社会阶层”。

西塞罗成了现代自由主义的主要权威。关于法律下的自由，我们许多最有力的表述就来自他。然而，2世纪之后，立法应当为保护个体自由服务的观念被抛弃了。立法的技艺被再次发现时，欧陆立法的典范已经是包含着君主凌驾法律之上观念的《查士丁尼法典》了。

然而，英格兰走上了另一个方向。伊丽莎白女王1603年驾崩后不久，国王与国会间爆发了冲突。在冲突中，个人自由作为一个副产品出现了。约翰·洛克的《政府论》下篇对英格兰、美国和欧洲大陆之后的发展有深远的影响。他整理了在光荣革命中获得胜利的学说，这些学说将在日后控制政府的权力。他的主要关注点之一是如何避免权力变得专断。洛克厌恶至高无上的权力。对抗权力滥用的主要保障就是权力分立。

200年后，这个过程逆转了。新的自由主义越来越多地受到法国哲学家的理性主义影响。边沁和他的功利主义信徒希望在理性原理的基础上重建英国的法律和制度。

美国宪法制度

美国的早期殖民者笃信英格兰式的自由，而英国国会则坚持议会主权原则，与殖民地的意见针锋相对。英国裔殖民者发现，英国宪法实质内容很少，并不能用于反对国会的主张，于是他们得出了结论：缺了的根基必须补上。

他们感到宪法对任何自由政府都是极其重要的，而且宪法就意味着有限政府。因此，美国宪法就被认为是对人民的保护，使其免遭立法机关和政府其他分支专断行为之害。它定下了涉及权力等级观念的一般原则，包括规则或法律的等级。美国宪法采取了长远的视角，也就是说，多数人必须遵循宪法中规定的一般原则。宪法制度意味着，一切权力都依赖于一项认识，即权力的行使要符合共同接受的原则。被授予权力的人之所以被选中，是因为大家认为他们最有可能做对的事。

如果政治秩序的性质只由针对具体事务的连续决策决定，那么坚持长远原则让人民能够对它有更多的控制力。新生的美利坚民族赋予自己的宪法，绝不仅仅是对权力如何派生的规范，而是一部自由的宪章，一部将要保护个人不受任何专擅强制的宪章。在 19 世纪初，欧洲的自由运动受到了美国范例的鼓舞。

自由主义与行政："法治国家"

在大多数欧陆国家，18 世纪中叶之前延续了 200 年的专制政府已经摧毁了自由的传统。自由的复兴主要源自英格兰。但是随着新运动的发展，它遇到了与当时的美国，以及一百年前英格兰截然不同的状况。这个新因素就是专制主义之前打造的强大行政机器，一个已经成为人民的主要统治者的专业行政官员集团。与英美世界的有限政府相比，官僚体制对人民福祉和需求的关注要大得多。因此，欧陆的自由主义者不得不面对很久之后才出现在英美两国的问题。

虽然法国大革命受到了法治理想的鼓舞，但据哈耶克观察，它是否真的推动了法治是很值得怀疑的。人民主权的理想与法治的理想同时取得了胜利，于是后者很快就隐没不见了。虽然法国大革命受到了美国革命的影响，但它从来没有实现后者的主要成就：一部限制立法机关权限的宪法。大革命并没有触动行政机关的权力，因而加强了国家的权力。拿破仑政权则更进了一步。诚然，1799 年建立的最高行政法院赋予了公民更多保护，以使其免遭行政机关专断行为之害。

然而，在法律后来的道路上，德国的发展占到了上风。君主制度在那里延续了下来，因而人们从来都不相信民主监督的效果。新的德国法学理论对法治进行了釜底抽薪。

伊曼纽尔·康德对法学思想发挥的主要影响在于，他提出了一套普遍的道德理论，从而让法治原则看起来不过是更普遍的定言命令原则的特殊应用。18世纪的普鲁士开展了所有法律法典化的工作（后来由拿破仑接了过来）。普鲁士发展出了一条规定，即行政机关与私人公民之间的一切纷争，都要交由普通的法院来审理。哈耶克指出，这为之后有关“法治国家”的讨论提供了一个主要的原型。

发展法治国家，与宪法主义理想共同成为新自由主义运动的主要目标。用宪法来限制一切政府，用由法院执行的法律来限制一切行政活动，成为运动的核心目的。然而，虽然有这些自由主义的意图，警察国家还是延续了下来，那么谁来守护公法呢？哈耶克回答道：不是别人，正是根本大法本来要遏止其扩张和行动势头的行政机关。

后来行政法院建立了，它们的本意是作为完全独立的机构，只处理法律存在的问题。人们希望随着时间的推移，它们能够对所有行政活动施加严格的司法控制。然而，国家社会主义和福利国家兴起后不久，自由主义的种种观念就被抛弃了。因而，实施有限政府理念的意愿也就很薄弱了。由于政府新使命的要求，新创建的体系拥有了免于司法审查的自由裁量权力。

虽然事实证明，德国的成就理论多，实践少，它仍然系统地借鉴了自由主义的理念，并将其运用于现代行政国家面临的问题上。他们发展出的法治国家概念是传统法治理想的直接产物，只是现在应当被限制的不再是君主或立法者，而是复杂的行政体制。因而，德国人比许多更古老的制度更适应当今的问题。随着较早出现在欧陆而非英美的福利国家的发展，很快就带来了诸多与法治政府理想很难调和的新特征。

个人自由的各种保障

法律下的自由的根本条件有哪些？第一条就是限制所有政府的权力，包括立法机关。法治不仅仅是宪法主义，而且要求所有法律都符合某些原则。因此，法治不是受某部法律统治，而是一种关于法律应该是什么的规则，一种元法学学说或政治理想。记住这一点也很重要：法治只限制政府的强制行为。

法律的另一个重要必备性质是可知、确定。哈耶克认为，西方之所以能繁荣昌盛，大概最重要的一个因素就是西方实行的法律相对更确定。

真正的法律的第三个重要要求就是平等。法律也必须公正。法治要求行政当局在采取强制行动时受到一些规则的约束，这些规则不仅规定行政当局何时何地可以采用强制行动，而且规定它要以何种方式采取。唯一能保证这一点的方式，就是将行政当局的一切此类行动都置于司法机构的审核之下。

当代的重大议题就是对行政自由裁量权的法律限制。争议只能靠诉诸规则，而非单纯的意志行为来解决。哈耶克在这一章的最后说道：

我并不怀疑相信法治和坚守司法形式是相辅相成的，毋宁说很希望强调这一点。缺少其中之一，另一个就不可能有效。然而，当今前者所受到的威胁更大；而且那种认为只要恪守司法形式，法治就自然会得到维护的幻想，正是造成这一威胁的主因之一。[1]

经济政策与法治

在亚当·斯密及其后继者看来，普通法的一般规则的执行肯定不是以政府干预的形式呈现的；他们通常也不会用“政府干预”这个词来指代立法机关对规则的修订与新增，只要这个新规则的用意是在无限期的时间里平等地适用于所有人。

市场经济运转良好的一个前提就是国家要采取某些行动，而且只要与市场相容，那么市场甚至可以容忍更多的此类行动。然而，其他一些行动是与自由体系的根本原则相悖的，因而如果想要自由体系发挥作用，它们就必须被排除在外。

法治为我们提供了区分哪些措施与自由体系相容、哪些不相容的准绳。坚持法治可能是必要的，但并非充分条件。然而，关键在于一切政府强制行动都

1 *The Constitution of Liberty*，192.

必须毫无疑义地由永久性的法律框架决定，这样个人在制订计划时就会比较有把握，人为的不确定性也会尽可能地减少。政府要提供有助于获取可靠信息的服务，比如建立货币体系、规定度量衡、数据统计以及某些教育。所有这些活动都是政府的工作，目的是为个人决策提供有利的条件；它们提供了个人可以为自己的目的而使用的手段。

此外，也有一些服务虽然是好的，但因为很难或不可能向个人受益者收费而不会由私人部门提供。公共卫生与医疗服务、道路建设与施工等等都是例子。还有一些服务是政府可能想要提供的，比如鼓励科学进步。在任何情况下，政府都不必介入这些服务的实际管理。在很多情况下，将管理工作交给合格的代理机构会带来更高的效率，同时财务责任仍然由政府担负。但是，当政府给国有企业发补贴时，这些补贴其实应该发给与其竞争的私有企业，以维护公平的环境。

法治还应该排除其他一些政府措施，其中一项就是决定谁被允许以何等价格提供何种数量的各种产品。就后一点而言，哈耶克的原则并不一定排除在某些情况下，可能可以将权利只开放给有特定资质的人。但是，将强制仅限于执行一般规则就要求，任何人只要具备资格，就有权要求得到进入某一行业的许可，且是否获得许可只取决于他是否满足了获取资格的条件。

价格控制不可能根据规则行使，究其本质便必然是专断的自由裁量。实际上，将这样的权力交给当局，就意味着赋予当局任意决定生产什么、由谁生产、为谁生产的权力。这就是价格与产量控制必须排除出自由体系的原因。它们与自由体系不相容的原因有二：（1）所有此类控制都是专断的；（2）市场在实施此类控制的条件下不可能充分有效地运转。

哈耶克认为，一定范围内的政府行动是可以与自由体系协调的。但是，虽然在法治框架下尚有改进的余地，但改革者们还是不断地在削弱和摧毁它。如果政府除了执行一般规则以外不能使用任何强制手段，那么它就没有权力去实现那些通过越权才能实现的特定目标，也无法决定某些人的物质地位，或者强制执行分配正义，或者说社会正义。

为了实现这些目标，政府必须追求一种最好称之为“指令主义”（dirigisme）的政策，即决定应该使用何种特定手段来达到特定目标的政策。这正是受法治约束的政府所不能做的。哈耶克将这种决定哪些特定的人应当受到奖励的行为称为“分配正义”。这种正义要求所有资源由一个中央权力机关分配。然而，人们并没有清醒地认识到自由的理想与“纠正”收入分配，以使其更加“正义”的欲望两者之间的冲突。事实上发生的不是对既有秩序的修正，而是完全抛弃它，并代之以一个完全不同的体系：指令经济。

法律的衰落

如上所述，破坏了法制的法学理论起源于德国，而后传遍了世界。德国统一是由精妙的政治手段而非渐进过程这一事实更加强了一种信念，即有意识的设计可以根据预先设想好的模式来重塑社会。自从法国大革命时起，政府应当执行分配正义的呼声就已经存在了。当时的一个主流学说就是，最大的不正义就是平等地对待事实上不平等的事物。阿纳托尔·法朗士嘲讽地说道：“至高无上的法律对穷人和富人一视同仁，禁止在桥下睡觉、在街上乞讨，还有偷窃面包。”[1]哈耶克指出，这样的言论将破坏所有不偏不倚的正义的基础。

社会正义思想共同的特点是，它们都不喜欢用法律规则规定对权威加以限制，都希望给予政府的组织力量以更大的权力，以有意识地按照某种社会正义的理想去塑造社会关系，兴起了法律实证主义、历史主义、自由法学派和利益法学派等运动。哈耶克虽然也简单提到了后三者，但比较详细论述的还是法律实证主义。法律实证主义学说是在与“自然法”概念相关的思想传统的针锋相对中诞生的。属于该运动的各个学派有一个共同点：存在着不由任何立法者有意制定的规则。法律实证主义者否认这一点。在他们看来，就其定义而言，法律只是由人类意志的有意命令组成的。因此，法律实证主义者对那些构成了法治理想基石的元法律原则而言毫无用处。

---

1 *The Constitution of Liberty*，206.

法律实证主义在德国尤其盛行。哈耶克指出，法治理想正是在这里首次被抽去了实质内容。在“一战”后的德国，所有支持有限政府的思想传统都无疑处于衰退中。正如一位法学学者所说，当时的民主化被从自由主义中解放了出来。立法者的权力不可能被限制，基本自由也是不存在的。这些发展为法西斯主义和布尔什维克主义的胜利打开了大门。一位非共产党俄国学者观察到：

> ……苏维埃制度与其他所有独裁政府都不同的地方在于……它试图将国家建立在与法治完全相悖的原则上……而且它发展出了一套让规则免于任何责任或限制的理论。[1]

在英格兰，背离法治的情形出现得更早，但很长一段时间内仅限于实践领域，也没有引发多少关注。然而，在实证主义思想家的影响下，管辖公民私人生活和财产的行政机关迅速发展，而且对它们权力的制约很不完善。

这样的情况也出现在遥远的美国。欧洲的思想落地成了公共管理运动，发挥的作用与英国的费边社类似。这场运动成员宣扬“为了自由而自由”显然是无意义的；自由一定是为了去做到并享有某些事情。如果更多人能够买车和度假，那么自由就更多了。一位美国评论者警告道，多数人正在朝着行政专制前进，而行政专制正是当时在全球各地兴起的专制主义的一个阶段。

幸运的是，哈耶克注意到，许多国家都有反对这些发展的明显迹象。或许这些迹象最显著的地方，正是那些曾经经历过极权主义，了解放松限制国家权力之害的国家。德国“二战”后司法审查原则得以发展，对自然法理论的兴趣也有所复兴，都是这一趋势的表现。在法国，另一位法学学者也抓住了气氛的变化，观察到破坏了个人自由概念的正是法学家，他们没有意识到自己将这些权利交给了全能的警察国家。

---

1 *The Constitution of Liberty*，210.

第三篇：福利国家中的自由

社会主义的衰亡和福利国家的兴起

社会改革运动主要是受到了社会主义理想的感召。这一发展在“二战”后英国开始施行社会主义实验后达到了巅峰。所有社会主义运动的共同目标都是将生产、分配和交易手段国有化，从而让所有经济活动都按照符合某种社会正义理想的广泛计划来进行。

早在哈耶克出版《自由宪章》的1960年，他就观察到狭义上的社会主义，即作为一种实现社会正义的特定方法的社会主义，早已经衰亡了。那么到底发生了什么呢？苏联得到了系统地应用传统社会主义计划的必然结果。但是苏联的经验只是让马克思主义那一支的社会主义声名扫地。对社会主义基本方法的普遍幻灭是由于某些更直接的经验。

按照社会主义原则生产意味着生产力的降低，而非提高；而且它没有带来更多自由，反而导致了独裁。也许幻灭中最重要的一个因素，就是社会主义知识分子对泯灭个人自由日益增长的厌恶。R·科罗斯曼等英国左翼知识分子开始质疑社会主义。其中之一指出，社会主义者当前的使命是说服国民，让他们相信自己的自由已经受到了这种新封建主义的威胁。社会主义时代最重要的后果，就是对国家权力的传统限制不复存在了。

与社会主义不同，福利国家这个概念没有精确的含义。这一术语有时指的是关注维护法律与秩序以外问题的国家。所有现代政府都为贫困、不幸、残疾的人提供生活补助，而且也关注健康与知识传播等问题。这些补助没有任何错，问题在于政府行动的方法。

福利国家纲领里包含了许多同样被说成是正当合理、无可非议的东西。许多政府的新福利活动之所以是自由的威胁，就在于虽然它们呈现的是纯粹的服务，但实际上却是政府在实施强制权力，而且建立在它声称对某些领域具有排他权利的基础上。

现状已经大大改变了自由卫士的使命，而且难度也大大增加。反对社会主义的论证很明晰，也很有说服力；反对福利国家的就要模糊多了。毕竟，福利国家的某些目标可以不触及个人自由就可以实现，但还有其他一些目标，它们是社会主义者的心头肉，而且一个希望保留个人自由的社会不可能实现它们。政府利用强制权力来确保某些人得到某些东西就是一个例子。这需要区分不同的人，但自由社会是与此不相容的。这种福利国家以社会正义为目标，而且主要职能成了收入再分配。它必将走上社会主义及其强制方法的老路。缺乏耐心，以及急于解决社会弊病（如贫困、年老无依等）可能会阻碍更好、更长效的解决方案。哈耶克总结道：

> 缺乏耐心和方便管理的动机往往使得改革者偏重于控制下的单向发展，尤其是已经成为福利国家典型特征的社保领域，它很可能成为未来发展进步的主要障碍。[1]

关于补贴，哈耶克认为只有一种可接受的形式，那就是利用市场来供给不能仅由个体付费者支付的服务。

至于企业垄断，哈耶克的观点是，最好将垄断者视为某种经济政策的“牛虻”。他补充道，当前的政策没有认识到，有害的不是垄断做大本身，而是行业进入壁垒和其他某些垄断行为。

工会与就业

论及近年来对法治基本原则违背与后果之严重，当以工会为最。发展到现阶段，它们已经成了独一无二的特权机构，是一般性法治不适用的地方。越来越多工会不再被视为追求合法自私目的团体，必须通过拥有平等权利的竞争利益团体来制衡，而被视为一种出于公众利益必须支持其目标——即把所有劳工完全组织在一起——的团体。

---

1 *The Constitution of Liberty*，227.

在工会控制了一家公司或一个行业的工人情况下，它们就可以将工资提高到自由市场下的水平以上。关键在于，这永远不可能符合所有工人的利益，除非出现概率极低的情况，即所有收益由所有工会成员共享，而不管他们是否受雇。然而，只有通过强制某些工人做出不利于自身利益的整体协调行动，工会才能做到这一点。因而，能够找到工资较高工作的人，就总是与那些只能找到工资较低的工作，或者根本找不到工作的人之间存在利益上的对立。

传统智慧告诉我们，工会在提高成员谈判能力和工资水平方面确有帮助。哈耶克引用了米尔顿·弗里德曼的一项研究，该研究表明在工会弱势的时候，实际工资的增长速度并不比工会强势时快很多，甚至还有一些劳工没有被组织起来的行业或产业的工资增长速度要比高度组织化、同样繁荣的行业快得多。

工会对货币工资水平施加了上行压力，不可避免地会导致通货膨胀。通常来看，工会对相对工资的影响是，在每一个由工会控制的团体内部，工资都会呈现出较大的一致性和刚性，而在不同团体之间则出现较大的、与职能无关的工资差异。同时，劳动力流动也会受到限制，可能是前者的结果，也可能是原因。哈耶克对工会的另一个批评是：由于工会在资本投资最密集的行业最强大，它们容易成为投资的阻碍因素，很可能仅次于税收。工会垄断与企业勾结往往正是相关行业受垄断控制的首要基础之一。

哈耶克也就工会的作用说了些好话。如果没有强制权力，那么工会可以在与雇主的集体谈判方面发挥作用，比如工资增加与工时缩短之间的取舍，以及确定不同职务的工资差异方面。然而，他指出了工会导致通货膨胀的危险。首要的原因就是，占主导地位的“完全就业”学说明确地免除了工会对失业的全部责任，而把维持完全就业的义务放到了货币和财政当局上。为了避免工会造成失业，后者唯一的对抗办法就是通过通货膨胀将工会推动的实际工资的增加抵消掉。结果就是“二战”后出现的所谓“工资－价格螺旋上升”，正好也是凯恩斯的完全就业政策被广为接受的时刻。

哈耶克纠正了对工资增长会直接导致通货膨胀的若干可能的误解。实际情况是，如果货币和信贷供给不扩张，那么工资增长会迅速导致失业。但是有种学说认为，为了确保完全就业，货币当局有义务在任何给定工资水平下提供充足货币。受其影响，每一轮工资增长将导致进一步的通货膨胀是不可避免的政治结果。他的结论是，工会当前的地位不可能持续，因为它们只有在市场经济下才能运作，而后者正是它们竭尽全力要摧毁的。

社会保障

很久以来，西方国家一直将向那些由于自己无法控制的因素而陷于严重贫困或饥饿威胁的人提供救济视为社区的责任。在现代社会中，应当强制人们为疾病、老年生活和失业购买保险。对此的论证不是人们应当被强制去做符合其自身利益的事情，而是如果没有提供这些救济，那么他们就会成为公众的负担。一旦社会就此达成共识，那么国家就应当协助发展相应的制度。应当允许某些人就何种制度最适宜扮演这一角色而进行“实验”。哈耶克论证道，到此为止，对整个社会保障体制的论证都是可以接受的。然而，社会保障的支持者还更进了一步：要求个人通过政府运营的组织来获取社会保障。

从一开始，社会保障就不仅仅是强制保险，更是强制要求加入某个国营组织。当时对此的论证是：由一个组织来运营社会保险的效率更高，因而成本也更低。另一个断言是，会有足够的资金来支持所有有需要的人。这听起来合情合理，但是随着时间推移，所有受保护的垄断组织都会变得效率低下，这条定律在其他地方适用，在此也同样适用。这一体系的存在会阻碍其他可能会运营得更好的组织的发展。

拥有强制权力的政府组织可以实现两个目标，它们都是私营组织无法达到的。第一，它能够给予个人他们“应该”得到的东西，或者让他们做他们“应该”做的事情。第二个目标就是按照它认为合适的方式对个人或团体的收入进行再分配。据哈耶克所说，收入再分配已经成了社会保障的主要目的。换言之，它最初是救济贫困的手段，现在却成了平均主义再分配的工具。哈耶克得出的结论是，在这一意义上，福利国家已经成了传统社会主义的替代品。当政府被赋予了提供某些服务的排他权力时，自由就受到了严重威胁。政府为了要实现自身的目的，就必然会用这些权力来对个人强制施加自由裁量。

第三个体系目前已经无处不在，为生病或老人提供救济，不管他们自己是否已经能够供养自己了。哈耶克感到，这是一场旨在劝说舆论接受一种新收入分配方式的事业的一部分。这架新机器的管理者们认为当前采取的仅仅是过渡性的、半吊子的措施，它们必须发展成为一种明目张胆的、以再分配为目的的工具。他还担心人们是否完全理解社会保障真正的含义。比方说，德国约20%的国民收入都在社会保障管理单位手中，德国人民难道不会觉得这比他们所明确希望的要高太多了吗？

社会保障主要救济以下人群：老年人、永久残疾者、失去主要收入来源的家庭、用药和住院病人，还有对失业期间的收入损失补偿。养老保险造成的问题大概是最严重的。通货膨胀会夺去人们为老年所需攒下的一部分积蓄。此外，后代人还背上了支付养老金的负担，而养老基金已经越来越难以全额支付应付保金了。

医疗保险的增长是一个很好的发展，以至于在一定程度上将其强制化也是可以理解的。但是我们可以强有力地反对单一国家保险项目，也有充分的理由反对全民免费医疗。一旦推行这样的计划，那么由于政治原因，它就不可能被废止，即使后来证明它是个错误。支持免费医疗的依据往往建立在两个根本的误解之上。第一个就是相信医疗需求是可以客观查明的，而且不管成本有多高，都应当被满足。第二，就是认为这在经济上是可能的，因为医疗服务的改善将会恢复病人的经济能力或挣钱的能力，从而为医疗成本埋单。除了这样一个事实以外，即没有客观标准能确定应当采取何种医疗手段、做到什么程度。真正的问题在于涉及的个人是否有发言权，是否能够获得关注，或者是否应当由别人来为他做这个决定。

在自由体系中，应当尽快治愈拥有完全收入能力者的暂时疾病，而在一定程度上忽视老人和精神病人。这听上去有些残酷，但却很可能符合全体的利益。在推行国家医疗制度的地方，我们常常发现，本来可以很快完全恢复健康的人不得不等待很长时间，只是因为所有医疗设施都已经被那些永远不会再次为其他人的需求做出贡献的人占满了。于是，曾经是自由职业者，首先对自己的病人负责的医生现在转变成了领工资的公务员，成了接受当局指示的官员，只要涉及当局利益，他们就必然不会再遵守为病人保守私人隐私的义务。

至于失业保险，失业者引发的问题是：如何，以及由谁来给予失业者基于其正常收入的进一步扶助？还有，这一需要是否构成了根据某种正义原则进行强制收入再分配的理由？我们必须要一并考察工资的发展。如果工会将工资推得太高了，那么解决失业问题就需要提高工资灵活性和工人流动性，以避免失业发生。然而，为所有失业者按工资的一定比例发放补助金的体系，让失业者失去了再就业的压力。

全面失业保险体系最重要的意义在于，它是在一个由工会强制行动为主导的劳动力市场中运作的，而且是在工会的强大影响下设计的。如前所述，这样一个体系免除了工会对失业的责任，而失业本身正是工会政策导致的结果；全部的压力都转移到了国家身上,国家现在不得不供养那些被挡在工作之外的人。长远来看，这只会让失业问题更趋严峻。在自由社会中，这些问题的合理解决办法是，除了国家提供的最低保障外，一切进一步的补助都应该通过竞争、自愿的活动提供。

诚然，为所有无力自养的人提供统一的最低保障也涉及了一定的收入再分配。但是，在正常运行的市场中为无力自己赚钱养活自己的人提供最低的保障，与为了实现所有重要职位的“公正”报酬而进行的再分配之间，是存在着很大的差别的。换言之，在绝大多数自己赚钱糊口的人同意供养无法自己糊口者这样的再分配，与多数人夺走少数人的资源，只因为后者资源更多的再分配之间，是存在着很大的差别的。前者中的调整方式依然是不针对具体人的，人们可以自己选择职业；而后者则让我们更接近一个人们不得不听从权威当局命令行事的社会体系。

鉴于社会保障体系发展过程中涉及的危险，哈耶克提议逐步改变大病与失业补助体系，转向真正的保险体系，在其中个人要向互相竞争的机构付费才能获得收益。虽然过去随着财富的增长，社会弊病在逐渐消失，但我们引入的补救手段正开始威胁财富增长的延续，而财富增长正是一切未来进步之所系。

税收与再分配

哈耶克在这一章的开篇说道：

> 在很多方面看，我都希望能够省去本章的内容。本章论点与人们广泛持有的信念针锋相对，以至于它必然会伤害很多人的感情。就连许多到此为止都同意我的思路，并认为我的总体立场不无合理的读者，也会认为我对征税的看法是教条的、极端的、不切实际的。[1]

几乎所有人都已经同意通过累进税来进行再分配是正义的，虽然约翰·斯图亚特·密尔称之为温和的抢劫。为了解决许多间接税对较低收入的税负比例偏大的问题，收入税可以分级征收。这是支持累进税的唯一合理论证。比例税制体系下可能会引发大量的再分配。1891 年，普鲁士实施了累进收入税，税率在 0.67% 到 4% 之间。于是，德国人对累进税的抵制被克服了。差不多二十年后，英国和美国才实行分级收入税。随着时间推移，支持它的论据逐渐从支付能力变成了实现更公正的收入分配。

提高收入税率的理由是需要填补日渐增大的社保缺口。然而，高税率带来的收入跟总收入比只占很小的部分（在 2.5% 至 8.5% 之间），尤其是最高税率的那一档，几乎不会对其余人承受的负担造成任何影响。仅仅因为人数上占了多数，多数人就有权强加给少数人并不适用于他们自己的规则，这是对远比民主本身更根本的原则的侵犯。

比例税制的一大好处就在于，它提供了一条可能同时受到交税绝对额较多和较少者接受的规则，而且一旦接受，再单独制定只适用于少数人的规则也不会带来什么问题。累进税并没有提出一条判断什么是正义、什么不是正义的标准。除了所有纳税人都按统一比例交税外，比例税制的另一个好处是，某些服务的净收益会保持不变。

---

1 *The Constitution of Liberty*，266.

累进税制得到广泛认可的主要原因之一，就是绝大多数人认为适当的收入是唯一合法且对社会有益的报酬形式。他们认为收入与所提供的服务的价值无关，而是在赋予被认为适当的社会地位。哈耶克补充道，如果一个社会除了多数成员认为的适当收入以外，不承认任何其他形式的报酬，那么它能否长期维持私人企业制度是很可疑的。进一步说，累进税会压制个人资本形成，从而对延续增长和繁荣产生负面影响。哈耶克还怀疑，防止个人致富的穷国会让总体财富增长放缓。

经济弱势的少数群体以较低比例税率的形式获得一定救济，这是毫无问题的。最高税率应当与总体税负相关。最合理的规则是将直接税的最高许可税率固定为国家收入占国民收入的百分比。这样税收仍然有一定的累进特征，因为适用最高税率的人还要担负间接税，这样他们对税收的总体贡献就会高于国民平均水平。进一步来看，低收入者总体税负的减少程度是与其缴纳间接税的多少成正比的。

货币政策框架

过去五十年的经验让我们知道了稳定货币体系的重要性。与前一个世纪相比，现在正是货币大动乱的时代。政府在控制货币方面发挥的作用比以往积极得多，这与货币不稳定性互为因果。然而，这一体系不可避免地要在很大程度上由政府执行。原因有三：（1）比起任何其他影响价格的因素，相对货币供给变化的扰动作用都要强得多；（2）货币供给与信贷关系很紧密；（3）所有货币政策决策都必须基于当前的政府支出总量。

货币供给的自发波动只有在一种情况下才会被制止，那就是有人利用权力有意识地将货币供给引向相反的方向。这项职能一般都被委托给唯一一个国家机构：中央银行。这家中央机构能够发行现金，因而能够影响信贷总供给。鉴于政府支出在国民经济中所占的高比例，货币政策只有与政府财政政策协同执行才可能有效。因而，独立货币当局实际上不得不根据政府政策来调整自己的政策。后者成了决定性因素。

首要的威胁就是通货膨胀。不论何时何地，政府一直都是货币贬值的首要因素。我们已经看到了福利国家如何会容易促进通货膨胀。我们看到了工会带来的工资压力，再加上完全就业政策，也在导向通货膨胀。我们还看到，政府承担的养老金带来的沉重财政压力，也可能导致政府走上通过货币贬值来减轻负担的老路。由于实行累进税，通货膨胀带来的税收增幅一般比收入增幅大，因此诉诸通货膨胀的诱惑力就变得非常大。

总体来说，引入某些以长远益处为目标的机械性规则，约束当局在短期决策上的权力是可行的。然而，通过适当的规则约束货币当局有多大的现实可能性呢？支持独立央行的传统论证依然很有道理。但是货币政策是与政府财政政策紧密相连的。这更加强了反对太多的自由裁量、尽可能增强货币政策的决策可预测性的论据。

当下的问题是，是要维持就业稳定还是价格稳定。只要先提出货币稳定的要求，然后让其余经济政策根据它来调整，那么这两个目的并非必然冲突。然而，当首要目标是完全就业，而且它被解释为能够在短期内通过货币手段带来的最大就业数量时，冲突就产生了，因为它会引发通货膨胀。

哈耶克强调两点：第一，除非通货膨胀停止，否则国家控制似乎就必然会增长。第二，价格进一步升高是危险的，因为一旦我们开始依赖它的刺激效果，那么我们就会走上一条别无选择的道路：一方面是更高的通胀，另一方面则是通过衰退的方式来为自己的错误付出代价。

由于通货膨胀的存在，普通人越来越难自己养老了。这会遏制储蓄，鼓励负债。通货膨胀会消灭中产阶级，在纯粹的无产阶级与富人之间建起一条危险的鸿沟。在长期通货膨胀的社会中，这种现象很常见，而且正是许多社会矛盾的根源。

住房与城市规划

经济学家们对协调城市发展各个方面给予的关注还很少。其中之一就是住房。除了通货膨胀外，房租限额大概是对自由和繁荣限制最大的措施了。那么，它的副作用有哪些？首先，将房租固定为市场价以下水平会导致住房断区。第二，流动性会大大降低，而且随着时间推移，不同区域和户型将不再与住户的需求和要求对应。第三，房主将失去维护房屋的兴趣，更不用说通货膨胀甚至会进一步降低固定房租的价格了。如果当局总是在决定需求的相对价值，分配重要服务，处置名义上仍然是私有的财产，那么对财产、法律和法院的尊重就会因此大为受损。

为穷人提供廉价住房已经成了福利国家的重要职能。实际上，如果当局所提供的住房只占住房总供给的一部分，这实际上并不是在私人建筑活动以外增加供给，而只是替代了私人建筑活动本应完成的住房供给。第二，政府提供的廉价住房必须严格限定于它打算帮助的阶层，而且为了以低租金满足这项需求，政府不得不提供比这个阶层本来会获得的多得多的住房。政府不应当为穷人提供比他们之前更好、更多的住房；否则，获得这些补助者的住房就会好于比他们经济状况稍好的人。

哈耶克对规划者不考虑市场和市场价格便实行的城市规划持批评态度。在本章的最后，作者质疑规划者能够像市场那样成功地引导发展。值得注意的是，通过让个人考虑那些他们并不直接知道，但却在价格中反映出来的事实，市场已经实现了相当的成就。

农业与自然资源

生产力提高加上低需求弹性意味着，如果农民想要维持平均收入，人数就必定会减少。如果农业收入相对城市职业的收入走低，那么农业劳动力就会自发地流出。然而，出于选举或战略上自给自足的原因，政府出台了一些政策试图将人们留在农业领域。这就意味着政府不得不确保农民获得“足够”的收入。消灭边角土地和农庄有助于纠正这一状况。同样重要的是改变不同产品间的相对价格，从而改变其内部结构。

哈耶克以谷物为例进行了说明。一旦总体收入水平提高，谷物需求就会降低，因为人们现在可以买得起蛋白质含量更高的食品了。谷物价格会下跌，直到将其用作牛饲料依然有利可图的程度。这会防止谷物消费量减少到本来会达到的程度，同时会降低肉类成本。

政府干涉，比如确保农民获得足够的收入以及其他各种补贴，会阻止农业根据形势变化来自行调整。所以，长远来看，价格控制并不会带来良好结果，而且即使为了在有限的时间内发挥作用,也需要与对生产的直接控制结合运用。这些政策只会导致农业享受大量补贴，而且剩余存量巨大。于是农民就会越来越依赖政府维持生计。

这并不意味着政府无法在农业中发挥作用。它的任务应当包括逐步改善制度，以便市场能够更有效地运行，也可以发布提供信息，比如相关知识的发展。

发展中国家恰恰是背道而驰。不少刚刚独立的年轻国家急于建成工业化，他们认为这会提高增长速度。他们忘记的一点是，只有在可用农业剩余足以养活工业人口的情况下，这种情况才会发生。此外，考虑到这些国家缺少资本，如果它们想要进行工业投资的话，显然不应该扎进往往需要复杂的专门操作技巧的资本密集型产业。

目前关于自然资源开发的主流观点是，这一领域的特殊情况要求政府进行广泛的控制。支持政府控制的论点包括假定的“竞争的竞争性”以及中央控制重要经济活动的合理性。另一个论点是，与个人相比，社会更关心未来的利益，对未来也有更好的预见性。此外，保护特定资源提出的问题与将来一般性供应的问题是大不相同的。

所有资源保护都是投资，应当根据与所有其他投资同样的标准来衡量。保护自然资源并不是比制造设备、提高人员素质更好的投资目标。只要社会预见到某种资源会枯竭，并这样来安排投资，以便社会总收入与用于投资的资金可能带来的收入同样多，那么就没有什么经济理由来专门保护任何一种资源了。

政府在提供消遣机会、保护自然景观、历史遗迹上应当发挥作用；它们都能让个人受益，但是却无法向其收费，而且由于其通常所需的土地规模较大，它们很适合通过集体行动来完成。如果纳税人了解必须支付的费用有多少，并在决策中有决定权的话，那么政府就完全可以开发这些设施。

教育与研究

当今社会，有强有力的理由支持实行一定最低标准的义务教育。首先，如果所有人都拥有同样的基础知识和信念，那么我们所有人都会面临较小的风险，也会从公民同胞那里获得更多的益处。此外，在实行民主制度的国家中还有另一个重要的考量，如果一部分民众是文盲，那么除了最基层以外的民主就不可能施行了。

如果我们认同义务教育，那么问题就来了：如何提供义务教育呢？还有，应该为所有人提供多少教育呢？普鲁士于18世纪初开始提供义务教育，它是第一个这样做的国家。政府可以为义务教育埋单，但这并不要求政府一定要亲自办学。一个人越是认同教育对人心有巨大的力量，他就越应该相信将这项权力交给一个权威的危险。实际上，我们很快就会发现，解决之道就在于政府一定不能再担当首要的教育传播者，而是应当成为公正的维护者，让个人免遭一切新权力的荼毒。

米尔顿·弗里德曼曾经指出，现在完全可以在不保留公立学校的条件下，用公众开支来支付普通教育的费用。具体方法就是发给家长可以抵付一个孩子全部学费的证明，而家长可以将证明出示给他们自己选择的学校。这样做的另一个优势在于，家长不必要么接受政府提供的教育，不管质量如何，要么自行承担另一所稍贵的学校的全部费用。如果他们要选择特殊的学校，只需要付差价就可以了。

支持高等教育补贴的论点不在于它能给受教育者带来益处，而在于它能为社会整体带来优势。因而，没有什么理由为职业教育发放补贴，因为通过其获得的较高熟练度将会反映在更高的个人赚钱能力上。然而，科学家和学者为社会带来的益处，并不能通过他们卖出特定服务的价格来衡量，因为他们的很多贡献都是免费为所有人享用的。因此，我们有充分的理由来帮助那些志愿从事此类研究的大好人才。如果科研人员比能够带来利润的雇员更多，那就有问题了。熊彼特之前就观察到，对政治稳定最危险的事情，莫过于存在一批空有满腹学识的无产知识分子。

如果对孩子的教育支出必须要一视同仁（因为平等原则），那么这就构成了反对政府插足初等教育以外的教育（这是确实可以全民普及的）、支持所有高等教育由私人经办的强有力论据。

给予某些在学术科研方面表现非凡的人从事这项事业的机会，而不论其家庭状况如何，这样做可能符合社会的利益。但这并未赋予所有人要求获得这一机会的权利。即便如此，每个群体的一些成员还是应该得到获得高等教育的机会，虽然有些群体中最好的成员似乎还是比不上另一群体中没有得到机会的成员。因此，各个地方、宗教、职业或种族团体都应当能够扶助一部分年轻成员，以便它们将要拥有的受过高等教育者能与其对教育重视程度成正比。

然而，所有人与人之间的差别都会造成不公平的优势，不管是自然禀赋还是人生机遇。但是，任何个人的主要贡献都是最大限度地利用遇到的偶然机遇，那么成功在很大程度还是一个机会问题。

关于研究，哈耶克认为，在一般知识的进步中，不可预测的决定性步骤往往并不发生在追求特定目标的过程中，而是特定的知识和才能以及特殊环境偶然汇合在某个人身上时发生的。学术自由对此是最有利的。按照迈克尔·波兰尼的说法，学术自由意味着应当有尽可能多的独立学术中心，在这些中心中，已经证明拥有推进知识发展的能力，且对工作富有献身精神的人可以自行决定将精力投入哪些问题，以及如何阐述达成的结论，而不用管它们是否符合雇主或大众的心意。

哈耶克主要观点最重要的应用可能就是下面这一点：在科学研究不由某种对社会价值的统一认识决定，并且每一个证明了自己的人都能投入到他自己认为最有可能做出贡献的领域，知识的进步似乎要更快。

在《自由宪章》的最后，哈耶克写道：

自由在我们最无知的地方，也就是知识的边界处最重要。换言之，在没有人可以预言接下来将通往何处的地方……但是自由的终极目的是扩大人们的能力，超越自己的先辈。每一代人都必须努力为这种能力做出自己的一份贡献，即对知识增长、道德和审美观念的进步做出自己的贡献。在这一方面，没有上级可以推行自己的一套观点，以此判断是非。只有更多经验才能决定什么应当成为主流。正是在人超越当下的自我、新事物出现、还未盖棺定论的领域，自由才显示出了自己的终极价值。[1]

后记：我为什么不是一个保守主义者

哈耶克经常被人与保守主义者相提并论。保守主义者经常引用他的话，而且相信自己与哈耶克心意相通。这是错误的。他在这篇后记中明确地说明了这一点。

这篇小文一开始就指出，就当今政治而言，自由主义者总体上别无选择，只能支持保守党派。严格意义上讲，保守主义是反对剧烈变化的一种合理的、可能十分必要的态度。毫无疑问，它广受欢迎。直到社会主义兴起之前，它的对立面都是自由主义。哈耶克对保守主义的主要反对点在于，它不能提供一种有别于当前方向的出路。保守主义者、自由主义者和社会主义者可以用一个三角来表示，各自占据一个角。但是，随着社会主义力量的增强，保守主义者倾向于跟从社会主义而非自由主义的方向，而且在很长一段时间内接受了那些因为激进宣传而备受看重的观念。一般来说，与社会主义达成妥协的都是保守主义者。

自由主义者与保守主义的主要区别如下：保守主义者的根本特征之一就是惧怕变化，而自由主义立足于勇气和自信，拥有推动变化的意愿。保守主义者倾向于利用政府力量来阻止变化。保守主义者拥有极其坚强的道德信念。他们偏爱权威，无视权威对经济力量认识的缺乏。保守主义者不反对强制或独断的权力，只要它被用于他认为正当的目的上；而且他自认有权将自己持有的价值观强加于其他人，这一点与社会主义者别无二致。

对自由主义者而言，道德或宗教理想都不是强加的合理目标。保守主义者和社会主义者都不认同这样的限制。这也许能够解释一点：为何坚定的社会主义者

1 *The Constitution of Liberty*，340.

更容易在保守主义者而非自由主义者中间找到新的精神家园。

至于上级和精英的地位，自由主义者虽然完全了解文化与知识精英在文明进步中所起到的重要作用，但他们依然相信，精英要想维持自己的地位，必须要在适用于所有其他人的同样规则下证明自己。

保守主义者往往会反对在工业领域实行集体主义措施。但与此同时，他们往往也是贸易保护主义者，经常支持在农业领域采取社会主义措施。

保守主义者本能地感到，新思想是最能够引发变革的因素。虽然自由主义者绝不认为所有变化都是进步，但却是认为知识进步是人类的主要目标之一，而且期望它能够为需要解决的问题和困难带来全面的解决之道。哈耶克认为，保守主义态度最令人讨厌的特征就是，它喜欢反对已经得到翔实论证的新知识，而且只是因为他不喜欢它似乎会引发的某些后果。与保守主义对新事物的不信任相关的，还有它对国际主义的敌视和对严格的民族主义的好感。

在某个层面上看，说自由主义的立场居于保守主义与社会主义之间是不无道理的。自由主义者既不同于秉持粗陋的理性主义、想要根据他个人思考得出的模式来重建一切社会制度的社会主义者，也不同于常常诉诸神秘主义的保守主义者。

哈耶克所说的"自由主义"与任何当今的同名政治运动无关。他想要的是一个表述有生命的、赞成自由生产和自发进化的正当术语。历史上的辉格主义正确地表达了哈耶克信仰的观念。保守主义有时可能是一个有益、实用的准则，但它不可能给予我们任何能够影响长远发展的指导原则。

人物小传：米尔顿·弗里德曼（1912–2006）

米尔顿·弗里德曼的"巅峰时刻"大概是美国总统里根和英国首相撒切尔夫人在任期间，当时他的经济思想得到了实际应用。他早在 1962 年就出版了《资本主义与自由》（*Capitalism and Freedom*）一书，但他获得他自认为应得的认可已经是很久以后的事了。弗里德曼曾经抱怨顶级美国报章都没有评论自己的书：

《纽约时报》《先驱论坛报》《时代》和《新闻周刊》都没有刊登这本书的书评。他认为，这是因为书中有反福利国家和反社会主义的内容，而这在当时并不吃香。那么，米尔顿·弗里德曼是何许人也，又是什么让他出了名呢？

刚当上教授的时候，弗里德曼还是美国的第一批凯恩斯主义者。在逐渐脱离凯恩斯主义后，他成了宣扬自由市场和货币主义政策效力的干将。凯恩斯主义在20世纪70年代居于守势，于是弗里德曼声誉日隆，成为西方世界最有影响力的经济学家。然而，自2008年大衰退爆发以来，凯恩斯主义回潮，而在2011年英国杂志《经济学人》盘点的“过去十年最有影响力的经济学家”中，甚至连提都没提弗里德曼。

人物生平

米尔顿·弗里德曼1912年7月31日出生于纽约市布鲁克林，2006年11月16日去世于旧金山，结束了他著作等身的辉煌一生。他的父母都是乌克兰犹太移民，折腾了不少事（其中包括摆冰激凌摊），先是在新泽西州的拉威市，后是在纽约布鲁克林，总想碰碰运气，可惜都失败了。米尔顿的父亲在他15岁那一年死了。菲茨杰拉德处女作《人间天堂》中的主角艾默里·布莱恩，给年轻的米尔顿留下了深刻印象。布莱恩吸引他的不是长相（米尔顿是个瘦高个，还戴眼镜），而是他彻底的、不动摇的优越感。弗里德曼日后也做到了这一点。

高中毕业后，他去了罗格斯大学学会计。他的一位老师亚瑟·伯恩斯（Arthur Burns，后来曾出任美联储主席一职），说服米尔顿放弃了会计专业，改学数学和经济学。为了支付学费，他卖过鞭炮、辅导其他同学备考，还卖过课本。他于1932年获得了文学学士学位，在遍游美国之后进入了芝加哥大学深造。他1946年又回到芝大，并在那里度过了大部分的执教生涯。与当时的好几座常春藤大学不同，芝加哥大学当时并不排斥犹太人，所以录取了他。通过老师亚伦·戴雷科特，弗里德曼认识了他的小妹妹罗斯·戴雷科特。两人于1938年成婚。米尔顿和罗斯不仅生活幸福，学术上也成就斐然，这些在他们的回忆录《两个幸运的人》（*Two Lucky People*，1998）中有生动的描绘。

学术生涯

1935 年至 1937 年间，弗里德曼就职于国家资源委员会（NRC），参与计算生活成本指数。离开 NRC 后，他于 1937 年至 1940 年间在国家经济研究局（NBER）担任研究员，上司是发展了国民收入与财富数据的西蒙·库兹涅茨。弗里德曼曾希望谋得讲师职位，但当时教职很少，他的犹太背景也没法给他加分。尽管如此，弗里德曼还是在 1940 年获得了威斯康星大学的客座教授职位。他在那里成了校园政治的受害者，学年一结束就辞职了。

二战初期，弗里德曼进入华盛顿特区财政部工作，1943 年跳槽到了统计研究集团（SRG）。在 SRG，他开发了多种能够提高战争物资效率的技术。战争结束后，他获得了明尼苏达大学的一个职位，在学年末又申请了芝加哥大学的教职。被后者录用后，他就在那里教了三十年左右的价格理论与货币经济学。他与既是同事也是朋友的乔治·斯蒂格勒共同创建了芝加哥学派。从芝大退休后，他在加利福尼亚的胡佛研究院当了一名高级研究员。

弗里德曼是一位高产的作者。他写了很多学术论文和专著，也给报纸写了不少文章。他在《新闻周刊》当了多年的专栏作家。他的俏皮话现在还流传甚广。除了他最常被引用的那句"天下没有免费的午餐"以外，他还常揶揄政府，"如果你让联邦政府负责撒哈拉沙漠，五年内那里就会缺沙子了"，还有"没有什么东西比临时政府项目更永久了"。他对公务员有这样的观察："当你站在一名公仆面前时，你会不会怀疑谁才是仆人，而谁又是主人呢？"

弗里德曼夫妇共同撰写了《自由选择》（*Free to Choose*）一书。该书是在一档十期同名电视节目的基础上完成的。1980 年出版时正好赶上罗纳德·里根宣布参选美国总统。弗里德曼是里根竞选团队的经济顾问。里根当选后便任命弗里德曼为总统经济顾问委员会成员。

弗里德曼的影响力不仅限于英美两国。1975 年 4 月，他出访了智利。这次访问争议颇大。他将智利的通货膨胀（年通胀率达到 500%）的原因归结于四十年来向集体主义、社会主义和福利国家发展的趋势。从智利回国前，弗里德曼给皮诺切特写了一封长信（作为附录收录于《自由选择》），信中强烈建议他对疲软的智利经济采取“冷火鸡”疗法，包括控制货币供给，削减政府开支，以及尽可能扫清私营部门遇到的障碍。皮诺切特听从了他的意见，在一段时间内取得了良好效果。但是，由于财政丑闻，智利经济在1982年陡然下挫。1985年，新经济改革团队上任，延续了弗里德曼的经济思想。时至今日，智利依然是拉丁美洲表现最好的经济体之一。

在回忆录中，弗里德曼为自己饱受争议的智利之行辩护，他说他是应某私人基金会之邀去做一场关于经济自由原则的讲话，而且从未担任过智利政府的顾问。他指出，自他访问智利以来，智利的人均收入增加了2.5倍，婴儿死亡率从千分之六十六降到了千分之十三，出生预期寿命从64岁提高到了73岁。随着军政府垮台，自由选举政府建立，政治自由也已经恢复了。

弗里德曼的学术工作

要想详细描述弗里德曼学术成果的内容和意义，恐怕得用一整本书去讲。下面我只谈最著名的几项。

就读芝大期间，他的导师是雅各布·维纳（Jacob Viner）和弗兰克·奈特（Frank Knight）。1935年获得芝大经济学硕士学位后，他在新政期间建立的NRC得到了一个职位。[1] 现在他可以影响决策了。在NRC期间，他负责整理归总全国的消费者及其购买状况的数据。这就需要计算生活成本指数。

1937年，弗里德曼应西蒙·库兹涅茨之邀加入了NBER。后者当时正在汇总编订美国历史上第一部完整的国民经济账户，正如凯恩斯在《通论》（1936）中提议的那样。毕竟，如果不了解本国的生产总量、收入总额、收入总额中消费、储蓄、投资所占比例、就业率等数据，国家就确实很难精确调控经济，从而消除失衡、防止衰退、确保完全就业。弗里德曼分到的任务是完成库兹涅茨之前

1 讽刺的是，米尔顿·弗里德曼在《两个幸运的人》（1998）中评论道，他和罗斯——她本人也是成就斐然的经济学家——成了新政期间开始的中央政府扩张行为最有名的批评者。然而，他们也承认，新政救了他们一命。Friedman, M. and Friedman, R. (1998) *Two Lucky People: Memoirs.* Chicago: University of Chicago Press.

已经开始的一项工作，即统计医生、律师、会计等独立专业人士的收入。

在这项研究中，弗里德曼区分了持久收入与暂时收入。他的结论是，人们在决定每天、每周、每年的消费数量时，根据的不是现期收入，而是他们对中长期可用收入的预期。弗里德曼与库兹涅茨在“独立专业人员从业收入”（1945）一文中发布了该结果，同时它也是弗里德曼哥伦比亚大学博士论文的基础。

弗里德曼在NBER发现，尽管“二战”前有大批犹太外科医生从欧洲移民美国，同期从医执照的发放数量并没有增加。这一发现促使弗里德曼在《资本主义与自由》中专辟一节批判美国医学会滥用权力。此外，他的研究工作完成三年后才得以公开也是一项原因。弗里德曼在回忆录中写道，这段拖延是因为受到一位与制药行业有关系的NBER委员会成员的阻拦。

他先后在NRC和NBER的研究成就了经济学经典《消费函数理论》（*A Theory of the Consumption Function*，1957）。在这本书中，他提出了“持久收入假说”，即一个人只要预期未来收入会增加，他就会减少储蓄。[1]弗里德曼本人一直认为这本书是他最大的纯科学贡献，虽然影响力不是最大。

这本书回应的是凯恩斯在《通论》中关于消费的部分。凯恩斯理论的一个核心部分就是消费支出与收入之间的关系，或者说储蓄与收入的关系，两者是等价的。凯恩斯称之为消费函数。边际消费倾向，也就是新增收入用于消费而非储蓄的比例，是凯恩斯思想的重要一环。凯恩斯认为，这个值小于1，因为一般来说，平均消费倾向会随着收入增加而降低。因此，除非政府用赤字来支撑高支出，否则经济就会陷于停滞。

弗里德曼所谓的“纯科学”指的是什么？答案可以在他的“实证经济学方法论”（1953）一文中找到。早在1947年两人在首届朝圣山学社大会长谈之时，

1 之前，西蒙·库兹涅茨在NBER就已经发现自1899年以来，美国储蓄率的变化一直不大。“二战”后的储蓄率甚至进一步下降，这表明凯恩斯的消费函数并不充分。

弗里德曼就已经受到了卡尔·波普尔哲学的影响。只有可证伪的命题或者假说才应当被提出（有些学者认为弗里德曼就是一个波普尔式的证伪主义者）。弗里德曼强烈地感觉到，作为一门科学，经济学只有摆脱价值判断才能做到客观。经济理论的评判标准应当是简单性与作为预测工具的有用程度。

在《实证经济学方法论》中，弗里德曼提到了一篇约翰·内维尔·凯恩斯（即约翰·梅纳德·凯恩斯之父）的文章。凯恩斯爵士区分了实证科学与规范科学。前者是关于实然的系统知识体系，而后者是讨论应然标准的系统知识体系。凯恩斯爵士认为，实证科学的挑战在于，如何判定某个理论假设是否应当被假设性地纳入关于实然的系统知识体系。弗里德曼也认同这一点。

弗里德曼认为，“用少来解释多”的假说才是重要的。换言之，假说应当从笼罩着有待解释的现象的纷繁复杂的环境中，抽象出共同的关键元素，而且能够仅仅根据本身来有效地进行预测。关于假设，他认为理论的评判基础不应该是假设是否真实，而只应当是理论预测的准确性。假说的假设在描述意义上必须是假的；它完全不考虑许多其他因素，因为它的成功本身就已经表明，这些假设与有待解释的现象无关。（萨缪尔森反对弗里德曼对假设无关性的断言。他认为，根据逻辑原理，正确的假设必然会产生正确的结论。但错误的假设产生的结论既可能正确，也可能错误。萨缪尔森强调说，经济学只需要正确的结论。）

假说的证据总是由多次失败的反驳构成的，而且只要假说还在使用，证据就会一直积累。前者明显是受了波普尔可证伪原则的启发。弗里德曼指出，构造假说是一种涉及灵感、直觉和发明的创造性活动；它的本质就是在熟悉的事物中间发现新的东西。

弗里德曼是这样界定作为实证科学的经济学的：从经济现象中归纳的假设性的一般化理论，可以用于预测条件变化的结果。[1] 他提出，由于经济学必然要

1 阿尔弗雷德·马歇尔对这一主题说过：经济学无法与精确的物理科学相比，因为它处理的是微妙且不断变化的人类本性的力量。

依赖非对照实验，而非对照实验，它很难产生激动人心的、明确无误的证据来佐证假设性假说的接受性。对非对照实验的依赖并不会影响根本的方法论原则，即检验假说的唯一方法就是看它的推论或预测是否与可观察的现象相符合。然而，这样的话，检验假设的任务就会更困难，相关方法论原则造成的含混也会更广。弗里德曼接下来警告社会科学家，因为他们比其他科学家更需要对自己的方法论有充分的自觉。

弗里德曼在1943年加入SRG之后对统计学产生了兴趣。前面已经说过，这家公司为美国军队服务，对后者的作战效能做出了贡献。任职于SRG期间，他帮助发展了序列分析，这是一种新的统计抽样工具，后来证明比经典抽样检验更加强大。

加入SRG之前，弗里德曼曾在NRC工作，该研究团队的负责人是《通过征税防止通货膨胀》（*Taxing to Prevent Inflation*）的作者。在美国备战期间，经济一片繁荣，通货膨胀也开始攀升。由于弗里德曼对该研究的贡献，财政部为他提供了一份在税收研究分部的职位。他要发现遏制通货膨胀需要征收的税收数额。他建议某国会委员会引入一种对控制通货膨胀最有效的附加税。令人吃惊的是，他当时并未提议控制货币供给，而这正是他后来发展出的货币政策的核心。他将此归结于对“当时凯恩斯主义倾向”的忽视。无论如何，弗里德曼的这项战时征税建议得以实施，后来为政府带来了大量收入；在强劲经济增长与累进税率的相互作用下，美国税收增速在二战后几十年间一直高于GDP增速。

在《两个幸运的人》中，弗里德曼回忆起当时在财政部的两则趣事。有一次他在参议院财政委员会做证，德克萨斯州参议员汤姆·康纳利问弗里德曼为什么财政部之前改变了某个税收提案。弗里德曼回答说，“共有三个理由。第一……第二……”就在弗里德曼讲到第三个理由之前，参议员打断了他，“年轻人，好理由有一个就够了。”

弗里德曼在财政部期间与财政部长小亨利·摩根索有很多交流。[1]令他吃惊的是，部长并不特别聪明。摩根索开会时有一句口头禅，“我们必须把话说得让普通公民也能明白。比方说，我上高中的女儿琼。我希望你们让琼也能听懂。”几年后，在一次这样的会上，摩根索又要开始说这一套，然后停了一下，随后说道，“我大概不能再拿琼打比方了。她现在已经上大学了。”

弗里德曼、他妻子的哥哥亚伦·戴雷科特，还有芝加哥大学同事乔治·斯蒂格勒一同接到了来自持保守立场的沃尔克基金会的邀请，请他们参加将于1947年4月在瑞士日内瓦举行的一场研讨会。会议由弗里德里希·哈耶克组织，旨在建立一个由思想相近的保守主义和自由意志主义学者组成的团体。会址位于一家俯瞰日内瓦湖的山（朝圣山）上的酒店。其他受邀者还有哲学家卡尔·波普尔，以及自由主义经济学家路德维希·冯·米塞斯和利奥尼尔·罗宾斯。大会闭幕时，与会者达成了一项共识：“……思想和表达的自由正受到某些学说蔓延的威胁。这些学说在身为少数派时主张宽容的特权，而在能够压制消灭异己之言时，就只想要建立霸权地位。”这项共识记录在《朝圣山学社目标宣言》中。在参与该学会的活动和自己的研究过程中，再加上被芝加哥大学录用，弗里德曼逐渐放弃了对凯恩斯主义的信仰。[2]然而，他承认自己在拒斥凯恩斯主义结论的同时，仍然在使用它的语言和工具。

弗里德曼后来再次受邀在沃克尔基金会的多次会议上发言。这些演讲不仅谈经济问题，也谈政治和哲学问题，后来在此基础上形成了《资本主义与自由》

1 除了与罗斯福总统在杜其斯县是邻居以外，摩根索在成为财政部长之前是一位专门种圣诞树的乡绅。

2 下面一段歌词由几名芝加哥大学研究生创作（用的是吉尔伯特和苏利文的《当年我是个棒小伙》的旋律），于1949年的一次经济系联欢会上演唱：当年我是个棒小伙 / 伯恩斯是我的头 / 从头翻完马歇尔 / 从后往前再一遍 / 马歇尔我读得好 / 来到芝大教书了 / （合唱）马歇尔他读得妙 / 来到芝大教书了 / 凯恩斯大拼盘 / 错误思想满街跑 / 打蛇就打七寸处 / “消费函数是个啥” / 支支吾吾嘟嘟囔囔就是没个明白话 / 于是咱来芝大教书了 / （合唱）支支吾吾嘟嘟囔囔就是没个明白话 / 于是他来芝大教书了，教书了。来源：Ebenstein, L.（2007）*Milton Friedman: A Biography*. New York: Palgrave MacMillan, 59.

（1962）一书，他的妻子罗斯也贡献了书里的一部分内容。但这并非全部。弗里德曼还从货币主义角度对旷日持久的大萧条提出了一种解释，在当时政治上很不正确。

《资本主义与自由》实际上成了弗里德曼的公共政策纲领。他后来在《新闻周刊》的专栏中，在向戈德华特参议员（曾参选美国总统但失败了）和尼克松总统，尤其是里根总统和英国首相撒切尔夫人的建言中对其进行了阐发。有人评论说，它简直就是两年前出版的《自由宪章》美国版，只不过哈耶克的书哲学味更重一些。弗里德曼的这本书主旨在于，经济自由不仅本身就是目的，而且是实现政治自由不可缺少的手段。它复兴了自由放任的观点，即经济体是自我纠正的机制。

约翰·梅纳德·凯恩斯在“自由放任主义的终结”（1926）一文中写道：个人在其经济活动中并不具有规范性的“天赋自由”。世上也并不存在赋予权利的拥有者与获取者以永恒保证的所谓“契约”。上天绝没有规定私人利益与社会利益必然一致，而且这在事实上也是错误的。从《经济学原理》中得出开明自利必然促进公共利益的推论是错误的，更遑论自利总体上看并不开明。更常见的情况是，即使个人行事只为私利，他们依然因为软弱或无知而无法实现自己的目标。经验告诉我们，当个人结成社会单元时，他们的判断力并不一定比各自行动时差。因而，在处理伯克所说的“立法中最微妙的问题之一”时，我们不能停留在抽象层面，而一定要从细处去考察利弊。这个问题就是“确定哪些事物应当由政府在公众智慧的指导下负责管理，而哪些应当留给个人自己解决，政府尽量不加干涉”。[1]

弗里德曼还认为，政府规模必须尽可能的小，税率也应当对所有人都一样。

1 Keynes, J.M. (1931) The End of Laissez Faire. In: *Essays in Persuasion*. London: MacMillan &Co., 312.

弗里德曼是一位“供给侧主义者”。他说供给侧财政政策包括调低高边际税率，以刺激创业和创新。此外，他还赞同废除行医执照、取消征兵制、放开汇率、教育凭证和负所得税。他的同事，经济学家肯尼斯·阿罗不同意弗里德曼废除行医执照的提议。他认为，对任何一名患者来说，找到良医而非庸医都是很重要的，而且政府执照还能保证医师拥有必要的专业资质。

弗里德曼坚持认为，私营部门基本上是经济体内的稳定因素；只要不发生重大经济冲击，生产和就业都会逐渐发展。然而一旦冲击发生，比方说政府收紧信贷或降低税率，经济体就会受到相应影响，而且从这些正面或负面冲击恢复过来总需要一段时间。这种观点与凯恩斯的分析截然相反。凯恩斯认为，为了纠正冲击，政府干预是必要的；弗里德曼的观点则是，私营部门是稳定因素，创造冲击的恰恰是政府。

弗里德曼说，大萧条的主要原因在于，美联储本应在 30 年代初向经济体注入货币，从而避免更多银行倒闭，对抗经济体中货币数量日益下降的势头。[1]在《两个幸运的人》中，他写道：

> 美联储没有运用自己的权力去对抗萧条，而是坐视货币数量在1929-1933年间减少了三分之一之多。如果按照创始人的本意行事，它本来应当阻止货币数量下滑。实际上，由于当时让经济增长恢复正常的需要，它还应当增加货币供给。萧条绝不是自由市场体系的失灵，而是政府的悲剧性失败。[2]

弗里德曼的观点依据的是在 NBER 时与安娜·雅各布森·施瓦茨合作分析货币在经济周期中作用的研究。1963 年，他们在《美国货币史：1867-1960》（*A Monetary History of the United Sates, 1867-1960*）一书中发表了分析的结果。该书

---

1 在《自由选择》（1990）中，弗里德曼用了“剖析危机”一整章来谈大萧条和美联储在其中起到的作用。

2 Friedman and Friedman, *Two Lucky People*, 233.

发起了一场货币思想上的反革命。传统凯恩斯主义认为，货币并不重要。真正重要的是自主性支出，主要就是政府支出加上私人投资；财政政策很重要，而货币政策没多大用处。弗里德曼和施瓦茨的观点与之针锋相对。该书通过跨度将近百年的翔实证据表明，货币变动与之后的经济变动存在一致的关系。他们的论证可以追溯到货币数量论（MV=PQ），即经济体中的货币量（M）乘以每单位货币在一年中用于购买商品或服务的次数（V）必然等于该年经济产出的出售价值（PQ=）。因此，M 或 V 的变化必然与经济活动的变化相关联。

弗里德曼和施瓦茨在实证研究中发现，在研究期间，V 一直比较稳定。这意味着，货币供给 M 对经济活动水平施加了积极或消极的影响。[1]

关于《美国货币史》和《消费函数理论》，弗里德曼传的作者兰尼·爱博斯坦总结道：

> 《消费函数理论》与《美国货币史》是弗里德曼对凯恩斯本人与凯恩斯主义的两部批判。前一部作品解释了大萧条期间“没有”发生什么：萧条不是由经济发展而产生的储蓄过多和边际消费倾向下降导致的。后一部作品解释了大萧条期间“实际”发生了什么：萧条主要是任由货币供给下降的不当货币政策导致的。[2]

货币有其作用，且货币数量变化对短期经济活动水平，以及长期价格水平有重要影响的观念逐渐成为共识。流通货币数量过多会使得货物需求过剩，从而引发通货膨胀。针对通货膨胀应当限制货币供给。弗里德曼的建议是，

---

1 约瑟夫·斯蒂格利茨质疑了这一推理。他在《不平等的代价》中写道，“货币主义基于一个假设，即流通速度——每单位货币在一年中转手的次数——是恒定的。虽然这在某些国家或地区曾经是正确的，但在 20 世纪末瞬息万变的全球经济体中，它就是错误的了。就在这套理论风行于所有中央银行之后不过几年，它的可靠性就遭到了严重质疑。它们迅速抛弃了货币主义，转向与符合尽量不干涉市场的信仰的一套新教义。” *The Price of Inequality: How Today’s Divided Society Endangers Our Future*. New York: W.W. Norton & Company, 258-259.

2 Ebenstein, *Milton Friedman*, 113.

货币供给增长率应当稳定并限定在3%–5%之间。货币政策确实容易来得太晚，直到经济问题已经很严重时才付诸实施。货币政策确定之后，还需要一段时间才能发挥作用，导致决策失当的原因可能正是这段延迟。

约翰·肯尼斯·加尔布雷思认为货币政策作用不大。在《丰裕社会》四十年纪念版中，他写道：货币政策是一种迟钝的、不可靠的、有失偏颇的经济控制工具，而且还有些危险。在176页的脚注中，他阐发了这一观点：

由于越南战争的延续，而且为这场乖悖战争越来越高的开支埋单的增税计划通过得太晚，政府不得不史无前例地依赖货币政策。随着这波通货膨胀的影响逐渐消退，工资与价格螺旋式上升开始了，由此造成强大的通货膨胀压力，不仅物资短缺，而且财政政策的效力也下降了。利率达到了40年来仅见的高位。有利息要付的人遭到了沉重打击，其影响遍及严重依赖贷款度日的各州和地方政府……虽然通用汽车公司的投资活动并未受到阻碍，但本来在考虑发行学校债券的市政府肯定会。盖房子的人也是一样。此外，价格仍在上涨——通货膨胀无疑有所缓解，但并未得到控制。很多人都还记得这次苦痛经历的教训，至少不那么热衷于货币政策的人肯定是的。然而，经济学与爱情一样，希望很难消失。在经济学领域，没有哪种行动比货币政策更善于在失败中幸存了。

现在，大多数经济学家都认为弗里德曼和施瓦茨是对的。在米尔顿九十岁生日的纪念大会上，前美联储主席本·伯南克承认：

在发言的最后，请允许我稍微滥用一下自己身为联邦储备委员会官方代表的身份。我要对米尔顿和安娜说：你们对大萧条的看法是正确的，我们当年做错了。我们非常抱歉。但是我要感谢你们，我们不会再那样做了。[1]

---

1 Cassidy, *How Markets Fail*, 77.

在 20 世纪 60 年代和 70 年代初，许多凯恩斯主义者相信通货膨胀与失业率存在负相关关系；换言之，通货膨胀有助于降低失业率。这个信念的基础是所谓的“菲利普斯曲线”。这条曲线得名于伦敦经济学院研究员比尔·菲利普斯，他曾研究了英格兰工资上涨与失业率之间的关系。保罗·萨缪尔森和罗伯特·索洛基于 1933 年至 1958 年美国的数据对其进行了发展。他们发现，通货膨胀与失业率确实是负相关的。想象一下凯恩斯主义者在 70 年代末是多么惊讶而恼火吧：通货膨胀率攀升到了两位数，但失业率也是一样，而且增长几乎停滞！凯恩斯主义者无力解释滞胀现象。在哥伦比亚大学经济学家艾德蒙·费尔普斯的帮助下，弗里德曼早在 1967 年的美国经济学会致辞上就已经提出了一种解释。在致辞中，弗里德曼提出了“自然失业率”现象，指的是没有在工作的劳动力的比例。这可能有多方面原因，比如想寻找报酬更高的工作或者搬家。任何经济体中都会存在自然失业率，这是无法避免的。现在，如果政府将失业率降到了自然失业率以下，从而引发通货膨胀，那么工人就会要求加薪，企业会提高价格，引发工资价格螺旋式上升。为了防止通货膨胀失控，政府必须允许失业率回到自然失业率。弗里德曼总结道，通货膨胀与失业之间不存在长期的此消彼长关系。凯恩斯主义者并没有做出回应。[1]

新古典经济学通过弗里德曼重获核心地位。他的基本思想很有吸引力，因为它是建立在简洁又富有美感的新古典主义理论之上的：市场自由运行，所有个人在其中都可以自由地提升自己的利益。市场会建立正确的商品和服务价格，外汇市场也是一样。政府干涉应当尽可能的少。货币供给应当与正常经济增长预期同步。概言之，这些就是弗里德曼的新古典与货币主义思想，一般人们会将其与芝加哥学派联系起来。然而，早在弗里德曼之前，雅各布·维纳和弗兰克·奈

1 后来，新凯恩斯主义者约瑟夫·斯蒂格利茨回应了。在《不平等的代价》一书中，他写道：“这些观念给不想为失业做任何改变的中央银行提供了智识上的安慰。但是我们对这些观念有很强的质疑理由：有些国家已经迅速地降低了通胀率，而且付出的代价很小，比如加纳和以色列。它们背后的假设并没有经过时间的检验，那就是失业水平与通货膨胀加速率之间存在稳定的关系。”（262-263）

特等芝加哥大学经济学教授并不反对政府提供基础设施和教育服务，还有资助文化活动。他们的观点与约翰·斯图亚特·密尔等英国自由主义经济学家的观点一样。关于再分配这个主题，另一位芝加哥大学经济学家亨利·西蒙斯提出，为了在社会中传播经济力量，再分配是值得推荐的。考虑到芝加哥经济系的历史，哈耶克和弗里德曼都采取了相当极端的自由意志主义立场。

表面上看，弗里德曼在漫长的大稳健时期里似乎执掌着意识形态的最高权威。然而，一帆风顺的稳定经济增长是不存在的。由于凯恩斯的动物精神和罗伯特·席勒的非理性繁荣等等因素，经济体总是在起起落落。2008 年的金融危机和之后的大衰退表明，弗里德曼并没有解释故事的全部。诚然，他影响了美联储对金融危机的反应。但是凯恩斯的思想在大萧条期间也复兴了，并广泛应用到了应对措施中。

所获荣誉

除了众多荣誉博士学位外，米尔顿·弗里德曼还于 1951 年获得了由美国经济学会颁发的约翰·贝茨·克拉克奖。该奖项每两年颁发一次，授予对象为对经济思想与知识做出极重大贡献的 40 岁以下的美国经济学家。弗里德曼于 1967 年当选美国经济学会主席。九年后，他获得了诺贝尔经济学奖。1988 年，他获得了总统自由勋章和美国国家科学奖章。

加图研究所建立了米尔顿·弗里德曼自由奖，首次颁发是在 2002 年，获奖人为彼得·鲍尔。之前的其他获奖者包括秘鲁自由意志主义者赫尔南多·德·索托，以及前爱沙尼亚总理马尔特·拉尔。2014 年的获奖者是前波兰副总理兼财政部长莱谢·巴塞罗维茨。

《资本主义与自由》

《资本主义与自由》是 20 世纪最有影响力的政治学与经济学著作之一，因为它给了传统经济思想沉重一击。[1] 这本书出版于 1962 年，当时几乎没有人注意到。弗里德曼在 1982 年版前言中写道：

> 初版发行时，这本书的观点与主流意见相差太大，以至于没有任何一家全国性报章发表评论——《纽约时报》和《先驱论坛报》（当时还在纽约出版）没有，《芝加哥论坛报》没有，《时代》和《新闻周刊》没有，甚至《星期六书评》也没有——虽然伦敦的《经济学人》和几家重要专业期刊发表了书评。

在同一篇前言中，弗里德曼接下来继续哀叹，“这是一本由美国著名大学教授撰写的面向大众的读物，而且在之后十八年中卖出了四十多万册。这就是当时得到的待遇。”作者对当时被忽视有如下的解释：“要是另一位地位相近的经济学家写了一本这样的读物，只是内容上褒扬福利国家、社会主义或共产主义，那它会受到如此冷遇是不可想象的。”然而，弗里德曼最终报了一箭之仇：他的经济思想得到了罗纳德·里根和撒切尔夫人的高度评价，两人一上台便实施了他在《资本主义与自由》中提出的众多建议。

米尔顿·弗里德曼在凯恩斯主义与福利国家如日中天的 1962 年时到底提出了什么建议呢？弗里德曼的经济思想立基于自由主义哲学家约翰·洛克和杰里米·边沁，这两人认为人类虽然自私自利，但本质上是善的，而且政府是因为互利建立起来的，不能牺牲天赋自由。当然，他的另一个灵感来源就是“经济学之父”亚当·斯密。

在很多方面，《资本主义与自由》与两年前出版的弗里德里希·哈耶克的《自由宪章》有共同之处。弗里德曼的书强调经济层面的论证，而哈耶克的书更多是一部政治哲学著作。哈耶克与弗里德曼都属于自由意志主义思想家。

在弗里德曼看来，自由主义哲学的核心集中在一个信念，即人在一种意义

---

1 使用版本：四十年纪念版（2002）。Chicago: University of Chicago Press.

上是平等的，但在另一种意义上是不平等的，即人与人存在禀赋差异。因此，自由社会要严格地区分权利平等、机会平等与物质上的不平等。政府的作用越小越好，实际上比亚当·斯密所谓的“主权者职责”多不了多少。弗里德曼论证道，西方世界的政府已经扩张过度了，而且除了少数几个外，都没有实现自己的目标。

现在让我们来仔细看看《资本主义与自由》说了些什么。在导论中，作者承认政府对维护个人自由是必不可少的。但接下来弗里德曼就提出了反论：通过将权力集中在政治领域，政府成了对自由的威胁。能够遏制政府权力，保护言论、信仰和思想自由的正是自愿合作与私人企业。弗里德曼写道，文明的伟大进步——不管是建筑还是绘画，科学还是文学，工业还是农业——从来没有发生在中央集权政府中，因为后者永远无法复制个体行动的丰富多样。通过这种方式，他强调了自由的重要。

经济自由与政治自由的关系

经济自由与政治自由之间是有关系的；毕竟，社会主义社会不可能同时是民主社会。经济自由是实现政治自由必不可少的手段。那么，这是如何发生的呢？征收关税或价格管制等经济措施之所以重要，正是因为它们对权力集中或分散的影响。带来经济自由（即竞争性资本主义）的那一类经济组织也会推动政治自由，因为它将经济权力从政治权力中分离了出来，从而让双方能够相互制衡。历史已经证明了这种关系。人类的普遍生存状态是暴政、奴役和苦难。直到19世纪和20世纪初，西方世界才开始鹤立鸡群，成为历史发展大势的例外。自从那时起，政治自由就与自由市场和资本主义制度的发展携手并进。然而，这一关系并不是双向的，因为在某些国家存在相当程度的经济自由，但政治制度仍然并不自由。[1]

---

1 弗里德曼承认，之后回过头来看，这本书的一个主要缺点就是没有充分对待政治自由的作用。在某些情况下，政治自由会推动经济和公民自由，有时则会阻碍经济和公民自由。

19世纪是自由主义的时代，之后则是一场反动，政府对经济的干预日益增多。两次世界大战大大加速了集体主义势头的发展。福利国家似乎已经让自由主义日薄西山了。奥地利学派的米塞斯和哈耶克等自由主义思想家认识到了其对个人主义的潜在威胁，他们害怕进一步集中控制经济活动的发展将会“通往奴役之路”——套用哈耶克1944年出版的那本著名著作的标题。

从社会学角度来看，经济活动只有两种组织形式。一是中央指令，包括现代极权主义国家使用的强制手段；二是自愿合作，即在双方自愿交易的前提下，根据市场规则各取其利。如果买方不想要一家供应商的产品，他有找另一家的自由。它还有无歧视的一面，因为一个人买东西时，比方说买面包，不会知道所用小麦是共产党员、非裔美国人还是白种人种的。因而，不受个人影响的市场就将经济活动从政治观点中分离了出来，保护人们在经济活动中免遭歧视。

政府在自由社会中的作用

当下的一个重大问题是：政府在自由社会中应当起到什么作用？它起于何处，又终于何处？明显不可分割的事务不能通过市场来组织，比如国防。所以，这就是政府应当发挥作用的一个明确的例子。

那么，还有什么其他领域是无法通过市场解决的，或者市场解决成本太高，以至于利用政治渠道去解决要更好？政府设定游戏规则，并确保我们遵守规则；它扮演的是裁判的角色。另一个例子是，社会认可政府应当界定财产权。人们也普遍认为政府应当对货币体系担负责任。

政府是否应当在反垄断中发挥作用？弗里德曼指出，垄断只占全部经济活动中相对小的一部分，但他也意识到垄断限制了消费者的选择自由。因而，他认同所谓的“技术垄断”，因为由一家生产商或企业来统一供应某项服务在技术上效率更高，比如电话业务。弗里德曼总结道，如果可以容忍的话，这项特定业务由私人垄断可能是害处最小的一个。他预测，动态变化可能会终结这种类型的垄断。

另一个严格自愿交易不可能实现的例子，就是某些个人的行为会影响其他个人，但是后者无法向前者收费或索赔。弗里德曼称之为“邻里效应”。这一效应适用于这样的情况，即某一个人使其他个人付出了严重的代价，但是他不可能补偿他们，或为他们带来足以补偿成本的显著收益。向河里排放污水就是一个例子。排污者实际上就是在迫使其他人用好水来交换坏水。

因此，政府就能够以家长制为由采取行动，其假设是，只有对负责任的个体来说自由才是站得住脚的目标。并非所有个人都是负责任的（比如孩子和精神疾病患者），所以在自由的终极目标下还是有一些模棱两可的空间的。然而，问题在于界线划在哪里，因为没有一个公式能告诉我们停在何处。具体问题要具体分析，做出决定前要达成共识。

现在，如果这些角色都建立起来，那么政府就确实有其重要而正当的作用要发挥。毕竟，始终如一的自由主义者绝不是无政府主义者。然而，美国的联邦政府和州政府，以及西方国家的同等机构发挥的作用要广得多。该书提到了14种无法由自由原则佐证的美国政府职能，包括农产品价格扶持、强制征兵、由公共部门所有并运营的收费公路等等。

控制货币

60年代的读者可能会得出结论：目前为止都还好。但是接下来，弗里德曼就提出了一条爆炸性的宣言：

> 事实上，与大多数其他失业问题严重的时期一样，大萧条是由政府管理不当而非私营经济内在的不稳定导致的。一家由政府建立的机构——美国联邦储备银行，之前被指定负责货币政策。在1930年和1931年，它的不当措施让一场温和的经济衰退成了一次巨大灾难。[1]

作者提到了1929年10月的华尔街大崩盘。传统观点是，造成大萧条的原

1 *Capitalism and Freedom*, 38.

因包括此次崩盘、总统赫伯特·胡佛坚持收支平衡的教条、1930年的《斯莫特-霍利关税法案》等等，唯独没有政府管理失当。弗里德曼反驳了这一观点。美联储不应当任由货币存量下降（事实上下降得很厉害）。流动性短缺引发了银行破产和市场恐慌。美联储本应当向银行投放现金。如果它这样做了，那么许多银行就不必关门，货币崩盘也可以规避。

在经济稳定性方面，政府政策关注的是货币政策和财政政策（或称预算政策）。政策谱系的一个极端是自主运行的金本位制，另一个极端是将庞大的自由裁量权交给“独立”央行的一群技术人员。从根本上讲，自由主义者是担心权力集中的。然而，政府应当对货币事务负有某些责任是一个广泛共识。于是，自由主义者面临的挑战是限制政府权力，防止以倾向于削弱自由社会的方式运用这一权力。弗里德曼将美国“一战”前实施金本位制时的情况与1914年进行了对比。由于包括1907年市场恐慌在内的货币动荡，原本对金融体系的不满情绪转化为了对政府行动的迫切要求。1913年，《联邦储备法案》通过。弗里德曼虽然承认之后的一段期间由于两次世界大战和大萧条而时局艰难，但他的结论仍然是第二个阶段显然更不稳定。造成1914年前后货币制度不同的原因如下:

> 证据表明，“一战”期间和结束后不久的价格上涨中，至少有三分之一是由于联邦储备体系的建立，如果沿用之前的银行体系的话就根本不会发生；而且每次重大经济紧缩——1920-1921、1929-1933以及1937-1938——都是美联储当局错误行为或失职的直接结果，在之前的货币和银行制度下本不会发生。[1]

从1929年7月至1933年3月，美国货币存量减少了三分之一，其中三分之二以上的流失是在英国放弃金本位制之后发生的。若是遏止货币存量的减少，那么经济收缩就会温和得多，时间也更短。弗里德曼总结道，大萧条证明了当

1 *Capitalism and Freedom*，45.

少数“技术专家”被赋予了控制一国货币体系的大权时，他们犯的错误会造成多么大的伤害。弗里德曼论证说这样的体系是恶的。前法国总统克列孟梭说过，“货币干系太重大，不能全交给央行”。

弗里德曼提议对货币当局采取一种指导规则，让货币存量按照规定的速率增加。更具体来说：

> 联储体系应当逐月（只要可能，就应逐日）确保货币存量按照每年百分之X的速度增长，此处X为3-5之间的某个数字。[1]

为了防止美联储和财政部不适当的干涉，还需要进一步的改革。与旨在限制货币当局在货币存量方面自由裁量权的规则相比，这些进一步改革都非基础之策。

国际金融与贸易协定

基于坚定的自由主义信念，弗里德曼警告说，将市场经济转变为权威主义经济最有效的方式，就是开始直接管制外汇。实现外汇收支平衡最好的手段就是让汇率自由浮动，由市场私人交易决定，而不施加政府干涉。这样，自由市场的力量就会对影响国际贸易的状况变化自动做出有效的反应。这一提议应者寥寥，因为自由浮动汇率经常与金融和经济不稳定联系在一起（想想“二战”前德国和奥地利，还有之后一些拉丁美洲国家的恶性通货膨胀吧）。然而，弗里德曼辩称，我们想要一个价格自由浮动，但决定价格的力量也足够稳定，以至于价格会在温和的范围内变动的体系。

---

1 *Capitalism and Freedom*，54. 市场货币主义者已经复兴了弗里德曼在 60 年代的观点。2011 年 12 月 31 日的《经济学人》杂志发表了一篇题为“边际革命者”的文章。文中写道，“市场货币主义者指出，鉴于危机前年经济增长率平均约 3%，他们 5% 的目标与 2% 左右的通货膨胀率是一致的。如果增长率下降到 1%，那么通货膨胀的长期水平就会更高，即 4%。如果产出发生了一次性的下跌，那么通货膨胀可能不得不暂时升高到 5% 以上。但是随着增长回归正常，通货膨胀会下降的。”

他提出了与之前截然不同的外援方式。与向贫穷国家援助现金物资，从而促进社会主义相比，在平等条件下向所有人提供全面合作要好得多。

在财政政策方面，自从1933年罗斯福新政开始以来，一直认为政府支出有必要消除失业。后来出现了其他理由来论证政府支出应当长期保持高位。比方说旨在让经济体摆脱衰退的所谓“政府注资”。弗里德曼认为，这一论证是无效的，因为许多相关项目直到衰退结束后才会发挥作用。

总而言之，美国国民收入中最不稳定的部分就是联邦开支。因而，联邦预算本身就是不稳定的一大来源。作者提议，政府在制定支出项目规划时要完全依据社会想要通过政府而非私人提供什么，而不应考虑年际经济不稳定的问题。此外，计划税率时应当量入为出，确保平均一年的计划开支有另一年的足够税入来支付，而不应考虑经济稳定性的年际变化。

财政政策

弗里德曼反驳了一种观点，即政府支出相对于税入增加必然是扩张性的，而下降就必然是收缩性的。这个错误的看法并没有实证证据支持。财政政策一般是在衰退已经结束时才发挥作用，因而不仅没有抵消衰退，还将通货膨胀偏误引入了政府政策。在弗里德曼看来，凯恩斯广受认可的货币乘数并不可靠。他表明，货币持有者对货币余额与收入的比值越是有执念，结果就越接近收入不发生变化。

政府的作用与教育

这本书里关于政府在教育中作用的一章特别有趣。乍看起来，一个了解弗里德曼思想和自由主义哲学的认真读者大概会认为他会反对政府的作用。但事实并非如此。弗里德曼认为，政府干涉可以从两方面加以辩护。第一就是上述的“邻里效应”。第二就是对儿童的家长制关切。两者对政府干涉的意义有所不同。

如果大多数公民没有最低限度的识字与知识水平，也没有得到广泛认可的一套价值观，那就不可能出现稳定的民主社会。教育对这两方面都有贡献。教育儿童不仅对他自己有好处，对社会其他成员同样有助益。因此教育有着显著的邻里效应。政府应当负担起“一般”教育的财务。然而，职业教育就是另一回事了。此类教育会给学生带来直接的好处，原则上不应该由政府补贴。

那么，学校应该由谁经营呢？政府还是私人机构？弗里德曼建议实施凭证体系，让父母可以将子女送到自己选择的“认证学校”中就学，它们可能是国立的也可能是私立的。于是政府的角色就仅限于给凭证出资，以及确保认证学校达到最低教学标准。国立学校体系还意味着薪资体系统一，从而无法为优秀教师发奖金或其他奖励。这不是弗里德曼所乐见的：“我们正受到千篇一律的威胁。我们的问题是培育多样性，国立学校体系以外的另一种体系比它在这一年上要有效得多。”[1]

高等教育呢？在这个层次上，邻里效应不再具有相关性了。然而，我们可以说高等教育是训练年轻人成为合格公民和社会领导者的一种手段，以此说明投向这方面的公共支出是合理的。但是将政府补贴仅限于在国立教育机构中所获的教育是不合理的。补贴应该发放给个人，由其自行选择花到哪些教育机构上。任何保留的政府院校都应该收取足以支付教学开支的费用，以保证与私立院校平等竞争。

资本主义与歧视

资本主义的兴起一直伴随着特定宗教、种族或社会群体受歧视程度的下降。不受个人影响的市场就将经济活动从政治立场中分离了出来，保护人们在经济活动中免遭歧视。从市场角度看，我们中认为肤色或宗教信仰无关紧要的人能够买到更廉价的商品。毋庸置疑，雇工时采取的正面歧视措施与弗里德曼的说法并不太相符。毕竟，美国民权同盟会誓死捍卫种族主义者在街角散播种族隔离学说的权利。但是，如果他从自己的原则出发，拒绝雇用一位非裔美国人出任某岗位，那么它也会赞成让他锒铛入狱。

1 *Capitalism and Freedom*, 97.

垄断与社会责任

垄断即某人或企业对特定产品或服务拥有足够强大的控制力，能够决定其他个人获取该产品或服务的条件。垄断在自由社会中会引发两个问题：（1）限制自由交换；（2）它引起了垄断者的社会责任问题。因为他既引人注目又手握大权。有人会倾向于认为，承担社会责任对他自身的利益是有好处的。

垄断共分三类：行业垄断、劳工垄断、政府垄断。从美国整体经济情况来看，行业垄断并不明显。根据当时可用的数据，弗里德曼得出的结论是，私人部门垄断者占经济体量的15%，比人们设想的要低得多。他还补充道，这一比例可能还会下降。

劳工垄断也是一样。人们倾向于高估工会的重要性。工会成员大约占全体劳动力的四分之一。弗里德曼还说，许多工会根本不起什么作用。此外，总体来说，本来收入就高的群体中工会力量最强，因此它们实际上是以低收入工人为代价，提高了高收入工人的收入。所以，工会挤出了就业机会，而且减少了状况最差工人可得的机会，从而进一步拉大了工人之间的收入差距。

政府垄断，或政府资助的垄断企业在美国并不很普遍。政府垄断的例子包括邮政、电力和高速公路。此外，联邦政府已经基本上成了国防、航天和科研领域的许多企业和各个行业的唯一购买者。政府可以通过减少对垄断的直接扶持来打破垄断。此外，大范围修订税法也会有帮助。弗里德曼提倡废除企业税。

政府采取的价格控制、关税等限制措施正是垄断的根源。以关税为例。征收关税的目的是保护国内产业，有意打击潜在的竞争者。关税侵犯了个人参与自愿交易的自由。毕竟，自由主义的基本单位是个人，而非国家。

关于企业和劳工的社会责任问题，弗里德曼称，任何认为企业CEO和劳工领袖拥有核心任务以外之社会责任的人，都表现出了对自由经济的特点和本质的根本误解。在自由经济中，企业只有一项社会责任，那就是在遵守游戏规则的同时提高利润。劳工领袖的社会责任是为其成员的利益服务。其他人的社会责任就是建立一个法律框架，让个人能够在亚当·斯密所说的“看不见的手”指引下追求自己的利益，从而实现并非其本意的社会目标。斯密本人在《国富论》

中说过，他从来不见那些声称要为公益服务的人做了多少好事。弗里德曼在关于社会责任的一节末尾说道：

> 允许企业参与慈善事业以及获得相应的所得税抵扣，是通往所有权与控制权分离的一步，而且会破坏我们的社会的基本性质与特点。它是背离个人主义社会，通往公司式国家的一步。[1]

从医执照

关于从业执照，这本书分析了广为接受和赞扬的行医执照的利弊。弗里德曼对执照的总体原则是它很难证成，因为它违背了个人自愿签订合同的权利。然而，一些支持执照的理由是自由主义者也不得不接受的。比方说一位不称职的外科医生造成了一场传染病。在这种情况下，不难理解，所有人都会同意只让合格人员来行医。但是由谁来决定谁是合格的外科医生呢？一般是由外科医生自己决定的。结果就是行业内部成员控制准入权，从而建立了垄断地位。

在美国，美国医学会是事实上的工会，也许还是全世界最强大的工会。它能够限制入行人数。他们在医学院入学阶段就在这样做了。美国医学会的医学教育和医院委员会负责审批医学院。在出现要求缩减人数的压力时，这个委员会多次展现了它的权力。他们反对增加有资质医师的理由是要维护职业道德，而这只有通过维护医师的收入标准，使其足以报偿这一行业的贡献和需求才能做到。弗里德曼评论说，医学专业的领导者们应当公开宣称，要想让自己的同事们遵守医德必须要交钱。

这一切的结果就是，从医执照同时降低了医疗服务的质量和数量。实际上，它减少了有志从医者的机会，也迫使公众为更差的医疗服务付更多的钱。弗里德曼提议，除了因欺诈或渎职对他人造成伤害的法律和财务责任外，任何人都应该无限制地自由行医。这样市场就会向多得多的进入者开放。团队行医将会

---

1 *Capitalism and Freedom*，136.

兴起，其中临床医师、医学专家、技师之间将形成有效的分工。他们将非常注重建立可信赖、高质量的信誉。由于同样的原因，消费者也会想要了解他们的声誉。这些行医团队也会有判断医术高低的专门技能；实际上，他们在这个过程中既是中介也是消费者。

收入分配

关于 20 世纪西方国家内发展起来的对收入不平等的信念，有两个问题必须回答：（1）支持国家干涉以促进平等的论据何在？（2）采取这些措施会有何种影响？社会公认的一个核心信念就是：根据产品本身付钱在道德上是公平的。

这会意味着收入和财富之间将存在巨大的不平等。但是，当我们回顾资本主义的历史发展就会发现，它的成就在于一直为人们带来提高收益能力的机遇。所以，随着时间推移，资本主义带来了比任何其他体系更低的不平等水平。技术进步让大众也能够享用以前只有富人才有的奢侈品。限制贫富差距的一个积极因素是家庭规模的缩小。随着资本主义社会的发展，存在着家庭缩小的趋势。因而，家庭收入除以家庭成员人数后，每个人分到的收入也就可喜地增加了。

至于第二个问题，即政府措施是否提高了平等水平，弗里德曼的印象是，税收手段对缩小各家庭群体平均地位之间差距的影响虽然相对次要，但也不可忽视。他还指出了一个事实：累进所得税催生了精明的避税行为，导致实际税率远远低于名义税率。

他提议征收单一税率所得税，同时认为带有再分配目的的累进所得税体系是不可接受的，因为它构成了一种强制的情形，是为了把钱给一些人而拿走另一些人的钱，与个人自由水火不容。这本书的第 175 页上计算了实际个人所得税总额除以纳税人总数的值，得到了单一税率 23.5%。

作者指出，实际上相当一部分不平等都可归咎于市场的不完善，其中许多是政府制造出来的，还有许多是政府本来可以消除的。例如，专卖特权、关税和其他有利于特定群体的措施都是不平等的来源。为了减少不平等，另一个手段是扩大教育机会。

社会福利措施

平等主义情绪不仅催生了累进税体系，还导致了一系列社会福利措施，弗里德曼对它们的积极和消极影响都进行了分析。以公共住房为例，这一措施让更多的人不得不住在数量更少的住房里。另一项措施是最低工资法。当然，其目标是缓解低收入者的贫困。实际情况则是企业为了控制劳动力成本将工人开除了。其结果就是，它让更多人失业了，因此其影响就是贫困的加剧。

农产品价格扶持并没有帮助真正需要的农民，如果这真的是补贴意图的话。这项措施对贫农是无效的，因为他们会消耗掉一部分收成，能拿到市场上交换的相对并不多。价格扶持促使了产量提升，而并没有提高贫农的人均收入。消费者不得不花更多钱购买农产品。受到保护的本地农业市场催生了农产品进口配额。

弗里德曼提到了养老和幸存者保险刚出现时围绕其展开的争论。然而，现在它已经被视为理所当然的了，以至于根本无人质疑它是好是坏。然而，一个伦理问题是，如何证明年轻人应当补贴老年人，不管其经济地位如何。此外还有一重考虑,那就是这一体系所需的资金不可能自给自足,所以就需要不断补贴。自由主义者会问这样做有何根据，答案是没有根据。弗里德曼说我们可能希望帮助穷人。但是，一律帮助那些只是恰好到了退休年龄的人，而不管是否贫困，这样做有何依据?

作者还反对强制购买养老年金。强迫人们购买年金只在一种情况下是合理的，即如果不强制购买年金，（比方说）90% 的人在达到 65 岁时就会成为公众的负担。然而,如果只有1% 的人会成为社会的负担,那这还成立吗? 更糟糕的是，养老金必须从政府购买，这就禁绝了竞争。

济贫

在收入和财富都取得了惊人增加的西方国家，贫困现象正在减少，但仍未根除。救济贫困的最好方式就是私人慈善。然而，政府福利活动的扩大导致了私人慈善的减少。政府的一些以帮助穷人为目标的措施效果并不好。最低工资、价格控制和关税往往伤害了穷人。

弗里德曼辩称负所得税的效果会更好。它能够为所有人设定一个净收入下限。此外，负所得税体系比现有体系要便宜两倍还多。

如果国家的济贫行动能够更有效率，让社会大多数人实现共同的目标，那么自由主义者是会赞成的。然而，他也不免会为自愿行动不得不被强制行动替代而感到遗憾。弗里德曼补充道：

> 一个平等主义者也会同意这些，但他还要求更多。他还会支持夺取某些人的财富交给另一些人。他们的依据是“正义”，而并非将其作为一种让“某些人”能够实现想要实现的目标的更高效手段。此时，平等就与自由发生了激烈冲突，两者只能择其一。一个人不能既是这种意义上的平等主义者，又是自由主义者。[1]

在这最后一章的末尾，弗里德曼比较了市场的运行、它为政府带来了什么，以及它想要实现什么。弗里德曼承认，市场的现状与理想之间存在差距。然而，跟政府干涉的实际效果与其意图效果之间的差距相比，这就算不得什么了。

政府的积极措施包括建设全国高速公路网、修建巨型大坝、发射航天卫星；除了法律和秩序以外，政府还提供了向年轻人开放机会的学校体系和公共医疗体系。这些都有赖于政府动用大量资源的能力。然而，总体来说，政府干得很糟糕。这本书已经阐明，大部分政府的努力都没能实现其目标。政府实际上阻碍，而非促进了美国的巨大进步。看不见的手带来的进步，要比看得见的手带来的倒退更显著。

弗里德曼在全书的最后一段表达了对未来的希冀：

> 我相信，不管军事项目的规模有多大，也不管已经有多少经济权力集

---

1 *Capitalism and Freedom*，195.

中到了华盛顿，我们仍然能够维护并扩大自由。但要做到这一点，唯有我们认识到自己面临的威胁，并说服同胞，让他们相信与国家的强制权力相比，自由制度是实现其目标的更可靠道路，虽然有时可能要慢一些。知识界现在已经出现了变化的风向，这是希望的一个先兆。[1]

人物小传：艾伯特·奥托·赫希曼（1915–2012）

艾伯特·奥托·赫希曼于1915年4月7日在柏林出生。他的父母是卡尔·赫希曼和海德维希·马库斯·赫希曼。1943年来到纽约后，他更名为艾伯特·奥托·赫希曼。他的一位传记作家说，他一方面努力学习适应新环境，另一方面也从未忘本。[2]赫希曼2012年12月10日逝世于新泽西州的尤英市，享年97岁。

年轻的艾伯特·奥托·赫希曼就读于当时的学术摇篮柏林法国中学，并于1932年毕业。他的毕业论文源于斯宾诺莎的一句名言："不悲不喜，只是理解"。他之后进入柏林的弗里德里希－威廉大学学习法律。但是，1933年纳粹上台后，他就离开了德国，前往巴黎索邦大学、伦敦经济学院深造，并于1938年获得了里亚斯特大学经济学博士学位。他的父母不是很高兴，因为他们觉得经济学是一门"吃不上饭的行当"。

不久之后，他就站在共和国一边参与了西班牙内战（1936–1939），他在余生中都对这段故事缄口不言。[3]纳粹占领法国后，他帮助许多艺术家和知识分子逃往美国。艾伯特精通法语，他与在哈佛大学受过教育，当时为美国紧急营救委员会工作的古典学家瓦瑞安·福莱合作，成功搞到了所需的签证，将难民通过西班牙边境偷运进了葡萄牙。这批人里有一些后来成了名，例如汉娜·阿伦特、

1 *Capitalism and Freedom*，202.

2 Adelman, J. (2013) *Worldly Philosopher: The Odyssey of Albert O. Hirschman*. Princeton: Princeton University Press, 2.

3 "总体来说，他离开加泰罗尼亚之后就不太愿意谈论西班牙内战了。他的妻子萨拉——两人九年之后相遇——发现他闭口不谈这个话题，于是感觉到了他的不安，也就没有细问。" *Worldly Philosopher*，134.

安德烈·布勒东、马克·夏加尔、马克斯·恩斯特、马塞尔·杜尚、亨利希·曼和阿尔玛·马勒。

赫希曼离开欧洲，前往美国也是通过这一路线，帆布背包里装着《蒙田随笔》（他最喜欢的书）。他获得了加州大学伯克利分校的洛克菲勒奖学金，并在那里写了自己的第一本书，《国家权力与外贸结构》（*National Power and the Structure of Foreign Trade*，1945）。这本书受到了马基雅维利关于权力与贸易关系的观点的启发。

1941 年 12 月 7 日，日军轰炸珍珠港之后，赫希曼报名参加了美国军队。他本来是被分配到战斗单位中的，后来调往战略服务办公室担任口译。战争结束后，他继续为第一盟军战犯审判庭做了一段时间口译译员，受审者中有纳粹将军道斯特勒。

战后，赫希曼开始在华盛顿特区找工作。过了好一阵子，他终于在商务部谋了份职位。他干这份工作没什么激情。后来他在伯克利时的老同事，时任联邦储备委员会研究部门主任的亚历山大·格申克龙将他招进了委员会工作。1948 年，他被任命为美联储研究统计部的西欧与英联邦分部负责人，后来又任职于马歇尔计划的执行机构，经济合作署（ECA）主任。在 ECA，赫希曼强调了多边贸易的需要，同时协助制定了“马歇尔计划”。有人说他提供了“思想背后的思想”。正如他的传记作者杰里米·阿德尔曼所写，它是“马歇尔计划幕后的隐形人之一”。[1]

ECA 要求赫希曼详细阐述欧洲共同货币当局的理念。关于这一点，阿德尔曼在《入世哲学家》中写道：

> 赫希曼的课题不是欧洲是否应该有统一的货币，而是如何“为欧洲设想出一种货币与金融组织，既有现实可行性，又能够建立一个团结紧密的欧洲货币与金融结构”。他并没有贬损统一货币的想法，但也明确表示，

1 *Worldly Philosopher*, 261.

它是建立一个更大、整合程度更高的市场的目标，而并非其手段。他将这种安排类比为回归19世纪的开放市场原则，只是不再实行僵硬的，已经被国家主义与双边主义取代的金本位制。[1]

赫希曼是麦卡锡主义的受害者之一。他的档案早在1943年就开放了。他对美国的忠诚受到了质疑。对他的调查得出了错误的结论，认为赫希曼有点同情共产主义。于是，联邦政府于1951年将他解雇了。与此同时，世界银行正在找人担任哥伦比亚国家计划委员会（NPC）的经济顾问。赫希曼得到了这份工作。

1952年，他开始了NPC的工作，地点在哥伦比亚的波哥大。1954年合约到期后，他作为私人经济顾问又在波哥大待了两年。他和妻子萨拉·夏皮罗在哥伦比亚过得非常幸福。他们与欧洲移民交朋友，后来逐渐也有了哥伦比亚朋友。他们在此形成了对拉丁美洲终生的热爱。

由于在哥伦比亚的经历，赫希曼将注意力集中到了经济发展上。然而，他的看法与主流观点相悖。赫希曼在耶鲁获得了访问研究教授一职，期间出版了《经济发展战略》（*The Strategy of Economic Development*，1958）一书。离开耶鲁后，他先后在哥伦比亚大学（1958–1964）、哈佛大学（1964–1974）教授经济学，最后留在了普林斯顿大学高等研究院（1974–2012）。

赫希曼的哲学观

马基雅维利和蒙田是他的神交之友（当然还有其他人），前者向他展示了政治的真实情况，而后者给他的建议是“观察，永远要观察”。赫希曼喜欢说自己有一种自我颠覆的倾向；查证、质疑、悬搁是他的习惯。在他提出的一个悖论中，他看待世界方式的另一面尽显无余：“充分发挥我们创造力资源的唯一方法，就是通过误判任务的性质，而将其视为一种比后来发现的更平凡、更简单、更不需要真正创造力的东西。”他对“小点子”很着迷。他说，这些想

---

1 *Worldly Philosopher*，272–273.

法是“逐次理解现实的尝试，承认自身角度可能是主观的”。

对社会科学的贡献

虽然赫希曼学的是经济学，但他却将自己的分析之网投向了远为广阔的领域。他研究过政治学、心理学和社会学，也涉猎过道德问题。

在伯克利期间，赫希曼研究的是国际贸易对国民经济的影响。前面已经说过，他在伯克利出版了《国家权力与外贸结构》一书，其中提出了多个旨在衡量市场集中度和市场势力的统计指标。O·C·赫芬达尔在1950年对美国钢铁行业的研究中使用了赫希曼的指数，后来这些指数就被称为“赫芬达尔－赫希曼指数”，能够测量行业的集中度，有助于说明行业的竞争情况。

在《经济发展战略》（1958）中，赫希曼抨击了当时流行的“均衡增长”和“顶层规划”学说。他认为应当给予那些有强“关联效应”的行业以经济扶持。如果一个部门与其他部门的关联很紧密，那么不管它自身的发展有多么不均衡，它也能够引发更多的发展并推动增长。他还说，发展有赖于“为着发展的目的，发现并利用隐藏、分散或使用不当的资源和才能”。发展中国家需要的不只是资本，还需要做出艰难经济决策的实践。赫希曼指出，经济进步是成功习惯的产物，而最好的老师莫过于一点点挫折了。

他更愿意鼓励草根移民和创业者自己去应对困境（也就是做出关乎发展的决策的能力），而不是冒着惯坏他们的风险去提供援助，就像“经济传教士”们开的药方那样。赫希曼并不青睐总体性的发展模式，比如罗斯托的经济发展阶段论。毋庸讳言，这本书并不是只受到了赞扬，批评也是有的。比方说，阿德尔曼这样总结霍利斯·钱纳里的评论：“虽然他称赞了赫希曼对经济理论中‘激励因素’的论述，但也指责赫希曼‘夸大其词’，只是他用来替代简单化的资本稀缺性概念的是一些同样简单化的新假设，即将决策的中心地位视为问题的关键。”[1]赫希曼的发展观并没有导致一个专门的“赫希曼发展经济学派”的形成，因为他的观

---

1 *Worldly Philosopher*，351.

点并没有反映在任何一种全面模式中。

他最为人所铭记的一个词大概就是“隐藏的手”。他在“隐藏的手原理”（The Principle of the Hiding Hand，1967）一文中阐发了这一概念。赫希曼写道，人们容易一头扎进新任务中，因为他们错误地假设其中困难会比较少（即“隐藏的手”），因为这些任务看上去比之后会发现的更简单，也更容易处理。

他影响最大的一本书是《退出、呼吁与忠诚：对企业、组织和国家衰退的回应》。赫希曼是在一次糟糕的尼日利亚铁路行之后萌生了写这本书的想法。他想知道乘客怎么可能接受这样可怕的服务。在《退出、呼吁与忠诚》中，赫希曼论证道，人们对劣质商品服务和失望有三种不同的回应方式。他研究了这些对不公正或效率低下组织的回应。你可以离开（退出）或者抱怨（呼吁）。如果你仍然保持忠诚，那么你就不会退出，而且可能抱怨，也可能不抱怨。

他在分析中引入了质量的角色。他指出，传统的需求分析主要谈的是价格与数量，这些类型的巨大优势在于有记录而且可测量。对价格上升不敏感的消费者往往对质量下降很敏感。因此，他们就是在产品质量衰减时最可能大声抱怨的人——直到退出为止。

这本书的一个重要观点是，“退出”有时并不能给表现欠佳的公司或组织发出强烈的信息，它们可以维持现状。赫希曼反问道，“以前难道没有那种批评者离开后，垄断者反而感到如释重负的情况吗？”“退出”可能还会加强衰退的循环。赫希曼反对米尔顿·弗里德曼提出的学校凭证，他写道，对质量不佳的公立学校来说，最坏的事情就是私立学校的增加了：私立学校带走了本来会对公立学校改良更热心的那一类家长。《退出、呼吁与忠诚》的主要观点是，退出和呼吁携手时效果最大。

这本书不仅是从经济学家的角度去审视这个话题，还包含着对心理学、社会学、政治学，以及广义的政治性洞见。赫希曼对约翰逊政府的越战方略持批判立场。

赫希曼试图将这本书的观点应用到社会生活的方方面面，他甚至提出自己

的"退出－呼吁定理"同样适用于家庭生活，尤其是婚姻与离婚。婚姻陷入困境时，夫妻可以尝试修复关系——往往是通过大量"呼吁"，也可以离婚（退出）。

《退出、呼吁与忠诚》获得了良好反响，但也有反对的观点，尤其是公共选择学派。[1]归根结底，他们对赫希曼的批评在于他对垄断情况下退出的看法。阿德尔曼这样总结戈登·塔洛克的批评：

> 赫希曼在第五章论证道，一定程度的竞争可能会促使消费者从垄断者处退出，从而驱散愤怒声讨的消费者。在此情景下，竞争让松弛的垄断者摆脱了"最头疼的消费者"，从而"安慰并支持"了他们。于是，我们得到了一个由松弛的巨头和受人欢迎的竞争共同构成的世界——正是那种由明显的矛盾构成的复杂、混合的体系。[2]

前面提到过蒙田是赫希曼的灵感来源之一，这一点贯穿了《退出、呼吁与忠诚》全书。在书中，作者要让读者改变观察世界的方式。比方说，经济学教科书刻画供给与需求之间变化关系时是把价格放在横轴上，把数量放在纵轴上。赫希曼则引入了质量的维度。如果产品质量衰减，或者包括政党在内的组织不如之前高效，那会发生什么呢？我们是会离开（退出），声讨（呼吁）——有时不是很理智——还是保持忠诚呢？这本书还试图表明经济学不能孤立地去研究。赫希曼观察到：

> 在经济学以及社会科学整体中，能够为经济和社会体系带来秩序或均衡的定律和力量占据了中心地位。于是，失序和失衡就被理解为这些定律或力量失灵的结果。这种秩序－失序、均衡－失衡式的解释一般局限在各个

---

1 公共选择学派的经济学家们研究经济与政治间的关系，将经济学分析应用于政治决策和政客行为的研究。

2 *Worldly Philosopher*, 447.

学科内部，要么是经济领域，要么是政治领域。由于政治和经济是相互关联的，在两者之间建起桥梁就会很有益处。这就是“退出–呼吁”视角的主张。[1]

20世纪70年代，拉丁美洲的发展状况不佳，引发了独裁政府、贫困加剧和侵犯人权。赫希曼在欧洲近代初期的发展中也看到了类似的情况。在《欲望与利益：资本主义走向胜利前的政治争论》（*The Passions and the Interests: Political Arguments for Capitalism before Its Triumph*, 1977）一书中，他研究了资本主义的历史发展。在这本书中，他批驳了一个虚假的概念，即没有商业狡诈、只有共和品德的失落世界。他还批驳了一种（仍然在经济学界流行的）建议，即市场应当像现代经济学之父亚当·斯密认为的那样，按照人不可避免的自利本性去对待他们。反之，赫希曼观察发现，其他的早期自由市场理论家认为，商业会缓和欲望，让人们更温和，从而改造人性。同时，赫希曼还担心让人们只关心经济回报的做法可能会有扼杀公共精神的副作用，从而为暴政打开大门。《欲望与利益》出版时，新古典主义经济学正日渐风行。阿德尔曼对该书在当时的意义给出了很好的解释：

> 对于那些渴望从更广阔的视角研究经济学，而不仅限于弗里德曼及其信徒的货币铁律的人来说，赫希曼更偏向社会学和政治学的“人学”为他们提供了智识上的力量，以此挑战日益兴盛的“新古典”教条及其影响力巨大的基金会和智库。[2]

赫希曼在七十多岁时写下了《反动的修辞：悖谬、无效与危险》（*The Rhetoric of Reaction: Perversity, Futility, Jeopardy*，1991）。这本书针对的是保守

1 Hirschman, A.O. (1998). Lemma on Hirschman. In: *The New Palgrave: A Dictionary of Economics*.Vol. 2. London: MacMillan, 219.
2 *The New Palgrave: A Dictionary of Economics*.Vol. 2, 519.

主义者的修辞，然而在结尾处却证明了左派也有自己的修辞。保守主义者辩称进一步变革会危害宝贵的成就，而左派则无视人类行动意料之外的结果。赫希曼总结道，“进步主义者总是想要随意塑造和重塑社会，而丝毫不怀疑自己控制事态的能力。”

《反动的修辞》旨在挑战左派和右派双方的互不妥协，让人们能够谦虚地听一听另一方的想法，而不是使用自己的那一套标准修辞。他写道，“怯懦无知”的散布者依赖三种类型的论证：危险（改革代价很大，而且会危害来之不易的成就）、悖谬（改革会伤害他们想要帮助的人）、无效（问题实在太大，以至于无法解决）。

赫希曼自己最喜欢的是《欲望与利益》。他说该书的写作是自由创造的成果。他在写作过程中很快乐，可以自由地探索，而不必证明某人是错误的。

赫希曼对悖论很着迷，其中之一与他对东巴基斯坦（即今孟加拉国）的卡纳普里造纸厂的描述有关。这座工厂的建设目的是开发吉大港丘陵地带广阔的竹林。建成投产后不久，这里的竹子就出乎意料地开花了，然后就死掉了。我们现在知道这是竹子大约五十年就会发生一次的现象。枯竹在沿河漂流的过程中会散架，无法用来制作纸浆。由于无知和规划失误，一座耗费数百万美元的新工厂突然就失去了开工所需的原材料。对这次危机的回应给赫希曼留下了深刻印象。工厂的经营者很快找到了从东巴基斯坦各地村庄收竹的方法，利用该国众多的水道建立了新的供应链。他们启动了一个研究用速生竹替代枯死竹林的项目，并开辟了试验林区。他们发现了其他可用的木材。于是，这座工厂现在的原材料来源比原来的设想要更为多样化。如果不是糟糕的规划让工厂陷入危机，工厂的经营者永远也不会被迫发挥创造力，这座工厂也不会取得现在这样的价值。成功从原来的失败中生发了出来。

所获荣誉

赫希曼没有获得诺贝尔经济学奖。原因何在？阿德尔曼的结论是，随着赫希曼在广度和原创性上与日俱增，他对只跟自己的老本行经济学圈子对话也越发提不起兴趣。[1]

他获得了众多荣誉学位，授予院校包括哈佛大学、安默斯特学院、罗格斯大学、南加州大学和许多欧洲大学。

2003年，赫希曼由于《欲望与利益》一书获得了美国政治学会颁发的本杰明·E·李品克奖。2007年，美国社会科学研究委员会建立了一项纪念艾伯特·赫希曼的年度奖项，首届获奖者是发展经济学家丹尼·罗德里克。

《经济学人》在赫希曼的讣告中写道，他的“退出”不会让他的“呼吁”沉寂。

《退出、呼吁与忠诚：对企业、组织和国家衰退的回应》

这本书不长，包括附录在内也不过155页。[2] 它更像是一篇长文，而非完整的专著。然而，它论域广泛，涵盖种种经济、社会、政治、道德各方面的现象，从而打破了经济学——尤其是新古典主义经济学——概念上的局限。赫希曼在该书引言中写道：

> 在任何经济、社会或政治体系中，个人、公司和组织总体来说都有各种达不到高效、理性、守法、正直或其他有效行为的地方。不管一个社会的基本制度设计得多么完善，单单是因为各种意外原因，某些行为者的行为没有达到期望水准的情况就已经是必然会发生了。

诚然，赫希曼不是唯一指出经济理性行为假设的缺陷的经济学家。毕竟，

---

1 *The New Palgrave: A Dictionary of Economics*.Vol. 2，614-615.

2 使用版本：Harvard University Press，1970.

通过吸收心理学、政治学等其他社会科学的洞见，经济学研究已经有所拓宽了。

这本书应当被看作一种新观点的应用，即非市场力量的“自动”程度并不一定比古典意义上的市场力量更低。赫希曼提出了一种观点，认为当市场无法实现最优状态时，社会将认识到这一空白，非市场的社会制度就会出现并尝试填补空白。

引言与理论背景

经济学家对经济主体可挽回的行为失误一直关注不多，原因有二。第一，在经济学中，研究者假设经济主体的理性水平不变。比方说，经济学家一般会假设一家公司落后（或领先）都是有充分原因的；对他们的推理来说，随机的、或多或少容易发生的“可挽回行为失误”这一概念很陌生。第二，在传统的竞争经济模型中，从失误中恢复过来并不很关键。一家公司在竞争中失败出局，它所占的市场份额就会被其他公司填补；结果就是，总资源的分配可能还会变好了。伦理学家相信自己的每一个“公司”都有内在的价值，政治学家的每一个“公司”（也就是国家）都是独一无二，不可替代的。与他们相比，经济学家面对商业公司的失误时能够镇定得多。

赫希曼随后总结道，将经济体视为完全竞争体系，其中个体公司的命运浮沉完全由比较优势的基本变化主宰的图景，这并不是对真实世界的完美描绘。众所周知，垄断、寡头、垄断竞争是一片广阔的天地：经济体中这类公司绩效的衰减，或多或少会导致长期的效率低下和疏于照管。在看待这一问题时，必须要带有政治学家的警醒——他看到的是政体受到了不和、腐败和松弛的威胁。

即使是在竞争激烈的环境中，不关心暂时落后的公司可能恢复活力的可能性也很难站得住脚。在这些情况下，恢复机制对避免社会损失、防止人们陷入困窘会发挥很有益的作用。通过竞争本身，这样的恢复机制已然完备。毕竟，人们不正认为竞争会维持公司“保持振奋”吗？实际上，它正是一个主要的恢复机制。然而，赫希曼认为：（1）竞争的这一特定功能的意义尚未得到充分阐发；（2）另一种重要机制也可以在它无效时发挥作用，或者作为它的互补品。

进入“退出”和“呼吁”

适用于公司的原理同样适用于为其成员提供服务，但不直接收取金钱报酬的组织，比如志愿协会、工会或政党。这里的假设是，一家公司（或组织）的表现可能会由于未指明的随机原因而衰减；而且在管理人员关注相关任务的前提下，这些原因并没有强大或持久到足以阻止其回到之前水准的程度。

衰减的典型表现是所提供的产品或服务质量的绝对或相对下降。管理者可能通过两种途径发现这些问题：（1）一些消费者不再购买公司的产品了（即选择退出）；（2）公司的消费者或组织的成员向管理者或其上级领导表达不满，或者向任何愿意听的人表达一般性的抗议（即选择呼吁）。

于是，管理者会再一次寻找消费者和成员不满的原因，以及可能的补救之法。这本书之后有大段内容在比较分析这两种选择，以及两者之间的互动。作者提出的一个问题是，什么制度能够同时完善这两种作为恢复机制的选择？

经济思想下的衰减空间与松弛

这本书的主题与经济学和社会科学有什么关系呢？人类之所以没有建立起一个精细的社会程序以确保领导者的连贯性与素质稳定性（例如，像狒狒那样），很可能是因为我们并非必须如此。大多数人类社会的一个特征在于，除了基本生存所需外还有一定的剩余，这就让社会能够容忍前进过程中存在大量的衰减。表现水平下降对狒狒意味着灭顶之灾，而对人类只会造成不适而已。

人类社会的广阔衰减空间，是必然伴随着人类生产力和对环境控制力的不断增强而来的。偶尔的衰退和长时间的表现低下，只是进步带来的众多坏处之一。由于剩余及其导致的空间，人类社会采取的任何自我平衡控制手段都必然是粗糙的。一种乌托邦空想阻碍着我们认识到这一令人不快的事实，那就是经济发展在不断增加基本生存所需以外剩余的同时，还会带来更高更严的规则与限制，消除任何可能由（比方说）政治进程带来的倒退。

指望经济增长和技术进步能够建立隔绝“暴政”、“无政府”乃至整体上的不负责任行为的屏障，这本身就是一种妄想。简单来说，这些设想的共同假设就是：技术进步在导致基本生存所需以外的剩余不断增加的同时，还会带来极其复杂精巧的机制，能够比以往严格地防范某些曾经带来不良后果、但若发生在今天就显然是人类灾难的不当社会行为。因而，我们的社会既可以说有剩余，也可以说没有：它可以不断创造剩余，但又不能随心所欲地停止创造剩余，或者减少创造出来的剩余。事实上，现代社会行为所受到的限定与钳制既简单又严苛，比没有剩余但刚好能满足生存所需的状况没有好多少。这就类似于完全竞争的状况。因为这一模型包含着同样的悖论：社会整体产生了可观的，可能还在稳步增长的剩余，但单独来看每一家公司又是如履薄冰，只要一个小失误就会让它消失。因而，所有人都总是被迫达到所处领域的最顶端，社会作为一个整体则是处于不断提高的“生产边界”上。

赫希曼指出，即便完全竞争市场已经被当作一种没有多少现实性的纯理论虚构，这种无情的、紧绷的经济图景还是在经济学分析中占据了主流地位。人们喜欢剩余，但害怕为它付出代价。在思想和行为受到简单而严格约束的条件下，人们一方面不愿意放弃进步，另一方面也全神贯注地投入到满足最基本需求的过程中。赫希曼在想，谁知道天国神话的根源是否正是这种渴望呢？

人类可以产出剩余这一事实，并不意味着他们一定要产出最高可能水平的剩余。这就是与紧绷经济相对立的松弛经济的一个方面。作者这里谈的并不是宏观经济层面上运行失常的结果；不，他说的是H·A·西蒙观察到的状况，即公司的目标一般不是尽可能达到最高的利润率，而只不过是达到“令人满意”的利润率。其他一些作者称之为“组织松弛”。加里·贝克尔说明，一些基本微观经济学定律是与消费者和生产者广泛存在的不理性、无效率行为相一致的，即便这些定律最初是从无偏理性的假设中推导出来的。波斯坦教授曾经认为，要想理解英国经济的弊病，最好去关注微观经济层面的松弛，而不是任何宏观经济层面的政策失误。

松弛是可以通过由压力机制引发的投资额、工作时长、生产力、决策数量增加而减少的。松弛的原因是什么呢？赫希曼提出的答案是：存在一些障碍，阻碍着做出旨在发展的决策所需的创业与合作行为。人们对抗松弛所做的头一件事就是坚定地寻找处理松弛、寻回紧绷经济理想的方式和手段。

赫希曼本人在这一方面的研究集中在压力机制，比如部门内部与部门之间的失衡；以及会对表现低下者带来高昂代价，或者根本不容忍表现低下的生产流程。社会革命的倡导者在这方面也做出过贡献：长期以来，他们最具诱惑力的论点之一就是，人民之中蕴含着巨大的能量，但是受到了压制和异化，处于沉睡状态，只有革命性的变化才能将其调动和释放出来。

一些作者提出，松弛有其重要功能，虽然可能是无意或潜在的。他们指出，松弛让公司能够安全度过不利市场等状况。松弛有助于降低多余成本、引发创新以及采用积极主动的销售技巧。在政治领域，松弛是以漠不关心的形式出现的，其好处在于可以提高政体的稳定性和灵活性，并为应对危机“积蓄”政治资源。

在上述对松弛的回应中，松弛都被视为个人、公司或组织实际与潜在表现之间的一定量的差距。赫希曼要走得更远，因为他意识到了松弛的普遍存在。由于产生剩余的人类社会的某种熵特征，松弛在持续不断地产生。他认为公司和其他组织会长期地、随机地经历衰退和没落。这是一种极端的悲观主义，将衰退视为永远存在着、打击着公司和组织的力量，但它也提供了自己的疗愈之道：因为只要衰退没有无处不在地主宰着我们，那么衰退过程本身就可能会激发某种反作用力。

作为经济与政治化身的退出与呼吁

退出属于经济学，而呼吁则是政治范畴。心怀不满的消费者可以从其他生产商处购买。受到影响的公司会吸取教训，最后重新获得有竞争力的地位。在“看不见的手”的帮助下，衰落的公司会缓过气来。经济学就是在这种机制的基础上发展起来的。

呼吁恰好是退出的反面。然而，呼吁要麻烦一些，从口角到暴力抗议都在其中。呼吁是不折不扣的政治行动。在从国家到家庭的所有人类制度中，呼吁是成员正常情况下唯一使用的策略。在政治领域，退出带来的后果要比在经济领域中糟糕得多。退出已经被打上了逃兵、叛逃、叛国的标签，因而往往被认为是犯罪。

如果更细致地考察市场与非市场力量之间的互动，我们就会发现某些经济学分析工具对孤立的政治学分析有价值，反之亦然。通过分析这种互动，我们就能对社会过程获得相较于孤立的经济学、政治学分析更全面的认识。

这本书应当被看作一种新观点的应用，即非市场力量的“自动”程度不一定比古典意义上的市场力量更低。赫希曼提出了一种观点，认为当市场无法实现最优状态时，那么至少在一定程度上，社会将认识到这一空白，非市场的社会制度就会出现并尝试填补空白。

这并不意味着，某种市场与非市场力量的结合能够消除所有失衡，它们也并不必然会服务于对方的目的。但是这些组合为两种力量的联合留下了空间，而自由放任与政府干涉的教条都认为市场与非市场力量是非黑即白的；自由放任的支持者看来是好的东西，在干涉主义看来就是恶的，反之亦然。赫希曼希望向政治学家展示经济学概念的用处，同时向经济学家展示政治学概念的用处。时至今日，经济学家已经成功占据了政治学的大片疆域，而政治学家则看起来很希望被殖民，还常常积极地加入入侵者——他们面对拥有丰富工具的经济学家时的那种复杂的自卑情结，可能只有经济学家自己面对物理学家时的同样情感才能与之相对等吧。

退出

竞争有助于解决暂时的、可补救的失误。关于竞争非静态一面的论述已经很多了，即其趋向于创新与增长的自然倾向。但是还没有人研究竞争另一种能力的相关话题，即引导公司恢复“正常”效率、表现和增长水平。

退出是如何运作的

退出的第一个概念要素是熟悉的需求函数的变体，差别在于现在购买数量取决于质量变化，而非价格变化。为方便计，假设质量下降时价格不变。成本也可能保持恒定，因为根据定义，质量下降是效率降低的结果，而非公司想要通过降低质量来削减成本。

第一，任何作为对质量下降回应的退出都会带来收入损失。即便一部分消费者退出，价格上升仍然会增加公司总收入；在最好的情况下，收入可以保持不变，但随着质量下滑，收入会稳步下降。第二，存在一个将质量改进与销售额下降相联系的管理反应函数，这是为了在既成损失可修复的情况下，发现管理者针对消费者离开的情况采取的亡羊补牢措施。

现在我们可以描述退出函数与反应函数的互动关系了。如果质量下降，那么比较好的情况就是下降幅度不大，最后能够复原。如果需求对质量变化的弹性较小，那么损失的收入数量就不会太大，公司也不会发现有些事不太对劲。然而，如果需求弹性很大，复原也不会发生，因为公司在有时间找出症结所在之前就已经出局了。这就是“打击太大太快”的情况。因此，较好的情况是需求的质量弹性既不太大，也不太小。

总体来说，若想竞争（退出）发挥出表现回升机制的作用，公司的消费者中最好既有警觉的，也有迟钝的。警觉的消费者提供了反馈机制，以便开启复原工作；迟钝的消费者则提供了复原工作开花结果所需的时间与金钱缓冲。如果只有警觉消费者，那么灾难性的不稳定就会发生，公司也会失去从偶尔发生的失误中恢复过来的机会。

现在我们稍微偏离完全竞争模型，允许公司质量在一定范围内变动。这样的话，表现恶化就能够（也可能）以质量下降的形式呈现。如果公司所在的市场竞争激烈，也就是有大量消息灵通的买家，那么这家公司很快就会在竞争中出局。换言之，准完全竞争的世界中并没有有效的复原机制。如果我们放弃公司没有质量变动空间的概念，那么最佳的安排就不会趋近完全竞争，而恰恰是远离它；逐渐朝完全竞争市场发展的变动也并不一定就是改进——

次优的论证在此处已然完全成立。

串谋式的竞争

不管需求的质量弹性有多大，如果公司在失去老主顾时会获得新顾客，那么退出就不会减少这家公司的收入。质量下降可能会降临到所有公司头上。在这种情况下，退出选择就不会对管理者起到警示作用；从全社会的角度来看，将所有公司合并为一看上去就是合意的安排。这就是用垄断取代竞争，但并非坏事。原因在于，这样消费者就可以直接宣泄不满情绪，这或许能在一定程度上刺激垄断组织改进管理；而在竞争条件下，不满的消费者却只能在不同的表现恶化的企业间“转来转去”，不仅毫无效果，而且任何一家公司都不会得到已经出了问题的讯息。

到目前为止提出的论证都坚持一个前提：竞争会使企业进行自我反省，找到自己产品的瑕疵；由此产生的压力和寻找瑕疵的过程又会使产品恢复高质量。然而，即使抽掉这个前提，竞争的解决方案可能仍然比不上只有一家公司组织生产的情况。

毫无疑问，竞争性的政治体制往往也是按这种方式运作的。这种激进的批评有一点是正确的：竞争性政治制度在抚慰民情方面有巨大的能量，可以将本会掀起革命巨浪的愤怒情绪化解为对执政党派的喃喃不满。

美国工会运动的历史发展可以为上述讨论提供一个更真实的例证。一篇研究表明，提交给全国劳工关系委员会的申诉大多石沉大海，而得到受理的申诉则平均地分为两类：美国产业组织协会提交的要求取消一个美国劳工联盟的工会的申诉，以及美国劳工联盟提交的要求取消一个美国产业组织协会的工会的申诉。这样的结果让我们得出了一个结论，即这两个工会联合体之间的冲突不仅损害了相关工会的利益，也破坏了整个工会运动。

呼吁

作为另一种复原机制，呼吁可以与退出选项共同发挥作用，或者直接取代后者。这一观念可能会引人疑虑。我们应当考察呼吁可能发挥有效作用的条件，不管是作为退出的互补品还是替代品。

呼吁的定义是任何试图改变不良状况，而不是逃离的措施。呼吁有多种方式：（1）对管理当局直接提交个人或集体申诉；（2）诉诸上级机关，以迫使管理者改变；（3）包括以发动舆论为目标在内的各种行动与抗议。呼吁是利益诉求的简洁称呼。选择往往在诉求与“逃逸”——或者用更中性的词说，呼吁与退出——两者之间。

和退出时一样，一开始的假设是，在管理者将足够的注意力投到任务上的前提下，该公司或组织的表现出现了可补救的下降。如果情况是质量下降引发了呼吁而非退出，那么在达到某个点之前，呼吁的效力会随着力度而上升。但是与退出一样，呼吁也可能做过头：不满的消费者或成员可能引发了极大的扰乱，以至于他们的抗议将在某个点上开始阻碍，而非帮助采取的恢复措施。

政治理论有一个长久以来持有的信念，即运转良好的民主需要公众嗅觉敏锐、主动参与、大声呼吁。在美国，针对投票与政治行为的实证研究动摇了这个信念。这些研究表明，很大一部分公众对政治相当冷淡。与退出的情况一样，警觉与迟钝的公民兼有，甚或是公民在参与和抽身之间摇摆，实际上都比长期彻底的参与政治或完全的冷淡更有利于民主。根据另一种推理，民主政体需要“表面矛盾的混合”；一方面，公民必须表达自己的观点，以便让政治精英了解他们的需求并做出回应；另一方面，必须允许精英做出决策。因而，公民既要发挥影响，又要认同决策。

呼吁拥有警醒的作用，能让企业或组织了解自己的过失。但是，它也必须给管理者一些时间来对压力做出回应，不管新旧。呼吁与组织效率改善之间的关系与退出的作用方式很类似。就任何一家公司或组织的恶化事件而言，呼吁或退出都可能成为主导的反应模式。比方说，在正常竞争性商业公司的情况下，显然退出是恶化的主导反应，呼吁则是一种发展很不完善的机制。

呼吁是退出的剩余

在无法退出的情况下，呼吁选项就成了愤懑的消费者或成员唯一的回应方式。家庭、国家、教会往往就是这样。在经济领域，理论上构想的纯垄断条件意味着消费者没有退出的余地。现实生活中的市场结构兼具垄断与竞争的特征，因而研究呼吁与退出的交互关系是可能的。

让我们来考察一下产品质量下降，销售量减少，但消费者没有逃离的情况。消费者可能会对质量下降感受到不同程度的不满。这些没有退出的消费者就是呼吁选项的来源。呼吁的另一个决定因素就是没有退出的消费者的不满程度。

呼吁可以被视为剩余：任何决定不退出的人都是潜在的呼吁者；就像退出一样，呼吁也取决于需求的质量弹性。但是两者的关系要倒过来：如果潜在诉求水平既定，需求的弹性越低，也就是退出的机会越少，那么实际呼吁水平就会越高。就此而论，呼吁的作用会随着退出的机会减少而提高，直到完全无法退出，那么此时呼吁不得不完全承担起警示管理者其过失的作用。

退出与呼吁之间的关系有时就像跷跷板。多年以来，苏联报刊公布的大量产品、服务质量方面的投诉就表明了这一点。与西方的市场经济相比，退出竞争在苏联经济中的作用要小得多，于是让呼吁发挥更突出的作用就是必要的。与此相似，呼吁在发展中国家的地位要更高，在这些国家，人们根本没有发达经济体中的那么多商品可供选择。因此，与不满更可能采取默默退出形式的发达国家相比，发展中国家中针对劣质产品和服务的喧闹抗议要更多，而且经常带有政治色彩。

我们现在假设退出是主导的反应模式。因而，呼吁产生破坏性而非建设性后果的可能性就被排除了。不同“公司—顾客复合体”的抗议倾向和投诉效力有着很大的不同。我们可以提出三个一般性的命题：（1）呼吁是退出的互补品，而非替代，从复原机制的角度来看是得大于失的；（2）呼吁的效力越强（当退出的效力给定时），需求的质量弹性就越低，由呼吁和退出所激发的恢复机制受到削弱的可能性就越低；（3）鉴于越过某个点之后，退出就会发挥破坏性而非建设性的作用，从最大化退出—呼吁组合对整个衰退过程所起作用的角度来看，最优模式或许是，衰退初期需求弹性较高而衰退后期需求弹性较低。

替代退出的呼吁

只有当消费者决定不改用其他产品或服务时，以下情况才会显而易见，即退出与否通常要根据呼吁的潜在效果来决定。如果消费者足够相信呼吁将会有效，那么他们可能会推迟退出。如果恶化是在一段时间内逐步显露的，那么在初期阶段，人们就更有可能采取呼吁选项。一旦你退出了，你就失去了利用呼吁的机会，但反过来并非如此；因而在某些情况下，退出就是呼吁失败后的最后回应手段。

因此，呼吁似乎既可以是退出的互补品，也可以是它的替代品。呼吁会在什么条件下优先于退出呢？一个条件就是，消费者感觉自己能够为改善质量下降产品做点什么。另一个可能性是，消费者指望其他消费者能够让管理者看到问题，恢复信念。然而，还有一些消费者出于“忠诚”而不肯放弃，这种行动不是那么理性，但也远非完全不理性。许多忠诚消费者会积极参与到改变生产商政策与实践的行动中来，不过也有一些可能只是拒绝退出，默默承受，相信事情很快会变好。因而，呼吁选择的范围很广，既包含不同程度的诉求行动，也包括企业内部寻求改革的领导行为。不过，它总是涉及如何“激活”衰退公司或组织的决策，其形成的基础是：（1）对公司或组织复原的可能性的评估，不管是自力更生还是借助外力；（2）为了扭转局面，出于多方面考虑判断马上销售某竞争产品或服务是值得的。

现在有必要引入成本了，迄今为止我们只考虑了因放弃退出这一选项而失去的东西。除了这一机会成本外，我们还必须考虑呼吁的直接成本，在试图改变产品生产商和所属组织的政策和做法时，买家和成员是需要付出时间和金钱的，这就带来了成本。与退出相比，呼吁成本高昂，而且要取决于消费者或成员的议价能力和对组织实施呼吁的影响力。

与退出相比，呼吁的成本较高，因而随着消费者购买的产品和服务数量增加，呼吁也就越来越难以承受。对于很多消费者来说，甚至只将自己的少量时间用于纠正与其相关的任何机构的错误，所带来的成本都会超出预期估计收益。与公司产品的买家相比，呼吁对组织成员的作用更大，这也是原因之一；前者的数量要远远小于后者。

呼吁之作为一种积极机制，主要是对于有形产品的买卖和组织而言的。在买家很少，或者少数买家占了总销量的一大部分的市场中，呼吁也可能发挥作用，原因在于买家数量少就容易联合起来集体行动；另外，在这两种情况下，即使单独来看，每个人的利害关系也都很重，而且有很大的权力。有影响的组织成员可要比有影响的产品买家更常见；因而，呼吁选择在组织中比在商业公司中更常见。

上述对呼吁和退出角色的比较有两方面的结果：在发达经济体中，产品的数量和种类都很大，这一现象更有利于退出而非呼吁；但是在这样的经济体中，需要巨额成本的标准化耐用品也日益增多，从而引发了相反方向的运动。

一旦我们认可呼吁对维护绩效是一种很有用的机制，那么便可以设计会降低个人与集体行动成本，或者在某些情况下提高行动发起成功者所得回报的制度。

一场激烈的“消费者革命”正在美国如火如荼地展开，这也是“参与运动浪潮”的一部分。消费者的呼吁将在三个层面得以制度化，分别通过：（1）拉尔夫·南德那样的独立企业家精神；（2）复兴官方监管部门；（3）逐步强化对向公众出售产品的大型企业的预防性措施。诉诸呼吁选项的倾向还取决于公众总体诉求意愿的高低，以及我们能否发明出能够提高呼吁效力、降低呼吁成本的新制度和机制。退出只需要简单明了的“是或否”，而呼吁本质上则是一门不断沿着新方向发展的技艺。因而，退出选择的存在便倾向于压抑呼吁技能的发展。

结合呼吁与退出的难点

赫希曼写这本书的灵感来源于对尼日利亚铁路的分析：在卡车的激烈竞争下，它为何仍然没能采取行动。由于收入下降对管理层来说不是头等大事，所以退出没有发挥引人注目的效果；同时，如果最先觉醒且呼声最高的消费者只喊不做，即没有率先放弃铁路而转向卡车，那么呼吁就很难奏效。如果后一种模式具有普遍性，那么呼吁与退出结合的可能性也许就会大大降低，而且只有在完全垄断，消费者被完全“锁定”的条件下，呼吁才是一种有效的复原机制。

尼日利亚铁路这样的公立机构能够获得各种销售收入以外与销售无关的财政资源,对退出并不敏感。因而,最关心产品质量的消费者不仅是最积极、可信赖、富有创造力的呼吁者，也是可能在产品恶化发生时最早退出的人。

用经济学术语来说，众所周知，某产品的价格上升时，边际消费者，也就是最漠不关心的消费者,会最先放弃。质量下降时却恰恰相反,这是怎么回事呢?价格上升时最先放弃的消费者，是否有可能不在质量下滑时最先退出呢？这一悖论的根本原因在于，我们对质量（与价格相比）在经济生活中的作用研究得还很不充分。传统需求分析绝大部分是研究价格和数量的，这两类数据有其重大优势：有记录、可测量、可细分。

经济学家和统计学家往往是通过对等的价格或数量变化来处理质量变化的。如果价格下降可以完全转化为对等的价格上升，而价格上升又是普遍地适用于所有消费者，那么质量下降与对等价格上升对退出的影响就会完全一致。现在就要谈到关键之处了。

对任何个人而言，质量变化都可以转化为对等的价格变动。但是对该产品的不同消费者而言,对等关系往往截然不同,因为他们对质量的评价很不一样。这就意味着，给定质量恶化对不同消费者带来的损失很不一样（即对等价格上升值不同）；对一个在恶化之前消费者剩余很高的消费者而言，只要存在质量未恶化的竞争产品，即便价格高得多，他也可能马上不再购买该产品。所以，在“鉴赏家”商品的情况下，质量下降时会退出的消费者并不一定是价格上升时会退出的边际消费者，而可能是消费者剩余很高的内边际消费者；对价格上涨不敏感的消费者往往对质量下降高度敏感。因而，当产品质量恶化时，他们最有可能大声呼吁——直到他们退出。

消费者剩余衡量的是能够以市场价购买某产品的消费者的所得：所得越高，消费者就越有激励为保卫或恢复所得“做点什么”。可用替代品的性质与一个问题有关，即在质量恶化的情况下，鉴赏家商品是否会被对质量更敏感的客户迅速抛弃。如果质量敏感型消费者迅速退出，那么呼吁就会因为失去了最主要的参与者而陷于瘫痪。这种情况与能否获得价格更高、质量更好的替代品有着紧密联系。

呼吁可能在对抗高质量产品，而非低质量产品的恶化时作用更显著，这一命题对品种繁多的产品依然成立，如果我们假设这些品种的质量区间分布密度不均匀的话。即使只是因为规模经济的原因，质量区间上部的密度也很可能比中部和下部更低。如果是这样的话，那么在质量敏感型消费者退出、转向次优品种之前，位于质量区间上部的产品的质量恶化必须相当严重。因此，呼吁选项的范围就会在区间的这一部分最大，而在中部和下部相对较小。

这一发现有两个推论：

（1）由于在关键服务（比如教育）的情况下，遏制恶化需要呼吁，而上层对呼吁的意愿程度高于中下层，在生活品质上居于上层和中下层者的差距就容易变得更加明显，在上升流动的社会中尤其如此。在禁止不同阶层间流动的社会中，诉诸呼吁选项就自然会更强：所有人都有保卫所居位置的生活质量的强烈动机。

（2）如果质量区间上层的产品种类越来越少，且综合运用呼吁和退出能收到良好效果，那么我们的推论就会大大不同。如果我们接受这一概念，那么这一复原机制就可能过分依赖质量区间下部的退出，但上部的退出效率反而会下降。

竞争如何会缓解垄断?

在两种情况下，无退出要比有限退出更优：（1）退出作为复原机制效果较差，而只是造成公司或组织中对价格更敏感、更警觉，可能更积极的消费者或成员也会流失；（2）一旦消费者或成员被锁定在了各自的公司或组织中，呼吁机制就能有效地发挥作用。

如果我们不仅担心垄断组织为了获得最大利润而控制产出，剥削消费者，也担心它们容易陷于低效、腐化和松弛呢？后一种危险可能更加常见：垄断组织产品的高定价不是为了榨取超额利润，而是因为无力维持低成本。更典型一种情况是，它们会任由销售的产品或服务质量下降，但在这一过程中并不会取得金钱上的好处。

政治权力与市场势力相似的一点在于，权力的持有者既可以残酷剥削，也可以松松垮垮。但是，权力滥用、侵犯个人权利的危险，而非管理不当、官僚无能成了关注的焦点。因而，监察专员的本意是救民于水火，对抗越过了宪法对其权力设定的边界的官员。然而，后来这一制度的主要目标发生了变化，今天已经主要是督促行政质量提高、打击玩忽职守等情况了。这意味着，该制度现在也被用来纠正和申斥官员的惰怠。

当主要问题在于如何消除垄断者松弛懈怠的倾向时，竞争的存在就会弊大于利，因为在这种情况下，退出与竞争会大大削弱呼吁的力量，而不会为组织存续带来重大威胁，就像尼日利亚铁路的例子中那样。在很多其他例子中，竞争并没有如其本意那样限制垄断，反而让垄断者摆脱了令他们头大的那一部分消费者，从而缓解了垄断者的痛苦，助长了垄断。于是，我们就可以定义出一种十分重要却甚少有人关注的垄断暴君：他们人数很少，是一群压迫弱者的无能之辈，鱼肉穷人的懒惰之徒，而且正是因为他们没有野心，又无人注意才更加持久而令人窒息。

在经济领域中，当垄断权力依赖于位置，而且当地不同消费群体的灵活性差别很大时，“懒惰型”垄断者因为竞争让他们既不必努力，又免遭批评而“欢迎竞争”的情况很常见。如果灵活性较强的消费者对质量也是最敏感的，那么他们的退出就会让垄断者能够继续安安稳稳地不思进取。发展中国家的“贫民窟”商店和拖泥带水的电力部门就是例子。总有一天，要求更高的客户将再也无法忍受不定期的断电，或是选择搬家，或是自己安装独立的发电机。

实际上，懒散的垄断者也许乐于为那些呼声最刺耳的消费者制造一点退出的机会。他们宁愿通过定价把最挑剔的顾客赶出市场，这样就不需要紧张费力地去追求卓越了。因为最挑剔的顾客不仅愿意付出最高的价格，在水准下降时也最可能提出最高的要求。

长久以来，拉丁美洲的当权者一直鼓励政敌和潜在的批评者自愿流亡，从政治舞台中消失。庇护权在拉美的共和国中间使用非常广泛，几乎就是一场“限制呼吁的政治阴谋”。

双头垄断与两党制的发展

在前面几章中，消费者对质量变化的敏感程度不同，但都能感受到或正面或负面的变化。现在我们要去掉这一假设。在这一方面，质量与价格再一次表现出了截然不同的现象：商品价格下降对所有消费者都是好事，就像价格上升意味着所有人的实际收入都会降低一样。但是如果质量发生同样的变化，那么某些消费者可能会喜欢这件产品，而另一些人则会觉得它不如以前符合自己口味了。

政党和其他组织也是如此。它们会做出什么质量变化呢？经济学家会选择能够最大化利润的质量。然而，以利润最大化为标准可能会产生不止一个解。此时就应当引入另一个标准了。除了利润最大化之外，为了获得所在社区的善意或减少其敌意这一理性目的，公司还会倾向于将消费者的不满降到最低。根据这一标准，公司往往会选择利润最大化的质量区间内的一个中点。

呼吁的概念意味着，公司选择质量区间的中点只是对呼吁的呼吁，更准确地说，是对能够遏止公司衰退趋势的呼吁的回应。对呼吁的关注能够限制对利润最大化的关注。如果利润最大化与不满最小化发生了冲突，那么就要在这两个目标之间进行折中或权衡。因而，无法离开的消费者就会有最大的激励去威胁或者引诱公司关注自己的需求和品位。

哈罗德·霍特林（Harold Hotelling）在《经济学杂志》上发表了一篇在多个领域开了先河的文章：“双头垄断、选位理论和两党体系动力学”。究其实质，霍特林对消费者（在他的政治模型变体中是选民）的假定是，他们沿着从 A 到

B，或从左翼到右翼的有穷线段均匀分布。假设一开始两家公司（或两个政党）均分了整条线段，分别位于左半边和右半边的中点处。现在，假设两家公司（或政党）中的一家——比方说左边的那一家——可以无成本地调整位置，而另一家位置是固定的。在此条件下，以利润最大化的目标的公司（或以选民最大化为目标的政党）会向右移动。原因在于，只要它在不得移动的那一家公司左边，它就依然会牢牢地占有最左边的消费者（或选民），同时又能通过进入右边的方式，从右边的公司手中挖来新顾客（和选民）。

结论有两个：（1）在双头的假定条件下，两家公司都有向中间移动的倾向；（2）以利润（或选民）最大化为目标的行为对社会总体是不合意的，因为消费者所能获得的商品价格会高于两家公司分别位于四分点的情况。类似地，我们可以辩称两党体系下的政党很可能会越来越接近对方，虽然这不利于整个社会。赫希曼讽刺地评论说，这个模型精巧则精巧矣，但却完全没能准确预测现实状况。

霍特林模型假设在这个线性市场上，需求弹性为零。然而，如果需求是有弹性的，那么随着公司（或政党）朝中心移动，它们就会失去两端的消费者（或选民）；这一损失至少会限制原模型中社会不合意的靠拢倾向。与20世纪30年代借助弹性需求假设而建立的模型相比，呼吁概念能够对霍特林模型做出更根本的修正。

问题不在于霍特林假设需求无弹性，而在于它推论出“无别处可去”的“被垄断”消费者（或选民）表现了他们的无力。为了避免公司（或政党）继续做他们不喜欢的事情，这些消费者（或选民）会动用各种各样的潜在影响力。因此，对抗和限制霍特林的靠拢趋势的，不是将原模型中的无弹性需求替换成有弹性的，而是意识到线性市场两端的无弹性需求会通过呼吁发挥很大的影响。换言之，在党员厌恶党提出的空泛发言或政策，并因此愤怒抗议时，政党往往会倾向于屈服于这些呼吁，因为抗议是眼前的现实，空泛行事的好处却带有很大的空想成分。

呼吁机制无法保证一定会将政党带回多少也有问题的“社会最优状态”。

别无选择者的影响也可能会迫使政党矫枉过正，旨在吸引选民的行动可能会带来灾难性的后果。

预测公司或组织的质量变化路径是可能的。假设由于随机事件的存在，组织在表现上总是在发生微小的质量变化。如果组织对呼吁的回应大于退出，那么令“被垄断”消费者深恶痛绝的质量失常就更有可能得到纠正；而那些令没有被垄断、容易退出的消费者退出的质量失常，则往往会长期得不到解决。对组织忠诚的现象让整件事情变得更加复杂了。

忠诚理论

忠诚有激活呼吁的功能：在可能退出的情况下，呼吁意愿有两大决定因素：（1）消费者/成员放弃确定的退出选择，以此换取不确定的恶化产品改良的意愿；（2）消费者/成员对自身对组织影响力的估计。

第一个因素与忠诚有关。因而，即便已经确定自身影响力的评估，呼吁的可能性也会随着忠诚程度的提高而增加。此外，这两个因素并非互相独立。比方说，对某产品或组织有很强依附感的人，往往会寻找提高自身影响力的办法，尤其是在组织滑向错误方向的时候。一般来说，忠诚会阻碍退出，而会激活呼吁。这种影响和期望暗示了一件事，即一段时间后正确的方向会压倒错误的方向，忠诚与信仰的区别就在于此。

忠诚何时会发挥作用：忠诚能够阻止退出。由于忠诚的存在，潜在影响力最大的消费者或成员会寄希望于“内部”改良或变革，从而比一般情况下坚持更长时间。一定的忠诚度能够让公司或组织有机会从效率下滑中恢复过来。专门为阻碍退出而制定某些制度无可厚非，因为它们能够激活呼吁。

当人们在认真考虑退出时，忠诚会提高退出的成本，因而有助于恢复退出与呼吁间的平衡。在这种恢复平衡的过程中，它会将人们推到在正常情况不愿选择的另一条行动路线上，从而发挥类似于低估预期任务困难程度的功能。因此，在一种情况下，忠诚或专门针对退出的制度性障碍的作用尤其大，即高效运用呼吁需要社会表现出很强的创造力，同时退出是一种容易采取，但并非完全有效的选项。第二，忠诚的用处取决于可用替代品的接近程度。忠诚在看上去最不理性的情况下作用最大，比方说，由于某组织与其他组织太过相似，以至于似乎完全没有理由去对它有强依附感。这种表面上无理性的忠诚的出现往往与俱乐部、足球队和政党有关。

忠诚者的退出威胁：忠诚的另一面是不忠，也就是退出。如果呼吁得到了退出威胁的支持，那么它有效发挥复原机制功能的可能性就会大幅提高。退出威胁往往是由忠诚者做出的，也就是关心组织，而且在被迫做出离开或改换的痛苦抉择之前，一直全身心支持着组织的那些人。

现在看起来，退出的可能性会加强退出机制的效力。退出会降低发展并使用呼吁机制的意愿，但它也会提高有效使用呼吁的能力。这两个命题加起来构成了呼吁：（1）会被使用；（2）能够发挥效用的条件，即应当存在退出的可能性。但退出不应该太容易（制度约束）或吸引力太大，以至于某组织刚开始恶化时人们就会退出。对权衡退出与呼吁而言，制度设计的细节非常重要，而且这一权衡也有助于解释组织内部民主程度的差异。

联合抵制：联合抵制是另一种介于退出和呼吁之间的现象，就像退出威胁一样。在联合抵制中，退出实际上不仅仅是威胁，而已经是现实了；只是它的目标是让遭到抵制的组织改弦易辙，因而是两种机制真正的结合体。此时，退出威胁的反面取代了它，成了另一种呼吁手段，即复归的承诺：一旦导致联合抵制的问题获得了一定程度的解决，消费者或成员就会回到原来的企业或组织。联合抵制是暂时的退出，双方都要为此付出代价。

忠诚行为模型的要素：假设某人平常购买的产品或所属组织开始恶化。现在我们的焦点就是组织及其政策，而非公司及其产品。因而，质量恶化必须从主观角度重新定义；从成员的角度看，质量恶化相当于更加不赞同组织的政策。忠诚成员不会退出，但也绝非无事发生：他开始对留在组织中感到很不高兴。他会更激烈地进行呼吁，而且随着不认同程度的加深，他会考虑退出——如果他预感退出能够提高呼吁效力的话。忠诚终于达到极限之后便是退出了。

由于上面勾勒的忠诚行为，经济学中传统的需求曲线就会分为两段。在传统模型中，价格（或质量）与购买数量存在一一对应的关系。在获得了忠诚的产品从一开始的恶化走向改善的情况下，恶化阶段的需求曲线随产品质量下降而向右下方倾斜，一开始需求弹性较低，但随着忠诚者因不堪忍受质量恶化而纷纷退出，需求弹性也随之升高。回升阶段的情况很不一样，低质量区间下弹性会比较低，只有改善得到确认后，弹性才会升高。当然，由于惰性和认知延迟，需求函数永远可能既包括当期质量，也包括往期质量。忠诚会大大加强公司（或组织）过去的表现对消费者（或成员）当下行为的影响。

此外还有无意识的忠诚行为。这些人一般难以发现变化，既会在恶化发生时导致无意识的忠诚行为，也会导致在组织改进时迟迟不愿加入或复归。根据无意识忠诚行为的定义，相关人员没有感受到不满，因而它不会引发呼吁。成员只是没有意识到正在发生的恶化程度而已。

入会标准与退出成本较高组织中的忠诚行为：碰到非最优结局的机会可谓比比皆是。忠诚行为可能过了火，以至于退出在退出 / 呼吁组合中所占的比重过低。其次，我们必须认识到，有利于忠诚行为的制度设计不仅不能以牺牲退出为代价而推动呼吁：实际上，它经常在打压退出的同时也抑制了呼吁。高入会费和对退出的严格惩罚既是产生或强化忠诚的主要手段，也会打压退出，抑制呼吁，或者两者皆有。

有意识与无意识忠诚行为之间往往没有清晰的界线，因为自欺欺人也许正是消费者与组织成员的利益所在，也就是说，有意识地抵制所属组织或购买产品正在恶化或有缺陷的事实。如果他已经为产品购买或会员资格投入了很多，他就更加会压制这种意识。然而，由于同一原因，对于一个入会条件苛刻的组织而言，一旦恶化形势逆转，我们可以预见，其成员可能会奋力证明自己交了那么多入会费终究还是正确的。于是，虽然苛刻入会条件会推迟呼吁的发生，但在忠诚行为的后一阶段中，呼吁可能会比一般情况下更加积极。

不协调的情况不仅可能产生信念、态度和认知的摇摆，而且在可以通过改变现实世界来克服或减轻不协调时，也可能引发以此为目的的行动。“革命会吞噬掉自己的儿女”，这句格言表达的情况就是一个历史实例。我们很容易理解个中原因：在“闹革命”时，革命者已经付出了很高的个人代价：抛头颅、担风险、矢志不移。一旦革命结束，现实和设想之间就极有可能发生差距。为了消除这一差距，那些为创造新世界付出了最高代价的人，就会有强烈的动机再次改变它。在这个过程中，他们将与现在成了当权派的革命伙伴较量，在随之而来的斗争中，某一方必将蒙受不幸，甚至会两败俱伤。

当组织能够迫使退出者付出高昂代价时，上述的忠诚模型会发生另一种变化。这里的代价小到终生不得再次加入、大到失去生命，这两者之间还有驱逐出组织、恶意诽谤、剥夺谋生手段等惩罚措施。如果组织能够迫使退出者付出高昂代价，它就因之获得了一种对抗成员的最有效武器——退出威胁——的强大工具。

在退出代价较高的组织中会发生什么呢？在这种情况下呼吁会被推迟。这些组织（黑帮、极权主义政党）往往能够同时压制呼吁和退出。在这一过程中，他们让自己失去了两种复原机制。

这就与家庭、民族这种传统群体很不一样，它们也对退出设置了高昂代价，但进入成本不高。退出代价高昂甚或“想都不敢想”不仅可能压抑呼吁，也可能刺激呼吁。也许正是因为这个原因，事实表明只抑制退出的传统群体，要比进出都施加高成本的群体可行得多。

忠诚行为与退出公共物品（公害）的难处：当忠诚出现时，退出的特征就会发生急剧变化：本来警觉的消费者转向更好产品是值得赞扬的理性行为，现在却成了背信弃义、临阵脱逃、投敌叛国。在大多数情况下，对退出的惩罚都被内部化了。忠诚行为还可能受到一种预期的激发，就是如果某人离开了，他所属的组织就会变得更糟。这一观察源于一种有些奇怪的假设：成员甚至在离开组织后依然关心其活动与“成果”。当然，很多情况下并非如此。我们现在讨论的这种特殊忠诚行为有两个前提条件：（1）某个成员的退出会导致组织产出质量的进一步恶化；（2）该成员不管是否留在组织中都关心这一恶化状况。

在条件（1）下，这个消费者/成员是“质量成就者”，因为他的退出会导致进一步恶化，并引发更多人退出。在这种情况下，忠诚行为再一次避免了极端的不稳定，尤其是那些意识到了自己退出的后果的成员。该行为只在一种情况下是理性的，即成员甚至在退出之后依然关心组织的产出或质量。举一个例子。准备把孩子从公立学校转到私立学校的家长，可能会导致公立教育进一步恶化。如果他们意识到了这种影响，他们就可能放弃原本的计划，原因可能是公众福祉，甚至也可能是个人的成本收益计算：家长和孩子的生活都会受到所属社区公立教育质量的影响。

经济学家做出的私人物品与公共物品的区分与此直接相关。公共物品的定义是，由给定社区、国家或地理区域全体成员消费的物品，且任何一个成员的消费或使用并不会减损其他人的消费或使用。它们的突出特征不只是可以让所有成员共同消费，而且成员除非离开提供这些产品的社区，否则就不能不使用它们。我们很容易就能想象出沦为公害的公共物品，比方说一个国家采取了不当的外交和军事政策，于是从国际声望的巅峰跌落到臭名昭著的低谷。

在某些情况下，完全放弃某产品或退出某组织实际上是不可能的，此时决定是否退出（部分退出或许是可行）就必须考虑这一行为可能对产品造成的进一步恶化。问题在于，部分放弃这样的物品何以可能。公民个人若是选择退出公立学校，可以将子女送入私立学校；但与此同时，他无法退出公立教育体系，或者因为他和子女的生活会受到公立教育质量的影响，或者因为他缴纳的一部分税会继续被用于支持该体系。

另一个例子是，如果我正参与制定一项我反对的外交政策，我可以辞职，但眼见着国家继续实施让我日益忧心的外交政策，我作为公民仍然会感到不高兴。在这个例子中，这个人一开始既是此公共物品的生产者，也是其消费者；他可以不再当它的生产者，但无法不当它的消费者。

如果一个社会成员打算退出，他会考量留下来会带来的两种预想的伤害和不适：一方面是想象自己成为非成员之后会受到的痛苦，以及他退出后对社会整体带来的进一步恶化。现在，忠诚行为的好处就是能够避免这种假想的伤害。而且，如果这一好处与留下的成本同步提高，那么退出的激励并不一定会随着恶化程度加深而加强，虽然这名成员肯定会越来越不悦。

在组织中滞留的时间越长，下定决心退出就会越困难。他会愈发坚信为了避免最坏的情况发生，自己必须坚持下去。国家越是朝着错误的、危险的方向前进，我们就越需要相对开明的政策制定者们有一点“软骨头”，这样才会有一部分人“留在内部”，以便在重大危机终于爆发时尚能发挥影响。

生产公益或公害物品的组织和公司构成了奇特的忠诚行为存在的环境，同时赋予了它多个特质。而且此时退出的性质也与之前讨论的有所不同。在公共物品的情况下，人们会继续“关心”它，因为完全摆脱它是不可能的。这时，退出是抗议状态下的离场，而且一般是在组织外部进行公开指责和斗争，而不是在组织内部寻求变革。与其说是在呼吁和退出之间选择，不如说是在内部呼吁与（退出后的）外部呼吁之间选择。退出有赖于一个完全不同的问题：从何时开始，在外部与错误政策做斗争开始比在内部试图改变这些政策更有效了呢？

美国意识形态和实践中的退出与呼吁

美国的存在与壮大有赖于无数偏向退出而非呼吁的决策。若是在任何环境变得令人厌恶时，你总能从中完全抽身，那么又何必自寻烦恼，在矛盾中大声呼号呢？那些离开了所属社区的人从没想过让它变得更好，或通过站在外部与之斗争来达到这个目的。他们是移民者而非流亡者，移居后不久他们就对故土的命运“漠不关心”了。现在的嬉皮士也是这一类人，虽然他们的退出相当“明目张胆”，实际上比他们的清教徒难民、欧陆移民和西进拓荒者先辈们更接近于呼吁。赚了大钱的人总是会将自己原本的社会群体抛在脑后的；也就是说，他们退出了这些群体。

在受歧视的少数派的情况中，我们还能得出一个观点：即使从退出的个体的角度来看，这种行为也必然是失败的，令人沮丧的。在某种程度上，退出本身就要为对立面的出现负责。背井离乡是一个艰难的决定，而且往往会付出沉重的代价：很多深情厚谊不得不就此断绝。进入并适应新环境的成本也不小。结果就是，既然已经付出了如此高的代价，移民就会产生一种强大的心理冲动去喜欢这种状况；于是，他们必须强迫症般地去幸福。

但是，如果情况不再如此了，那又如何呢？有时，内心的不安会变得再也无法压抑。此时可能有几种反应：（1）他会试图再一次退出，只不过在移民国疆界以内；（2）国家肯定不会有错，所以他体验到的不幸福、内心不安等情绪就被认为是他自己的责任。此外，还有另一种调整的“良药”：如果国家确实犯了明显的错误，那他也应当让自己变得崇高，继续对国家倾注满腔热忱。因而，呼吁会再一次发挥不同寻常的力量。一种常见的美国式信念会激活人们的呼吁：制度总可完善，问题必将解决。

接下来，赫希曼指出，美国公务人员即使对现行政策不满，也极其不愿意在抗议中辞职。在这一语境下，詹姆斯·C·汤姆森造了一个词：“被驯化的不满者”。这些不满者一开始就放弃了自己最强大的武器：为表抗议，威胁辞职。退出在恢复政府绩效方面发挥着必要的作用，这与任何组织都别无二致。退出可以迫使政府改革，也可以让政府下台，但不管是哪一种，在很多情境下，德高望重的政客大声威胁退出都对诱发呼吁有着不可或缺的辅助作用。欧仁·麦卡锡参议员决定参选总统一事就对当时的时局施加了强大的影响。

难以捉摸的最优组合

最后一章里有两张象限图。第一张将成员会对呼吁或退出做出强烈反应的组织进行了分类。大概没有哪个组织能对成员的退出或呼吁完全免疫。图中只有一类组织蓄意设计，或明或暗地完全禁止两种机制发挥作用（见表 5.1）。在这类组织中，退出等同背叛，呼吁不仅不合法，惩罚也很严厉——只有在情势已然不可挽回或不值得挽回的情况下，它们才会发生。

表 5.1 组织是否对退出或呼吁做出回应

组织成员是否通过退出 / 呼吁做出强烈反应	退出		
呼吁		是	否
	是	自愿协会、竞争性政党和某些企业（比如买主数量较少的企业）	家庭、部落、民族、教会、非极权一党制下的政党
	否	买主数量较多的竞争性企业	极权一党制下的政党、恐怖主义集团、犯罪团伙

此外，到了这步田地，呼吁和退出必呈暴风骤雨之势，改良不足而破坏有余。另一方面，表 5.1 并不表明拥有两种反馈机制的组织，就一定比主要依赖一种的更先进或更具活力。这要取决于组织对一种或两种机制的应对能力。

表 5.2 组织衰退引起退出还是呼吁

	衰退引起退出还是衰落		
组织对退出或呼吁哪个更敏感		退出	呼吁
	退出	竞争性企业	允许“官方”不满存在的组织
	呼吁	与同行有竞争关系的公共企业、懒散的寡头垄断组织、股份制法人集团、内陆城市	成员忠诚度较高，且采用民主回应措施的组织

但是，如果某个组织不能敏感地对某个具体的抗议活动做出回应，或根本不具备迅速做出回应的信息反馈机制，那又会如何呢？这本书一大部分谈的都是回应不充分或者南辕北辙的情况，表 5.2 中总结了作者的观点。

我们的兴趣点自然会集中在“反常”组织上。这些组织本来具有获取信息反馈的渠道，但未能做出回应；由于对产品或服务质量的不满，它们的顾客或成员通过各种方式发泄自己的愤懑，但管理者却对此习以为常或反应淡漠，根本不觉得有必要采取修正措施。在此类情况下，组织的衰退引发了退出，但是给管理者带来的困扰与呼吁差不了多少。但是，前一章中提出了与之恰好相反的一类现象：在林登·约翰逊的执掌下，美国政府每况愈下，此时退出可能会更加有效，结果只引发了数量众多却毫无用处的呼吁示威。

我们发现，在一个组织可能通过衰退引发了成员的一种反应，而其实另一种反应才能更有力地推动组织复兴。根据这个一般性的观察，我们能得出几个结论。这种表述的一个好处在于能够指出多种多样的单个或综合补救措施。比方说，有一个组织主要引发的是成员退出，但它对呼吁要敏感得多。显然，纠正手段应该是一方面提高组织对退出的敏感度，另一方面诱导成员改用呼吁而非退出的方式。例如，当铁路对退出（即顾客流失）回应不积极的时候，一种常用措施就是实施较为严格的"财政约束"，希望这样铁路管理者就不会再对收入减少不闻不问，就像受到破产威胁的私人企业一样。

显然，作为一种替代性或互补性措施，我们应当强化消费者的呼声，并寻找相应的呼吁方式与渠道。要想做到这一点有直接和间接两个办法，直接的就是降低呼吁的成本，提高呼吁的收益，间接的就是提高退出的成本，甚至减少退出的机会。与此类似，如果一个组织引发了呼吁，但却置若罔闻，对退出倒十分敏感，那么就应该考虑一方面适当地修改制度，让退出更容易，也更吸引人一些，另一方面提高组织对呼吁的敏感程度。我在这里提出的制度设计改进方法既可以拓展常用政策选择空间，也可以避免非此即彼的强烈偏见。

这条路径并不会开出某种最优退出 / 呼吁组合的药方，也无意声言每个机构都有最适合自己的、可以通过试错不断逼近的组合方案。本书一直在说明一点：每一种恢复机制本身都会受到衰减的作用力。如前所述，提高自身的行动自由符合组织管理者的短期利益。于是，成员 / 消费者的武器——不论是退出还是呼吁——就会被剥夺，本来会发生的反馈现在被盖上了安全阀。如上所述，在不满被制度化与驯化阉割之后，呼吁也就只不过是"高压锅上的蒸气"罢了。

只要互相竞争的企业或组织间成功地玩一套把戏，让退出和进入互相抵消，那么退出对质量恶化的组织就不会构成严重的威胁。

当退出占据主导时，人们会低估呼吁的效力，反之亦然。比方说，只要成员个体对呼吁稍微偏向一点，加起来就足以让退出的吸引力看上去更小，其实施也更难以想象。于是，组织的成员就会越来越依赖呼吁，同时管理者则会努力让自己免受其影响。由于这些原因，能产生既稳定又效力最优的退出 / 呼吁组合的条件是很少见的。可能性比较大的趋势是，一方面人们越发依赖某种方式，另一方面其效力与日俱减。只有当人们痛苦地发现惯用的方式已经不够用的时候，另一种方式才会被采用。近期的拉尔夫·南德事件就展现了改弦易辙的冲击性效果。他突然将消费者的呼吁引入了一个长期以来由退出占据主导，甚至只有这一种方式的领域。

在相反的情况下，即呼吁是主导反应模式的时候，退出也能以类似方式激活。成员退出的目的一般并非获得比之前更大的影响力。然而，它往往正是通过这种方式发挥作用，尤其是退出本身搞了个大新闻时。背后操纵者会对退出感到很不安，因为他们是无法“反驳”已经退出的人的。历史上烈士们发挥的巨大影响力都可以这样来理解。

对最优组合概念的批判引出了三个建议：（1）为了保持对抗衰退的能力，主要依赖一种应对机制的组织需要时常引入另一种机制；（2）其他组织必须定期让退出与呼吁轮流发挥主要作用；（3）为了更好地设计出退出和呼吁都能维持在健康状态的制度，我们需要认识到任何最优组合都具有趋向不稳定的内在特性。

赫希曼的这本书有五个附录，旨在详细阐发正文中的某些方面。

第六章
资本主义高歌猛进

引言

在大稳健期间，新古典主义经济学的胜利得到了巩固，包括关于对自由市场运行的理论。随着 1989 年柏林墙倒塌，1991 年苏联解体，其他经济学体系几乎销声匿迹。当然，中国依然是社会主义国家，但实行的其实也是国家资本主义。

自由市场的意识形态还被输出到了众多国家。早在 1986 年时，社会学家彼得·伯格（Peter Berger）就出版了《资本主义革命》（*The Capitalist Revolution*）。在书中，他提出了 50 个关于繁荣、平等和自由的命题。之前他认为社会主义也可能是一种更好的经济与社会组织形式。然而，现实证据让他倒向了资本主义一方，转折点就是他看到多个迥异的东亚社会都发生了迅猛的经济增长。

但是，为什么许多拉丁美洲和非洲国家没有成长起来呢？这些国家经济陷于停滞，不少甚至发生了负增长。经济学家和其他社会科学家重新燃起了对增长、停滞等解释要素的兴趣。他们发现，发展中国家的制度结构与发达资本主义经济体截然不同。增长理论必须将内生制度因素考虑在内。

八十年代，新制度经济学在经济史学家、发展经济学家和政策制定者中间流行开来。经济史学家道格拉斯·诺斯于 1990 年出版了《制度、制度变迁与经济绩效》一书，在书中提出了索罗经济增长模型以外的另一种模型，其中增长是由技术进步、资本和劳动力共同推动的。诺斯研究了多种不同发展环境下制度对经济增长的促进或阻碍作用。

下面我将简要介绍彼得·伯格和道格拉斯·诺斯的生平以及上述专著。

人物小传：彼得·路德维希·伯格（1929–）

彼得·路德维希·伯格 1929 年 3 月 17 日出生于奥地利维也纳，父母分别是乔治·威廉·伯格和耶尔卡·洛夫。二战爆发后不久的 1946 年，年轻的彼得移居美国，并于 1952 年加入美国国籍。1959 年，他与布里盖特·凯尔纳结婚，两人共同出版了多部著作。

学术生涯

伯格本科毕业于瓦格纳文理学院，获得文学学士学位，在纽约的社会科学新学院获得了文学硕士学位，并于 1954 年获得该校颁发的博士学位。

同年，伯格在佐治亚大学开始了学术生涯，担任该校社会学教师。在之后的 25 年中，他在多所大学工作过。在 1955 年和 1956 年，他在德国巴特博尔的教会学校任职。1956 年，他受聘北卡罗来纳大学的助理教授，为期两年。1958 年到 1963 年间，伯格任教于哈特福德神学院，职位为副教授。他还曾在社会科学新学院（1958–1963）、罗格斯大学（1970–1979）和波士顿学院（1979–1981）任教。

1981 年之后，伯格一直是波士顿大学的社会学与神学教授。1985 年，他还被任命为经济文化研究所所长。该机构后来成了文化、宗教与世界事务研究所，致力于通过全球视角研究经济发展与社会变迁之间的关系。

学术思想

伯格著作的核心就是社会与个人的关系。在《现实的社会建构》（*The Social Construction of Reality*, 1966）中，伯格与卢曼提出了一种社会学理论：作为客观与主观现实的社会。主观现实描述的是个人在与社会结构互动的过程中产生对现实的观念之过程。两位作者提出了新的人造概念或创制如何在客观化的过程中成为现实的一部分。通过作者所说的“物化”（reification）过程，这一现实往往不再会被认为是人为的创制。

伯格对宗教作为强大社会力量的社会角色很感兴趣，这是与他所受的路德宗教教育分不开的。他相信，人类是上帝对世界的反映。在这一语境下，伯格试图以实证手段证明，宗教能够带来超越平凡日常经验的真正的启示。他最初相信现代化与世俗化是携手并进的，因而预测世界将会走向世俗化。然而，到了八十年代末，他认识到，不管是新兴宗教还是传统宗教，它们不仅依然普遍存在，而且在很多情况下比之前更加活跃，尤其是在美国。伯格与荷兰社会学家安东·泽德瓦尔德合著了《疑之颂：如何信而不狂》（*In Praise of Doubt: How to Have Convictions without Being a Fanatic,* 2009）。

除了宗教的社会角色外，伯格对经济发展也有很深的兴趣。《资本主义革命》中能够清晰地看到马克斯·韦伯关于宗教——尤其是新教——在经济发展中作用的思想的痕迹。在经济学领域，伯格受同为奥地利人的约瑟夫·熊彼特和弗里德里希·哈耶克、出生于匈牙利的彼得·鲍尔，以及米尔顿·弗里德曼和西蒙·库兹涅茨的影响尤大。

《资本主义革命》旨在提出一种理论的大纲，论述现代世界中资本主义与世界之间的关系。然而，在当前的社会科学界，构建宏大理论是不可能的。伯格所做的是为当下的研究提出了若干局部的指引。伯格提出了 50 个关于繁荣、平等和自由的命题，他希望读者在当下思考资本主义利弊时能够先接受它们这些假设。伯格说，自己写下这些命题时并未偏袒资本主义，因为在他早年时，曾经认真地考虑过社会主义或许会是一种更人道的经济与社会组织形式。然而，这本书中包含的命题让伯格本人得出的结论是：资本主义更好。

所获荣誉

彼得·伯格于 1982 年当选为美国艺术与科学院院士。罗耀拉大学、瓦格纳学院、圣母大学、日内瓦大学和慕尼黑大学授予他荣誉博士学位。1992 年，他获得了奥地利政府颁发的马内斯·施佩贝尔奖，以表彰其重大的文化贡献。2010 年，他获得了图宾根大学颁发的利奥波德·卢卡斯博士奖。

《资本主义革命：关于繁荣、平等和自由的50个命题》

引言

《资本主义革命》一书的副标题是“关于繁荣、平等和自由的五十个命题”，初版于1986年由基本书局发行。[1] 该书旨在提出一种理论大纲，论述现代世界中资本主义与世界之间的关系。这一理论的基础是由实证证据推演出来的假设/命题，有待于实证检验，而且伯格坚持认为它们都是可证伪的。因而，后续研究可能会证实这些命题，也可能将其推翻。

卡尔·马克思在一套理论中同时涵盖了资本主义的经济、社会、政治和文化面向。然而，他的理论里既有科学，又有预言。《资本主义革命》中多次以批评的论调提及了马克思对不同现象的阐释。马克思主义的一大弱点，就是它不能解释当代世界中社会主义政权的严酷现实；另外，马克思预言只有社会主义才能带动第三世界的发展，这也是错误的。

伯格警告读者说，在当前的社会科学界，研究者是无法提出宏大理论的。甚至马克斯·韦伯、约瑟夫·熊彼特和弗里德里希·哈耶克也没有做到。研究者所能做的只是提出解决当前任务的蓝图，以及做一些局部的工作。

伯格的理论是围绕着经济文化的概念建立起来的。他写道，资本主义（或者任何其他经济现象）的“经济文化”理论将探索这些经济过程发生的社会、政治、文化矩阵或语境。[2] 这一术语并没有假定存在因果关系。“经济文化”这一概念只是引导我们关注实证研究必须探索的种种关系。

伯格提出了50个命题，它们应当被理解为当前实证研究下的假设。下面的简述中将完全收录，且都是直接引自伯格原文。如前所述，这五十个命题都是可证伪的。它们都是非教条的、开放的、假设性的。伯格认为，他并不持有一种会导致他支持或反对资本主义的哲学立场。然而，这本书的结论是偏向资本

1 使用版本：Gower (Farnham), 1987.

2 *The Capitalist*, 7.

主义的。除了一部分不证自明的命题以外，大部分命题都会在本简述中得到阐释。

作者在这场智识探险之初并未带有资本主义的偏见。然而，实证证据的强大压力让他接受了支持资本主义的立场。转折点发生于70年代中期，当时伯格注意到日本、韩国、中国台湾和中国香港、新加坡等差别巨大的东亚社会都发生了惊人的增长。他意识到，这样的经验让他很难再在资本主义和社会主义发展模式之间一碗水端平了。作者分析了三根假想的巨型“试管”，其中的“现代化”分别达到了相当高的水平。换言之，他描绘了一幅全球实验室的场景，可以通过一系列复杂程度各异的实验来观察现代化的“化学反应”。这三根试管分别是：（1）西方工业资本主义；（2）东亚工业资本主义；（3）工业社会主义。

资本主义现象

资本主义这个术语指的是一系列经济安排。资本主义社会的公民所遇到的经济安排只是广大得多的社会世界的一部分。

此外，资本主义也是一个概念和一个历史现象。研究资本主义的史学家对它的某些特征已经达成了显著的共识。中世纪欧洲不断扩大的市场经济构成了资本主义的基础。现代资本主义出现于16到18世纪之间。但是决定性的飞跃发生在18世纪，大量技术发明孕育了工业革命的发生。现代资本主义世界体系奠定于19世纪，并在20世纪进一步加强。起初，资本主义只涵盖了一小部分西方经济体。后来，它逐渐成为西方经济体共同的根本组织原则。

资本主义“之父”亚当·斯密根本没有用过这个词，他描述的是自由的自然体系。卡尔·马克思也很少用资本主义这个词。直到1902年维尔纳·桑巴特的巨著《现代资本主义》（*Modern Capitalism*）出版后，它才成为一个非专有词汇。在此之前，它只被视为社会主义的对立面。

资本主义这一术语包含着若干关键要素：它根植于金钱，而且是一种组织生产的特定形式。现代工业资本主义的前提，是通过复式记账法实现的理性计算。它的其他特征包括全部物质生产资料均为私有财产、理性的法律体系、自由市场、以经济活动为导向的理性技术、劳动力自由和经济的商业化。

伯格然后给资本主义下了个简单的定义："企业家个人或组织以盈利为目的为市场进行生产"。[1]马克思向我们展现了这一体系是如何带来了巨大的、史无前例的生产力。这股力量大大地改变了人类生活的物质状况，先是在资本主义的"核心国家"，之后则不断扩展到了全世界。

起初，经济过程是由传统决定的。随着资本主义促成了生产性资源的大量积累，再加上技术力量的飞跃，情况发生了改变。达到其彻底形态的资本主义现象是与工业化现象同时出现的。在两者的合力下，新的经济制度和新的技术改变了世界。

就经济安排而言，两大基本选择就是：经济过程是由市场机制决定，还是由政治分配机制决定。简单地说，就是在市场经济与指令经济之中二选一。由于真实世界中并没有纯粹的市场经济和指令经济，有批评者指出资本主义社会也可能正行进在通往社会主义的道路上。对指令经济来说，一个问题就是社会主义经济是否可以在没有任何市场机制运行的情况下生存下来。

经济制度并非在真空之中，而是存在于社会与政治结构、文化模式和意识结构（即价值观、理念、信念体系）的环境下。于是，经济文化就包括大量相互关联的元素。但是，在某个语境下，哪些元素之间有着内在的关联，而哪些又只有外在的联系呢？内在联系就是一个现象必然要有的联系。反之，外在联系的原因在于这样或那样的历史偶然，因而可以与该现象"分开来思考"。举个例子，现代技术与理性的工程师心态之间的联系就是内在的，而工程师文化与个人主义之间的联系就可能仅仅是西方历史的偶然。我们很容易就能想到一种证明它是外在联系的情况：某个高度集体主义、同时采用了现代技术的社会。

在其成熟形态下，资本主义是与技术以及技术为人类物质状况带来的巨大变化联系在一起的。资本主义还与一套新的基于阶级（一种新的政治体系和一种新文化）的分层体系存在联系。这些新元素都在资本主义的经济文化内相互

---

1 *The Capitalist Revolution*, 19.

勾连。普通人将其体验为一个统一体，而且在概念构造中往往也是如此，不管是资本主义的批评者还是支持者。

因此，一个关于资本主义的理论就必须要解释这些不同元素之间是如何联系在一起的。马克思主义是实现这一理论整合目标中最雄心勃勃的一个。伯格补充说，最够格与其并列的另一种范式就是所谓的“现代化理论”。这个术语指的是一系列理论，旨在解释“二战”后非洲、亚洲和拉丁美洲发展中国家发生的迅速变化。它也可以指对现代性的整体视角研究，这一路径主要是从经典社会学传统中生发出来的。综上所述，现代化理论是一种以现代性范畴为核心的综合范式，在若干重要方面与马克思主义范式存在重大区别。《资本主义革命》属于社会学传统，其论点受到了韦伯对现代世界看法的影响。

现代与人类历史上的其他时期有何区别？现代世界背后的驱动力是什么？韦伯认为，最重要的就是理性化，即逐步将理性思考与理性技术施加于社会的每个部分。他相信犹太教和基督教的某些特征是世界的理性化转变的基石。法国社会学家埃米尔·涂尔干（Emile Durkheim）将这一转变称为从“机械团结”到“有机团结”。他感觉这样的变化是好的，因为它强化了个人自由。美国社会学家塔尔科特·帕森斯（Talcott Parsons）发现了分化现象：现代社会的各个部分分成了不同的机构，比如教育机构、政府机构、工作机构等等，而这些部分之前都是统一在同一个机构中的。

现代化范式将资本主义视为多种互相存在因果关系的核心要素之一；在其最近的形式（尤其是第三世界社会）中，技术倾向于向中央移动。另一种范式的认知受到了强调重点不同的影响。伯格力图避免收敛理论（认为资本主义和社会主义体系将殊途同归）带来的将极其重要的经济、社会、政治差别消弭于无形的扭曲认知。

理论上的挑战，就是开始构建一个让资本主义现象的经济、技术、政治、文化要素能够在其中得到充分理解的理论框架。这是一项缓慢艰难、从未彻底完成的事业。伯格在这一章的最后说道，人们会为先知的言之凿凿而互相残杀，却很少为可证否的假设而彼此杀戮。作为一名社会科学家，他坚持自己没有言之凿凿，而只有可证否的假设。这种做法在道德和智识上都是有道理的。

物质生活：丰饶之角

就在不远的过去，极高的出生死亡率、低预期寿命、营养不良、频繁挨饿、面对病痛和自然灾害的无能为力还都是人类物质生活的特征。由于技术的相对停滞，以及经济几乎零增长，人类仅能维持生计，这些现象一直延续着。现代科技的到来急剧改变了这一状况：工业革命。上述特征迅速发生了变化，持续的自我生成的增长取代了零增长。技术对物质生活的改变是现代化的一个核心含义。工业革命的本质影响就是生产力的极大提高。这一过程还在不断加速。工业革命是资本主义的一个历史成就。然而，从分析的意义上来看，资本主义发展与技术现代化这两个过程是独立的。基于上述论述，伯格提出了命题 1 和命题 2。

---

1. 工业资本主义产生了人类历史上最大的生产力。

2. 就目前为止，没有任何其他社会经济体系能够产生可与之相比的生产力。

在一个为市场交换而生产且规模不断扩大的经济体中，人类两大创造性代表获得了前所未有的发展机遇：企业家与工程师。市场的力量为不断提高生产力提供了最好的动机。工程师的驱动力可能不止利润一项；他可能只是想精益求精，想着如何让自己的小玩意更加高效。但是，市场经济为他们提供了才能开花结果的适当环境。于是，伯格在前两个命题之后加入了命题 3：

---

3. 以市场交换而生产为导向的经济为基于现代技术的、持久的、不断扩大的产能提供了最佳的条件。

根据工人阶级的状况，伯格分析了工业资本主义是如何在英格兰展开的。在此语境下，他提到了弗里德里希·恩格斯的《英格兰工人阶级状况》（*The Condition of the Working Class in England*，1845）一书，他认为这本书“充满了党派之见”和悲观情绪。然而，他发现恩格斯的观察确有独到之处，虽然也有另一派历史学家分析同样的状况时要更加乐观。我们有理由认为，像恩格斯这样的悲观立场在英国工业革命初期是比较合理的，但在之后的阶段（也就是1820年之后）就不那么合理了。

4. 在工业革命的初期，英国（很可能也包括其他西欧国家）人民付出了很大的代价，即使物质生活水平并没有真的下降，也必然存在社会与文化混乱。

毋庸赘言，我们并不能预先断言，当下正经历工业化的社会也一定要承受同样的代价。换言之，没有任何一条历史定律能告诉我们，所有社会都一定要重演英格兰的经历。自19世纪中叶以来，西方社会几乎所有阶层的物质福利都有了巨大的提升，虽然20世纪30年代曾发生了短暂的下滑。

5. 发达工业资本主义为大众提供了人类历史上最高的物质生活水平，且目前仍在继续。

也许，实行其他社会经济体系的社会最终会在生活水平上超越资本主义。但是是否有哪一个体系能保证穷人和富人会同等获益？这可难说。经济学家西蒙·库兹涅茨于1955年提出了所谓的“库兹涅茨曲线”。它表明了收入和财富分配的模式：随着现代经济增长的延续，不平等水平首先会急剧增加，之后则会逐渐降低。

虽然库兹涅茨曲线似乎同样适用于资本主义和社会主义国家，但却不适用于东亚。在那里，经济增长与不平等程度降低是携手并进的。库兹涅茨效应的原因可能并非增长率本身，而是长期增长及其带来的技术与人口结果。库兹涅茨曲线所采用的主要是税前收入，而没有考虑政府出资的分配与再分配措施。实际上，政府再分配措施会强化，甚至加快库兹涅茨曲线的拉平阶段。然而，基于税收和转移支付机制的强再分配政策可能会对生产力起负面激励作用。平等和经济效率之间是存在权衡关系的。从长期来看，它可能会导致生活水平降低。

---

6. 随着技术现代化和经济增长的发展，收入和财富不平等会先大幅上升，接着大幅下降，最后维持在一个相对稳定的状态。

7. 这些变化是由技术和人口力量的相互作用导致的，与社会经济组织形式相对独立。

8. 政治干预可以强化或加速这一过程的拉平阶段，但如果干预超过了一定程度（当前难以精确确定），那么就会对经济增长产生负面的后果，最终会殃及生活水平。

在这一章的最后，伯格提出，如果目标是改善人们（尤其是穷人）的物质条件，那么资本主义是一个好的选择。如果目标是实现现代化，而不管采用何种社会经济组织形式，那么相当程度的物质不平等很可能是不可避免的。如果目标是通过政治干预来实现最大的物质平等，那么最终可能会扰乱经济发展的动力，并威胁到整个社会的物质生活水平。

阶级：成功的阶梯

我们可以将现代化的过程描述为一场预期提升的革命。然而，这并不意味着平等主义。所有社会都必然存在分层，存在不同的位阶。位阶提供的好处是：（1）特权，在获得的物质产品和服务意义上；（2）权力；（3）声望。这三项好处可能会并于一身，但也未必如此。在大多数社会中，不同形式的位阶可能重叠也可能错位。

“阶级”这一范畴是分层的一种，但绝非唯一的一种。因而，“阶级体系”指的是一种能够与其他模式区分开来的特定分层模式。

伯格将阶级定义为：其特权来源于在生产过程中之角色的群体。它的特点是共同的利益和文化特质。阶级社会即以阶级为主要分层模式的社会。阶级有其政治性的一面，因为各个阶级都有自己的利益，必须要通过与其他利益集团的斗争才能得到。这就意味着，职业对决定阶级地位极其重要。社会流动现象是存在的，但光凭定义是无法解析的，唯有通过在实践中探索。另一个方面，就是阶级以外的因素对个人或集团特权的影响程度。在此语境下相关的因素包括种族或性别等。

9. 在工业资本主义下，所有其他的分层形式都会逐渐被阶级取代。

资本主义的承载者，近代资产阶级是从传统的“第三等级”中发展出来的，后者包括商人和手工艺者。很关键的一点是，这个新阶级要求法律面前一律平等。换言之，个人与特权序列的关系不应当再由出身或王室宠幸决定，而应该由其在生产过程中的角色与成功决定。阶级意味着“金钱说了算”。虽然在阶级体系内，家庭出身仍然是个人事业成功的一个重要变量，但教育水平这一变量在预测社会流动方面的作用日益增强。

在非阶级因素会干涉阶级体系运行这一层面上，每一个现存阶级体系都是“不纯粹”的。美国社会中阶级与种族的相互作用就是一例。在这一例子中，我们可以说两个独立的分层体系是互相叠加的。因而，我们不应该把阶级体系想象成铁板一块；我们必须从相对关系的角度来看待它，阶级在其中虽然占据主导，但并非唯一的分层形式。

工业资本主义与阶级有着天然的关联。市场机制是资本主义经济的核心。正如市场决定着生产过程，特权的取得也有自己的一个市场。在“纯粹”的资本主义的阶级体系下，两个市场是重合的：所有特权都要通过在市场经济内产生的收入和财富购得。

一个显著的变化就是中间阶层的膨胀，这是由技术进步引发的。毕竟，在物质生产中的过程中，需要的体力劳动者越来越少，于是越来越多的工人能够去进行管理和其他白领工作。在此基础上，企业和政府扩张也需要更多的管理人员。

大型企业的出现，是经济组织变化中的一项强大因素。工人阶级成形了，对经济资源的控制变得比法定所有权更加重要（即经理取代了企业主）。旧的贵族上层阶级被工业资产阶级取代了。工业化导致社会流动性大大提高，这一点也适用于社会主义经济。社会流动的根本动力是由社会、政治、人口的力量塑造的，其中人口的力量尤其值得注意，因为它确保了存在“权贵的空间”。

10. 正在进行的工业化是社会流动的基本决定要素，不管采用何种社会政治组织形式。

11. 在所有发达工业社会中，向上流动的比例都曾有过小幅的增加，但并未有剧烈的变化。

如果对非熟练体力劳动工人的需求持续减少，那么这个命题是可能发生变化的。

12. 在所有发达工业社会中，教育已经成为向上流动的唯一最重要的工具。

特别是在洋溢着乐观情绪的社会（比如美国社会）中，人们相信努力工作和接受教育是决定一个人能否成功实现社会流动的主要因素。

13. 工业资本主义，尤其是与政治民主结合起来的情况下，最有可能维持社会分层体系的开放性。

通过与经济和政治力量的相互作用，西方社会已经逐渐扫除了个人前进的传统障碍，社会出身不再重要。在初级工业化如火如荼的第三世界社会中，我们也能看到，社会流动的机会同样正在放开。

只要工业资本主义与政治民主结合在了一起，阶级体系的开放性就总是会提高。这并不一定是通过改善收入分配，或者提高向上流动的总量来实现，而是通过赋予地位较低的阶级更大的受教育机会实现的。从这一角度看，福利国家可以被看作一种宏大的机制，旨在进一步提高本就高度动态化的阶级体系的开放性。背景依然重要，但个人成就与纯粹的运气也同样重要。

在原有的中产阶级之外，一个新的中产阶级出现了，其成员从事与符号知识的生产与传播相关的职业，也就是所谓的“知识阶级”。符号知识就是并不直接以物质生活为目标的知识。新老中产阶级之间可能会发生冲突。

---

14. 当代西方社会的一个特点，就是旧中产阶级（从事物质产品和服务的生产与传播）和新中产阶级（从事符号知识的生产与传播）之间旷日持久的冲突。

有阶级的地方就有阶级斗争。新的知识阶级在政治和意识形态都比旧中产阶级偏左，而且事实上有着反资本主义的倾向。

---

15. 西方社会中的新知识阶层是资本主义的主要反对者之一。

这是为什么？原因在于，这个知识阶层的生计仰赖于政府的工资或补贴。这就表明支持福利国家的扩张符合他们的利益。与生产体系相对的政府分配体制是这一阶级成员的利益所在，从而将他们推向了西方语境下的左翼。

伯格的结论是，工业资本主义是现代性的一个版本。西方社会某些特质的根源很可能在于它们是现代社会，而非它们是资本主义社会。这些特质就是收入分配与社会流动。另一方面，西方社会生产力强大和阶级体系相对开放的根源才是资本主义。

资本主义与政治自由

作者首要的关切点，就是经济安排（即所谓的“资本主义”）与现代社会的其他过程和制度相互作用反馈的方式。如上所述，“经济文化”这个术语目的就是指出这种关切。最重要的关系就是资本主义与现代国家之间的关系。后者与资本主义的发展亦步亦趋，达到了其最完善的程度，而且是人类历史上效率最高、管辖范围最广的政治权力组织。民主正是在发展出了现代资本主义的西方国家中发展了起来。现代民主是新兴资产阶级的历史成就之一。

伯格给民主的定义是，政府由在定期举行的、非强制的选举中获得多数票的人员组成的政治体系。这一定义既不涉及普选权，也不包含那一整套公民权利与人权。民主就是对政府权力的一种制度化限制。它的前提就是，社会的政治机构与其他机构界限清晰，不能不分你我。资本主义既与史上最集中的政治权力有关，又与对政府权力最强大的限制有关。诚然，现代国家可以脱离资本主义而存在。问题在于，现代民主是否可能脱离资本主义而独存?

所有民主社会都是资本主义社会，但反过来并不成立，而且现在也并没有社会主义的民主社会。熊彼特相信，在原则上，民主在资本主义和社会主义下都可能实现。然而，他也相信社会主义民主对个人自由无益。

弗里德曼夫妇等人认为，经济自由必然与政治自由相联系，因为两者都是个人基于自主的冲动以反抗国家的强制权力。他们将自由视为一个整体；也就是说,任何减损了生活中某个部分之自由的事物,都可能影响到其他部分之自由。

从实际来看，社会主义意味着国家权力的大规模扩张。经济活动领域以一种更完整的方式并入了国家领域。在这一语境下，我们往往会用到指令经济这个术语。社会主义国家垄断了经济和政治权力。生产资料的所有权被废除了，更进一步证明了社会主义与民主的不相容。

---

16. 资本主义是民主的必要条件，但并非充分条件。

17. 如果在一个资本主义经济体内，国家控制的程度不断提升，那么在达到某个点后，民主治理就将不再可能。

18. 如果在一个社会主义经济体内，市场力量的程度不断提升，那么在达到某个点后，民主治理就将成为可能。

伯格指出，成功的资本主义会施加朝向民主的压力，而所谓的“发展主义独裁”只不过是资本主义发展的“起飞”阶段罢了。然而，伯格警告说，这并不意味着独裁是资本主义起飞的必要条件。

权威主义政权与极权主义政权是应当区分的。权威主义政权对政治反对是不容忍的，但它还是允许机构独立于国家运行的，只要它们不采取政治性质的活动。极权主义政权则希望由国家控制社会的每一个机构。社会主义“事业”本身就包含着极权主义倾向，因为它必然会排除经济部门在政治机构面前的自主权。这样的自主权是资本主义的前提，因而资本主义会阻碍极权主义的发展。

---

19. 如果资本主义发展成功地实现了经济增长，并让相当一部分人口享受到了福利，那么朝向民主的发展就可能会出现。

这样的发展很可能与中产阶级的出现有关，取得了经济成功的他们想要参与到政治中来。为了防止民主堕落为暴政，工会、联合会、行业团体等中间机构是很关键的。资本主义与调解机构之间的正向联系可能有助于解释资本主义为何会带来朝向民主的压力。民主与尊重人权之间也有关联，但这并非逻辑上的必然性。

现代民主国家也是福利国家，这可能会隐含着“潜伏的社会主义”。国家扩张到一定程度之后，也可能就不再民主了。为了满足曼瑟·奥尔森（Mancur Olsen）在《国家的兴起与衰落》（*The Rise and Decline of Nations*, 1982）中所说的“分利联盟”的要求，国家可能会逐渐加深对经济的干涉。因而，这其中存在着颠覆资本主义和民主的内在动力。二者在将来都未必就是不可逃避的大势。

资本主义与个人自由

西方个人主义往往被批评为自私自利、一盘散沙、缺乏有约束力的道德准则。然而，个人自主这个词才能更好地体现个人主义。它可以指某种特定的个性体验，也可以指一套社会制度，能够让个人在特定的法律和政治机构中体验到自主。个人自由需要个人解放的文化。个人主义可能会削弱权威。卡尔·波兰尼在《大转型》（1944）中写道，“将劳动从生活的其他活动中剥离出来，将其置于市场法则的支配之下，这样就会消除所有有机的存在形式，并代之以另一种组织方式，即原子化的、个人化的组织方式。”

现在，历史学家认为促进了个人主义发展的并非现代性。恰恰相反，正是中世纪英格兰的个人主义模式，才让现代性在那里萌发成为可能。资本主义——以及工业革命——的根源一定要在中世纪英格兰的所有权结构中去找寻。现代英格兰的平等与自由的历史也是如此。伯格甚至走得更远。他认为西方个人自主的根源在于古代以色列和古希腊。以色列人的神是独一的、超越的、人格化的，这几乎不可避免地创造出了与神的意志做斗争的孤独人类个体意识。古希腊个人自主体验的基础是对人类理性自主力量的发掘。

20. 西方文化中的个人自主之根远远早于现代资本主义。此外，西方文化的前现代“个人主义”恰恰是与资本主义相关的那个“个人主义”的威胁。

现代自主与现代资本主义有什么关系？历史上，资本主义的“承载者”是在几个世纪里同步发展的资产阶级资本主义和资产阶级文化（译者注：此处的“资产阶级”原文皆为bourgeois，即所谓布尔乔亚）。我们可以说，两者的发展都与现代西方式个人自主的起源有着很深的关联。资产阶级高声颂扬在生活中贯彻理性和全面的“循道宗”思想（即严格恪守个人私德与社会公德），与贵族阶层依赖“健全的本能”和自发精神截然对立。资产阶级尊重学习，而直到18世纪贵族里还有不少文盲。资产阶级强调个人责任，而贵族则仰赖所谓“荣誉”。

马克斯·韦伯对“资本主义精神”做出了重大贡献。加尔文宗的“双重先定论”指的是，上帝早在时间开始之前就已经决定了谁会获得拯救，而谁又会受永罚，从而导致信徒对个人命运普遍焦虑。为了缓解焦虑，虔诚的加尔文信徒就会追求有德行的生活，希望获得上帝对此世行为的祝福。韦伯认为，这种加尔文教徒的理想类型就是工作极其努力，个人享受极少，将自己塑造为成功企业家的清教徒商人。

韦伯相信，东方哲学并不提倡商人式的态度。按照他的阐释，佛教和儒学并不包含新教加尔文宗的要素。日本和其他东亚国家迅猛的经济发展表明，韦伯错了。

21. 西方——尤其是新教社会——的资产阶级文化产生了一种类型的个人，其显著特点是个人自主既是他们的价值观，也是他们的心理现实。

西方文化对个人主体性，也就是对个体的感知，有着强烈的兴趣。根源就在于资产阶级文化。由于这种文化的缔造者也同样让资本主义在西方社会走向强盛，个人自主的出现就与资本主义发生了关系。

伯格发现资产阶级文化的以下要素与其资本主义环境直接相关：个人主义，严格纪律，冷静、务实、追求解决问题的态度（尤其是在经济生活中）和宏大志向。然而，由于东亚资本主义的成功，资本主义与个人自主之间的联系是否在跨文化语境下依然成立就要打一个大大的问号了。拿日本来说：它就在非个人主义文化的基础上，发展出了极其成功的资本主义经济。此外，还有一些工业社会主义社会在理论和实践中都否认个人的自主权。

22. 鉴于西方文明的社会和文化基础，资本主义是个人自主继续存在的必要但非充分条件。

23. 不管在任何地方，西方资产阶级文化的某些成分都是资本主义成功发展的先决条件，尤其是能动精神、理性创新和自律。

人际关系也要受制于资本主义的创造性毁灭特征。因而，世界就需要某种“温情”来平衡资本主义的“冷酷”。家庭、教会、友谊和自由结社在整个资本主义文化的发展过程中都起到了这种平衡作用。它们在今天仍将发挥同样的作用，虽然在资本主义文化中它们是矛盾的存在。

24. 资本主义需要社会团结的制度和机构，来平衡个人自主中匿名性的一面。家庭和宗教就是这些制度中最重要的两项。

资本主义与发展

资本主义已经成为决定大多数人类经济命运的国际体系，而且至少对其社会、政治和文化命运发挥着间接的影响。在发展中国家，资本主义经济与日益增多的贫困并存。资本主义的丰饶之角是一幅应许着财富、寄托着希望的图景。但是在现实与这幅图景存在差距的时候，梦想就很容易变成苦涩与仇恨。伯格是这样定义发展的："发展就是贫穷国家的人民试图达到发达工业资本主义国家已经达到的物质生活水平的过程。"[1]

经济增长是发展的条件。但是增长本身并不一定就是发展，有可能只有少数人从增长中获益，而大多数人依然贫困。按常识来看，发展意味着分享增长红利。所以，发展是一个持续的经济增长过程，且多数人会因此逐渐脱贫致富。应当指出的是，从经济和社会指标来看，欧洲和北美洲的所有国家在两百年前都是穷国。

我们可以进一步细化资本主义和发展的问题：欧洲和北美洲的发展经历能否在第三世界的贫困国家中得到复制呢？20世纪五十、六十年代盛行着乐观的前景。W·W·罗斯托的经济增长五阶段论表明，只要足够的技术和社会政治前提条件就位，经济增长和发展就自然会到来。这样的话，第三世界国家就会循着英国等国家当年的道路走向发展。从"起飞"算起，它们的经济会在大约六十年之后达到成熟阶段。罗斯托的观点现在被批评为种族中心主义，反映了西方人的偏见。

伯格感觉这种批评是不公允的。罗斯托的观点与其说是种族中心主义，不

1 *The Capitalist Revolution*，116.

如说是乐观过头。他的模型假设是，基本发展路径已经确定，如果再对其内在逻辑给予适当关注，那么所有发展中国家的前景就都会一片光明。更公允的批评应当是，现代化并不等同于发展。现代的技术和经济转变会或多或少地自然导致某些良好的结果，这本应该是一个可证否的假设，而非作为理论出发点的假定。

到了六十年代末，罗斯托的发展观遭到了猛烈抨击，而认为在国际资本主义体系下，第三世界的前景要悲观得多的观点则甚嚣尘上。左派观点开始成为发展论辩中的主流。所谓的“依附理论”开始风行。持这一观点的人并非都是马克思主义者或社会主义者。然而，它的基本概念工具确实源自马克思主义，包括其反资本主义立场。

列宁认为，帝国主义是资本主义在其历史的高级阶段的必然表现形式。资本家此时开始将目光投向海外的新市场，将“过剩资本”投入到那里。两者都是资本集中在巨型企业手中，从而竞争减弱的结果。国内的产品和投资市场已经枯竭了。于是，资本家必须要到海外寻找新的市场和投资机会。帝国主义就是实现这些经济目标的政治 / 军事手段。列宁的结论是，革命会发生在资本主义世界的边缘，而非中心。然而，现代资本主义的实际发展不能仅仅用经济利益来解释，而必须要结合经济上“非理性”的动机来看。毕竟，以经济利益衡量，殖民帝国带给母国的好处远比不上耗费。

依附理论的中心论点是，国际资本主义力量的渗透扭曲，乃至阻止了边缘地带的发展。伯格追问道，这种依附的状况是否必然对边缘地带的人民有害呢？依附理论的支持者说：是的。外国公司主导国民经济，民族企业遭到扼杀，经济政策由外国决定，本土人民陷于贫困，只有所谓的买办阶级，也就是充当外国企业代理人的本地人从中受益。安德烈·冈德·弗兰克（André Gunder Frank）创造了“不发达的发展”这个短语。第三世界的不发达不是国际资本主义进入这些国家之前的状况，而恰恰是由国际资本带来的窘境。

依附理论提出时正值殖民者纷纷离开，众多新国家建立；然而，这个理论“陷入了困境”。即使不那么激进的经济学家也感到，资本主义将第三世界国家置于依附地位，而且会有意使其贫困化。在第三世界的意识形态中，欠发达的根源要在本国之外寻找成为一个重要元素。这阻碍了痛苦的自我反思。然而，这并非对现实的正确反映。前殖民大国之间的经济联系要比其与“边缘地带”的联系强得多。诚然，有一些政策是故意要妨害发展的。英国打击印度纺织业、以保护本国产业的政策就是一例。中美洲的美国公司和西非的法国资本也与此类似。另一方面，伯格比较了埃塞俄比亚（受殖民主义影响很小）和肯尼亚（受殖民主义影响较大）两国后表明，埃塞俄比亚的状况不及肯尼亚。殖民大国的遗产包括实体基础设施，以及现代官僚体系、教育体系等社会制度。

我们很难相信国际社会主义体系会更加追求平等。苏联及其欧洲的工业化盟国确实建立了这样一个国际社会主义体系，但“不平等”和“依附”恰恰是其重要特征。

跨国企业是资本与技术向第三世界国家转移、训练当地人员担任现代经济岗位的主要渠道，而且也是第三世界政府最可靠的一笔税源。另一方面，不少第三世界政府本身就是发展的障碍。它们的政策和行为往往会导致欠发达，比如破坏性的社会主义实验，以及人为压低农产品价格、偏向城市人口，从而压制农业发展的管制措施。国家无力（贡纳尔·默达尔创造了“软政权”一词）是许多第三世界政府的另一个特征，此外还有腐败。

东亚资本主义的发展是对依附理论最重要的实证反驳。依附理论的支持者不可能无视这一区域，一大原因就是这一理论无法解释它们的惊人发展。

25. 第三世界国家进入国际资本主义体系倾向于促进其发展。

这一命题并不意味着，只要加入国际资本主义体系就一定会发展。它只是表明，加入这一体系会释放能够促进发展的力量。当前全球的一个共识就是：允许市场经济充分发挥其力量的经济体，在表现上要优于所有决策均受中央管理的经济体。

26. 资本主义强大的生产力，正如其在西方发达工业国中所展示出来的那样，今天依然展现在全球资本主义体系进入的所有地方。

这一命题并不意味着只有资本主义能够带来经济发展。从 1950 年到 1980 年，全球实际产出增加了两倍。资本主义本身是不可能做到这一点的。平等问题依然亟待解决，比如大众生活水平会如何影响经济增长，以及增长的红利如何分配等。

“第三世界主义”的一个要素是，发展中国家穷人的境况正在恶化，而且穷国与富国之间的差距正在拉大。伯格的反驳是，第三世界国家的统计数据并非总是可靠的，我们必须要考察发展的“生理学”：人们吃得更饱了吗？活得更久了吗？还有出生死亡率等等呢？这些指标几乎在所有地方都改善了。其原因在于现代化，而非任何特定的社会经济体系。

印度和中国的经验表明，从社会主义农业战略转向资本主义农业战略大大改善了贫农的状况。这一点很重要，因为一个广泛的共识就是，农业对发展很关键，因而对农村和城市贫民的命运也很关键。

27. 与社会主义的发展相比，资本主义的发展更可能改善当代第三世界人民的物质生活水准，包括最贫困的群体。

收入的极端不平等易于引发紧张的社会与政治局势，对发展不利。增长与平等之间存在着一种权衡。但是这是真的吗？经济学家相信，库兹涅茨曲线适用于当今的第三世界国家。古斯塔夫·帕帕奈克（Gustav Papanek）研究了三类国家的相关趋势：“民粹主义”国家、“修正资本主义”国家和“增长导向型私人企业式”国家。他的结论是，对穷人而言，民粹主义战略最差，修正资本主义次之，全面彻底的增长战略则最好。伯格论证道，政府再分配政策容易造成不平等，不仅是因为它们会阻碍增长，也是因为它们将政治的扭曲因素引入了经济进程。它们容易创造出得益于这些政策的“受保护”部门（主要成员为城市技术工人），但也可能造成社会其他部门的经济困难。这些政府政策往往还会人为地为农产品制定低价格，从而打压农村人口的收入。然而，政府也可以出台有利于平等的政策。教育是一项，贫困人口集体资产所有权是一项，鼓励投资劳动密集型产业也是一项。

28. 与政府主导的、有意识的收入再分配战略相比，导致经济迅速通过劳动密集型产业增长的资本主义发展更可能使得收入平等化。

伯格在这一章的最后强调，每一种发展战略都是一场赌博，但是总体来说，资本主义的赢面大一些。它的结论是，有理由认为这一看法正在今天的第三世界内传播开来。

第二个案例：东亚资本主义

为了更好地理解西方，我们必须努力去理解东亚。东亚社会有着几个共同的显著特征。这些社会都发展出了全面现代化的资本主义工业经济。它们都维持了较高的增长率，即使在衰退期也是。此外，这些社会基本成功消除了贫困。它们的经济都是出口导向型，国家在塑造经济进程中起到了非常积极的作用。除了教育外，它们的福利政策总体上并不发达，虽然日本的状况正在改变。它们的税率相对较低，储蓄率则相对较高。最后，它们的人民都很勤劳，工作伦理非常强大。

1953 年，日本经济重新站稳了脚跟，达到了二战前的水平。这要归功于日本在 19 世纪推行工业化时的经验。在 1890 年至 1940 年间，日本的年增长率达到了 3.5%，是全球最高的之一。在明治维新这场不流血的政变中，德川幕府被推翻了，封地和其他封建特权被废除，日本也走上了与传统经济活动不同的道路。明治时期确实是革命性的，有意识地、迅速地从封建走向了资本主义。岩仓具视使团遍访美、英、法、德诸国，考察何种制度和生产流程更有利于日本发展，这一事件尤其有趣。

在意识到如果不改变土地所有制，一个农业国就无从现代化之后，土地所有制就被改变了。起初，政府建立了由外国管理人员运营的国有工厂。一旦有了足够多的受过培训、能够运营新式工业企业的日本人之后，政府就以极低的价格将它们卖给了私人企业家。新的日本工业财阀就此诞生。

政府引入了普及教育体系。新兴的资产阶级文化从传统的武士道中衍生了出来；原本的封建军事阶层的专注性和纪律性现在成了资本家－企业家阶层的文化特性。

近年来，“亚洲四小龙”（伯格这样称呼它们）韩国、中国台湾、中国香港和新加坡在经济和社会上都取得了惊人的成功。比方说，1978 年时，台湾人口为 1710 万（只占中国大陆的 1.8%），然而其人均国民生产总值已经是对岸的六倍之多了。四小龙都发展出了日益高技术化的经济格局。土地改革是台湾地区最重要的政策之一。它创造了一个新的有产农民阶层，对繁荣和收入的分配有着重要的影响。有证据表明，工资上升的趋势为非熟练工人带来的好处与熟练工人一样多，甚至还可能更多。无论如何，在增长的过程中，收入分配变得更加平等了。

---

29. 东亚确证了工业资本主义优越的生产力。

30. 东亚确证了工业资本主义在提高大众物质生活水平方面的优越能力。

31. 东亚确证了工业资本主义与出现社会流动相对开放的阶级体系之间存在正向关系。

32. 东亚证否了现代资本主义条件下，经济增长初期收入一定会更加不平等的命题，但是它确证了收入分配会随着经济增长继续稳定下来的命题。

由于儒学和其他宗教传统，东亚文化特别适合于现代发展，而且东亚社会确实有其文化特质。然而，这并不意味着亚洲奇迹无法由其他人复制。我们有很好的理由来质疑东亚经验的独一无二性。世界经济的机遇窗口会周期性出现，其他国家也可能抓住。在完全不同的社会中，人们也曾成功运用或者改变了自

身的文化特质取得了经济上的成功。至于帝国主义的影响，明治维新本身就是对西方帝国主义入侵的直接回应。

33. 东亚经验证否了一个命题，即在依附国际资本主义体系的条件下发展不可能成功。

对马克思主义者来说，东亚是个坏消息。但是，对仍然坚持某些自由放任主义理念，认为国家干涉有害于经济发展的资本主义意识形态家们来说，东亚也会令他们感到不安。所有成功的东亚国家的一大特点，就是国家对经济生活的大规模干预。它们都实行高度的统制经济，而且从各自的现代化进程之初便一直如此。

34. 东亚的证据证否了一个观念，即国家对经济的大规模干预与资本主义的成功发展是不相容的。

该命题不应理解为支持西方社会民主主义者鼓吹的“混合经济”。东亚经济是不折不扣的资本主义。要点在于，东亚经验让所有资本主义理论都不得不进行修正，试图在自由放任的教条中为资本主义经济体中的国家留下一席之地。

东亚经验提出了一个问题：成功的资本主义是否会产生朝向民主的压力？日本有民主，虽然是“二战”后由美国强制推行的。四小龙确实显现出了某些民主压力的迹象。因而，在措辞上需要极其谨慎。

35. 东亚的证据为“资本主义发展会向民主施加压力”这一论点提供了支持，但程度较弱。

通过比较“日本资本主义精神”和西方资本主义的“精神”，我们会发现一些差异。最重的相似之处是韦伯所说得“世俗禁欲主义”，即世俗性与自我否定、自我规训的结合体。在日本，这种心态的历史要比西方长得多，而且与一种强调为他人服务，以奉公为终极目标的反个人主义文化融合在了一起。这种修正后的西方资本主义精神或许能够解释日本商人以未来成功为目标，从而愿意长期容忍低利润率的现象。

---

36. 东亚经验支持了一个假说，即西方资产阶级文化的某些成分都是资本主义成功发展的先决条件，尤其是能动精神、理性创新和自律。

37. 东亚文明的某些要素，不管是“伟大传统”还是民间文化，都培育了这些价值观，从而赋予了该地区的社会在现代化进程中的一种比较优势。

不管是认为经济和其他社会制度只是历史环境的结果，还是说它们可以由公意自由地构建，都是与社会科学关于文化力量的研究成果相悖的。因而，如果新加坡的主要居民不是华人，而是巴西人或者孟加拉人，那么我们就内在地很难相信新加坡会是今天的面貌。人类的行为确实是由过去决定的，但他们也有能力改变传承的文化。文化与法律、政治或教育政策不同，很少因为有意的行为而改变。明治时期的日本就是这方面的一个突出案例。

另一个问题就是，东亚在多大程度上成功地在资本主义条件下实现了现代化，同时又没有变得更加“个人至上”。一个广泛的共识是，东亚整体——尤其是日本——的特点就是强有力的社区团结，从而也抵制着西式的个人主义。

---

38. 在一段长时间内，各东亚社会成功地既实现了资本主义条件下的现代化，又没有沿着西方的道路走向个人主义。

“现代化就是个人化”得到了强有力的跨国证据支持，足以让我们怀疑东亚社会究竟还能在“集团主义”道路上继续多久。

---

39. 个人自主的价值观正在消解东亚的社群意识，而且可能还会持续。

这些社会可能或迟或早会面临某些经济生产力，以及政治治理能力方面的问题。

东亚是在由西方主导的资本主义世界体系中运行。时间会告诉我们，民主化和个体化究竟是资本主义引擎的内在特质还是外部特征。

---

40. 由于东亚社会依附于以西方为中心的国际资本主义体系，朝向民主和个人主义的运动趋势已经得到了大大加强。

对照组：工业社会主义

伯格预计，从长期来看，中国可能比苏联重要得多。回到1987年，当时苏联还是现代社会主义的“领头羊”，因而将它与发达资本主义社会进行比较会更有意义。社会主义模式的核心是高度中央集权的计划经济，其中市场的力量遭到了很大程度的禁止。大多数苏联经济的观察者都被其效率和生产力的低下震惊了，尤其是在农业和消费品产业方面。然而，苏联确实实现了经济增长和现代化。人民物质生活水平在缓慢但稳定地提升。伯格认为，这与其说是社会主义的胜利，不如说是将现代科技用于经济生产的结果。

中央计划创造了一个庞大的官僚体系，其本质就决定了这是将低效制度化的做法。为现代民族国家的经济制订计划具有内在的不可能性，尤其是一个像苏联这样辽阔的国家。大多数经济学家都认为这一问题是内在的，因为市场已经被消除，从而不能提供反映在价格体系中的供求信息。

---

41. 社会主义与经济体内官僚主义的普遍化有着内在的关联。

42. 社会主义与效率低下有着内在的关联。

推行社会主义制度是一定要动用强权的，因为被剥夺财产的人绝不会接受自己的命运。因而就像马克思所论证的那样，一定会有独裁。随着社会主义成功建立，对独裁的需要只会更大。“计划”所需的强大权力需要独裁的力量。

社会主义政权本质上就具有极权主义的特征，这可以从其政治结构中反映出来：不仅所有反对都遭到压制，而且它还会不断地试图控制社会内部的所有制度表现，从经济体直到家庭。“极权主义计划”意味着将所有社会制度完全整合在政治结构中。

43. 社会主义与权威主义治理有着内在的密切关系。

44. 社会主义与现代社会的极权主义计划有着内在的密切关系。

在社会主义社会的社会流动性方面，流动率和某些流动渠道（尤其是教育）是与西方一样的。在社会主义社会中，通过党组织实现流动是另一个重要的政治流动渠道。

社会主义社会包含两类各自不同而又存在互动的分层。只要它们拥有现代工业经济，与现有工业资本主义下类似的阶级体系就会因此产生。但是在这个阶级体系之上还叠加了一个非常不同的分层体系，在其中特权、权力和声望都与政治职务相关。马克斯·韦伯称之为家长制体系。

45. 工业社会主义的一个特点是两个不同的分层形式不断相互作用，即阶级体系与政治家长制体系。

由于匈牙利人希望消除中央控制，于是该国引入了新经济体制。它的核心特征是中央计划与控制程度较低，部分价格可以不按照规定，对较自由的价格体系依赖程度较大，实行奖励工资，企业经理的决策权较大。生产力提高了，但利益受到触动的人采取的中央控制和政治阻挠也加强了。

南斯拉夫的“市场社会主义”实验比匈牙利早一些，在一些特征上比较类似。但南斯拉夫还有自我管理制度、工人管理制度等。只要社会主义经济的基本特征还在，苏联式的效率低下就只能实现程度有限的缓解。在这些案例中出现了一个“人为市场”。说是“人为”是跟资本主义经济下市场运作方式对比后的结果。

最后，社会主义官僚体系一旦建立，它就必然会抵制因为经济体内市场力量扩大而对其权力和特权的消减。

---

46. 通过引入市场机制来改良工业社会主义会受到政治上的限制，原因在于家长制精英为维护其既得利益会进行反抗。

47. 通过引入市场机制来改良工业社会主义会受到经济上的限制，原因在于人为市场无法达到与资本主义市场同样的效率。

在本书的前面，资本主义是由市场力量主导，而非生产资料私有制来定义的。该定义的好处在于，可以让市场和私有制之间的关系成为有待实证检验的假说，而非直接在定义中就假定其具有某种关系。根据前面的内容，我们可以提出下一个命题（命题48）：

---

48. 没有生产资料私有制，就没有有效的市场经济。

就当前的知识水平而言，我们可以相当可靠地说，市场力量几乎总是会激活经济，而社会主义总是会压抑经济。

社会主义充满着悖论。社会主义的集体主义与现代的个人主义就是一例。现代化削弱了传统的团结纽带，这一过程也有利于现代个人主义的出现。如前所述，资本主义与现代的个体化有着某种特别的亲密联系。与此相对，社会主义理想则是集体团结和道德无私。

当今社会有两个世界体系。双方在政治、经济、军事等各方面均存在冲突，这也是“二战”后国际关系的主导力量。但是这两个体系也发生着或许可称之为“共同污染”的过程。社会主义理念已经进入了资本主义社会的一个重要意识层面；但西方的理念也在持续渗入社会主义社会，引发了同样的合法性问题。互相颠覆的游戏可能还会持续很长一段时间，从而避免以一方被消灭或双方同归于尽的那种军事冲突结局。

资本主义与神话动力学

社会不是仅靠实际需要和利益维系起来的，更要依赖能够解释和证成其特殊制度安排的信念。但是，我们要区分两种合法化信念：一种是维持着日常生活的制度，另一种则要求信奉者做出高度的奉献和牺牲。普通合法化与另一种合法化——神话——之间存在着重要的区别。马克思的天才就在于将承载着情感（实际上甚至是信仰）的愿景，与冷静的科学探究理想融为一体。重要的是，人们在现实情境中相信了构成这些神话的理念和愿景，而且这些理念和愿景激励着人们去做出奉献和牺牲。

这一区分的要点在于，资本主义一直反常地缺乏合理的神话，而社会主义则一直反常地拥有着生成神话的力量。现代马克思主义消解了理论和现实之间的不符：如果苏联不再是实现了社会主义理想的地方，那中国就一定是；如果中国也不是，那就一定是古巴、越南、莫桑比克、尼加拉瓜……

---

49. 社会主义不只是一套政治规划和社会科学阐释的来源，也是当代最强大的神话之一；只要社会主义仍有神话性，在其信徒的头脑中，它就不可能通过实证证据来证否。

资本主义是没有神话的。亚当·斯密相信，他描述的经济体系只是事物的自然秩序。弗里德里希·哈耶克和米尔顿·弗里德曼这两位可能是当今资本主义最著名的两位辩护士了。他们并不认同斯密对何为自然的概念，而是通过资本主义与自由的关系来间接为其辩护。

资本主义没有神话，这很可能根植于一个事实，即资本主义只是一种经济体系，仅此而已。本质上，所有经济现实都是平凡的。经济学是反神话的。

约瑟夫·熊彼特相信，资本主义的成功本身就消灭了它的文化根基。资本主义无法将自己合法化。它依赖传统价值观提供合法化。但是，资本主义的动力学——创造性毁灭——日益削弱着一切传统，于是将自己的文化声誉釜底抽薪。然而，当一个社会或多或少处于平稳状态，或者当一项社会制度运行良好时，这些事实本身就会为现状提供隐含的合法性。这就是真实性的规范力量。

50. 资本主义无法内在生成自身的合法性，尤其是不具有神话的力量；因此，它的合法性依赖于明显的事实，或者与其他的、非经济的合法性符号联合。

资本主义理论的面貌与用处

最后一章中将50个命题归为了以下几类：

资本主义与物质生活（1–8）；资本主义与阶级（9–15）；资本主义与民主（16–19）；资本主义与个体自主文化（20–24）；资本主义与第三世界发展（25–28）；东亚的资本主义（29–40）；工业社会主义（41–48）；资本主义的合法性（49–50）。

社会理论家有时会使用建筑师的语言。他们会谈到理论“大厦”或“建筑”；他们将自己的行动描述为“理论构建”。伯格丝毫无意提出一个完整的理论。该书最后一章有两个目的：（1）从整体上考察这些命题；（2）考察这一理论雏形可能有什么实际用处。随后，伯格观察到：

这一理论雏形只是一系列实证假说，对资本主义既不支持也不反对。到底是哪一种倾向，并不取决于最终会获得的实证支持或否决，而是取决于与之相关的价值观。此外，作为一项社会科学活动，这一理论雏形只有一项用处，那就是减少理论家在智识上的困惑。[1]

然而，价值观是可以灌输的。在当时，大部分人所能做出的最重要选择，就是在资本主义和社会主义之间。当今世界上，大部分人持有的与这一选择相关的价值观其实数量很有限。因而，最合理的澄清工作，就在于将这些数量有

1 *The Capitalist Revolution*，216.

限的价值观与“姓资还是姓社”这个选择结合起来。接下来，伯格从七个普遍持有的价值观的角度考察了自己的50个命题的相关性。

1. 人民，尤其是穷人的物质生活水平。毫无疑问，在目前具有实践可行性的选择中，资本主义是显然的选择。

2. 平等。谈平等最好要联系具体目标，比如法律面前人人平等。就收入分配来说，资本主义和社会主义的表现都不算好。

3. 政治自由与民主。资本主义显然是更符合这一价值观的选择。

4. 保护人权。从实践来看，民主政权在这一点上做得更好。

5. 个人自主。资本主义提供了实现这一价值观的最合理的环境。

6. 延续传统。资本主义和其他任何具有实践可行性的选择都不太符合这一价值观。

7. 社群。这一价值观与延续传统有一定程度的重叠。对于有志于建立全新的、普遍的社群，超越当今世界上的一切社群的人来说，社会主义大概仍然会是更好的选择。

总结来看，根据目前的实证证据，资本主义显然是更优的选择。伯格提出了一系列假说。他指出，社会科学永远不能跨出这个界限。归根结底，对于任何一个想要使用社会科学积累的实证证据的人来说，它们不过能显示出在哪里下注更有把握而已。要想判断资本主义是否是好的社会经济组织形式，本书提出的实证证据是很有用的。这个抉择很有可能要在元实证的层面才能做出。斯多葛派的格言就是：最根本的智慧就是了解一个人能做的，与不能做的事情的区别。

骨子里是概率主义者的现代社会科学家要把这句格言稍微改一下：智慧就是了解一个人很可能做的，与很可能不做的事情的区别。[1]

1 *The Capitalist Revolution*，224.

人物小传：道格拉斯·塞西尔·诺斯（1920–2015）

道格拉斯·C·诺斯 1920 年 11 月 5 日出生于马萨诸塞州剑桥市。他的父亲是大都会人寿保险公司的雇员，曾在多个地方工作过，这就意味着小道格拉斯去过好几个城市，也转过不少次学。他先后就读于加拿大渥太华的阿什伯里学院和康涅狄格州瓦林福德的乔特学校。在哈佛大学录取道格拉斯之前，他的父亲成了大都会人寿的美国西海岸负责人，于是他申请进入了加州大学伯克利分校。他于 1942 年毕业，获得通识人文教育的文学学士学位。

“二战”期间，诺斯出于良知拒服兵役。他成了一名旧金山—澳大利亚航线的商船导航家，这让他能够在休息时间里阅读经济学著作。在战争中的最后一年，他在加利福尼亚州阿拉米达的海事军官学校教授导航学。

学术生涯

战争结束后，人生意义的问题浮现了出来：现在该做点什么呢？因为诺斯在战争中喜欢上了摄影，于是他就在经济学和摄影之间徘徊了一阵，不过最后还是决定回到伯克利攻读经济学博士学位。他的博士论文主题是美国人寿保险的历史。他于 1952 年拿下了学位，同年进入华盛顿大学做助理教授，1960 年升为经济学教授。他在华盛顿大学本部任教到 1983 年，之后去了华盛顿大学圣路易斯分校，一开始担任经济学系的亨利·R·卢斯法律与自由讲席教授，后来转任文理学部的斯潘塞·T·奥林讲席教授。1984–1990 年期间，除了教授职位外，他还是政治经济学中心的主任。

1981 年，他获得了剑桥大学的皮特美国历史与制度讲席教授职位。他参与过哥本哈根共识（旨在利用以福利经济学理论为基础的方法来改善全球福利）的工作，还担任过世界许多国家的政府顾问。他还荣任了斯坦福大学胡佛基金会的巴特莱特·巴尔纳普高级研究员。诺斯的论文合集收藏于杜克大学的鲁宾斯坦图书馆。1977 年，他与罗纳德·科斯和奥利弗·威廉姆森（Oliver Williamson）共同建立了新制度经济学国际协会。这个“新”字表明之前还有一种“旧”制度经济学。制度经济学曾在美国繁荣一时。托斯丹·凡勃仑等学者区分了经济学的两个方面，一是企业与产业，二是制度与技术。这有助于解释社会和组织对创新的限制（或回应）以及新技术的扩散。旧制度经济学认为，随着技术的变化，既有制度会做出调整，经济体系也会随之演化。

主要著作

《美国从1790年到1860年的经济增长》（*The Economic Growth of the United States, 1790–1860*）出版于1961年，为诺斯之后的作品奠定了基础，如与兰斯·戴维斯合著的《制度变迁与美国经济增长》（*Institutional Change and American Economic Growth*, 1971）。

1973年，他与罗伯斯·托马斯合著的《西方世界的兴起：一部新经济史》（*The Rise of the Western World: A New Economic History*）出版，这部作品引用者甚众，1981年出版的《经济史中的结构与变迁》（*Structure and Change in Economic History*）也是一样。之后他于1989年出版了《制度与经济增长》（*Institutions and Economic Growth*）一书，同年还出版了《宪法与责任：17世纪英格兰公共选择制度的变迁》（*Constitutions and Commitment: The Evolution of Institutions Governing Public Choice in Seventeenth–Century England*）。1990年，《制度、制度变迁与经济绩效》出版，这可能是他最出名的一本书了。1996年，他与李·阿尔斯顿和恩拉斯·埃格特森合编了一部论文集《制度变迁实证研究》（*Empirical Studies in Institutional Change*）。2005年，诺斯出版了《理解经济变化过程》（*Understanding the Process of Economic Change*）一书。

诺斯在80岁高龄时依然笔耕不辍。例如，2007年他就与约翰·约瑟夫·瓦里斯、史蒂芬·韦伯和巴里·温加斯特合作在世界银行发表了一篇工作论文，题为《发展中世界的有限准入秩序》（*Limited Access Orders in the Developing World*）。诺斯还在2009年与约翰·约瑟夫·瓦里斯和巴里·温加斯特共同出版了《暴力与社会秩序：一个解释有记录以来人类历史的概念框架》（*Violence and Social Orders: A Conceptual Framework for Interpreting Recorded Human History*）。

道格拉斯的学术贡献

作为一名经济史学家，道格拉斯·诺斯为经济理论做出的贡献是复兴并扩展了经济学理论中缺失的一环：制度在解释随时间发生的停滞与增长方面的作用。

诺斯认为，经济学家仍然固守着一种旨在解决19世纪发达经济体问题的理论，当时最重要的问题是资源分配。经济学家一直在根据发展的根本问题调整这一理论，但它根本不适合应用到经济变迁和人类选择的议题。在《制度、制度变迁和经济转型》一书中，诺斯观察发现，挑战在于如何解释截然不同的历史发展道路。这一变化对标准的新古典主义和国际贸易理论而言是很大的困扰。因为根据这些理论，随着经济体之间展开商品、服务和生产要素的贸易，各个经济体会逐渐趋同。然而，富国与穷国当今的差距并不比以往任何时候更小。

在新古典主义理论的基础上，诺斯拒斥了它的一些假定，但接受了两个根本假定：竞争与稀缺。通过这种做法，诺斯试图弥合新古典主义理论和现实世界之间的差距。诺斯并非完全成功；然而，他还是让我们离完整的经济增长理论更近了一步。迪帕克·拉尔（Deepak Lal）认为，将制度发展加入经济增长理论是没有前途的，因为经济增长的制度层面主要是以描述性历史研究的形式呈现的。[1]

新古典经济学采纳了理性预期理论，假设“主体”（即决策者）会根据决策时可以获得的所有关于未来的信息形成预期。在新古典主义理论中，市场总是出清的，而且主体不会犯系统性的错误，所以完全就业均衡就是经济的正常状态。价格总是在调整中，以确保包括劳动力市场的任何市场中的买方和卖方都得到满足。新古典主义理论呈现出了数学的精确与优雅，构造了一个无摩擦的静态世界，但这个世界并不符合现实；这套理论并没有解释几千年来交换形式一贯的低效。

1 Lal, D. (2000) Institutional Development and Economic Growth. In: The Determinants of Economic Growth. Ed.M. Oosterbaan, N. De Ruyter van Steveninck and N. Van der Windt. Boston: Kluwer Academic, 167.

诺斯对新古典主义理论的批判

新自由主义理论描绘的世界是无摩擦的，没有制度存在，所有变化都是通过完全市场发生的。在这样的理想情境下，信息获取成本和交易成本都不存在。罗纳德·科斯早在《社会成本问题》（*The Problem of Social Cost*，1960）一文中就论证过，新古典主义经济学的有效竞争解在无交易成本时才会达到。这就是后来的所谓“科斯定理”，其基本理念是：自由交易是实现帕累托最优——即没有任何交易能同时改善各方的福利——的终极要求。然而，正如下面将要谈到的，交易并非无成本。

新古典理论认为，即便行为人最初采用的模型可能多种多样，存在谬误，但是信息反馈过程会修正初始的错误模型，惩罚偏离的行为，并引导幸存者达到正确的模型。这不仅意味着制度的设计目标是实现有效结果，而且制度在经济学分析中也是可以省略的，因为它们在经济绩效中不起独立的作用。此外，新古典主义理论还不能解释千年来交易方式的低效。

在应用到经济史和经济发展的议题时，新古典主义理论之前将焦点放在技术进步上，近年来又放在了人力资本发展上。诺斯总结道，新古典主义的跨时经济绩效分析包含着两个错误的假定：（1）制度不重要；（2）时间也不重要。诺斯表明，制度构成了社会持续经济增长背后的决定因素。诺斯将制度定义为人类互动的结构性限制。

这些限制可以是正式的（比如法律、规章、宪法），也可以是非正式的（比如惯例、信念和传统），其各自的执行机制也是一样。它们共同定义了社会制度中蕴含的激励结构，决定了经济是增长还是停滞。制度界定游戏规则，而企业及其管理者则是游戏的玩家。

变化可能是革命性的；然而，一般来说，变化是一个累进的过程。因此，制度往往会沿着某条路径渐进地演化；经济发展是路径依赖的。制度及其技术决定了生产成本以外的转型和交易成本。交易成本，就是确定交易对象和执行合同条款的成本。交易成本较高时，制度就是重要的。实际上，交易成本确实很高：根据诺斯的计算，美国国民生产总值的 45% 都是交易成本。

在经济市场中，产品和服务价值的性质不仅有实体的一面，也要以财产权的形式确定。没有财产权，人们就会不愿意投资和应用新技术；简言之，人们就会不愿创新。

起初，诺斯将演化假说应用到了制度上，提出普遍的竞争会清除较差的制度，并让能够更好地解决人类问题的制度留存下来。在《西方世界的兴起：一部新经济史》（*The Rise of the Western World: A New Economic History*，1973）中，诺斯和托马斯认为制度是经济绩效的决定因素，而制度变化的根源则是相对价格变化。诺斯后来承认，他们的这个解释本质上是效率论：相对价格变化创造出了构建更高效制度的动机。长期的低效制度——如西班牙的历史发展所表现出的那样——是统治者对金钱的索取导致的，这种索取导致了私人动机与社会福利之间的不符。然而，这样的异常现象并不能由该理论框架解释。

《制度、制度变迁与经济绩效》讨论了这一异常现象。在这本书中，诺斯解释了低效的财产权为何能够长期存在。答案就在于政治市场的低效。他论证道，交易成本的高企和政治市场参与者的认知错误，都能够产生阻碍经济增长的财产权。这些财产权会导致某些新组织的诞生，它们的目的就是在现行法律下牟利，因而没有动机创造更高效的经济规则。私人得利，但整体经济增长却因此蒙受了损失。

这正是许多发展中国家的情况：推动再分配的活动比生产活动更受欢迎。在这种制度框架下发展起来的组织在两件事上效率比较高：进一步降低社会生产力，以及让基本制度结构更不利于生产活动。

如果经济体通过创造相对高效的制度实现了从贸易中获益，那么原因在于，拥有议价能力者拥有改变制度的私人目标，而这些目标也产生了后来发展成为高社会经济效率制度的制度解。然而，诺斯指出，为了让能从贸易中获益的各方达成交易，这就需要发展出拥有强制力、能够监督财产权、强制履行合同的国家。但是，大部分社会没能发展出有效的低成本履约手段，这正是历史上的经济停滞与当代第三世界欠发达的最重要原因。

诺斯论证说，持续经济增长的关键，就是一套能够根据技术与人口变化做出调整的灵活制度环境。成功的政治 / 经济体系已经在漫长的时间里进化出了这些特质。重要的问题在于，如何在短时间内创造出这样的体系。能够实现有效分配的政策是否总是疲软社会的良药，诺斯对此是质疑的。

社会类型学

世界银行的工作文件“发展中世界的有限准入秩序：发展问题新路径”（Limited Access Orders in the Developing World: A New Approach to the Problems of Development，2007）[1]（诺斯为作者之一）从历史视角分析了三种类型的社会。最简单的类型就是原始秩序社会（Primitive Order Society，狩猎采集者社会），之后分别是有限准入秩序社会（Limited Access Order Society）和开放准入社会（Open Access Society）。由于人类已经超越了原始秩序社会阶段，这一研究将焦点放在了有限准入秩序社会和开放准入社会上。

这篇工作论文的缘起是，作者们意识到，当今大多数发展政策的基础都是扶持者想让发展中国家看起来更像发达国家的尝试，但似乎效果并不好。理论与实践显然存在着严重的错配。作者们认为，发达国家的社会与政治机制与发展中国家有着根本的不同。发展政策之所以失败，往往是因为它们试图将开放准入社会的要素——比如竞争、市场和民主——直接移植到有限准入秩序社会中。

这些政策威胁到了掌权精英的特权地位，挑战了有限准入秩序社会的组织逻辑。消除腐败、建立法治、实行党派竞争民主的尝试会让有限准入秩序社会陷入不稳定局面，并引发掌权者的抵抗。矛盾的是，许多受这些政策剥削的人并不乐意推动改革，因为他们认为混乱与暴力比被剥削更糟。

为了确保掌权精英的收入，有限准入秩序社会不许他人染指高价值的政治与经济职能部门。通过控制暴力（否则会颠覆其权力）和维持稳定，特权集体维持住了现状。但是有限准入秩序社会的影响不止如此，它还阻碍了社会中各

1　North, D. et al.（2007）World Bank Working Paper 4359 (2007) *Limited Access Orders in theDeveloping World: A New Approach to the Problems of Development*. Washington: World Bank.

潜在竞争群体组织起来。有限准入秩序社会会蓄意地剥夺少数幸运儿之外的人的政治与经济可能性。

掌权者和其他所有人的关系都被个体化了，政府服务的提供取决于受惠者跟谁有关系。德隆·阿西莫格鲁（Daron Acemoglu）与詹姆斯·罗宾逊（James Robinson）的《国家为什么会失败》[1]一书中就阐发了这一洞见。这本书讲的是政治与经济制度随时间变化的相互作用。这种相互作用可能导致摄取性的制度，也可能导致包容性的制度。摄取性的制度鼓励领导者巧取豪夺。在这样的环境中，社会产品被寄生性的精英攫取，他们反过来又会压抑投资与创新。不幸的是，摄取性制度是主要的模式，而失败国家才是常态。

但是，通过熊彼特所说的创造性毁灭，政治与经济制度间的互动也可能激活动力，带来繁荣。此类环境下的制度就是包容性的：它们保护个人财产权，从而鼓励投资。政治领域不是由精英控制的；其他利益集团也有发言权，比如商界和劳工利益代表。

开放准入社会让所有公民都能接触到经济、政治与社会组织。开放准入社会将社会凝聚起来靠的是代表特定集团利益的组织，靠的是它们的竞争和自由创造。通过竞争和制度（比如适用于所有人的法治），开放准入社会让政客们意识到，遵守宪政规则符合他们自己的利益。经济活力是由企业家创造出来的。

要想在有限准入秩序社会内解决发展问题，单单移植开放准入社会的制度形式和机制是不可能成功的。但是问题来了：那该怎么做呢？有限准入秩序社会可能跃进到开放准入社会中吗？毕竟，许多有限准入秩序社会的精英都在欧洲和北美受过教育，会将那里的宪政模式理念带回本国。他们同样可以使用现代技术（互联网、手机、社交媒体）。然而，在不同的经济与文化情势下，许多发展中国家的公司、议会和陪审团也遵循着很不一样的运作方式。

---

1 Acemoglu, D., and Robinson, J. (2012) *Why Nations Fail: The Origins of Power, Prosperity and Poverty*. London: Profile Books.

许多有限准入秩序社会的经济都是二元的，一方面是受本土规则与制度支配的本土经济，另一方面是按开放准入社会的规则和制度运行的国际飞地。有限准入秩序社会的精英会从这种二元性中获益，即有机会发家致富，又不用去管本土经济的发展。这并不意味着所有有限准入秩序社会的经济都是停滞的。历史上的伟大文明都是过往的成功有限准入秩序社会。

临界点

通过比较有限准入秩序社会和开放准入社会，我们能够更好地认识，是什么让有限准入秩序社会进化成了开放准入社会；毕竟，这就是发展的意义所在。在经济或政治领域中，当开放准入让新来者获得了相当的权力，足以压制掌权精英接受这一点时，临界点就到来了。当这些精英发现，放这些新来者进来更有利于自身利益时，他们就会屈服。历史表明，一旦到达了这个阶段就会发生迅速的变化，将准入不断扩大到社会的各个领域。

在一个成熟的有限准入秩序社会中，复杂的私人组织开始出现，而且其相对于国家的独立地位也界定得日益清晰。成熟的有限准入秩序社会国家必须创建新制度，为这些新组织提供服务（比如技术培训学校），包括保护和强制执行其财产权。当一个领域（经济或政治）的开放准入获得了足够的力量，成功推动另一领域的开放时，临界点就到来了。

所获荣誉

1991年，诺斯成为第一位荣获约翰·R·科蒙斯奖（John R. Commons Award）的经济史学家。该奖项由国际荣誉经济学学会创办于1965年。1993年，他与罗伯特·福格尔（Robert Fogel）共同获得了诺贝尔经济学奖，诺奖委员会的颁奖理由是“通过运用经济学理论和定量方法来解释经济与制度变迁，打开了经济史研究的新局面”。

《制度、制度变迁与经济绩效》[1]

在20世纪的最后十年中，新制度经济学被人引用最多的大概就是道格拉斯·诺斯的这本书了。它确实是一部经典。它启发了很多制度经济学家、经济史学家和政治学家，促使他们深入探索制度对解释长期经济体绩效巨大差异的作用。

《制度、制度变迁与经济绩效》谈的是制度与时间。这本书并没有提出一种能够与一般均衡理论相当的经济动态理论。它所提供的：一是能够增进对经济历史演化认识的初步理论框架，二是指导各经济体改善经济绩效的指南，当然不可避免有些粗糙。该理论框架是对新古典主义理论的修正，保留了稀缺性和竞争的基本假设，以及微观经济学理论的分析工具。它修改了理性假设，同时加上了时间维度。

这本书的大量分析都是在谈制度到底是什么，它们会如何塑造激励，以及它们如何影响交易与生产成本。诺斯的研究不仅要解释诱发经济停滞与衰退的制度框架演进，更要阐释增长与繁荣。就像标题显示的那样，该书由三部分组成。第一部分解释制度是什么，第二部分阐释制度变迁。第三部分分析经济绩效。

第一部分：制度

制度与制度变迁导论

制度就是社会的游戏规则；更正式的说法是，塑造人类互动、人为设计的约束。它们提供了人际交换的激励结构，不管是政治、社会还是经济方面的。制度变迁会塑造社会随时间演化的方式，进而构成理解历史变迁的关键。

毫无疑问，制度会影响经济体的长期绩效。同样毫无疑问的是，制度演化的方式也会从根本上影响经济体的长期绩效差异。然而，不管是当下的经济学理论还是计量历史学，都没有显示出多少重视制度对经济绩效作用的迹象。其

1 所用版本：剑桥大学出版社1990年版。

原因在于，还没有一种分析框架能将制度分析整合到经济学与经济史学科中。《制度、制度变迁与经济绩效》的目标就是提供这样一个基础框架。

用经济学家的术语说，制度定义并限制了个人的选择集合。制度包括任何形式的人为设计，以塑造人类互动为目的的约束。制度可以是正式的（比如有人具体设计的），也可以是非正式的（比如惯例和行为规范）。它们与竞争性团队竞技中的规则非常类似。制度运行的一个核心部分就是低成本确定违反行为，并施加严厉的惩罚。

制度与组织是不一样的。与制度一样，组织也提供了人类互动的结构。组织包括政治组织、经济组织、社会组织和教育组织。它们是由共同目标团结起来的个人组成的团体。组织的出现与演化方式都受到了制度框架的根本影响。反过来，它们也会影响制度框架演化的路径。

诺斯认为，在调和经济学与其他社会科学差异的道路上，建立一个以个人选择为基础的制度理论是其中一步。微观经济学理论的长处在于，它是建立在对个人行为的假设基础上的。制度是由人改变的，因而，诺斯认为自己的理论必须从个人出发。将个人选择与制度施加给选择集合的约束结合起来，这是统合社会科学研究的一大步。

通过影响交易与生产成本，制度会影响经济体的绩效。制度运行的一个核心部分就是低成本确定违反行为，并施加严厉的惩罚。再加上所采用的技术，它们共同决定了构成总成本的交易成本与转化成本（即生产成本）。

在社会中，制度的主要作用就是建立稳定（但未必高效）的人类互动结构，从而降低不确定性。制度变迁是渐进式的，而非突然跃变。虽然正式规则可能因为政治或司法决定而一夜间改变，非制度约束受有意识政策的影响就小得多。这些文化约束不仅将当下和未来与过去联系了起来，而且为我们提供了解释历史变迁的一把钥匙。

人类历史的一个核心谜团，就是解释千条万绪的历史变迁路径。从标准的新古典主义和国际贸易的角度看，历史的变迁实在令人疑惑。这些理论认为，随着各经济体间的产品、服务和生产要素的互通有无，它们会逐渐趋同。然而，当今穷国与富国的差距可能比过去任何时候都要大。

那么，如何解释这种差距呢？哪些条件会拉大差距，哪些又会带来趋同呢？如何解释长期停滞，或者经济状况发生绝对下降的社会呢？答案就在于制度和组织的差异，以及塑造了国际差异的两者间的相互作用。制度与经济学理论的标准约束决定了社会的机遇。为了利用这些机遇，人们成立了组织；随着组织的演化，它们又会改变制度。由此产生的制度变化受以下两个因素的塑造：（1）制度与组织共生关系带来的锁定状态，这些组织的演化是激励结构的结果；（2）人们感知并回应机遇集合的反馈过程。

在众多第三世界国家，这些在世界经济史中曾经浓墨重彩的国家，状况又是怎么样呢？在经济和政治领域建功立业的机遇大都偏向这样一些活动：有利于再分配而非生产活动、创造垄断而非竞争环境、限制机遇而非扩展机遇。它们很少鼓励向能提高生产力的教育投资。在这种制度框架下发展起来的组织是会越来越高效——但却是在让社会生产力进一步降低，制度结构进一步不利于生产活动的方面。这样的道路能够持续下去的原因在于，这些经济体的经济和经济市场的交易成本，再加上行动者的主观心态，导致它们不会渐进地朝向更高的效率迈进。

合作：理论问题

新古典主义理论无法解释延续千年的低效交换方式。该理论的基础是稀缺性和竞争这两个基本假设。它引出了一条和谐的途径，原因在于它的两个假设，一是交易过程无摩擦，产权界定不仅完全，甚至不需要成本；二是信息获取同样零成本。它缺失的，是对人类协调合作本质的洞察。英国经济学家罗纳德·科斯发现，在高交易成本的情况下，制度就是重要的。诺斯与约翰·瓦里斯共同发现，美国经济的交易成本确实很高。他们发现，1986 年美国交易成本占到了国民收入的 45%。

我们观察合作行为时，往往是在个体重复互动，互相间拥有很多信息，而且参与者人数较少的情况下。然而，非个人化交换的本质恰好与博弈论的合作相反。财富最大化行为与社会合作结果并不会同时出现，这在博弈论发展的过程中是一个关键要素。“囚徒悖论”一直是博弈论的中流砥柱，曼瑟·奥尔森（Mancur Olsen）的搭便车悖论显然也是站在它这一边的。在这两个悖论中，人类协调合作的前景都比较暗淡。集体行动不仅有赖于群体规模，也取决于成本收益比。

在什么情况下，合作解才能在自愿的前提下存在，而不像霍布斯提出的那样，需要强加一个强制性的国家呢？在历史上，经济体增长曾经是在完善的强制性政策制度框架下发生的。高收入国家中没有无政府的。另一方面，在历史上，国家强制权力一直在以不利于经济增长的方式运用。但是，如果没有第三方来强制执行协议，那么复杂的交易就很难维持。

回到罗纳德·科斯，他在论文“社会成本问题”（1960）中论证道，当交易无成本时，就可以得到新古典经济学中的有效竞争解。新古典理论认为，即便行为人最初采用的模型可能多种多样，存在谬误，但是信息反馈过程会修正初始的错误模型，惩罚偏离的行为，并引导幸存者达到正确的模型。这不仅意味着制度的设计目标是实现有效结果，而且制度在经济学分析中也是可以省略的，因为它们在经济绩效中不起独立的作用。

制度的设计目标不一定是达到社会有效，而是为那些有能力参与新规则制定谈判者的利益服务的，至少正式规则是如此。如果经济体意识到，通过建立效率相对较高的制度，自己能够从交易中获益，这是因为在某些条件下，这些有谈判能力去改变制度的人出于个人目的，产生了之后会演化为社会有效解的制度解。

制度理论的行为假设

在社会科学中，所有理论活动都是建立在对人类行为的概念上的。新古典主义对行为有如下假设：（1）我们可以合理地认为经济世界是处于均衡的；（2）单个的经济行动者反复面对着同样的选择情形，或面对一系列非常相似的选择；（3）行动者具有稳定的偏好，因而能按照稳定的准则评估个人选择的结果；（4）经过长期反复实践，任何单个行动者都能够发现并抓住任何改善结果的机遇，商业企业为了避免在竞争中被消灭也会这样做；（5）因此，在个体行动者没有实现偏好最大化时，均衡就不会形成；（6）由于世界是接近于均衡的，它至少近似地表明了符合行动者最大化假设的模型；（7）适应过程是复杂的，而且很可能会根据行动者和具体情境而有所不同。

与此相对，与最大化均衡相联系的准则是比较简单的；因而，考虑到理论的简约性，经济学认识的前进道路就是从理论上去探究这些准则，然后将结果与其他观察结果进行比较。一个根本假设就是，按照理性方式行为的人会存活下来，其他的人会被淘汰；因此，在竞争性的演进情境中，连续观察到的行为就是按照这种标准执行的。

为了深入研究当有制度介入时理性选择的缺点，我们必须深入挖掘人类行为的两个方面：（1）动机；（2）解读环境。比起经济学模型的个人效用函数，人类的行为可要复杂得多。比方说，利他主义可能会激起我们的行为。这也是效用最大化的一个体现，我们可以从他人的幸福中得益。也就是说，我们可以在个人预期效用模型中融入一些利他主义的因素，建立起人类复杂行为的更精致的模型。实验经济学的研究和大量心理学研究指出，搭便车、公平和正义这些问题都是效用函数的一部分，而且并不一定与狭义上的最大化假设非常相符。

意识形态、利他主义和自我施加的行为准则这方面的证据表明，财富和其他价值的权衡函数斜率为负。这就是说，当一个人为表现自己的意识形态、规范和偏好付出了极高的代价，那么在这项代价较低时，这些因素对人类行为的分量就要比代价较低时小得多。鉴于这一点，诺斯表明，制度对改变个人付出代价起着基础性的作用，因此，观念、意识形态和教条在个人所做选择中频繁地发挥着重要作用。

就环境而言，我们面对的问题越复杂，越特殊，结果的不确定性就越大。在决策中，主观和不完全的信息处理过程扮演着重要角色。这就从对现实的主观认识的角度，对在人们做选择时发挥重大作用的意识形态提出了一种解释。它关注的是，我们需要发展出一套描述人们在复杂情势下进行互动的规范化模式，同时指出这些规范化的互动方式——我们称之为制度——可能远非最优的情况。

行为经济学家的假设对解决某些问题很有用。但是，它们不足以应对社会科学家面临的很多议题，而且对理解制度的存在、形成和演化造成了根本性的阻碍。

制度存在的意义就是减少人类互动中的不确定性。不确定性之所以会出现，一方面是需要解决的问题本身是复杂的，另一方面则是个人用来解决问题的“软件”是复杂的。不确定性的一个来源，就是人们在发生互动的时候，对其他个人的行为拥有的信息是不完全的。制度框架通过为人类互动定下一个结构，从而限制了个人可能做出的选择。

交换的交易成本理论

信息是有成本的，这是交易成本的关键。交易成本包括衡量交换物的价值属性的成本，以及保护权利，监督和执行协议的成本。社会、政治和经济制度就来源于这些衡量与执行成本。古典主义经济学没有考虑交易过程的成本。交易过程有成本意味着，经济学理论要进行重大的修正，而且它对经济绩效也有着全然不同的意义。在经济体中，交易过程消耗了大量，而且越来越多的资源。如前所述，1986 年美国的交易成本占到了国民收入的 45% 之多。生产成本是转化成本与交易成本之和。

罗纳德·科斯明确了一点：只有在零交易成本的情况下，新古典范式才能取得其推出的分配结果；当存在正的交易成本时，资源分配会被产权结构所改变。交易成本是通过风险溢价反映不确定性的。风险溢价反映了一方的违约概率，及其带给另一方的成本。在整个人类历史中，风险溢价导致大部分复杂交易都无法进行，因此制约了经济增长的可能性。

制度提供了交换的结构，并与技术共同决定了交易成本和转化成本。在现代经济体中，很多交易都是长时段、多变数的，这就让制度可靠性成为必要，而这一点只有在西方经济体中才逐渐发展了起来。在经济史的绝大部分时间中，主要的交换形式都是个人化交换，只涉及小规模生产和本地贸易。在这种情况下，交易成本是低的。然而，由于专业化与劳动分工水平不高，转化成本就高了。

随着交换规模和范围的扩大，交易各方都曾试图将交换个人化。但是，交换的种类和数量越大，协议也就越复杂，因此也就越难执行。于是，第二种整体交换模式发展了出来：受血缘纽带、社会关系、人质交换、商业道德等约束的非个人化交易。这就使市场扩大、从更复杂的生产和交易活动中获得收益成为可能。在近代欧洲，这些制度导致国家在保护商人上发挥的作用越来越大，而且随着此类经济活动的潜在收入的增加，商业道德也被广泛接受了。

第三种交易方式是由第三方强制执行的非个人化交易。复杂的契约关系对现代经济增长是必不可少的，而这种交易方式正是现代经济体成功的关键要素。为了发展出一个制度的模型，我们必须深入探究非正式约束、正式规则与强制执行的结构性特征，以及它们各自的演化方式。

非正式约束

从最原始的社会到最发达的社会，人们都在对自己施加一些约束，以便赋予与他人的关系某种结构。非正式约束来自社会中传递的信息，是所谓“文化”遗产的一部分。我们可以给文化下一个定义：通过传授和模仿代代相传的知识、价值观以及其他影响行为的因素。文化为加密和解读感官传递给大脑的信息提供了一个基于语言的概念框架。这一章强调的是文化过滤能提供一种延续性，从而使得之前对交换问题的非正式解决之道能够传承到当下，并让这些非正式约束成为长期社会变迁内的重要延续性来源。

非正式约束在现代经济中也普遍存在。但是我们如何解释非正式约束的出现和延续？一种解释运用的是解决协调问题的惯例。没有任何人有意识地将这些规则设计出来，而且遵守它们符合每一个人的利益。当社群内的每一个人都遵守一条惯例时，他就拥有了道德的力量。在短期内，文化定义了个人处理和利用信息的方式，从而影响了非正式约束制度化的方式。惯例是各个文化特有的，就像社会规范一样。

17 世纪的荷兰资本市场与 18 世纪初的英格兰资本市场都曾发生过大跌，这些证据表明，由于多种正式和非正式制度约束发生了良性互动，产权安全性有所增加。

如果我们不承认，在让我们能够以低成本、甚至零成本表达个人信念的正式制度约束的语境下，主观偏好占有着核心的地位，那么我们就很难理解历史（或现代经济）。观念、有组织的意识形态，乃至宗教狂热都对社会与经济的塑造发挥着重要作用。非正式约束的背后是文化对信息的处理，从长远来看，这意味着文化在制度的渐进演化中起着重大作用，因而是路径依赖的一个来源。非正式约束是由文化衍生出来的，它们不会对正式规则的变化马上做出反应。改变了的正式规则与持续着的非正式约束之间存在着张力，对经济变迁的方式有着重要的意义。

正式约束

正式约束与非正式约束并非截然二分。正式规则可以补充非正式约束，提高其效力。它们可能会降低信息、监督和执行的成本，从而使得非正式约束有可能应对更复杂的交换。正式规则也可能被用于改良、修改或取代非正式约束。由于各方议价能力的变化，可能需要一种不同的交易制度框架，但是非正式约束却会成为它的绊脚石。

正式规则包括政治和法律规则、经济规则与契约。总体来说，政治规则定义了政治体的层级结构、基本决策结构，以及外在的议程控制特点。经济规则定义了产权，即一组对财产的使用与来自财产的收益的控制权，以及排除某项资产或资源的能力。契约则包括对具体交易的协议条款。

大体来说，政治规则导致了经济规则，虽然两者间也存在着双向的因果作用。这就是说，产权和个别契约是由政治决策来确定和强制执行的，但是经济利益的结构也会影响政治结构。一方的变化包含着另一方的变化。

最简单的政治体模型只包括一名统治者及其成员。统治者的行为方式类似歧视性的垄断者，给予不同的成员群体庇护和正义，或者至少能够减少内部混乱并保护产权，以此换取税收收入。民主政府允许较大比例的人口参与政治决策过程，禁止统治者任意没收财产，而且发展出了独立的司法机关，由其作为第三方强制执行契约。结果就是政治效率逐渐提高。与正式经济规则一样，正式政治规则的设计目的也是为了促进交换。然而，政治上的民主与经济上的竞争市场并不能等同起来。这一区分对产权效率很重要。

当付出成本制定产权是值得的时候，相对价格的变化或者任何种类的稀缺性变化，都会导致产权产生。政治市场的效率是这一问题的关键。如果政治交易成本较低，而且政治参与者有着明确的指导模式，那么产权就会高效。但是，由于政治市场的高交易成本，以及政治参与者的主观认知，更常见的情况是产权没有引发经济增长，而且由此产生的组织可能会没有动力去创造生产力更高的经济规则。

只看到正式规则会让我们不能充分认识正式约束与绩效之间的关系，而且由此导致的概念往往还会误导我们。

强制执行

强制执行一般都是不完全的，这有两个原因。第一个与契约绩效的多重利润的测量成本有关。第二个则是因为这个事实：强制执行是由自身效用函数会影响契约结果的主体实施的。

即使在无国家社会中，贸易也是存在的。然而，历史上的长期停滞与第三世界的不发达最重要的原因，就是社会没有能力发展出有效的、低成本的契约执行手段。

在完全信息的世界中不需要制度。然而，在信息不完全的情况下，除非创造出了制度，为个人提供足够多的信息来监视违约行为，否则合作就会破裂。由一个政治体担当起执行和监察协议的第三方，并使用强制手段来执行协议，这种做法会带来巨大的规模效益。但是这就蕴含着一个经济发展的根本矛盾。如果没有国家不行，有了国家也不行。那么，问题就在于，如何让国家成为不偏不倚的第三方？在第三世界国家和发达国家，契约执行的可靠程度有着巨大的差异。

第三方强制执行意味着，国家要发展成为一种强制性的力量，能够监督产权并有效执行契约，但是在当前阶段，没有人知道如何创造出这样一个实体。如何才能创造出自动执行的行为约束？答案的一部分是：创造出一个具有强制执行效力并能够用道德约束行为的体系是一个漫长的过程，需要时间来发展和演化。

制度、交易与交易成本

制定保护产权和执行合同都是要消耗资源的。如前所述，制度与技术共同决定了交易成本。将土地、劳动力和资本等投入转化为产品和服务的产出是需要消耗资源的。转化函数不仅与技术相关，也与制度相关。因此，制度在生产成本中扮演着重要作用。在交换中，权利与约束的关系表现为三个层面：（1）单次直接交易；（2）涉及生产过程的一种更复杂的关系；（3）整个经济体。

对直接交易来说，值得强调的一点是，当代高收入国家的相对高效的市场，与历史上的经济体以及当今第三世界国家的市场之间，在权利的安全性上有着重大的区别。

制度与产品服务生产所涉及的交易成本之间又有着什么关系呢？只需要对比一下第三世界国家与发达经济体的生产组织方式，我们就会对产权界定不清晰和（或）无法执行的后果产生深刻的印象。不仅是前者的制度框架导致其交易成本较高，而且产权的不安全也会导致人们只会使用固定资本很少，而且不涉及长期合同的技术。企业一般很小。此外，由于无法获得零部件、两年时间才把电话线安上这些琐碎的小问题，当地的生产组织不得不采取一种与发达国家不同的方式。

第三世界的制度框架缺乏有效市场所必需的正式结构。然而，在第三世界中往往存在着试图为交换提供某种结构的非正式部门。这样的结构成本很高，因为缺乏正式产权保障，所以经济活动就局限于个人化的、只有可自动履约的那一类契约的交换系统。此外，这种制度框架决定了其生产结构会很初级，往往也会不发达。拥有雄厚固定资本的大企业只会在补贴、关税保护的政府保护伞下，同时为政治机关进贡的情况下才会存在——这些加起来对生产效率是很不利的。

本章得出的最重要的教训是，制度框架在经济绩效中扮演着重要的角色。

第二部分：制度变迁

组织、学习与制度变迁

科斯指出，交易成本是公司存在的基础。诺斯关注的组织，是由其创立者出于最大化其财富、收入，或由社会制度结构提供的机会界定的其他目标，而设计建立的有目的的实体。在追求这些目标的过程中，组织会渐进地改变制度结构。从社会的角度看，它们并不一定是富有生产力的。组织的设计目标是推进创立者的目标。

获取纯粹知识的激励不仅受到经济奖惩结构的影响，还会受到社会对知识发展宽容度的影响。西欧发展的一个主要因素，就是逐渐认识到了研究纯科学的用处。在将纯粹知识转化为应用知识的过程中，有四点必须要强调：（1）如果没有产权激励，市场规模就是创新和技术改进速度的唯一的最重要决定因素；（2）通过专利法、商业机密法等法律发展起来的激励结构提高了创新的回报率，也促成了发明产业的发展，并使得其融入了西方世界经济发展的方式之中；（3）纯粹知识与实用知识之间的关系并不简单。纯粹知识是应用知识的前提，但是应用知识的发展也打开、提示了应当进一步探索的议题；（4）技术发展标明了技术变迁的路径依赖特征。一旦技术沿着某条特定的道路发展起来，而且其回报是递增的，那么替代性的路径和技术就可能被搁置忽视，于是发展路径可能就只剩下了一条。

在新古典主义范式中，管理的唯一功能就是选择利润最大化的产出和投入数量，而这就决定了市场数量，从而也决定了价格。由于所需的信息是现成的，计算也是无成本的，所以按照这个模型，管理工作即使完成了这些任务，也还是不带来任何有意义的生产力。

科斯开始将经济学家的注意力转向了组织，除了他以外，还有一些人对新古典主义的路径进行了批判性的审视。科斯提出了交易成本的概念，开始对公司的存在提出解释。实际上，管理真正的任务是设计和探索市场、评估产品和生产技术以及积极地管理员工的行动。这些任务都涉及不确定性，而且需要对必要的信息进行投资。企业家所需的信息是特定制度环境的结果。

因此，我们若想了解不同类型的知识与技术需要什么，就需要去考察制度环境。诺斯以海盗为例：成功的海盗需要关于海战、商船贸易航线和销赃市场的知识。他还举了一个现代的例子：化工厂主。他们不仅要有化学知识，还需要了解化学品在各种中间和最终产品中的潜在用处，以及大规模组织的市场和问题。成功的化工厂主既需要纯粹化学研究和应用化学研究，也需要对市场，以及能够降低生产和交易成本的新组织形式的研究。这些例子为差别很大的知识与技能的发展路径提供了一些洞见。它们是很大一部分经济史的典型特征。在塑造能带来回报的技能和知识上，制度框架所固有的激励扮演着决定性的角色。

制度框架塑造了获得知识技能的方向，而且这种方向是社会长期发展的决定性因素。美国既有限制产出、强迫劳动和犯罪的制度，也有鼓励生产性经济活动的制度。总体来看，后者比前者的分量更重，但是在人类过去的大部分历史中并非如此，在今天的许多第三世界国家也非如此。

因此，经济组织的最大化行为会以下列方式塑造制度变迁：（1）引发对各类知识的投入；（2）与有组织的经济活动发生持续的互动；（3）导致非正式约束渐进地发生变化，这是组织最大化行动的副产品。

有一些学者在探索现有制度约束下最高效的政府结构与组织。但是，另一种选择是将资源投入到改变制度约束上。诺斯研究的重心是引发经济体与政治体间互动的渐变过程。组织也会鼓励社会投资于间接有利于其获利能力的知识与技能。这些投资会塑造知识与技能的长期进步，而这种进步正是经济增长的重要决定因素。

诺斯以美国历史为例说明了这一点：在19世纪，知识与教育的进步带来了明显的回报，由此刺激了政府和私人对工农业正规教育、在职培训和应用研究的投资。结果不仅是经济组织逐渐转型，而且政客与选民对此类投资价值的看法也有所变化。总体的结果加强了我们一开始的看法：经济绩效与对知识发展传播的投入存在互补关系。

在历史上的大部分时间里，对生产性知识投资的制度激励基本都是付之阙如的。在今天的第三世界经济体，这种激励也经常误入歧途。为什么它们与美国有这么大的差别？如果私有市场是有效的话，那么适当的投资就会通过自愿的组织进行。但是，如果市场不完善，私人获得的回报率太低，进行此类投资得不偿失，那么适当的投资就只能由公共投资承担——假设该社会的成员认同此类投资的社会回报率很高的话。但是，这样的公共投资并未发生，这一事实表明，不仅高交易成本导致了市场的不完善，而且行为者的主观心理模型也是由不完全的知识和认知构成的。

在配置有效的情况下，标准的新古典主义帕累托条件成立。而适应性效率关注的则是随着时间变化塑造经济演化方式的一类规则。它还涉及一个社会获取知识与学识、鼓励创新、承担风险、进行各类创造性活动，以及随着时间克服社会问题与瓶颈的意愿。制度框架内固有的激励引导着“做中学”的过程，以及默会知识[1]的进步，这两者会让个人在决策过程中逐渐发展出与一开始不同的体系。在最大程度上允许试错的社会，也最有可能随着时间把问题解决。因此，适应性效率提供了有利于分散决策过程发展的激励，让社会能够尽最大的努力去探索替代性问题解决方式。

竞争、分散决策、界定清晰的产权与破产法对组织效率很关键。实行清除失败的经济、政治组织的规则是重要的。因此，有效的规则结构不能只奖励成功者，也要消除组织结构中无法适应的部分，这就意味着有效的规则不仅会鼓励成功的活动，也会禁绝失败的活动。诺斯得出的结论是，我们还远远没有理

1 默会知识一词是由迈克尔·波兰尼创造的，它是部分地在实践中获得的，而且与可交流的知识不同，它们只能部分地传递给别人。不同人获取默会知识的内在能力也不同。

解如何在经济中实现适应性效率，因为配置效率和适应性效率并不总是一致的。政治活动究其本质，是鼓励有利于当今议价影响力大的群体的约束的。但是适应性有效的制度框架过去和现在都存在，适应性低效的框架也是一样。

稳定与制度变迁

变迁的主体是对制度框架固有激励做出反应的个体企业家。变迁的来源是相对价格或偏好的变化。变迁的过程是渐进的。一般来说，变迁是由构成了制度框架的规则、规范和强制手段的边际调整组成的。制度框架的总体稳定性使得跨越时间和空间的复杂交换成为可能。

相对价格变化会改变人际互动中个体的激励；除此之外，这种变迁只有一个来源：品味的变化。企业家获取知识和技能的过程，就是通过改变人们感受到的测量和执行成本，以及感受到的新交易和契约的成本和收益，从而改变相对价格的过程。我们对偏好（或者叫品味）变化的源头知之甚少。价格变化可能对品味变化有一定影响。

更好地理解制度变迁，就需要我们比现在更深入地认识观念与意识形态影响力的根源。因此，我们还无法非常精确地定义相对价格以及塑造感知的观念和意识形态这两者的相互关系，以及两者在引发制度变化上的作用。

我们可以这样描述制度变化的过程：相对价格的变化引起一方或双方进行改变，不管是政治还是经济的，并使其意识到，改变协议或契约对一方或双方有好处。这个总体性描述遗漏了一个重要的部分：非正式约束。虽然非正式的约束、规范或行为的改变，很可能是在没有任何个人或组织采取针对性的、有意识的活动的情况下逐步完成的，但正式规则和（或）强制措施的变化往往也需要相当多的资源，至少也需要克服搭便车问题。非正式约束的一个主要作用，就是修正、补充或扩展正式规则。正式规则或其强制措施的变化可能会导致不均衡的局面，因为稳定的选择环境是由一整套正式、非正式的约束和强制措施构成的。一般来说，逐步发展起来，补充了正式规则的规范（非正式约束）在稳定期会持续发挥作用，但在变革期却会被新的正式规则所推翻。

制度变迁的路径

两个基本问题是：社会、政治体、经济体随时间演进的路径差异是由什么决定的？以及，我们如何解释绩效低下的经济体的长时间存在？

尽管信息成本已经显著下降，而且根据新古典主义国际贸易模型，穷国与富国会趋同，然而贫穷与富裕的经济体间仍然存在着巨大的差异。那么，什么才能解释绩效长期低下的社会和经济体的存在呢？如果制度下的交易成本为零，那么历史就是无关紧要的了，因为相对价格或偏好的变化会立即导致制度结构改变，做出有效的调整。但是，如果我们达到当下制度的过程不是无关紧要的，而且约束着未来的选择，那么不仅历史是有意义的，而且长时间的绩效低下和长期的发展模式差异也都来自同一个来源。

制度变迁是由两股力量塑造的：收益递增，以及高交易成本的不完全市场。制度对收益递增是有意义的，因为互相关联的制度网络会产生巨大的递增收益。但是，如果市场是不完全的，信息反馈最多也不过是碎片式的，而且交易成本也很高，那么发展路径的塑造力量就只能是由极其不完全的反馈和意识形态修正的行为主体的主观模式了。这样的话，不仅不同的路径和持久的低下绩效可能会出现，而且由历史得出的认知也会影响行为主体做出的选择。

接下来，诺斯讲述了西欧在中世纪和近代早期的制度演化。14 世纪（由于黑死病）的人口急剧减少改变了农民面对领主时的议价能力，并导致双方隐含契约随时间发生了渐进的变化。由于政治力量间的竞争，以及双方地位心理建构的变化极其缓慢，这两者共同产生了更高效的结果，我们将这个成功的故事称为“西方世界的崛起”。然而，在历史的大部分时间里，主体的经验和行为者的意识形态加起来并未产生有效的结果。

由于为生产性活动提供负面激励的初始制度集合具有收益递增的特性，与既有约束存在利益关系的组织和利益集团就会产生。它们会按照自己的利益来塑造政治体。这样的制度可能会鼓励由军人主导政治和经济，宗教狂热，或者简单的再分配组织，但是很少为经济实用知识的增加提供奖励。于是，经济体就会演化出加强现有激励和组织的政策。

将同一套规则用到两个不同的社会时会发生什么呢？诺斯举出了 19 世纪很多拉丁美洲国家采用了美国宪法，以及很多第三世界国家采用了成功的西方国家的产权法的例子。虽然规则是同样的，但执行机制、行为范式和行为者的主观模型却是不同的。因此，真实的激励结构和感知到的政策结果也会不一样。于是，同一套规则在不同的社会制度中会产生差异极大的后果。

诺斯比较了拉丁美洲和北美洲的演化。在英国，国王在权力之争中输给了国会。在北美洲，《航海条例》将殖民地置于英国整体的帝国主义政策框架之下。然而，殖民者还是能够自由地发展自己的经济。英国后来试图向殖民地人民加收一种金额并不大的税，而且想阻止他们向西移民，这导致了激烈的反应。许多殖民者对此的看法是，英国的诸航海条例威胁了殖民地的财产，由此引发了美国独立战争、《独立宣言》《邦联条例》《西北条例》和《美国宪法》。然而，虽然革命缔造了美利坚合众国，只有透过其与革命前的非正式制度约束，以及许多正式制度约束的延续关系，我们才能够理解革命后的美国史。

西属西印度群岛被征服的时刻，正好也是卡斯提尔议会影响力衰退的年代；征服者们在既有的农业社会之上，强加了统一的宗教和统一的官僚行政机构。虽然波旁王朝时期发生了逆转中央集权官僚制度的努力，但这种逆转只是局部的，而且很快就被否定了。

代理人控制问题由来已久，此外，克里奥尔人一直在努力夺取官僚体系，为他们自己的利益服务。争取独立的斗争中浸染着源自美国与法国革命的意识形态底色。于是，独立带来了受美国启发的宪法，但是结果却大不相同。在拉丁美洲，一套外来的规则被强加到了一个历史悠久的中央集权官僚控制体系，以及相伴随的对各种问题的意识形态认知之上。因此，独立之后不过几年，拉丁美洲的联邦体制和去中央集权的努力就失败了。各国逐渐退回了中央集权的官僚控制体系，这也是拉丁美洲在 19 世纪和 20 世纪的典型特征。在拉丁美洲政策和认知的演化中，西班牙和葡萄牙强加的长期制度模式持续发挥着根本性的作用。

技术和制度变迁是社会和经济演化的基本要素，而且都表现出了路径依赖的特征。制度网络的收益递增特征，以及行动者的互补性主观模型表明，虽然具体的短期路径无法预测，但长期的总体方向不仅更易预测，而且也更难逆转。

第三部分：经济绩效

制度、经济政策和经济绩效

制度看不见，摸不着，甚至也无法测量；它们是人类的心理建构。然而，它们在社会中扮演着极其重要的角色。它们是长期经济绩效的决定因素。如果我们能够构建出一种动态的经济变迁理论——主流经济学在这一方面付之阙如，而马克思主义理论对其的论述也很不完善——它必然是建立在制度变迁模型的基础上的。虽然这一模型尚不完备，但总体大方向是清晰的。接下来需要解决的是：（1）具体说明为了将制度分析纳入新古典主义理论的分析，需要对它做出哪些变动；（2）概述制度分析对经济绩效静态分析的意义；（3）探究制度分析对动态长期经济变迁理论构建的意义。

政治体界定并执行经济市场中的产权。政治市场的特征是理解市场不完全的关键。什么因素能够让政治市场接近零交易成本的有效经济交换模型呢？采取能够提高总收入，让获利者补偿受损者，且交易成本足够低，能够让双方都受益的立法措施。实现这种交换所需的信息与制度条件是：（1）受到影响的各方必须拥有信息和正确的模型，能够了解法案会如何对他们造成影响，以及各自会获得的收益或损失；（2）这些结果能够被传递给他们的代理人（立法机关），且立法机关将忠实地据此投票；（3）选民的权重会由净收益或净损失总额决定，以便确定总的结果，以及让受损者能够得到适当的补偿；（4）交换的交易成本要足够低，否则交换就不值得了。

最有利于接近这些条件的制度结构就是实行普选权的现代民主社会。投票交易、互投赞成票这些行为，再加上在任者的反对者有动力在选民面前曝光他/她的弊政，从而降低了代理问题，这些因素都有助于实现更好的结果。

代理理论已经提供了丰富——虽然不免有争议——的证据表明立法者在多大的程度上独立于选民利益行事。补偿受损者的动机出现的频率有多少呢？更好的结果与有效的结果，这两者存在着巨大的差距。我们有必要强调两个重要的条件：（1）受影响的各方必须同时拥有足够的信息和正确的模型，以准确评估后果；（2）所有受影响的各方都必须有参与决策的平等权利。即使在历史上最优秀的制度框架，或者高效的政治决策中，这些条件都没有哪怕近似地达到。因为政治体制定和执行经济规则，所以财产权几乎无效也没什么奇怪的。

制度对当代经济学分析的影响总结如下：

（1）经济（和政治）模型都是特定于具体的制度约束集合的。在不同的经济体中，这些约束在纵向和横向上都有着巨大的差别。更重要的是，具体的制度约束决定了组织运行的边界，因而能显示出游戏规则与行动者行为之间的互动。第三世界国家之所以贫穷，就是因为制度约束为政治/经济活动界定的回报集合不鼓励生产性活动。

（2）有意识地加入制度因素，将迫使社会科学家整体——尤其是经济学家——去质疑构成自身基础的行为模型，并因此更加系统地探究有成本、不完全的信息处理将对行动者的行为造成什么后果。由于片面关注理性选择和有效市场假说，我们对不完全信息、复杂环境、个人对外部世界的主观认知等因素的影响视而不见。这样，社会科学家就不仅能理解制度为何存在，更能理解它们会如何影响结果。

（3）理念和意识形态是重要的，而且制度在决定它们的影响程度上扮演着主要作用。理念和意识形态塑造着个体用来解释周边世界，做出选择的主观心理构造。正式制度的一个关键特征，就是让作为主体的个人能够表达自身观点，并对结果产生影响的机制，比如民主制度下的选举体制和等级制度下的组织结构。这些机制产生的后果，与众多经济学和公共选择理论中简单的利益集团模型隐含的后果大不相同。

（4）在任何对经济体绩效的认识中，政治体和经济体都是相互联系的。因此，我们必须发展出一种真正意义上的政治经济学。比方说，现代宏观经济学理论永远无法解决它面对的问题，除非宏观经济学家能认识到，政治过程中做出的决定对经济体的运行有着重要的影响。要想做到这一点，我们可以构造一个政治–经济过程，其中包含了涉及的具体制度及其产生的政治交换与经济交换结构。

将制度分析加入静态的新古典主义理论，意味着要修正现有的理论体系。但是，设计经济变迁模型需要构建一整套理论框架，因为现在还没有这样的模型。路径依赖是对长期经济交换的分析性认识的关键。

这一路径的前景在于，它扩展了新古典主义理论最基础的部分——稀缺性/竞争性假设和作为推动力的激励——而且加入了不完全信息、现实的主观模型和制度的收益递增特性，从而修改了该理论。由此产生了一条研究路径，有望打通微观层面的经济活动，以及由制度框架提供的宏观层面激励。渐进变迁的来源，就是组织和企业家们通过获取能够推进其目标实现的技能、知识和信息而获得的收益。路径依赖来源于收益递增的机制，一旦给定了某一路径，这些机制便会加强该路径的方向。诺斯描述了英格兰和西班牙的演化对北美和拉丁美洲演化的影响，得出了如下结论：

> 英格兰和西班牙在新世界建立的不同路径并未走向趋同，虽然存在共同意识形态影响的协调因素。前者演化出了一种制度框架，允许进行复杂的非个人化交换，而它正是实现政治稳定、抓住现代技术带来的潜在经济益处所必不可少的。在后者中，个人化的关系仍然是大量政治和经济交换的关键。它们也是一种演化中的制度框架的结果，这种框架既不能带来政治稳定，也不能持续发挥现代技术的潜力。[1]

经济史中的稳定与变迁

按照标准的新古典主义模型，贸易在任何时候都会带来好处。那么，什么样的制度组合才能够抓住这些好处呢？诺斯提出了一个观点，认为当前的政治、

1 *Institutions, Institutional Change and Economic Performance*, 117.

经济、军事组织形式及其最大化的方向，都来源于渐进演化出的制度结构设定的机会集合。

这一切都起始于村庄内，甚至狩猎采集过程中的简单交换。当时的原则是自给自足。超过单个村庄的贸易扩展是一小步，小规模的专业化就发生了。随着市场扩展到区域性贸易，不仅多边贸易有所扩张，专门市场出现，而且贸易伙伴的数量也急剧增加。接下来出现了远距离贸易的发展，于是交易过程成为一个专业部门，有些人单纯以贸易为生。这样贸易中心就初步发展了起来。地域分化开始成为主要因素，一些职业分化也出现了。

市场扩展的下一个阶段中，生产者的专业化程度提高了。随着全职的工人开始集中起来工作，或者形成工序，规模经济出现了。乡镇和一些中心城市出现了，人口呈现出了职业分化，虽然农业人口还是占了绝大部分。这还反映出了社会城市化的推进。在当前的阶段，专业化程度提高了，农业人口只占劳动力的一小部分，而且庞大的国内和国际市场成为经济体的特征。劳动力的职业分布逐渐从制造业主导转向服务业主导。我们生活在一个彻底的城市社会中。

这一演化进程有一些必不可少的制度，以降低交易和转化成本，允许专业化和劳动分工程度不断提高。随着市场规模的扩大，区域性贸易导致交易成本急剧增加；于是更多的资源投入到了测量和强制执行上。

资本市场的出现，以及固定资本雄厚的制造业企业的发展，这两者都需要某种形式的强制性政治秩序。保护财产权需要能够高效、公正地执行跨越空间和时间的合同的政治和司法机关。在最后的阶段，专业化需要社会将更大比例的资源投入到交易中，以至于交易部门占 GNP 的比重很大。

然而历史表明，经济演化并没有遵循这样的一个逻辑序列。一些原始的交换形式今天依然存在。远距离贸易的出现开启了一系列更复杂的组织形式。通过信息成本的作用，它带来了一定程度的规模经济，地方性的合同强制执行也有所发展。在更深入地考察了原始的交换形式和西欧的发展过程后，诺斯将焦点放在了两者对比鲜明的作用力上：它为前者带来了稳定的制度和组织，为后者带来的则是富有活力的经济交换。

在原始社会中，偏离和创新被视为对群体的威胁，因为违背普遍接受的准则等同于要求不合法的权力，而且也构成了反对不合法权力的一部分证据。在北非的集市贸易中，创新被认为是对生存的威胁；然而，我们很难理解，为什么集市这种低效的议价形式能够延续。北非的集市贸易缺少的是立法机关和执法部门的支持，只有它们才能让这样的自发组织切实可行，有利可图。如果没有它们，就没有改变体系的激励。

与此比较，西欧近代初期的远距离贸易史导致了西方世界的崛起。各种各样的创新降低了交易成本。这些创新措施作用于三方面的边际成本：（1）提高了资本流动性；（2）降低了信息成本；（3）分摊了风险。规避高利贷法的各种技术提高了资本流动性。此外，汇票的发展也促进了资本流动。

降低了信息成本的一个重大发展就是各类商品价格表以及各种手册的出版，这些手册提供了关于度量衡、关税、中介费等方面的信息，尤其是欧洲和贸易各国的复杂汇率。这些发展都是为大宗国际贸易服务的，因而是规模效益的结果。最后一个创新就是风险成本的不确定性的转化。海上保险就是这种可确定的风险精算发展的一个例子。

这些具体创新和制度工具的演化是两种根本经济力量互动的结果：（1）与贸易规模增加相联系的规模经济；（2）执行机制的发展。它使得以更低的成本强制执行合同成为可能。商人内部组织实现的自发执行结构与国家的强制执行手段逐渐融合，这是合同执行效力提高的重要一环。

鉴于国家遵守自身承诺——即不会没收财产，或者以任何方式使用强制力提高交易的不确定性——的程度，资本市场的演化受国家政策影响很大。这有利于金融机构的发展和更高效资本市场的出现。统治者独断专行带来的束缚，以及既约束国家，也约束自发结社的非人格化规则的发展都是这一制度转变进程的关键部分。

在荷兰，更具体地说是阿姆斯特丹，这些创新措施和制度结合起来，创造出了高效现代市场的前身，这些市场让交易和商贸的扩大成为可能。开放的移

民政策吸引来了商人；资助远距离贸易的高效手段得到了发展；资本市场有所进步；金融商行的贴现方法也发展起来，从而降低了保险经营的成本。分担风险、将不确定性转化为精算风险等技术的发展、可以拥有更低的信息成本的大型市场的建立、可兑现的政府公债：这些都是故事的一部分。

英格兰与荷兰是这些制度变迁的承载者。初始的约束条件让英格兰和西班牙走上了不同的道路，在这一背景下，两国各自路径依赖的特点得以确定。

制度分析与经济史的结合：前景与疑难

通过将制度分析加入史学研究，我们能够把历史阐述得更加清楚明白；也就是，试图解释长时期下各个社会不同的增长、停滞、衰退模式，并探究人际交往造成的摩擦如何产生了差异巨大的结果。卡尔·马克思试图将技术变化与制度变迁结合起来。马克思试图用生产关系（他指的是人类组织的各个方面，尤其是财产权）来阐述生产力（他一般指的是技术状态）。他是将技术和人类组织的局限和约束结合起来讨论的先驱。

在计量经济史兴起之前，技术是经济史研究的核心。工业革命是人类历史上的一座巨大分水岭，这一叙事是围绕着18世纪技术更新率的跃升构建起来的。技术是人类福祉的创造者，为生产力增长这样一个简单的事实蒙上了一层乌托邦的色彩。

西蒙·库兹涅茨、罗伯特·索洛等人的生产力增长分析有一处遗漏，那就是：为什么在大多数国家里，生产潜力都没有充分实现。新古典主义理论并不直接讨论增长问题本身。近年来，围绕着收益递增和物质人力资本积累，一些新古典主义增长模型建立了起来。它们的一个重要基础就是隐含的激励结构，模型内在的动力就是由它提供的。

现在需要的是系统的实证研究，发现使得经济体生产力低下的成本及其背后的制度。诺斯总结道，这样一来，我们就能确定这些制度的来源。该分析框架将回答之前几章中提出的若干问题，而且有望破解尚未解决的谜题。

接下来，诺斯提出了几条结论：将激励问题带到前台将使它得到应有的关注，即，它是经济体绩效的关键。之前几章的核心论点就是，激励曾经发生过巨大变迁，今日依然如此。制度决定了经济体的绩效，那么高效的制度又是谁创造的呢？答案可能在于非正式约束与政治活动内在的交易成本。相对价格的根本性变动将逐渐改变社会规范与意识形态。信息成本越低，改变来得就越快。

在大部分人类历史中，人民的利益对政治人物的约束力都不大，就像今天的第三世界和东欧政权一样。关键在于要改变政治人物所面对的激励，让某些人民——那些愿意实施变革的人——比其他人更加重要。这样的话，政治人物就更有可能发起根本性的改革。高效的政治制度是通过能够创造和执行高效的产权制度的内在激励实现的。但是，如果政治体中充斥着追求个人利益而罔顾其他考量的人，这样的制度就难以构建。对源于文化的行为规范，以及它们与正式规则的互动关系，我们需要了解的还很多。

诺斯这本书的最后一段话是："我们只是刚刚开始认真研究制度。希望是有的。我们可能永远无法得到所有问题的确切答案。但我们能努力做得更好。"[1]

---

1 *Institutions, Institutional Change and Economic Performance*, 140.

第七章

大衰退

引言

要说经济学家没有预见到大衰退的到来，那也不完全正确。海曼·明斯基（Hyman Minsky）早在大衰退爆发22年之前就做出了预言，那时大衰退已经在酝酿之中了，可惜没有人听。另一个例子是2005年的堪萨斯城联邦储备银行年度经济政策论坛。这次大会在怀俄明州的杰克逊霍尔举行，主题正是格林斯潘时代的经验与教训。时任国际货币基金组织首席经济学家（现任印度央行行长）的拉古拉迈·拉詹（Raghuram Rajan）在讲话中说道，当时的金融体系风险程度远超以往，可能遭受重大系统性冲击。低廉成本鼓励着银行和对冲基金借更多钱，持有更多债务。当信贷之轮戛然而止时，经济体就会蒙受重大损失。这就是拉詹在杰克逊霍尔说过的话。几年后，事实证明他是对的；但当他在2005年8月做这次演讲时，听众并没有重视。其他人可能也发出过警告，但他们是少数派，也缺少政治势力来施加影响。

约翰·卡西迪是《市场是怎么失败的》（*How Markets Fail*）一书的作者。这本书全面分析了大衰退，包括它发生的原因以及相应的对策。他认为，新古典主义经济学（他称之为“乌托邦经济学”）是罪魁祸首之一，因为它既没有预见到大衰退，也没有避免它的发生。卡西迪将乌托邦经济学和基于现实的经济学作了对照，后者试图把握经济真实的运行机制，以及人类做出经济决策的方式。

《市场是怎么失败的》梳理了自由市场意识形态的起起伏伏。这种意识形态不只是一套观点，更是一种内容完备、无所不包的世界观。书中综合了思想史论述、对经济危机的冷静分析和对行动的呼吁。毕竟，如果我们不了解近期事件发展的学术与历史背景，就不能理解这些事件。卡西迪探究了经济危机底层的经济学，解释了为何理性自利引发并延长了这场危机。本章会概述《市场是怎么失败》的内容。

约翰·卡西迪是《纽约客》的专职作家和《纽约书评》撰稿人，之前写过《互联网经济：非理性的繁荣》（*Dot.cn: The Greatest Story Ever Told*, 2002）。卡西迪本科毕业于牛津大学学院，拥有哥伦比亚大学的新闻学硕士学位和纽约大学的经济学硕士学位。在撰写《市场是怎么失败的》的过程中，卡西迪融入了自己对美国金融和股票交易市场的广博知识。

《市场是怎么失败的》

导言

即使到了2007年夏天，危机爆发已经近在眼前，主流分析人士依然认为担心衰退纯属杞人忧天，包括前美联储主席本·伯南克在内。[1]然而，美国许多地方的住宅价格之前就开始下跌了，房贷违约的家庭数量也在急剧攀升。但是，经济学家们依然笃信美国资本主义的活力以及它所代表的理想。

几十年来，经济学家一直坚持认为，保障繁荣的最好方式就是国退民进。20世纪70年代末，以罗纳德·里根和撒切尔夫人为旗手，以弗里德里希·哈耶克和米尔顿·弗里德曼为主谋（两人都被普遍视为卡西迪所谓的“乌托邦经济学”的代表人物），这股保守的反动思潮席卷而来。到了90年代，比尔·克

1 使用版本为 John Cassidy, *How Markets Fail: The Logic of Economic Calamities*，由 Allen Lane (London) 于 2009 年出版 .

林顿、托尼·布莱尔等进步主义政治家也用上了右翼的话语。在美国，监管放松是从卡特政府废除航线管制开始的，当时并不起眼。1999 年，克林顿签署通过了《金融服务现代化法案》，允许商业银行与投资银行合并，组成大型金融“超市”。

人们普遍认为，没有一家公司能够垄断整个市场，或者决定市场价格。换言之，亚当·斯密的“看不见的手”能够将个体的自私行为转化为对社会有利的集体结果。如果这一论点中没有任何重要的真理，那么保守主义运动也不可能取得过去的成功。运转良好的市场会奖励开拓创新、努力工作、提供物美价廉产品的人，并惩罚那些产品质次价高的公司和工人。

但是，如果宣称自由市场的结果总是好的，那也只是粉饰太平的空想。保守派当权了十年，从 1997 年到 2007 年。即便如此，这段时间里还是出现了三次投机泡沫：技术泡沫、房地产泡沫、石油泡沫。但是它们都被视为异常状况。一旦泡沫出现，我们就不能再指望自由市场能够敏感而高效地配置资源了。泡沫勾勒出了一幅“轻松快速赚大钱”的前景，从而鼓励个人和企业以个人从理性出发但破坏性极大的方式行动。金融市场大概是激励扭曲最严重的领域。市场失灵不只是研究课题。在医疗保险、高新技术和金融等众多经济部门，这都是长期存在的地方病。

由于某些原因，市场失灵在经济学中并未引起多少关注。基于现实的经济学没有乌托邦经济学那样整齐划一，因为现代经济体本身就非常复杂难解。它包含了众多不同的理论，每一个都针对一种市场失灵。这些理论没有“看不见的手”那么全面，但却更实用。

基于现实的经济学的出现可以追溯到两个来源。在主流经济学内，20 世纪 60 年代末的新一代学者开始研究一系列很难融入自由市场模型中的主题：信息问题、垄断势力还有羊群效应。与此同时，两位实验心理学家——阿莫斯·特沃斯基（Amos Tversky）和丹尼尔·卡内曼（Daniel Kahneman）——分析了理性经济人（homo economicus），结果发现人类在面对复杂选择时的行为并不总是经济理性的。人类往往会依赖经验法则或者本能，受其他人行为的影响也很大。

这些新发展融合形成了行为经济学。然而，基于现实的经济学的范围不止如此。

这本书还特别关注了金融危机与随之而来的深度衰退的起因。纽约的银行家们正面对着所谓的“囚徒困境”：如果他们采取了别的措施，他们的企业就会被其他银行家并购，自己也会失去工作。

第一部分：乌托邦经济学

被忽视的预警信号与传统智慧

早在2002年，一些评论者就已经提出，美国多地的房地产价格已经远远超出了收入所能承担的水平，本书作者也是其中之一。2005年6月，《经济学人》发表文章称，全球性的房价上涨是史上最大的泡沫。2005年堪萨斯城联邦储备银行年度经济政策论坛的主题正是格林斯潘时代的经验与教训。时任国际货币基金组织首席经济学家的拉古拉迈·拉詹在讲话中说道，当时的金融体系风险程度远超以往，可能遭受重大系统性冲击，即资产价格的大幅变动或总体流动性的变化。由于回报率是与风险相关的，经理和企业都受到了承担更高风险的扭曲激励。另一个失稳因素是投资者与交易员跟风的倾向（即羊群效应）。收入与激励挂钩和羊群效应共同导致了不稳定的局势。如果跟风行为导致资产价格远离了基本盘，那么大规模重组的可能性就会提高，带来重大损失。低利率会增加不稳定性。低廉成本会鼓励银行和对冲基金借更多钱，让赌注越玩越大。在“骤停”之后，经济体会遭受沉重打击。拉詹提前多年就预见到了未来。

亚当·斯密的“看不见的手”

市场体系之所以能持久，其中有多个原因。它让个人、企业和国家能够专注于优势项目，从而提高经济体的生产力。它提供了有利于投资和创新的激励，因而有利于生产力和工资的逐渐提高，进而改善了生活水平。

苏格兰人亚当·斯密是最早将这些论点作为整体提出的经济学家之一。他的巨著《国富论》出版于1776年，在书中创造了“看不见的手”这个术语，今日依然是讨论市场运行方式避不开的重要话语。斯密论述了专业化会如何通过分工大大提高生产力，进而增加财富。

在市场体系中，人力和物料被用到了最需要的地方，而且价格与成本挂钩，所以它是有效率的。它还有自我纠正能力。如果发生短缺，则短缺对象的价格就会上升，供给随之增加；反之，价格则会下降，供给随之减少，直到与需求达到平衡。商人都只关心自己的收益，因此也会增进社会的福利，而且效率会比他们只关心增进社会福利时更高。

斯密认为，除了少数例外（例如国防和执法），政府的角色应仅限于清除过时的、阻碍竞争市场发挥作用的惯例。斯密描述了一种自我管理的经济机制，既能激励技术创新，满足人民需求，又能减少无用活动、监管不法商人、实现共同富裕。最惊人之处在于，这个体系的推动力是人类的自私。亚当·斯密有一句名言，“我们的晚餐不是寄望于肉商、酒商或面包师傅的仁慈心，而是他们对自己利益的重视。”

用斯密自己的话说，他对政府角色的看法是这样的：

> 某些公共事业和制度的建立和维持永远不可能出于任何个人或小团体的利益，因为其带来的收益绝不会抵消任何个人或小团体为之付出的成本，即便它可能往往会对社会整体有很大益处。

与他们的20世纪追随者相比，大卫·李嘉图、约翰·斯图亚特·密尔等古典经济学家对政府角色的看法并不那么教条。在一定的限度内，他们认为政府有其合理的作用。斯密及其后继者相信，政府有义务保护公众免遭金融动荡和投机浪潮伤害。密尔将大部分经济下滑归咎于金融体系的动荡，后来的阿尔弗雷德·马歇尔在经典著作《经济学原理》（1890）也持同样的观点。他写道，经济危机的最主要原因就是失控的信贷膨胀。货币当局应当避免这些事件。

将金融市场视为理性的、自我纠正的机制，这种观念历史很短。在此之前（即20世纪三四十年代），资本主义被认为存在重大缺陷，很多经济学家都在思考中央计划是否是更好的选择。

弗里德里希·哈耶克的通信系统

30 年代的大萧条并不支持古典经济学倡导的自由放任、小政府、低税收理念。美国的工业产量急剧下降，失业率达到了 25%。大多数经济学家都认同了约翰·梅纳德·凯恩斯的观点，认为避免大规模失业的唯一途径就是由政府大规模投资公共事业，从而管理经济体的需求水平。

苏联及其卫星国用中央计划取代了市场，宣称已经完全消除了失业和大规模贫穷。当苏联成功发射第一颗人造卫星（斯普尼克一号）的时候，有些观察者得出结论：这个共产主义帝国已经在军事和经济竞赛上超过了美国。早在“二战”之前，有些经济学家就已经试图构建一种自由放任和共产主义的中间道路了。他们鼓吹市场社会主义，将重要产业国有化，同时改造了价格体系：一部分市场价格由中央计划当局规定，其他的则由自由市场决定。

在这样的环境下，自由市场经济学家遭到了排挤，被视为某种籍籍无名的小教派的传教士。其中有两位脱颖而出：出生于维也纳的弗里德里希·哈耶克和出生于布鲁克林的米尔顿·弗里德曼，后者之后成了芝加哥学派最著名的代表。

哈耶克深受老师路德维希·冯·米塞斯的影响。米塞斯是一位坚定的自由市场支持者，在《社会主义：经济学与社会学分析》（*Socialism: An Economic and Sociological Analysis*，1922）中抨击集体主义计划是不现实的。在 20 世纪 20 年代中，哈耶克研究了经济周期的原因，提出了一种观点：萧条是之前繁荣不可避免的结果。在繁荣期，经济增长变得不均衡，对工业产能的投资超过了储蓄供给。在他看来，衰退是恢复投资与储蓄间平衡的一种方式。

凯恩斯和他年轻的剑桥弟子们不这么看。他们认为，萧条的原因是总需求不足，增加政府支出能够重新带来繁荣。世界各国政府普遍将凯恩斯的观点采纳为政策指导框架。

哈耶克和凯恩斯给萧条开出的药方差异极大。早在 1936 年《通论》发表之前，哈耶克已经在 1931 年抨击过凯恩斯的《货币论》了，称这本书缺乏合理的资本投资和利率理论。凯恩斯则还以颜色，称哈耶克的《价格与生产》（1931）是他所读过的“最可怕的糨糊”之作。

哈耶克对集体主义计划是有所疑虑的。如果没有真正的竞争，政府怎么能知道应该如何定价，工厂经理又如何能知道该生产哪种产品，生产多少呢？哈耶克相信，许多自由市场的批评者忽视了它在协调数以百万计的个体消费者与企业的行动中所起的作用，这些个体的需求和能力都各有不同。早在1933年，哈耶克就将市场称为一种极其复杂、能够成功解决问题的机制。1937年，他发表了“经济学与知识”一文，首次提出了他对经济学影响最深远的观点：市场价格主要是校正和传达信息的工具。在纸面上，中央计划体系可能看起来很美，但它们不能解决“知识分工”的问题。哈耶克将这个问题描述为“作为社会科学的经济学的真正的核心问题”。

在市场体系内组织生产的一大优势是，企业不需要亲自询问消费者应该生产什么，生产多少；这些信息已经由价格提供了。哈耶克将市场比作通信系统。市场是通过传递价格信号运作的。他写道，“市场体系最重大的一个事实就是，它在运行过程中对知识的使用非常经济，也就是说，个体参与者只需要知道很少的东西就能做出正确的行动。”哈耶克后来接受访谈时说，对知识的利用是他的经济以及政治观点的基础。

“二战”期间，哈耶克开始担心自由市场理念的未来。他于1944年发表了《通往奴役之路》，为自由市场自由主义的价值辩护。哈耶克相信，市场是个人自由的唯一有效保障。他重申了计划经济不足的观点，包括其在政治上的意义。他写道，“计划会导致独裁，因为独裁是强制推行理念的最有效工具，而且是大规模中央计划之为可能的极其重要的因素。”哈耶克这里所说的并不是苏联。他担心的是英国、法国和其他欧洲民主国家的动向，甚至也包括美国。他认为，它们与极权主义只有一步之遥。哈耶克的观点与熊彼特的《资本主义、社会主义与民主》（1942）不谋而合。

与此同时，英国已经在准备建立福利国家了，而罗斯福总统则早在“二战”之前便发起了新政。两者都没有触动自由企业制度的工业与金融内核。因此，哈耶克对西方世界动态的解读是有失偏颇的。他没有解释市场体系的一些严重缺陷，不仅在《通往奴役之路》中没有，在其他著作中也没有。在三四十年代，普通人对正规医疗、清新空气和退休金的需求已经是再明显不过了。市场并没有提供这些事物。原因何在？哈耶克并没有解释。

《通往奴役之路》在美国取得了巨大成功。“每月好书俱乐部”版卖出了60万本。而在福利国家得到普遍支持的英国，反响就要冷淡得多了。

在20世纪三四十年代，哈耶克曾任教于伦敦经济学院。由于在美国取得成功，他决定移民美国。1950年，他获得了芝加哥大学的教职。在这里，哈耶克于1960年发表了《自由宪章》。很多人认为这是他写得最好的一部作品。1989年柏林墙被推倒时，他对儿子劳伦斯说：“我早就告诉你了。”

洛桑学派的完美市场

我们如何确定市场发出的价格信号是正确的呢？只要每一个产业都有许多互相竞争的供应商，而且企业不能单纯通过提高产量降低单位成本，那么通过数学证明可得，市场出清定价是存在的。这些价格发布后，所有产业内的需求都会与供给相等，而且没有闲置资源。在均衡价格下，劳动力、土地和其他投入都发挥其最大的生产力，进一步增加产出是不可能的。此外，除非让某些人的福利恶化，否则任何人的福利都不可能增加。简言之，竞争市场是有效的。

得出这些结论的经济学分支就是“一般均衡理论”经济学。这个理论一个吸引人之处就是数学上的简洁。在19世纪中，一些经济学家开始用数学术语来表达经济学理论。德国经济学家约翰·海因里希·冯·杜能（Johann Heinrich von Thunen）提出了地租公式。在法国，安东尼·奥古斯丁·库尔诺（Antoine Augustin Cournot）提出了一种垄断和双寡头的数理理论。在英国，威廉·斯坦利·杰文斯、弗朗西斯·伊西德罗·埃奇沃思（Francis Ysidro Edgeworth）和阿尔弗雷德·马歇尔开始系统地应用微积分，发展出了描述消费者与企业行为方式的模型。

里昂·瓦尔拉斯（Leon Walras）和维尔弗雷多·帕累托（Vilfredo Pareto）两人都曾任教于洛桑大学。他们共同开始创造一种能描述整个经济体的融贯的数理理论。约瑟夫·熊彼特深受瓦尔拉斯的《纯粹经济学要义》（*Elements of Pure Economics*，1884）的启发，称之为所有经济学家中最伟大的一位。瓦尔拉斯提出了“最大效用定理”，也就是经济学家所说的“边际条件”，指的是两名在交换两个物品的人得到了同样的满意程度。

瓦尔拉斯认识到，不能孤立地研究个别市场，因为它们是互相关联的。针对经济体中的每一个行业，瓦尔拉斯都写下了两个等式：需求等式和供给等式。他接下来问道，是否存在一组价格能使得这些等式同时得到满足。如果这个解存在，那么每一个市场的供给就都会等于需求，从而达到一般均衡。瓦尔拉斯数出了方程组内的等式数量，表明它与需要确定的价格数量相等，于是宣称这个解确实存在，而且是唯一的。他得出的结论是价格体系有效。

帕累托完善了瓦尔拉斯的最大效用定理，因为他意识到，有些人的福利会比其他人高。那么我们如何判断哪个经济结果更好呢？做这个判断的人又是谁？此外，我们如何衡量一个人的幸福程度，尤其是人际比较呢？帕累托提出了“帕累托有效”情形，在这种情形下，除非让某些人福利降低，否则任何人的福利都不可能提高。然而，帕累托并没有解决平等问题，因为在一个帕累托有效的经济体中，仍然可能朱门酒肉臭，路有冻死骨——只要改善穷人的生活必然会减损富人的享乐。

自由市场最大的好处可能就在于，它让人们能够进行互利交易。有些经济学家论证道，市场保证了所有交易都是互利的，因此所有自由市场的结果都是符合帕累托有效情形的。这一观点是福利经济学的第一条基本定理。帕累托是第一位提出市场有利于互利交易的经济学家。

之后，两位左翼经济学家阿巴·勒纳（Abba Lerner）和奥斯卡·兰格（Oskar Lange）研究了如何兼顾平等和效率的问题。勒纳表明，在竞争市场中，由于害怕被对手夺走市场份额，企业被迫遵循有效定价法则。企业所得的利润可以被视为产量的一部分，不应当超过还贷和回报投资人所需的程度。只要企业的定价超过了边际成本，获得了超额利润，它们就是在追求垄断势力，而这是不符合帕累托有效情形的。

奥斯卡·兰格在计划经济中得出了帕累托有效的数学条件，它实际上与竞争均衡的条件惊人地相似。工资必须根据工人的生产力来设定，而且勒纳的论文还提出，企业的定价必须能够涵盖边际成本，消费者的支出分配方式也必须保证他们不能通过多买某种产品，同时少买另一种产品来提高自己的福利。兰格假设，中央计划者拥有所有所需的信息，这就与哈耶克的观点不同了。社会主义计划经济的情形会有所不同。许多产业都是公有的，而且所有经济剩余产出都会以一种比竞争体系下更平等的方式分配。一个合逻辑的问题是：如果竞争体系下的资源配置规则与理性的社会主义经济下相同，那干吗还要搞社会主义呢？兰格的答案是：资本主义下会滋生不平等和各种其他弊病。

极乐点的数学分析

现在到了把“看不见的手”理论的各种形式化工作统合起来的时候了。阿尔弗雷德·考尔斯（Alfred Cowles）是一位富裕的美国投资人。他建立了考尔斯委员会，使命是推动与数学和统计学相关的经济学理论的研究和发展。考尔斯委员会于 1936 年迁入芝加哥大学，一待就是 20 年。

肯尼斯·阿罗当时是考尔斯委员会的一名助理研究员。他研究的是一般均衡这个棘手的主题。1950 年，他发表了一篇论文，证明竞争均衡也是帕累托有效的：在均衡价格下，资源配置方式会导致除非降低某些人的福利、否则任何人的福利都不可能提高这一情况。阿罗的结果就是后来所谓的“福利经济学第一基本定理”。阿罗也讨论了平等问题。只要政府以适当的方式进行资源再分配——征税，然后给其他人发放等额的补助金——社会就可以选择自己偏好的具体帕累托有效解，自由市场则会生成支持这一结果所需的价格。在竞争体系下，通过适当地对价格进行选择，我们不仅能实现某一个最优解，而且能实现任何一个最优解。这个结果就是“福利经济学第二基本定理”。该定理指出，社会可以公平地进行资源再分配，然后依赖市场来确保结果的有效性。

但是，还有一个重大任务有待解决：证明存在一组能够实现整个经济体内供求相等的价格。如果无法找到这个解，那么前面讲的一般均衡理论就全都是空谈。

在法国经济学家杰拉德·德布鲁（Gerard Debreu）的支持下，阿罗朝着这个问题的解决又前进了一步。两人于 1952 年发表了一篇论文，题为“竞争经济中均衡的存在性”。读过这篇文章的人都认为，瓦尔拉斯问题终于得到了解决，支持竞争性市场的论点也终于可以建立在完备的分析基础上了——至少表面看起来如此。然而，“一般均衡从科学上支持了自由放任”只是后来流行开的庸俗化观点。这两位理论家知道自己的结果依赖于若干限制性假设，也很看得开，其中之一就是任何地方都不存在规模经济，即企业单纯通过提高产量而降低单位成本的能力。但这并不现实。在现实生活中，市场结果完全可能是无效的。

一般均衡理论是不是实用的政策指导方针呢？答案是否定的。即使不考虑经济体的均衡点不唯一，还有时间问题存在，而阿罗和德布鲁并未考虑它。此外，“看不见的手”理论认为市场是稳定的。但是，市场的行为方式是多种多样的。如果需求增长会带来更多的需求，那么市场就很容易发生时间和规模不等的大幅震荡。数学家称这种现象为“混沌”。个体理性和完全竞争的公理并不足以确定实际将要发生什么。因而，我们应该对假定持续稳定的模型保持怀疑。

福音传教士

对米尔顿·弗里德曼来说，市场经济有效是不言自明的。弗里德曼对自由放任理念复兴的贡献比任何人都大。他的《资本主义与自由》（1962）和与妻子罗斯合著的《自由选择》（1980）为罗纳德·里根、撒切尔夫人等保守主义政治家提供了一套融贯的、完备的理念和政策建议。

弗里德曼对市场经济学的复兴做出了四大贡献：大力鼓吹削减政府项目、减税和给企业松绑；为大萧条提出了一种新解释，将其描述为政府失灵而非市场失灵的结果；批评凯恩斯主义的需求管理，提出了另一套政策框架——货币主义；还有提醒美国人民，约翰·斯图亚特·密尔当年就强调过经济自由与政治自由之间的联系。

从很多方面看，《资本主义与自由》就是哈耶克的《通往奴役之路》的美国版。弗里德曼承认，有些政府活动是必不可少的，例如国防和执法。但是，他对政府参与高速公路建设、提供公立教育等方面的活动提出了质疑。他还认为，政府对银行业监管的干涉是不必要的。实际上，他几乎反对一切类型的监管，对政府持有不折不扣的怀疑态度。他坚持认为，政府扩张是对美国公民自由的根本威胁。

我们可以说，保守主义者在“二战”后面临的最紧迫任务就是面对这样一种共识：在20世纪30年代的全球经济崩溃中，缺乏监管的资本主义已经失败了。在严肃地重拾自由放任政策之前，大萧条的锅必须由其他人来背负。弗里德曼选中了联邦储备委员会。该机构的使命是稳定经济形势，避免金融恐慌。

1963年，弗里德曼和安娜·施瓦茨的《美国货币史》出版。在书中，他们论证道，大萧条的罪魁祸首是美国货币存量的急剧下降。从1929年夏季到1933年春季，美国的流通货币和银行活期存款总量下降了将近三分之一。作者认为，如果联邦储备委员会将更多货币注入经济体，那么这场灾难本来是可以避免的。

弗里德曼清醒地认识到，缺乏监管的金融体系可能会带来风险。例如，他在《资本主义与自由》中解释了在面临储户和投资者取款压力的情况下，银行采取的同行拆借、抛售投资、取回存款等行为会如何对其他银行造成压力，后者接下来又会给另一些银行造成压力。这是对银行危机传导的一种简单明了的描述。

弗里德曼认为，稳定金融部门——实际上也包括整个经济——的最好手段不是加大监管力度。国会应当通过一项法律，要求美联储以指定的增长率增加货币存量（每年2%到5%），然后就放手。指定货币供给既能遏制通货膨胀，又能维持经济稳定。这就是货币主义的学说。

弗里德曼创造了“自然失业率”这个术语，他认识到，存在失业是一种常态。好了，如果政府将失业率降到了自然失业率以下，工人就会要求更高的工资，而企业也会提高价格。当时的经济学家相信，失业率与通货膨胀是此消彼长的。但是，70年代的经验却并非如此。滞胀出现了：通胀率与失业率同时居高不下。凯恩斯主义者无法解释滞胀，但弗里德曼有一套解释，为保守主义经济学的复兴铺平了道路。

到90年代初为止，货币主义与凯恩斯主义的传统区分已经模糊了。许多名义上与凯恩斯主义传统有联系的经济学家，也成了弗里德曼为之奋斗终生的自由市场理念的坚定支持者。

金融学的掷硬币观点

决定一个国家繁荣与否的，是它利用自然资源、为工人提供教育、产出科技投资成果的效率。金融体系只是蒙在实体经济上的一层“面纱”。货币主义者和凯恩斯主义者都是这样看的。然而，经济发展是资本积累的过程，而在如何向互相竞争的项目分配投资资本的问题上，金融市场起着重要的作用。因此，运转正常的金融市场有助于经济体的繁荣。

“有效市场假说”是由弗里德曼的学生，尤金·法玛（Eugene Fama）发扬光大的。该假说提出，综合考虑所有可得信息的情况下，金融市场产生的价格就总是正确的。简言之，金融价格是与经济基本面相对应的，不会反映任何不当的悲观情绪或“非理性繁荣”。然而，预测金融市场的动向是极其困难的。

路易·巴施里耶（Louis Bacheier）于1900年提出了世界上第一种投机理论。他的结论是，市场投资就像掷硬币一样，其结果靠的是运气而非技巧。巴施里耶的发现被称为“随机游走”。法玛的博士论文主题就是股票价格行为。他指出，即使一名分析师的分析完全是胡扯，他也有50%的可能性蒙对。法玛的关键性创见是，在股票市场的价格反映了所有可得信息的意义上，它是有效的。所以，股票市场假说在实践中是成立的。普林斯顿大学经济学教授波顿·马尔基尔（Burton Malkiel）在20世纪60年代末出版了畅销一时的《漫步华尔街》。书中指出，华尔街的大部分收益预测都错得离谱，而且大部分共同基金的绩效都没有超过市场整体。

巴施里耶的洞见是，如果将股价每天的变化值做成一张条形图，其形状很像众人皆知的“钟形曲线”。因此，大部分变动幅度都很小，大幅变动——不管是上升还是下降——都只位于曲线的两端。于是，极端变化的可能性就很低。卡西迪问道，这难道不是一个风险的指标吗？它指明了一种可能性：设计出能够最小化巨额损失，或者最大化在愿意接受的给定风险下的收益的投资组合。所以，风险是可以科学管理的，至少看起来是这样。在接下来的三十年里，一个庞大的风险管理产业发展了起来。

然而，早在六七十年代，就有一些学者和华尔街人士不买抛硬币理论的账。桑福德·格罗斯曼（Sanford Grossman）和约瑟夫·斯蒂格利茨（Joseph Stiglitz）于1975年发表了一篇论文，文中认为，有效市场假说的基础是逻辑不自洽的。如果股价在任何时刻都反映了与经济前景等与个体公司相关的全部信息，那么投资者就没有任何搜寻、处理信息的激励了。但是，如果没有人去搜寻、处理信息，那么股票价格也就不会反映这些信息，市场也就不会是有效的了。所以，市场要想运作，必须存在一定程度的无效。他们的文章对华尔街没有产生多大影响。伯努瓦·曼德勃罗（Benoit Mandelbrot）是另一位有效市场假设的怀疑者。他研究了长时段的棉花价格，得出的结论是，价格波动模式一点也不像钟形曲线。

在华尔街，采取大规模行动的倾向远远超过了钟形曲线的描述（根据曼德勃罗的研究），这种现象就是所谓的“肥尾”。曼德勃罗的数据表明，市场是由较长的相对平稳期（价格变动不大）与较短的剧烈活动期（价格变动大）交替组成的。这种模式即所谓的“波动聚集”，表明金融市场包含着一种可预测的元素。然而，它也带来了一种可能性，即决定市场变动的因果关系不是固定的，而是随时间变化的。但是，经济学界并没有接受曼德勃罗的批评。在20世纪80年代之前，许多MBA课程中仍然在教授有效市场假说是对现实的描述的观点。

乌托邦经济学的胜利

罗伯特·卢卡斯（Robert Lucas）在阅读保罗·萨缪尔森（Paul Samuelson）的《经济分析基础》（*Foundation of Economic Analysis*）后确实希望将其应用到现实。他说道：

> 书中的一个观点成为我自己认知的一部分，即如果我不能用数学来提出一个经济学理论中的问题，那么我就不知道自己在做什么。我开始认为，数学分析不是构造经济学理论的众多方法之一，而是唯一的方法。[1]

1 Cassidy, *How Markets Fail*, 98.

但是，还有一个领域受理性的个人选择影响不大——经济政策。在《通论》中，凯恩斯曾经强调，个体行为的逻辑往往不适用于整个经济，“节俭悖论”就表明了这一点。为了避免这一类问题，凯恩斯的焦点放在了总和概念上，例如全经济体层次的消费、投资和政府支出。通过这一宏观框架，他能够解释经济体如何会陷于低迷状态，并在这个过程中提出了宏观经济学。

有些经济学家对经济学两大分支的分离状态很不满意，卢卡斯就是其中之一。他决定发展萨缪尔森从头构造理论的观点。

卢卡斯的想法是，假设每一个人都准确地知道经济体运作的方式。人们不仅知道失业率与通货膨胀相关，通货膨胀与利率相关，而且在头脑中都拥有（正确的）数理经济模型，他们会利用它来形成对工资、价格和其他变量的预期。这就是“理性预期假说”。卢卡斯只要写下若干描述工人、企业和政府行为的等式，在它们前面加上一个数学的期望运算符，然后就能得出一个符合经济体中所有人的决策规则的解。但这是不现实的。

卢卡斯的一个预测结果是，货币政策的被预测到的变化不会对产出或就业产生任何影响。罗伯特·巴罗（Robert Barro）是卢卡斯的追随者之一，他试图表明，凯恩斯主义者青睐的改变税收并不比改变货币供给更有效。

卢卡斯的经济学框架是阿罗－德布鲁的理想化一般均衡模型。卢卡斯假设，所有达到一般均衡所需的条件都已经满足，而且进一步假设，均衡点是稳定且唯一的。在这样的设定下，供求在经济体的任何部门、任何时间都是相等的，这也就意味着，失业率总是等于或接近弗里德曼的自然失业率。卢卡斯和他的追随者宣称，略微修改阿罗－德布鲁模型即可用它来表示实体经济。在此意义上，卢卡斯修改了有效市场假说，并将其应用于整个经济体。然而，在阿罗－德布鲁的世界里，企业只是通过将投入转化为产出来对市场价格做出反应的空壳，其中既没有创新，也没有垄断。金融市场确实存在，但是以一种高度抽象的形式存在。模型假设，人们已经提前为每一种可能的状况做好了计划，并为每一种都制定了多种备案。这里不存在股票市场泡沫、银行危机或者借贷挤兑。现代信贷经济中司空见惯的起伏波动根本不见踪影。

虽然卢卡斯的理论不符合现实，但仍然在学术界内影响巨大。在八九十年代，他的追随者们通过多种方式扩展了理性预期方法，还给它起了个新名字四处兜售：新古典主义经济学。这场运动的高潮就是“真实经济周期”模型的建立。它保留了个人最大化和理性预期的假设，但是加入了生产力增长随机波动等更丰富的动态关系。实证证据表明，真实经济周期模型并不比原来的理性预期理论更符合实际。

理性预期理论只是乌托邦经济学的另一个化身。它依赖于一个古老的观念：自由市场是一种稳定的、自我均衡的经济机制，而且忽略了资本主义史上的众多问题与病症。在20世纪中叶，这些问题中最严重的似乎是大规模失业：凯恩斯主义经济学的目标就是防止三十年代的悲剧重演。到了20世纪70年代，通货膨胀又成了大问题，凯恩斯主义模型的地位随之动摇，给弗里德曼、卢卡斯和其他人带来了期待已久的机会。

如果不是恰好当时处于经济动荡期，芝加哥学派经济学以及它的终极表达形式——有效市场假说和理性预期假说——也不可能取得如此大的成就。反动一旦开始，历史就继续朝着有利于亚当·斯密的方向发展了。在1981年至1982年的急剧衰退之后，美国经济连续二十五年没有经历长期衰退。在欣欣向荣的年代，人们很容易将令人不快的问题忽视掉，比如不平等加剧、长期预算赤字、医保体系亏空，以及潜在的金融不稳定。在一场2003年的美国经济学会演讲中，卢卡斯得出的结论是，原初意义上的宏观经济学在现实层面是成功的：它解决了防止萧条的核心问题，而且一直成功了几十年。

第二部分：基于现实的经济学

教授与北极熊

2006年10月，尼古拉斯·斯特恩爵士（Sir Nicholas Stern）正式发布了一份关于全球变暖的经济学报告，提出在本世纪末和下一个世纪，全球变暖将成为经济和社会活动的重要破坏性因素，其程度将与上世纪上半叶的两次世界大战和大萧条相当。由于冰盖范围缩小，北极熊开始向海岸进发。这一现象表明了气候的变化。斯特恩总结道，气候变化为经济学家带来了一个独特的挑战。它是目前所见到的程度最深、范围最广的市场失灵。全球变暖的关键，以及市场失灵的根源，就是经济学家所谓的“溢出效应”或者“外部性”。举个例子，热电厂烧煤时，产生的污染带来的社会成本是与发电所需的私人成本不同的。斯特恩的结论是，除非政策介入，否则任何制度或市场都无法将其纠正。

第一位用现代术语考察溢出效应的经济学家是亚瑟·塞西尔·庇古（Arthur Cecil Pigou, 1877–1959）。他是一位多产的英国学者，又多少有些悲剧性（生活在同时代的凯恩斯阴影下），多年来一直被经济学界遗忘。庇古帮助界定了自由放任与集体主义之间的一种可行的中间立场。庇古支持私人企业和有限政府。但他依然相信，对经济的认真分析表明，在许多领域里自由放任政策无法证明其合理性。他说，即使在最发达的国家，市场仍然存在失灵和不完美。

庇古最大的贡献是，利用市场的某些失灵和不完美之处，将其发展为支持政府干涉的系统学说。他的论证的关键步骤就是区分经济活动的私人价值与社会价值。在两者由于溢出效应而存在差异的领域，市场就无法保证理想的资源配置，某些对正常市场过程的干涉活动就不会降低、反而会增加总体福利。

从社会的角度看，需要做的是保持社会成本与社会受益的均衡。自由市场不会带来这样的均衡。只要溢出效应存在，哈耶克的超级计算机给出的价格就只反映了私人的成本和收益，而市场经济产生的总体结果就既不是有效的，也不是社会合意的。庇古支持使用税收和补贴来解决这些不均衡。

罗纳德·科斯是一位英国经济学家，曾任教于芝加哥大学。1960 年时，他在思考一个问题：溢出效应的存在是否就证明应该采取政府干涉。他的论点是，问题的根源在于产权冲突。比方说，如果一家化工厂将有毒废气排入临近住宅区，那么工厂正常运营的权利就与附近的人呼吸新鲜空气的权利相冲突了。科斯提出，只要产权界定清晰，法律有效执行，那么受影响双方通过私人谈判即可确保经济上有效的结果。这就是所谓的“科斯定理”。它显然对自由放任的支持者很有吸引力：如果科斯是对的，而庇古是错的，那么政府的一整套政策的合理性就要打一个大大的问号了。许多倾向于芝加哥学派的经济学家认为，为了应对溢出效应，唯一必要的政策就是适当地界定和执行产权。科斯本人承认，当一项活动会对许多不同的人造成伤害时，让相关各方共同达成有效的解决方案可能会很困难，成本也很高。

全球变暖只是众多破坏性的溢出效应之一，而溢出效应也只是众多市场失灵中的一种。其他失灵包括反竞争行为、医疗保险商拒绝为最需要的人提供保险，以及投机泡沫的反复出现。庇古在《福利经济学》（*The Economics of Welfare*，1920）前半部分将经济学家比作医生，关心能够治愈某些病症的科学知识。对于医生来说，治疗疾病的关键不是分析的简洁和内部融贯，而是是否有效。

市场失败的分类

哈佛大学荣休教授弗朗西斯·巴特（Francis Bator）撰写过多篇关于自由市场经济学的局限性的文章。在《市场失灵的剖析》（*The Anatomy of Market Failure*, 1958）一书中，巴特考察了自由市场理论不适用的各种情况。他一开始就指出，世界上违反阿罗–德布鲁模型假设的东西随处可见：信息不完全、懒于并抗拒改变、商人渴望平静的生活、总需求的不可捉摸，等等。实际上，不确定性和不完全信息是所有经济体的根本特征。

巴特认为，即使在完全预期的世界里，仍然至少有其他三个市场失灵的来源。第一个是垄断或寡头势力。第二个是企业可能没有动力去产出某些对人们价值很高的东西，比如说桥梁、医院和公园，因为企业无法向使用者收取足以补偿成本的费用。巴特提到的第三种市场失灵就是溢出效应，或者叫“外部性”（实际上，创造了这个词的人正是巴特）现象。巴特的著作影响了现代经济学教科书，因为教科书里都会包含关于不确定性、不完全信息、垄断、公共物品、溢出效应的章节，虽然是作为主体（即古典主义自由市场模型）的补充加入的。次贷危机起初只是规模不大的违约，后来却发展成了全球性衰退。这种性质的衰退显然是宏观层面的市场失灵，但是它们的根源却是微观层面的不确定性与协调谬误，尤其是在金融部门。

国家的作用一直在持续扩张。约翰·肯尼斯·加尔布雷斯早在《丰裕社会》

（1958）中就指出这一点了。直到最近为止，经济学家都很少关注一种极其重要的公共物品：科学知识。20世纪50年代，麻省理工学院经济学教授罗伯特·索洛计算了1909年至1949年之间的技术进步对美国GDP年度增长的贡献比例，他得出的结果是约51%。到了80年代初，斯坦福大学经济学教授保罗·罗默（Paul Romer）将注意力投向了推动技术变革的力量。罗默意识到，知识是非实体性的，而且很大程度上是不排他的，也就是说，只要一种技术知识被发明了出来，就很难避免其他企业抄袭。结果就是，新技术的原创者往往无法从中获得任何收益。这样的知识是非竞争也非排他的，为市场经济带来了多个重大问题。于是，拥有竞争性企业的市场经济就会不情愿产出足够的科研成果。

当然，解决这个问题的一个方法就是强化专利权；另一个选择是政府资助科研。通过赋予大学和其他政府资助的科研院所将发明注册为专利的权利，科研人员就有了与企业和投资资本家合作的经济激励。美国大学已经创立了超过4500家公司，进行了4万多次许可证交易。这项战略表明，经济成功的关键就是找到自由放任与国家控制间的中间道路。

囚徒困境与理性的非理性

当理性自利被应用到市场中，导致的结果却是不好的、对社会而言不理性时，这就是所谓理性的不理性。约翰·冯·诺依曼和奥斯卡·摩根斯特恩创立了博弈论，在《博弈论与经济行为》（*Theory of Games and Economic Behavior*，1944）一书中对其进行了阐释。他们主要应用的方法是零和博弈。然而，许多种经济活动——例如国际贸易和股市投资——都存在合作互利的可能性，也就是"正和博弈"。在20年代40年代末，普林斯顿大学数学教授约翰·纳什（John Nash）提出了一种解决非零和博弈的一般方法，从而为处理这种更广泛的情况带来了一定的进步。

罗伯特·艾瑟罗德（Robert Axelrod）组织过一次囚徒困境比赛，目的是发现玩家们会如何做出选择。重复博弈的结果是：第一轮选择合作，之后则复制对手前一轮的选择。只要对手选择合作，这个策略就能永远把合作维持下去。

艾瑟罗德的发现引起了广泛关注，可能有助于解释合作是在人类社会的众多领域中持续存在的机理。

谈到可持续性，这个问题的目标就成了如何为子孙后代留存“公地”，或者说在不可能留存的情况下，“公地”多久会被耗尽。支持自由市场的经济学家往往会认为，将公有资源私有化能够确保其得到更负责任的使用。在某些情况下，这可能是真的——许多历史学家相信，15世纪和16世纪英格兰的圈地运动有助于提高农业生产力，促进经济增长。但是，私有化并不会消除私人利益和社会利益的冲突，而“公地”问题的根本正是这个冲突。界定产权可能是解决这些极其复杂问题的一个必要步骤，但是盲目依赖自利和市场会导致进一步的环境灾难。防止这一后果的第一步，就是要意识到理性的不理性的普遍存在，以及克服它有多么困难。

隐藏的信息和柠檬市场

乔治·阿克洛夫（George Akerlof）相信，人们之所以更喜欢新车而非二手车，一个重要原因就是他们怀疑二手车卖家的动机。几个世纪以来，盗马贼和其他贩卖质量可疑产品的二手贩子们一直试图解决这一类困境。现在的经济学家称之为“逆向选择”问题，但是用“隐藏信息”这个词也同样准确。阿克洛夫发现劣车往往会驱逐良车。为何会如此？原因在于，买家不会购买质优价高的车，因为他们怀疑这些车可能有些毛病。所以，好车就撤出了市场，坏车留了下来。阿克洛夫在1967年的一篇文章中讨论了这一发现，题为“柠檬市场：质量不确定性与市场机制”，至今仍然是整个经济学内引用量最大的文章之一。

隐藏信息问题在很多领域都存在，不只是二手车市场。在劳动力市场中，雇主对雇员的技能水平和勤奋程度的了解不如雇员自己清楚。在银行业中，借出方对借入方偿还能力的了解不如借入方自己清楚。在医疗保险业中，保险商对保户健康状况的了解不如保户自己清楚。实际上，大多数市场皆是如此。

隐藏信息并不总是会阻碍市场运行，部分原因在于产品担保和退款保障。要点在于，许多自由市场理论忽视了此类问题。隐藏信息导致了某些只有政府干涉才能纠正的市场失灵。美国医疗保险市场就存在“柠檬”的特征。虽然美国人均医疗开支是加拿大、英国和法国的两倍，但美国的预期寿命长期以来都低于这三个国家。

肯尼斯·阿罗在1963年发表于《美国经济评论》的一篇论文中称，保险打消了个人、患者和医师四处寻找更好的诊疗条件的激励。现在，经济学家称这种保险改变人们行为的现象为“道德风险”。阿罗在2005年的一次访谈中，对医疗改革做了这样的总结：

……就保险而言，实际上政府能比私营部门更好地控制成本。并非所有行业都是如此。比方说，如果你想要生产电子产品的话，那没有什么比让政府来运营更糟糕的了。但是，保险就不一样了。[1]

传统经济学不适用于银行和其他金融机构。20世纪80年代的美国储贷协会丑闻就是一例。里根总统当时撤销了对储贷银行协会的管制（这类机构也叫“节约银行”），允许其提高利率，并将借贷业务扩展到风险较大的领域，例如商业房地产垃圾债券。与此同时，对储贷银行的保险存款最低要求从四万美元提高到了十万美元。于是借贷毫无约束地膨胀了起来，很大一部分与阳光地带的房地产泡沫周期有关。1989年，国会设立了重组信托公司，赋予其接管陷入困境的储贷银行、开除其经理、出售其资产的权力。七百多家储贷银行倒闭。储户们并未蒙受损失，但为了解决这个烂摊子，纳税人总共付出了大约1250亿美元的代价。

很多方面来看，储贷危机都是次贷危机的一次彩排。这两次金融危机的最重要原因是一样的：错误地盲信市场经济，业界游说集团影响下的监管松绑，以及不可持续的房地产泡沫。我们应当得到的教训是，传统经济学不适用于银行和其他金融机构。即使亚当·斯密本人也认识到，银行是一个异数。

---

1 *How Markets Fail*, 159.

约瑟夫·斯蒂格利茨表明，对许多不同类型的市场类型而言，信息问题都是关键因素，包括失业、信贷限额和金融泡沫破裂。他的关键洞见是，信息并没有像哈耶克所说的那样完全反映在了市场价格中，也不像乔治·斯蒂格勒等芝加哥学派经济学家所认为的那样，只是生产流程的另一种投入而已，与劳动力或资本没什么不同。信息更像是空气：充足的信息是其他一切的前提条件。当信息缺乏或者隐藏时，阿罗和德布鲁那样的标准经济学理论往往并不适用。

到了20世纪80年代末，经济学界已经广泛接受了隐藏信息的新范式。它补充和扩展了之前庇古对市场失灵的分析。在消费品和个人服务领域，私人企业确实能高效地提供人们想要购买的产品。一般来说，只要是品牌和商誉很重要的领域，它们就能够缓解一部分由隐藏信息导致的问题。然而，在许多经济领域，隐藏信息是一个大问题。

从艾伦·格林斯潘的行为来看，他仿佛很愿意看到美国证券交易委员会等监管机构被撤销，任由华尔街自行其是。阿克洛夫、斯蒂格利茨和其他人发展起来的现实经济学则讲了一个不同的故事。然而，目前提出的市场失灵的政府解决方案需要去批判性地考察。没有任何一条一般性定理能支持“市场必然是最有效的资源配置方式”这条结论。

凯恩斯的“选美论”

约翰·梅纳德·凯恩斯是一名怀疑主义者。他不相信市场能自我矫正。在他看来，投资以及大多数经济活动都是在有限而不可靠的信息基础上进行的。他写道，市场会受到悲观和乐观情绪的影响。这些情绪是不理性的，但是当缺乏理性计算的坚实基础时，它在某种程度上又是合理的。芝加哥学派认为，当金融资产的价格偏离经济基本面时，我们可以仰赖专业投机者来恢复正确的价格。凯恩斯对这种观点不以为意，他认为，更有可能发生的结果是，这些人会加重价格偏离。在华尔街，投资就是“斗智”，第一位的目标是“在斗智中胜过群众，从而把坏的和被磨损了的钱币脱手给他人”。

如果在经济下行的信号刚出现时，人们就开始增加储蓄，那么建筑业、汽车业、酒店业就会被迫裁员。失业率会提高。人们会越来越担心未来，甚至不愿意花钱。考虑到这些后续影响，一开始增加的 100 美元储蓄可能会导致支出下降 200 或 300 美元。这就是著名的凯恩斯乘数。它有助于解释相对不大的经济冲击如何会导致衰退。用时髦的话说，凯恩斯指出的是，市场经济是受正反馈影响的：经济下行存在着自我反馈的倾向，于是就会放大，支出水平随之螺旋形下降。逆转这一趋势的唯一方法，就是某些人在某些领域增加支出。由于消费者和企业不愿意这样做——对他们来说，这是合理的——这个负担就要落在政府头上，以增加公共工程或其他项目支出的方式来实现。这就是凯恩斯主义的核心信条：严重衰退的最可靠解决办法就是大规模政府刺激计划。

在凯恩斯的时代和当下，都有一些经济学家认为财政政策是不必要的，因为央行可以调低利率，从而实现经济复苏。凯恩斯对这种观点持怀疑态度。他提出，在经济不振的时候，富人会倾向于将有风险的金融票据脱手，比如说股票，而将投资组合转向现金。由于囤积现金的倾向提高，涉及利率降低、企业与居民投资增加的自由市场复苏机制就被釜底抽薪了。即便中央银行增发货币，个人与企业依然会把多出来的现金握在手里，而不会将其花掉，这是经济衰退期的典型反应。此时，经济会陷入“流动性陷阱”，也就是说，进一步增加货币供给对利率和支出影响甚微，甚至毫无影响。凯恩斯承认，流动性陷阱很少发生，但是他宣称，1932 年美国金融危机时就发生过一次，当时大批银行破产，几乎没有什么合理的理由能让人们不再囤积现金。

凯恩斯将经济分析从个体层面转向了经济体整体，而且让若干极具误导性的自由市场教条名誉扫地，在这一点上，他不仅对经济学，更对人类历史做出了重大贡献。

凯恩斯说，“动物精神”，也就是积极行动而非不作为的自发趋势，在经济行为中发挥着重要作用。大多数人都在理性和非理性行为之间。在这个领域里，决策是有目的的，但受约束；信息是有限的，而行动则既受精心谋划，也受经验法则的驱动。

理性的羊群效应

1990年，大卫·沙尔费斯滕（David Scharfstein）和杰里米·斯坦因（Jeremy Stein）在《美国经济评论》上发表了“羊群效应与投资”（Herd Behaviour and Investment）一文。对于羊群行为，他们这样说：“它背后的想法是，如果你干了件傻事，但是所有人都跟着你一起傻，那么你就不会被认为是个傻瓜，你的名声也不会变差。”[1]互联网泡沫让“理性投资者”永远不会投资于他们认为被高估的股票这个想法变得一文不值。

在金融有效市场论看来，投机者购入被低估的资产，做空被高估的资产，从而起到了稳定市场的作用；正是由于这种套利活动，价格才会与经济基本面相联系，同时避免了泡沫的发展蔓延。然而，在互联网泡沫时期，投机者却加剧了市场的不稳定。他们购入被高估的股票，把价格推得更高，更加远离基本面。精明的投资者有意识地为泡沫推波助澜，这番情景对有效市场假说以及芝加哥学派整体都是致命一击。

在股价上升时，某些幼稚投资者（也叫噪声交易者）的反应可能是购入更多该股票，此时卖出价格虚高的股票就是有风险的。与其跟这些噪声交易者背道而驰，让价格回落到基准水平，随之而动可能反而收益颇丰。理性的套利能够稳定证券价格。精明的投资者可能不会逆潮流而动，而是会理性地选择跳上“游行花车”。

短期（日、周、月）来看，股价确实往往顺流而动：赢家继续赢，输家继续输。但是长期（比方说几年）来看，一时之雄往往会回归低价，而当年落水狗也终有出头之日。用统计学的话说，股价呈现短期惯性和长期均值回归。

我们可以这样解释羊群行为：随大流的倾向是如此之强，以至于智力正常、意图良好的人也愿意指鹿为马。经济学家称这种根据他人行动来推测信息的倾向为“社会学习”。股票市场和其他金融市场可能会遵循经济基本面。但是，更可能的情况是，它们受频繁的泡沫和崩溃所支配。

---

1 *How Markets Fail*, 177.

心理学对经济学的反哺

在18世纪和19世纪的英国，经济学和心理学是同一门学科的两个分支：道德哲学。亚当·斯密是一名道德哲学家。在写成《国富论》之前，他还写过另一本知名著作：《道德情操论》（*The Theory of Moral Sentiments*，1759）。

约翰·斯图亚特·密尔对心理学也是博有雅兴。他提出了“心理化学说”，将创造性思维比作化学元素组合成化合物的过程。阿尔弗雷德·马歇尔也讨论过社会惯例对声望物品需求的影响，如绸帽与豪宅。亚瑟·庇古重申了斯密的观点，认为人们喜欢即时的满足胜于延迟的满足，指出“我们的伸缩（telescopic）官能是有缺陷的”。

“二战”结束后，经济学家几乎只关注“经济人”，将理性拔高成了几乎神圣不可侵犯的原则。但是，丹尼尔·卡内曼和阿莫斯·特沃斯基打破了对理性的执念。他们研究了人们在不确定结果之间进行选择的方式。经济学家们都认为，这个问题早在约翰·冯·诺依曼和奥斯卡·摩根斯特恩于20世纪40年代提出期望效用假说之后就已经解决了。根据博弈论，决策者会根据概然结果的概率来为其效用赋予权重。卡内曼和特沃斯基发现，当面临涉及不确定结果的问题时，大多数人甚至根本不会去尝试采用冯·诺依曼和摩根斯特恩提出的方法，而是采用经验法则（启发法）和/或未经证实的信念。对一般人来说，这种对人类行为的看法可能不过是承认显而易见的事实，但它却震动了经济学的根基。

在获得了某个证据或样本时，人们往往会假设它代表了实际情况。卡内曼和特沃斯基引用的证据表明，他们的许多心理学家同行偶尔会“过分信任小样本的结果，大大高估了这些结果的可复制性”。根据概率论法则，极端结果在小样本中出现的可能性大大高于大样本，但是，即使很熟悉统计学的人也容易忽视这一事实。一旦人们相信某个小样本代表了实际情况，他们就会不合理地相信自己预测未来的能力。

另一个陷阱就是，人们过分看重自身经验。当被问到患心脏病的风险大小时，人们的回答会由于他们认识的人里面，是否有人患有冠状动脉疾病而不同。

另一个陷阱是，人们往往会忽略一个事实：在一个时期内偏离一般水平的数值——例如股价——可能之后便会回落；统计学家称这种现象为“回归均值”。

卡内曼、特沃斯基与理查德·塞勒（Richard Tahler）共同奠定了行为经济学的基础。后者曾在20世纪70年代与其他两人合作过。2002年，卡内曼荣获诺贝尔经济学奖，成为第一位获得该奖的非经济学家。

最优秀的行为经济学论文往往反映了凯恩斯等经济学前辈的洞见，从一个看似微不足道的奇怪心理学现象出发，然后考察在竞争性环境下，它如何会发展成为重大的市场失灵。一个例子就是过去的并购浪潮。众多实证研究表明，并购很少实现收购者希望实现的经济上的好处——推动它们实现的只是部分高管的过度自信罢了。

显然，经济学论证对普通人来说并非很自然。或许这就是人类大脑固有的运行方式。近年来，许多行为经济学家接受了柏拉图的观点：人类有两套独立的决策系统，一套依赖直觉，另一套使用理性。卡内曼发挥了柏拉图的洞见，提出了两种思维模式，建立了已经专业化的经济学的另一个分支：神经经济学。这门学科研究的是大脑运作的两种独立的模式。当人们进行复杂思考——比如解数学题——时，最活跃的区域是前额叶皮质，该区域位于大脑前部，人类的该区域远远大于动物。当人感到强烈情绪时，大脑内侧的边缘系统就要活跃得多。

行为经济学和神经经济学的兴起对作为大部分经济学基础的“理性”构成了直接的挑战。这些新研究领域的部分代表人物相信理性决策范式应该整个抛弃。其他人要谨慎一些。他们认为，我们只是需要认识到一个事实，即决策并不总是完美的：人们试图尽可能做到最好，但有时也会犯错误。

人们往往会受对立的冲动支配。大脑的一个部分说应该为退休存点钱，另一个部分则说，及时行乐才是最好的。同时，正如凯恩斯所强调的，人们对未来的知识经常是有限的。即使他们坐下来，想要把购买某个投资品的所有利弊都计算清楚，这些数字也很少能给出确定无疑的回答。在这样的环境下，理性的非理性频频发难也就没什么好奇怪的了。

海曼·明斯基与庞氏金融

早在2007/2008年的银行危机爆发二十多年前，明斯基就预测到了它的发生。明斯基是一位凯恩斯主义者，常年任教于华盛顿大学圣路易斯分校。他提出了一个观点：自由市场资本主义具有内在的不稳定性，而且不稳定的首要来源就是银行家、交易者和其他金融界人士的不负责任的行为。明斯基警告说，不稳定会周期性爆发，其中一些更会将整个经济体拖入长期衰退。

虽然凯恩斯在《通论》中表明了自由市场经济如何会陷入萧条，但他并没有解释泡沫与萧条是如何发展的。他的追随者们，如阿尔文·汉森（Alvin Hansen）和保罗·萨缪尔森，也很大程度上忽视了这个问题。他们的凯恩斯主义主要研究的是，面临外生冲击时如何通过财政政策和货币政策稳定经济。主流的凯恩斯主义框架对待金融部门很草率，既不考虑股市泡沫，也不包含信贷挤兑。这正是明斯基试图填补的缺口。1986年，他写成了《稳定不稳定的经济》一书，当时并未引发关注。

由于未来本质上具有不确定性，我们无法预言投资是否会得利。明斯基就此指出，经济扩张取决于个人和机构对未来的现金流和金融市场状况进行的投机。在经济上升期，借钱很容易，投资支出上升，股价和企业利润也会增加。这进一步增加了企业对信贷的需求，银行和其他出借方也更愿意借钱了。

明斯基强调，这一过程不取决于任何突发外部事件，例如激动人心的新技术发明。最大的激励是金融部门内部竞争的力量。任何一个经济稳定期都会使得贷款融资扩张；一开始扩张不会很强，但在新金融资产的刺激下，它会引发投资泡沫。换言之，稳定本身会带来不稳定。随着泡沫的发展，借出方之间的竞争会加剧，本能的谨慎也会消退。它们会给那些只付得起利息，根本还不起本金的人发放贷款。这种性质的贷款不得不定期延迟还款。最后，银行开始把贷款发放给那些连定期付息都做不到的个人和企业。每到还款日，这部分应付利息就会加到本金上。这就意味着，贷款拖延时期越长，最后要付的钱就越多。用术语说，具有这一性质的贷款被称为“负摊销贷款”。明斯基称它们为“庞氏金融”。它们在房地产业尤其盛行。

信贷泡沫不可能永远持续下去。在某个时刻，借出者会对延期了的不良信贷感到紧张。这会促使他们收回已发贷款，并限制新发贷款。在货币自由流动的情况下，此时获得货币的难度会陡然增大，即使对财务状况良好者也是如此。这就是“明斯基时刻”。明斯基的预测是，它可能会导致资产价值雪崩，接下来引发投资下降、利润下降、资产价格下降的恶性循环。除非金融当局介入，向需要信贷的人发放无息公共贷款，否则这便会导致痛苦的债务贬值和大萧条。

明斯基在文中写道，资本主义经济不可避免地从保守融资走向疯狂投机。他将其称为“金融不稳定假说”。他提到自己的论断受到了凯恩斯的《通论》以及约瑟夫·熊彼特的影响。虽然他本人没有用这个词，但明斯基的观点实际上就是一种理性的不理性理论，其中银行等金融机构的个体理性行动让整个体系走向了动荡。资本主义金融内部存在着内生的不稳定力量。

除了政府以外，银行是经济体中唯一有能力创造货币的机构，这也是它们如此重要的原因所在。对个体银行适当的贷款水平，不一定对国家也适当。银行还会通过多种渠道借入货币。它们会发行长期和短期债券，会进行隔夜拆借，有时还会从美联储借钱。虽然其中一些贷款的对象是个人和企业，但其余部分都投资到了金融资产上。如果银行的金融投资回报超过了借贷成本，它就会赚钱。银行的借贷比越来越高，用术语说，这就叫“加杠杆”。明斯基总结道，银行杠杆率提高是将经济体推向金融风险的整体过程的一部分。

明斯基还强调，关于银行的传统观点还有一个缺陷，那就是它没有充分揭示金融创新。证券化是近年来的一个重要发展。随着抵押贷款等类型信贷产品的二级市场发展，银行能够将许多发出的贷款卖出去。这样的话，“为了流通而发放”的银行模式就逐渐演变成了“为了持有而发放”。如果某个抵押贷款被证券化并售出，那么当月供断了的时候，赔钱的是抵押贷款证券的买家，而不是发放贷款的银行。证券化使得银行可以将许多贷款从自己的资产负债表上移出。这就意味着，银行为满足监管方要求而储备的资本量也小了，而这有利于提升他们的利润。银行还设立了专项载体，即所谓的“结构性投资工具”（SIV）。这样来看，所谓的影子银行体系会增长到极大的比例，同时很大程度上远离监管方、银行股东和新闻界的视线。

在本世纪初，全美银行发行的贷款中有将近一半转到了银行以外，大部分通过证券化实现。银行利润的来源从利息收入逐渐转向贷款手续费和服务费，这一过程的问题在于，只要贷款市场强劲，银行放贷人员就不会怎么担心贷款人的信用水平，他们因此很有动力去四处推销贷款。

明斯基总结道，在20世纪80年代初，对抗金融不稳定是经济政策的一个主要目标。从1980年到2000年，金融业的利润从324亿美元增长到了1958亿美元，同时金融部门利润在全美的比例也从19%提高到了29%。在这样的经济体中，阻止不稳定肆虐蔓延的唯一方法，就是由政府承担更积极的作用。明斯基不仅反对削弱大萧条时期制定的金融法规，而且支持由美联储对金融机构实施更严格的监管。后一个观点直到他于1996年逝世后才风行起来。明斯基认为，美联储需要支持有利于稳定的机构和行为，打击不利于稳定的机构和行为，以此引导金融机构的发展。

第三部分：大紧缩

格林斯潘耷耷肩

经济史学家查尔斯·P·金德尔伯格（Charles P. Kindleberger）将典型的泡沫分成了五个发展阶段：新奇创新、信贷扩张、投机狂热、危机和崩溃。最近的一次新奇创新是以利率急剧下降的形式出现的。联邦基金利率在2000年时达到了高点6.5%，随后美联储在2002年11月把它降到了1.25%，2003年又进一步降到了1%，远远低于2%的通货膨胀率。结果就是，购房、消费、商业和投机贷款蓬勃发展。贷款数量增长最多的是金融部门，2007年该部门的贷款量相当于GDP的117%，从而创造了巨大的信贷泡沫。国际清算银行对美国银行的杠杆率和风险程度过高发出了警告。美联储主席陷入了灾难性的短视和稳定的幻觉中。格林斯潘执掌美联储长达十八年半，充分证实了明斯基的金融不稳定假说：加杠杆和金融创新的力量渐渐膨胀，直到整个金融体系因此到了崩溃的边缘。

约翰·泰勒提出了泰勒法则（该公式表明了美联储根据通胀率和失业率应设定的利率水平），于2001年至2005年间担任财政部副部长。他要求格林斯潘为金融危机负责。他认为，美联储在设定利率时背离了在之前20年间运转良好的先例和原则，从而引发了危机。格林斯潘的其他批评者则将矛头指向了他对放松监管的支持。在一个拥有庞大金融部门的现代经济体中，如果借贷成本低廉，监管不力，那么假以时日必将引发问题。金融创新和投机的收益都进了私人腰包，而且其中大部分都流入了一小批位于体系顶部的富翁手中。它们带来的巨大损失则由社会承担，也就是由纳税人埋单。

房地产的诱惑

2006年终结的房地产泡沫有一个新特点：影响遍及从东海岸到西海岸的美国各地。前所未有的房价增长是从90年代中期开始的。整体来看，从1996年末到2006年末，全国住房均价增长了129%。具体就房地产泡沫而言，货币政策是关键一环。低利率为泡沫发育提供了适当的环境。大部分购房者接受的是可变利率房贷，在一段时期内利率甚至比固定利率房贷还要低。政治机关也对泡沫发挥了推波助澜的作用。克林顿政府出台了全国居者有其屋战略，专门针对少数族裔实施。在克林顿和老布什任职期间，政府一直在力促政府资助的房贷巨头房利美和房贷美公司加大对中低收入人群的住房贷款发放力度。

金融创新是投机泡沫的第二个重要元素。住房贷款模式花样翻新：只付利息的贷款、自报收入贷款、选择性可变利率贷款。它们都有一个共同点：贷款者能够在宽松的贷款条件下购得超出其支付能力的昂贵住房。

这场信用标准下滑的主要推手是繁荣的抵押证券化市场。它不仅不鼓励借出者明智地分配资本，反而发出了严重扭曲其行为的信号。如果借出者必须将一部分发放的贷款留在自己账上，他们大概就会谨慎得多，但事实上并没有这样的要求。坚持传统方式的公司付出了丧失市场份额的代价。

投机泡沫的第三个因素是从众心理。当时大众普遍认为，如果我们现在不买房，房价就会继续走高，到时候就永远买不到房了。多家著名机构发表的报告都强调了这种谨慎状态，比如纽约联邦储备银行在2005年春的一篇报告中写道，“我们的分析没有发现住房泡沫的迹象。在旧金山、波士顿和纽约等一线市场，房价自然不便宜，但我们的计算表明其价格并未大幅超出基本面。”

次贷链条

现代次贷市场的诞生可以追溯到1980年《存款机构放松管制和货币控制法》的通过，该法允许商业银行和储贷银行任意设定贷款利息。1982年的《可选择抵押交易平价法》进一步放松了对贷款发放机构的限制。1986年，《税务改革法案》取消了对消费和购车贷款的利息减税，但保留了房贷的减税，给房贷产业注入了另一针强心剂。然而，在20世纪八九十年代，大部分房贷发放机构并不会给信用记录不良者借钱。

在20世纪90年代初，华尔街的银行推出了另一个采用存货贷款形式的更廉价的融资渠道，将次级贷款打包，摇身一变成了住宅地产抵押贷款支持证券（RMBS）和担保债务凭证（CDO）。次级房贷的证券化由所罗门兄弟银行于20世纪70年代推出，当时规模就已经很大了。

它的运作方式是这样的：投资银行以6%或7%的利息借钱给房贷公司，这些公司再把钱转手发放给次级贷借方，收取高得多的利息（10%或更高）。贷款合同签订后，放贷公司就把贷款卖给一家华尔街公司，往往就是一开始给它发放贷款的公司，这就完成了证券化。正如华尔街交易者提前预料到的，对冲基金和其他投资者急迫地想要购入新的次级房贷债券。这些债券被称为“私人”抵押支持债券，以与由房利美和房贷美支持的“政府”抵押支持债券区分。这种模式在政治上自有其吸引力，因为现在收入不高的人们也买得起房了；至少当时大家都是这么认为的。第一波违约潮发生于1997年与1998年之间，当时一批次级贷借方没有履行合同规定的义务。2001/2002年美联储降低利率之后，次级贷证券市场卷土重来。

在过去，硬货币贷款是一门难度不大，但很费人力的生意，其基础是借贷双方的长期关系。现在，在这条长长的房贷链条中，再也没有一个人承担传统银行放贷人的角色，审查借款人，确保他们还得起申请的贷款，并监督他们的行为。

只要房价继续走高，次级贷增长面临的唯一阻碍就是评分机构和政府监管机构，两者的本意都是防止市场失灵。然而，评分机构从贷款发放机构那里收取了巨额评分费，评分的客观性因此大打折扣。

政府对次级贷发放者的监管也很弱。不同的监管机构并未同舟共济，反而钩心斗角，让金融机构能够玩弄拉一方打一方的把戏。

字母型花片汤

房价的持续增长掩盖了内部的腐朽。随着上一次金融危机逐渐消退，银行家、实业家、政府官员，乃至经济学家都自然会相信，新时代已经到来了。另一个信念是，金融技术的进步让银行能够更有效地管理自身的风险。通过将贷款证券化而不是留在自己的资产负债表上，银行能够将信贷风险分摊给投资者。美联储主席伯南克还补充道，随着银行应用统计模型来分析信用分数等数据，从而越来越擅长预测违约风险，借贷业务已经日益规范化；它们在测量和管理风险方面已经取得了长足的进展。

然而，这些模型反而让以往很显然的东西变得模糊了：太多金融机构在向已经过热的房地产市场发放大量贷款。即使 2006 年末房价开始下跌时，花旗、美林、瑞银等机构仍然拒绝收缩房贷业务。

风险管理技术得到了进一步发展。其中之一就是风险价值模型（VAR），通过一系列非常直观的步骤，就能够根据银行市场风险部提供给高管的数据，得出在最差的情境下的精确公司损失金额数字。

在旧体系下，政府只是简单地要求银行保证一定量的资本。现在，如果银行的风险价值模型表明其承担的风险不大，监管方就会允许其降低资本持有量。不幸的是，这一模型并不适合它的倡导者最初赋予的任务——防止金融危机。在 20 世纪与 21 世纪之交，大多数经济学家已经接受了曼德勃罗的观点，即金融市场中采取大规模行动的频率远超钟形曲线的预测。

当投资者感到恐慌时，他们就会同时抛售多种不同类型的资产。这时，即使银行的投资看似很多样化，其承受的损失仍然会远远超过风险价值模型的预测。风险价值模型的使用还助长了杠杆率的提高。由于股票和债券市场进入了反常的平稳期，基于市场水平的风险价值模型估计值急剧下降，从而鼓励银行降低持有资本。

接下来是摩根大通首创的一种信贷保险：信贷违约掉期（CDS）。信贷违约掉期并不是真的掉期，更恰当的称呼应该是信贷保险合约。关键在于，银行可以将自己发行的一部分贷款转入特殊目的载体（SPV），然后将其拆成小份卖给投资者。现在，贷款依然留在银行的账上，投资者没有所有权，但同意承担银行的违约风险。作为回报，银行同意支付给投资人一笔费用，相当于保费。这样的结果就是，银行可以将一部分信贷风险从资产负债表上移出，腾出更多资金用到别的地方。此外，它还将风险转移给了更喜欢此类产品的金融机构，成为一种可交易的证券。对传统的银行家来说，将风险和贷款行为分离是离经叛道的——银行能够既发放贷款又不必承担全部相关风险，这在历史上还是头一遭。而且，信贷违约掉期是不受监管的。

到了 2005 年末，几乎每一家华尔街巨头都深度参与了信贷保险市场，花旗银行、美国银行等大型商业银行以及美国保险集团等顶级保险公司也是如此。早在 2003 年，沃伦·巴菲特就发出警告，称信贷违约掉期的问题在于传染速度极快，而且中央银行目前还未找到方法来有效控制它们带来的风险，甚至连监控都做不到。巴菲特的结论是，衍生品是大规模杀伤性武器，虽然当时风险并未暴露，但却有着潜在的致命性。

信贷违约掉期市场的发展既增加了金融企业的负债，又没有相应地增加资本储备金，因此，实际上进一步推高了金融体系的杠杆。由于许多信贷违约掉期交易的链条结构，买家和卖家都会间接地收到链条下游企业的影响，于是又多了一层网络风险。

2006 年 10 月，《金融服务监管放松法》通过，允许银行进一步减少资本准备金。

激励问题

激励是经济学的一大问题。共产主义之所以崩溃，就是因为它无法鼓励创新、创业和努力工作，而资本主义则全都鼓励。市场体系是无情的，但正如马克思和恩格斯指出的，它的生产力也是出奇地高。

在20世纪70年代，自由市场经济学的复兴很大程度上基于一个论点，即高税率和过度监管正在压抑经济发展。但是，市场也会创造破坏性的激励。在扭曲市场激励的刺激下，金融市场走向了歧途。不幸的是，这是理性的非理性的一次爆发，结果就是灾难性的房地产与信贷泡沫。长期的相对稳定，也就是“大平稳”，引发了后果严重的短视。在这期间，利率长期偏低，放松监管也走得太远了。银行与华尔街的许多高管和交易员一样，在扭曲薪酬激励的鼓动下倾向于过度承担风险。这本书包含了2006年某些CEO收入的详细信息。比方说，高盛CEO罗尔德·贝尔克凡的收入为5472万美元，其中包括现金奖金2720万美元，受限股票1570万美元和期权1050万美元。市场利好时，银行家的收入非常高；市场低迷时，企业股东则会蒙受沉重打击，极端情况下还包括纳税人。在银行业，CEO的激励问题比其他行业要更严重，部分原因在于存款保险、证券化和某些机构“大而不能倒”这一流行假设引发了道德风险，但金融业的投机本质也起到了一定的作用。大型银行的CEO别无选择，只能承担越来越多的风险；如果不这样的话，银行的市场份额就会下降，而他自己的CEO生涯也就岌岌可危了。正如花旗集团CEO查克·普林斯在2007年7月与《金融时报》进行的一次著名采访中所说的，“只要音乐没停，你就得一直硬撑着不停地跳。”普林斯承认，次级贷款的大规模膨胀可能会导致进入其他资本支持的证券市场的流动性枯竭，让花旗等银行背负了大量价值可疑又卖不出去的债务。普林斯这是在公开坦承灾难爆发的可能性，而且即便如此，他和花旗银行还是会继续向着泡沫行进，希望能够在头破血流之前摆脱困境。理性的不理性的逻辑很少表现得如此清晰。

伦敦桥正在倒塌

只要流动性还维持在一定水平以上，市场就让人们能够分摊风险，有信心投资房地产等长期资产。但是，如果流动性降到了阈值以下，以往有利于稳定的良性循环的所有要素，现在就都会集合起来破坏稳定。金融市场可能会高度不稳定，在最糟糕的情形下甚至会完全失灵。2007 年 8 月 9 日，法国大银行巴黎银行宣布暂停赎回旗下三支投资基金（它们持有大量美国抵押证券）时，这样的时刻终于到来了。法国巴黎银行指出，美国证券化市场的某些板块流动性大幅缩水，因此不管某些资产的质量和信用评分如何，自己都不可能公平地估算其价值。一个月前，标准普尔和穆迪宣布，自己正在审核价值将近 180 亿美元的抵押债券的信用评分，这已经让次级贷投资者紧张了起来。在此之后，次贷市场就陷入了动荡。法国巴黎银行发布的这则消息让股市也开始动荡。银行拆借市场（银行互相发放隔夜贷款）陷入萧条——这是自 1988 年 9 月全球金融危机以来从未发生过的。

欧洲央行准备了 950 亿欧元的紧急信贷，而美联储则向金融体系注入了更多现金。第二天，情况进一步恶化。欧洲央行不得不追加注入 650 亿欧元，而美联储则保证会给大银行提供所需的全部短期信贷，以此稳定市场。抵押证券市场早已冻结。银行和其他贷款发放机构无法估计其他金融机构受到了多大影响。它们选择囤积资本，而不是将信贷发放给可能最终倒闭的对手企业，从而迫使欧洲央行和美联储出手，作为借出方的最后担保。信息问题极其严重，以至于许多金融机构根本不知道自己持有的次级贷款价值几何。哈耶克的通信系统不再发出任何价格信号了：市场已经失灵了，2007 年到 2009 年的大规模信贷挤兑开始了。

不难理解，房利美和房贷美在房贷危机中遭受了沉重打击，股价暴跌。对小布什政府来说，允许房贷公司破产断不可行。美国的海外债权人，尤其是中国，持有大量这些公司的债券。如果房利美和房贷美破产，美国的信用就会遭到质疑，美元也可能会崩溃。于是，政府向这两家机构大量输血，同时收归国有。

不久，雷曼兄弟垮掉了。我们并不清楚美国政府为何任由雷曼兄弟破产，而没有像贝尔斯登公司那样被摩根大通挽救。然而，雷曼破产之后没多久，政府就对美国保险集团伸出了援手。它的问题根源在于，之前提供给银行和其他金融机构的总额约4000亿美元的信贷担保，其中很大一部分是对次级贷的信贷违约掉期。美国保险集团的资产负债表规模比雷曼庞大得多，表外的名堂也多得多。

情况还在恶化。有传言称，高盛和摩根士丹利也在融资方面遇到了麻烦，两家的股价也下跌了。储户开始取款，伯南克与财政部长汉克・鲍尔森请求国会通过一项巨额援救计划，用来把这些劣质资产全部买下，总金额约为7000亿美元。国会同意了。

鲍尔森意识到，低价收购资产可能会迫使银行承受更大的损失，于是搁置了这一计划，转而采用购买优先股的方式直接补充银行资本。“不良资产救助计划”（TARP）出台了。政客们在放任全球资本主义走到悬崖边缘，对选民嘘声喝问之后，终于承诺采取一切必要措施，避免体系倾覆。这本身就足以恢复表面的秩序。只有政府能够克服理性的不理性的威胁，让私营部门的决策者坐下来，协调实现更好的结果。政府还实施了临时流动性担保计划，为大金融机构发放的贷款提供担保，于是，借钱给这些公司的信贷风险就从投资人转到了美国的纳税人头上。

仅就金融稳定政策而言，2009年1月奥巴马入主白宫后并没有多大变化。蒂莫西・盖特纳从纽约联邦储备银行转任财政部长，延续了他本人、鲍尔森和伯南克之前设计的政策。

2009年4月，国际货币基金组织估计了西方各国政府救助金融体系的花费，结果是大约10万亿美元。这样做值得吗？在这场20世纪30年代以来最迅猛的经济下行面前，这还是太晚了。2008年9月至2009年6月间，美国的就业岗位数减少了超过500万个，失业率从6.2%飙升至9.5%。2008年4月至2009年3月间，全球工业产量下降了将近15%。这是一场全球性的衰退。

到了2009年夏天，有证据表明借贷挤兑已经有所缓解。6月初，财政部宣布，十家大银行需要偿还之前通过TARP计划获得的680亿美元贷款。简言之，美国金融市场和整体经济表现出了改善的迹象。

大西洋另一边的银行业受到了影响。英国北岩银行虽然与美国次贷市场没有直接联系，但也受到了影响。它和其他一些银行一样，从其他金融机构中筹集了大笔资金。它的信用因此遭到了质疑。9 月中旬，这家银行发生了挤兑，英国政府不得不出手救助。

美联储主席伯南克认为，问题是由暂时的流动性危机导致的，很快便会自行解决；伯南克还存有局势稳定的幻想。毕竟，证券化预想中的最大好处正是分摊风险，这也是艾伦·格林斯潘当年支持这一概念的原因所在。但是，证券化并没有稀释次级贷款的相关风险，而影子银行体系的建立更是将风险集中在了金融界的枢纽：花旗集团、摩根大通、汇丰银行等等。

2007 年 11 月，这些大银行接受现实，将结构性投资工具纳入了资产负债表。影子银行的内爆只是放大了次贷危机影响的诸多因素之一，让它发展成了 30 年代以来最严重的金融崩溃。随着证券化产品市场进入寒冬，银行不得不抛售许多其他类型的金融资产，使其价格大跌，危机也随之加深。于是，恶性循环开始了。另一个因素是，银行之前的加杠杆措施现在将问题进一步放大。截至 2007 年末，许多金融企业已经陷入了螺旋式亏损的境地：抛售资产反而进一步拉低了价格！在下滑的房地产市场中，止赎迅速增多，导致强制拍卖大增，增大了对房价的压力。2007 年 8 月至 2008 年 10 月间，超过 93.6 万栋住宅被止赎。房地产市场的萧条对其余经济部门造成了严重损害，尤其是之前曾是经济增长一大动力的建筑业。

华尔街成了瞩目的焦点。与花旗银行等商业银行不同，雷曼兄弟和贝尔斯登这两家金融机构无法获得美联储的贷款，财务状况岌岌可危。到了 2007 年底，雷曼兄弟和贝尔斯登的杠杆率都突破了 30。在这种情况下，只要公司资产价值下降 4%，自有资本就要赔光了。贝尔斯登的银行部门发生了挤兑。2008 年 3 月，美联储宣布将通过摩根大通临时救助贝尔斯登，因为后者如果破产会导致“已经遭受打击的市场进一步走向混乱”——这是财政部长的说法。贝尔斯登与其他机构的联系太紧密了，不能放任其破产。几天后，摩根大通收购了贝尔斯登。

我们这个时代的社会主义

大银行倒闭时会带来大量溢出效应。即使政策制定者不喜欢，也必须将其考虑进来。历史表明，在这样的情况下，政策制定者唯一有担当的做法就是承认问题的规模，免除一部分坏账，向尚能挽救的银行注资。一名资深国际货币基金组织官员称，解决系统性银行危机不能仅仅依赖私营部门或市场。然而，美国政治体系恰恰旨在阻止而非促进政府采取有效的行动，而且许多资深国会议员依然对米尔顿·弗里德曼的"灵丹妙药"深信不疑。

在经济危机爆发、市场失灵期间，即使许多保守派经济学家也乐于看到政府出手。基本上没有人甘愿冒着带来新一轮大萧条的风险去仰赖自由企业。但是，这确实会带来一个问题：为什么人们一开始要相信乌托邦经济学呢？

结论

正如凯恩斯所说，观念是重要的。实际上，统治世界的也几乎就是观念。当历史学家要动笔写"格林斯潘泡沫"时，他们有很好的理由这样做：这位前美联储主席应为这场狼奔豕突所负的责任比其他任何人都大。但是，即便格林斯潘不曾掌管美联储，历史还是会沿着同样的大趋势前进：自由市场的反动将继续，金融部门也会继续迅速增长。无论如何，错误的观念要为美国经济走上灾难性的歧途负很大责任。在共产主义崩溃到次贷危机爆发之间，对市场的合乎理性、无可厚非的尊重，异变成了死板而不容置疑地献身于一种特殊的、明显脱离现实的亚当·斯密式的"看不见的手"。我们需要建构一种思考经济的新方式，以取代乌托邦经济学—— 一种既承认市场的效用，也承认它的局限，既认识到哈耶克的通信系统确实存在，也认识到它存在崩溃倾向的经济哲学。要想避免更多灾难，政策制定者需要大幅转变思想，接受这种现实的理念。

我们学到的最大教训是：华尔街需要驯服，正如明斯基早在 80 年代就指出的那样。监管方应当为银行和其他金融企业设定杠杆率上限，并强制它们持有超过必需水平以上的流动资产和资本。此外，还应当避免银行用结构性投资工具来隐藏负债和风险。监管金融机构的原则也适用于衍生品和其他复杂的金融产品。高管薪酬是另一个需要解决的问题。美联储目前已经采取了旨在确保最大可持续就业和价格稳定的指令，这些指令也应该延伸到维持金融稳定性上。

经济学研究往往是由学科内部逻辑、知识沉没成本和既有研究问题中的难题推动的，而非对理解经济实际运行方式的欲望。所以，经济学界在危机到来时毫无准备。而且，一些著名经济学家仍然在宣扬，虽然近年来发生了这些恶性事件，经济学原理仍然基本不变。在乌托邦经济学的世界中，上一次危机总是偶然的爆发。在推动变革的政治意愿消散之前，将华尔街套上笼头，让乌托邦经济学面对现实是很重要的。

第八章

反思不平等

引言

人类的大部分历史中都充斥着不平等。亚当·斯密于1776年发表了《国富论》。他的经济发展分析谈的是通过高效分工来创造财富。对于劳动问题，他提出了生存工资论，也就是工资要维持工人生存。他没有活着看到工业革命导致的资本家与工人之间的巨大贫富差距。卡尔·马克思预言，同时带来了财富与贫困的资本主义必将灭亡。我们现在知道，他错了。无论如何，资本与收入的不平等仍然是一个问题。然而，它有时并未获得应有的关注，因为不平等显然不仅仅是经济问题，更是一个政治和道德问题。凭借迅速登上畅销排行榜的大部头著作《21世纪资本论》[1]，托马斯·皮凯蒂重新让不平等成了一个头等问题。

与本书中介绍的某些经济学家一样，凯恩斯也在《通论》中谈了不平等问题。在关于资本本质的观察的一章中，他写道，让资本品极大丰富，以至于资本的边际效率已经降到零，这可能是摆脱资本主义最为人诟病的许多特征的最合理办法。用凯恩斯自己的话说，这种情况的一个后果就是“食利者的安乐死”，接下来，资本家利用资本稀缺价值的压迫性力量也会“安乐死”。凯恩斯总结道:

---

1 Piketty, T. (2014) *Capital in the Twenty-First Century*. Cambridge, MA: The Belknap Press of Harvard University Press.

我们稍加思考便能看到，财富累积回报率的逐渐下降会带来重大的社会变迁。人们仍然可以自由地去积蓄挣得的收入，以供日后之用。但他的积蓄不会增长。[1]

从他的另一条观察结论中也能明显看出，凯恩斯对收入和财富分配并非毫不关心：他认为，我们当下经济界有两大错误，一是没有实现完全就业，二是财富和收入的分配不公正且随意。[2]

弗里德曼也是从社会效率角度分析不平等问题的；然而，他对最低收入人群的苦难并非完全无动于衷。在《资本主义与自由》中，他提出了负所得税，也就是收入低于某最低限额的人应当从政府领取补贴，以拉近贫富差距。哈耶克在《通往奴役之路》中提出，政府的收入再分配政策只会阻遏经济增长，因为它们会降低富人的投资激励，富人的劳动成果会被高昂的赋税夺走。这种情境让人不免想起库兹涅茨曲线的初级阶段。

西蒙·库兹涅茨于1954年的美国经济学会底特律会议的主席致辞中首次提出“库兹涅茨曲线”。库兹涅茨认为，不平等的发展路径呈一个U形。不平等程度会在工业化初期提高，而后随着工业化的推进会降低。一旦工业化走向成熟，对专业化知识的需求就会增多，导致专业技能人士的工资提高。所以，各收入群体之间的差距起初会拉大，而后不平等会迅速缩小。

皮凯蒂提出了与库兹涅茨曲线隐含的经济自动机制相左的观点。他认为，1914年至1945年间不平等程度的降低不是由于经济的进步，而是由于两次世界大战和大萧条。2011年，皮凯蒂、安东尼·阿特金森、伊曼纽尔·萨伊斯合作撰写了一篇文章，解释了不平等水平会先上升，再下降，接下来又上升。[3]这

---

1 Keynes, J.M. (1964) *The General Theory of Employment, Interest, and Money*. San Diego, New York and London: Harcourt Brace & Company, 221.

2 *The General Theory of Employment, Interest, and Money*, 372.

3 Atkinson, A., Piketty, T. and Saez, E. (2011) Top Incomes in the Long Run of History. Journal of Economic Literature, Vol. 49 (March), 3–71.

篇文章是皮凯蒂几年后在《21 世纪资本论》中论点的先声。那么，托马斯·皮凯蒂到底是谁？接下来我们会简要地介绍一下他的生平。

人物小传：托马斯·皮凯蒂（1971–）

托马斯·皮凯蒂现年 46 岁，已经是一位世界级的名人了。他的《21 世纪资本论》出版适逢其时。在大衰退之后，许多人都在思考——就像大萧条以后一样——资本主义体系究竟正不正确。失业、贫困、贫富差距拉大，这些都是人们关切的主题，甚至可能感到满腔愤懑。资本主义体系遭受了谴责，金融部门——包括贪婪的银行家——名誉扫地。皮凯蒂认为，资本主义对富人是有利的，但对穷人则未必。资本主义体系并没有保证贫富差距在可控范围内的内在自动纠正机制。按照皮凯蒂的看法，只有国家干预才能做到这一点。托马斯年轻时曾在 1991 年去过苏联，发现那里的中央计划效率很低，于是成了资本主义、私有产权和市场的信徒。但是，为了控制资本主义体系，必须由国家发挥制衡作用。

1971 年 5 月 7 日，皮凯蒂出生于法国的克利希市。他的父母都倾向左翼。托马斯小时候就显出了一股聪明劲。他 18 岁就进入了著名的巴黎高等师范学院，学习经济学和数学，22 岁时就得到了博士学位。他在法国社会科学高等学院和伦敦经济学院完成了博士论文，主题是财富分配，荣获法国经济学会的优秀论文奖。

1993 年至 1995 年间，皮凯蒂担任位于马萨诸塞州剑桥的麻省理工学院经济学系副教授。他于 1995 年回国，在法国国立科学研究中心担任研究员；2000 年又改任法国社会科学高等学院教授。2006 年，皮凯蒂是巴黎经济学院的核心创始人，在成为法国社会党总统候选人塞格琳·罗亚尔经济顾问之前，一直是学院主任。然而，塞格琳竞选失利，皮凯蒂也回到巴黎经济学院任教，集多年之力写成了鸿篇巨制《21 世纪资本论》。2013 年，该书在法国首次出版，当时并未引起普遍反响。一年后，亚瑟·戈德海默翻译的英文版面世后，皮凯蒂才迅速获得了世界性声誉。

他一直是社会党的忠实党员，而且公开支持弗朗索瓦·奥朗德参选法国总统。然而，他后来对奥朗德担任总统一职变得失望了。他于 2015 年拒绝接受骑士荣誉勋章也可能是受此影响。他说，他拒绝的原因是政府不能决定一个人的“荣誉”。

所获荣誉

2002 年，皮凯蒂荣获法国优秀青年经济学家奖，其分量堪比美国的约翰·贝茨·克拉克奖。[1] 2013 年，他获得了面向 45 岁以下经济学家的于尔约·杨森奖，获奖理由是“对欧洲经济学研究做出了巨大的理论和应用领域的贡献”。

学术工作

纵览皮凯蒂的出版作品可以发现，他专攻公共财政学和不平等问题，尤其是数据支持下的长期趋势研究。他的一些最优秀作品都是与美籍法裔经济学家伊曼纽尔·萨伊斯合著的，后者是加州大学伯克利分校经济学教授。皮凯蒂和萨伊斯两人都深受牛津大学纳菲尔德学院、伦敦经济学院的不平等与贫困荣休教授安东尼·巴恩斯·阿特金森爵士影响。

《21 世纪资本论》对历史的分析令人印象深刻，横跨三个世纪，涵盖了众多收集了统计和其他经济数据（例如报税）信息的国家。皮凯蒂用这些信息突出表明了自己对收入与财富不平等扩大的担忧。在 19 世纪末的“美好年代”，最富裕的一群人控制了欧洲全部财富的 90%。皮凯蒂给这段时期造了一个词：世袭资本主义。他认为，类似的状况正在欧洲重演。

“二战”之后，许多人都认为资本主义已经几乎被消灭了。然而，在 21 世纪初，欧洲似乎又即将进入新一轮的世袭资本主义，私人占有的财富再一次超过了美国。与美国相比，欧洲的经济增长，尤其是人口增长都更低，可

1 皮凯蒂的经历与同为法国人的艾斯特·迪弗洛（Esther Dufflo）惊人地相似。两人都曾就读于巴黎高师，迪弗洛现在是麻省理工学院的阿卜杜拉·拉提夫·热米尔扶贫与发展经济学讲席教授。2010 年，她获得了约翰·贝茨·克拉克奖。

以很好地解释这一现象。[1]

《21世纪资本论》的内核可以用一个公式来表示：r>g。只要资本回报率（r）高于经济增长率（g），再考虑到财富分配（极其）不均，我们就能预料到不平等程度将会增加。资本一旦形成，其自我增殖的速度就会比产出增长更快。即使资本回报率和经济增长率的差别很小，从长期来看，它也会对社会结构与稳定造成强大的、破坏性的影响。

《21世纪资本论》的反响

《21世纪资本论》引起了很多反响和评论，这不难理解。富有自尊心的记者、博主、专栏作家们感到，必须对这本大家都在谈的书发表点意见。学术界也是如此。大部分评论都是正面的；所有作者都对《21世纪资本论》的宽广视角表达了赞赏：这本书一直从法国大革命时期开始追溯，用大量关于财富的数据支持自己的论点。当然，批评者也是有的。但是，这本书得到的总体评价是积极的。在大量反响中，我选择了三类我认为很有代表性的意见。第一类谈的是皮凯蒂的统计数据。第二类针对该书薄弱的理论根基，以及没有对资本和财富进行适当的区分。第三类关注的则是该书没有从制度维度探讨不平等。

彭博新闻社的克莱武·克鲁克2014年4月20日撰文写道，皮凯蒂的数据是有问题的，而他在这些数据基础上得出的宏大结论也是站不住脚的。2014年5月23日，《金融时报》经济版主编克里斯·吉尔斯发表了一篇文章，批评皮凯蒂对某些数值的构造“依据不足”。吉尔斯的结论是，将这些不足纠正后，皮凯蒂的某些重要发现似乎就不再成立了。然而，《经济学人》自由贸易专栏于2014年5月31日发文支持皮凯蒂：

总而言之，皮凯蒂先生有些地方失于潦草（当然是在他的标准下），可能也犯了些错误。但是，目前还少有证据能支持这样一个严重的指控：

1 Piketty, *Capital*, 154.

他只选取了支持自己论点的数据。他的论点，财富集中度正在再次上升，也并未受到严重挫伤。[1]

皮凯蒂对这些批评的回应是把自己使用的全部数据放到了网上，并解释了自己采用的方法。他还补充道，如果克鲁克和吉尔斯提出的改进方案确实能改变自己的主要结论，他会大吃一惊的。

2014年5月13日，哈佛教授达尼·罗德里克于2014年5月13日在《辛迪加计划》发表了一篇文章，专门谈该书理论基础薄弱的问题。一方面，罗德里克认为《21世纪资本论》确实引人入胜；但另一方面，他也批评皮凯蒂没有对形式化理论给予更多关注。用罗德里克的话说，皮凯蒂不过是“在全书中随意摆弄着一些带希腊字母的公式罢了”。罗德里克还认为，皮凯蒂推衍出的结论是危险的。毕竟，在资本相对于劳动力和其他投入要素过剩，或者创新速度下降的情况下，r也可能会下降。此外，世界经济增长率可能比皮凯蒂估计的更高。因此，皮凯蒂的公式r>g可能并不适用于21世纪接下来的时间。

在一篇博文中，澳大利亚经济学家约书亚·甘斯提到了索洛的一篇文章。这篇文章的主题是“21世纪资本论”，发表于《新共和》杂志2014年4月22日号[2]。索洛承认，在皮凯蒂提出的那一种情况下，r>g意味着富人的收入和财富会比平均劳动所得增长得更快。索洛称之为“富者愈富机制”。皮凯蒂对不平等趋势的预测并未建立在坚实的理论模型基础上，而只是揣测性的，其基础是“富者愈富机制”。然而，索洛强调，在皮凯蒂之前，从未有人发现过这一洞见。索洛的结论是，经济体显然是能够容纳不来自资本回报率下降的新增资本的。

用甘斯的话说，这种容纳能力必定是由“资本创造者”完成的。但是，这

1 *The Economist*, 31 May 2014, 66.

2 *Digitopoly, Capital Creators, Piketty and the Growth Theory*, 23 April 2014.

些资本创造者不是也能进一步促进经济增长吗？如果是这样，皮凯蒂对经济增长偏低的预测就是没有依据的了。甘斯批评皮凯蒂的点在于，他没有引用既有的理论，包括索洛的理论。在该理论的基础上，索洛提出了一种与皮凯蒂的建议类似的赋税，其目的是实现更平等的收入与财富分配。

荷兰经济学家巴斯·雅各布提出，皮凯蒂的问题在于，他的资本回报率 r 和储蓄率 s 都是由经济环境决定的；而用经济学家的术语来说，两者都是内生的，因此不能简单地通过历史趋势来推出。雅各布得出的结论与索洛类似，即皮凯蒂并没有提出一套关于资本市场和储蓄投资行为，并且能够在其基础上得出 r>g 的理论。[1]

皮凯蒂并没有清晰地区分资本和财富，而这两者在生产活动中的作用是不同的。资本一词包括各种生产资料，比如机器、厂房、设备等等。财富一词则被用于表示某人的所有物，比如住宅、建筑、艺术品、股票等等，再减去其负债。与财富相比，资本的社会经济影响要大得多。于是，问题就在于富人能够施加多大的影响力。这种影响力是通过其投资的生产性资本来实现的。但是，皮凯蒂的主要目标是分析财富的分配。他分析了财富的演化，以及（广义的）财富与收入比率的变化过程。严格来说，以资本形式存在的财富到底能有多大影响，那就是另一码事了。皮凯蒂分析了财富增长率的变化过程，以及这一过程如何导致财富越发集中在少数人手中。通过这种方式，他就规避了清晰区分财富与资本的要求。

现在，我们要转向不平等的制度维度。德隆·阿西莫格鲁与詹姆斯·罗宾逊在《国家为什么会失败》（2013）中认为，制度在经济发展中起着关键性的作用。在一篇访谈中，哈佛教授詹姆斯·罗宾逊批评皮凯蒂忽视了制度的作用。[2] 罗宾逊说，对不平等的限制不是由皮凯蒂的 r>g 公式决定的，而是由政治领域的变化，通过政府对经济的干预而决定的。

1　Jacobs, B.（2015）*De Prijs van Gelijkheid*. Amsterdam: Prometheus/Bert Bakker, 250.

2 *NRC Handelsblad*, 3-4 September 2014, W8-9.

在《国家为什么会失败》一书中，作者区分了摄取性和包容性制度。制度的包容性越高，经济迎来发展的机会就越大。罗宾逊认为，激励人民谋发展的制度在克服不平等方面起着关键作用。在这次访谈中，他给出了几个例子来支持自己的论点。瑞典就是其中之一：该国政府奉行社会民主主义，对收入和财富分配的影响力比 r 和 g 自行发展的国家要大。另一个例子是韩国。在 20 世纪 60 年代朴正熙独裁统治期间，该国就是典型的摄取性经济增长。但是经济增长接下来延续了整整 20 年，因为韩国此时接受了民主制度，从而转为了一个包容性政治体。

《21 世纪资本论》

不平等一般是顺周期发展的，即与经济周期同方向运动。[1] 一个后果就是，在大衰退期间，中低阶层的购买力停滞不前甚至有所下降，这对走出衰退可是大大不利。从政治角度看，富豪的政治影响会越来越强，包括他们自己的薪酬方案。皮凯蒂相信，当下已经十分严重且在继续增大的不平等会引发政治动荡。他认为，民主制度的基石是选才任能的世界观，即相信社会的基础主要是能力，而非血统和垄断租金。

针对拉大了贫富差距的“超级经理”巨额收入，皮凯蒂质问，有什么东西能证明如此之高的收入是合理的。答案是并没有；实证研究表明，这些“超级经理”高得离谱的工资与其绩效并无关联。那么，我们对不平等的拉大能做些什么呢？皮凯蒂建议增加教育投资，因为教育水平较高的人能够获得收入较高的工作。然而，他最核心的提议是推出全球资本税，以便向（极其）富裕的人征税。这并不容易做到，所以他建议逐步渐进地实现。

《21 世纪资本论》对历史的分析令人印象深刻，横跨三个世纪，涵盖了众多收集了统计和其他经济数据（例如报税）信息的国家。皮凯蒂用这些信息突

1 本书使用版本为哈佛大学出版社贝尔纳普分社 2014 版。

出表明了自己对收入与财富不平等扩大的担忧。

要想总结《21世纪资本论》这样一本长达685页的厚书，我可以长篇累牍，也可以提纲挈领。我选择后者，因为在我看来，对于这样一本政治影响力巨大的新书，大众应当和学者一样阅读全书。我要引用《纽约客》专职作家约翰·卡西迪的一句话来支持这个选择："皮凯蒂写的这本书，任何一个对定义当下时代感兴趣的人都不容错过。"

除了导言外，该书包括四个部分。第一部分讲收入和资本。第二部分的题目是"资本/收入比的动态变化"。第三部分谈不平等结构。第四部分则包含了关于21世纪资本监管的建议。最后一章是结论。

导言

"资本主义会自动产生任意的、不可持续的不平等，对作为民主社会基石的选贤任能价值观造成重大破坏。"这句令人过目不忘的句子出现在《21世纪资本论》的导言中，定下了全书的基调。皮凯蒂阐述了自亚当·斯密以降的"古典主义"思想，及其对资本在经济发展过程中所起作用的高度评价。直到工业革命为止，财富的载体都是土地占有。自此之后，资本占据了上风。越来越多的资本集中在了一小撮工厂主手中。由于离开乡土，进入工业城市做工的工人数量过剩，他们得到的工资非常之低。

一旦工业革命走向成熟，对专业技能的需求就增加了，因此掌握所需技能者的工资也随之提高。于是，资本所有者与打工者的收入差距会缩小。这就是西蒙·库兹涅茨观察到的现象，库兹涅茨曲线反映的也正是这一点。

但是，库兹涅茨是正确的吗？皮凯蒂说：不。原因在于，库兹涅茨曲线是在20世纪中叶提出来的，当时由于两次世界大战（期间许多既有资本被毁坏）、"二战"之后的去殖民化进程、某些产业的国有化、劳动议价能力的提高等因素，资本大量减少。所以，起作用的不仅是经济因素，还有制度和政治因素。资本－收入比朝着有利于收入的方向变动了。这就解释了，为何当时的经济学家失去了资本在不平等分析中所起作用的兴趣。[1]

我选择（回到法国）的一个重要原因对这本书有直接的影响：我认为美国经济学家的工作并不很令人信服。当然，他们都很聪明，我当时也交了不少现在还在来往的朋友。但是奇怪的事情发生了：我清楚地意识到，自己对这个世界的经济难题一无所知……我很快认识到，自从库兹涅茨以来，就没有人认真地搜集过关于不平等动态发展的历史数据，而经济学界在根本不知道哪些事实需要解释的情况下不断生产纯理论的结果……回到法国后，我就开始收集这些无人收集的数据了。[2]

失去这方面的兴趣是不合理的，因为20世纪后半叶以来，情况已经变化了。私人资本再次占据了上风。由于工资提高，人们有闲钱用于储蓄了，还可以把积蓄投资到资本（例如房地产）上；另一些人则在私营企业、体育界和娱乐界赚得盆满钵满。来自资本的收入也大幅提高。

资本－收入比（β）只与资本财富占国民收入比例 α 和资本回报率 r 有关，即 $\alpha = r\beta$。皮凯蒂将 $\alpha = r\beta$ 称为“资本主义第一基本定律”，它将资本存量与资本所得的流量联系了起来。作者给出了一个例子：如果 β=600%，r=5%，那么 $\alpha = r \times \beta = 30\%$。通俗地说，如果国民财富相当于6年的国民收入，且资本回报率为每年5%，那么资本所得占国民收入的比例就是30%。它揭示了资本主义体系分析中三个最重要概念之间的显明的关系：（1）资本－收入比；（2）资本所得占总收入的比例；（3）资本回报率。根据皮凯蒂的计算，在最发达的国家中，资本相当于国民收入的四到六倍。

总结一下：在美好时代行将结束时，资本所得占总收入的比例达到了顶峰，随后在（大致）20世纪上半叶有所下降。到了20世纪的后半叶，资本的地位

---

1 1971年扬·潘恩教授写了一本书（由企鹅出版社出版），书名大概就清楚地表明了这一点：《收入分配》。潘恩将重点放在收入上，而皮凯蒂则在书名中突出了资本的作用。

2 Piketty, *Capital*, 31–32.

再一次提升。

皮凯蒂还分析了资本回报率 r 的变化过程。他写道：

> 更重要的是，在增长疲软而资本回报高企时，存在着多种与资本的积累集中过程相关的力量，它们会进一步拉大贫富差距。第二个过程对稳定的破坏作用可能比第一个（即收入最高者迅速与其余的人拉开距离）更大，而它无疑是长期平等财富分配的首要威胁。[1]

在上述引文中描述的情境——“资本回报率高于经济增长率”——下，财富会集中于一群越来越少的人手中。这与标准的经济学理论截然相反。它告诉我们，资本回报率是取决于经济增长水平的：当 g（经济增长率）下降时，r（资本回报率）也会下降。皮凯蒂分析了 r 与 g 之间关系的历史趋势，得出的结论是 r（包含遗产的回报）增长速度高于 g。而且，在 g 下降的情形下，r 下降的程度更小。总而言之，r>g。有些人说，皮凯蒂的 r>g 在经济学中的地位相当于爱因斯坦的 $E=Mc^2$ 在物理学中的地位。

他警告读者，解读这些发现需要谨慎。他的洞见部分建立在估算和推演的基础上。历史告诉我们，经济学的推演并不必然与未来相符。此外，他只把英法两国的发展情况视为全球趋势的基础。[2]

基于 1900 年到 2010 年间的平均增长率，皮凯蒂估计 r 平均为每年 4%–5%。鉴于发达国家普遍经济增长率偏低，r 在可预见的未来仍然会高于 g。

将两者拉近的力量也是存在的，在某些国家的某些时期还可能是主流，但由于在接下来的几十年中，经济和人口增长率都很可能下降，因此使两者远离

1 Piketty, *Capital*, 23.

2 皮凯蒂的主要数据来源是他本人参与创建的世界最高收入数据库（WTID）。数据库中包含 27 个国家，它们是否足以代表整个世界还有待商榷。例如，它没有包含俄罗斯、大部分非洲国家和部分新兴经济体的数据。除了 WTID 外，皮凯蒂还使用了报税数据、工资和价格变化的数据、资本与家庭调查、《福布斯》财富排行榜等数据。

的力量随时都可能重新占据上风，这一趋势不免令人愈发担忧。[1]

从历史来看，经济增长率一直不高。1750 年之前，平均年经济增长率不到 1%，1750 年之后也很少高于 2%。这并不意味着没有经济进步。由于累积增长定律，年均增长 1% 的结果就是 30 年间增长 35%。我们不能把平均增长率与特殊时期的增长率混为一谈，比如“二战”后欧洲重建时期，日本同期，以及过去几十年中中国的高速增长。然而，皮凯蒂估计，本世纪的经济增长率将徘徊在 1% 到 2.5% 之间。

现在，由于两大趋势的存在：（1）资本回报率 r 在历史上长期高于 g；（2）作为一种收入来源，财富重新抬头，这就使我们认为：不平等会继续拉大。富人的收入和财富增长率会高于不占有资本、只靠劳动换取收入的人群。

长期来看，高储蓄率、低增长率的国家会积累出相对于收入而言极其庞大的资本存量，进而对社会结构和财富分配造成显著影响。皮凯蒂接下来提出了资本主义第二基本定律：$\beta = s/g$。β 是资本－收入比，s 是储蓄率，g 是经济增长率。皮凯蒂在第 170 页又提出了一个证据：如果一个国家每年将收入的 12% 储蓄下来，而且初始存量相当于年收入的六倍，那么资本存量每年就会增加 2%，[2] 与国民收入增长率完全一致，于是资本－收入比就会维持稳定。在半停滞的社会中，过去积累的财富会不可避免地获得过多的重要性。

《21 世纪资本论》第三部分谈的是不平等的结构。问题是：不平等在全球各地的状况如何？它如何随着时间变化？皮凯蒂分析了资本和收入随时间变化的分布。在几乎每一个国家，资本的分配都比收入的分配更不平等。用他的话说：

> 当我们试图度量现实中的收入不平等状况时，我们观察到的第一个规律就是，资本的不平等总是要大于劳动的不平等。资本占有（以及资本所

1 Piketty, *Capital* , 27.

2 12% 的收入除以 6 就是 2%。更一般地说，如果储蓄率是 s，资本收入比是 β，那么资本存量增长的速度就等于 s/β。

得）的分配总是比劳动所得的分配更集中。[1]

这条规律适用于世界各地和各个历史时期。接下来，他分析了在不同时期和国家中，多少资本和收入集中在前10%和前1%的人手中。在某些案例中，皮凯蒂还分析了前0.1%的人占有了多大比例。

就劳动所得而言，前10%的人所占总劳动所得的25%到30%。资本的情况则是：前10%的人长期占有总资本的50%。简言之，与收入相比，资本一般更集中于一小批人的手中。当然也有例外。在法国的美好时代，法国最富裕的10%占有了总资本的90%。然而，从1910年到1970年，他们所占的比例降到了60%。如上所述，这一现象很大程度上是由于两次世界大战和法国失去殖民地这些因素。

至于人口较贫困的50%，他们平均占有的资本存量最多也不过5%，而且长期如此。即便在20世纪的很长一段时间里，贫富差距有所缩小，这一条也依然成立。确实，每个人都从经济增长中受益了；但是，增长成果的分配却并没有多大变化；后50%的资本占有比例并未提高。

就法国总收入的情况来看，1910年以来，前10%的人所占比例有了显著下降：从近50%降到了35%。鉴于前10%的人的劳动所得比例一直比较稳定，这就表明资本所得的比例必然大大减少。美国的趋势则大不一样：收入前10%人群所占比例虽然在20世纪中叶一度下降，但自80年代以来又迅速上升。时至今日，最富裕的前10%的人占有美国总收入的45%。这一急剧上升趋势可以由最上层人员工资的急剧上升得到解释。

欧洲的资本与收入分配经历了与美国截然不同的变化过程。直到二战开始为止，欧洲的分配状况都极其不均。美国就不一样了，贫富差距相对较小。在19世纪与20世纪之交，欧洲的不平等程度比今天的美国还高。当时的美国还是一个新兴的社会，要想赶上欧洲最富裕的部分尚需时日。土地非常充足，人

---

1 Piketty, *Capital*, 244.

口则相对较少——尤其是跟庞大的未开垦土地规模相比。

“二战”以来，许多人感觉资本主义已经终结了。然而，在本世纪初，欧洲又开始了新一轮的皮凯蒂所说的“世袭资本主义”，私人财富再一次超过了美国的水平。这可以由欧洲相对于美国较低的经济与人口增长率得到解释，后者自然会导致过去积累的财富影响力增大。作者总结道，欧洲国家从未如此富裕。接下来，皮凯蒂做了一番政治论断：

> 另一方面，庞大的国民财富分配极度不均，可耻但却千真万确。私人财富建立在公众的贫困上。一个尤其不幸的后果是，我们目前对利息的兴趣远比对投资高等教育更大。[1]

在欧洲，乃至整个发达世界，到底发生了什么呢？20世纪70年代初，在皮凯蒂研究的所有国家中，私人财富的总价值（减去负债后的净值）约为年国民收入的2倍到3.5倍。此后，私人资本在富裕国家强势回归，这就是新世袭资本主义的由来。

这其中有三方面的原因：第一，经济增长，尤其是人口增长长期低迷，而且储蓄率高，于是，由于上面讲过的 $\beta = s/g$ 公式，这自然会导致资本－收入比发生长期的结构性上涨。第二，私有化逐步推进，公有财富转入私人钱包。第三，在比战后几十年更有利的政治氛围下，八九十年代以来房地产和股票价格长期上扬。

在美国，不平等实际上早在80年代就开始拉大了。资本有一定的作用，但并非最重要的一项。收入不平等在美国发展得特别快。皮凯蒂造了一个词，“超级经理”。在巴尔扎克于19世纪初写下《高老头》时，这批人还不存在。这部

1 Piketty, *Capital*, 567. 实际上，这本书在一定程度上也是一部政治著作。这没什么奇怪的。作者在第574页写道：“每个人都以其自己的方式表现出政治性特征。世界并非截然地划分为一方是政治精英，另一方是广大谈客与看客，唯一的责任是每隔四五年往投票箱里投上一票。学者与公民生活于互相隔绝的道德世界，这种想法是不切实际的。”

小说的主题是，攀登社会等级阶梯的最佳方式是什么：是努力工作，还是攀一门好亲事？后者在当时更吃香，因为努力工作致不了富，更别提出名了。

今天，“超级经理”们在一生中赚下了大笔钱财。想想比尔·盖茨、马克·扎克伯格、杰夫·贝索斯这些人吧。他们的天价薪酬反映了20世纪80年代以来的社会政治变迁。在80年代末，上市公司CEO平均工资为200万美元，到2007年已经增长到了1600万美元。金融部门的CEO工资甚至还要高（见第七章《市场是怎么失败的》概要）。另一方面，中低收入者的工资止步不前，每年最多增加几个百分点。这就解释了工资最高者和其余人之间迅速拉大的差距。前者可以拿出一大部分收入来增加自己的资本。

皮凯蒂担忧的是，当下富豪与其余人的差距已经很大，而且还在继续加剧的收入差距会引发政治不稳定。他写道，“不平等本身未必是坏事：关键在于判断它是否合理，是否有理由来支持它。”[1] 他认为，民主制度的基石是选才任能的世界观，即相信社会的基础主要是能力，而非血统和垄断租金。至于“超级经理”的巨额薪酬，皮凯蒂怀疑如此之高的收入——他称之为“选才任能极端主义”——是否合理。这是否是对他们给公司的生产力和盈利能力做出的突出贡献的报偿呢？他的回答是否定的。实证研究表明，这些“超级经理”的超高工资与其绩效并无关联。有些公司的管理者虽然薪酬比同行低，但绩效反而更好。作者还观察到，降低高收入等级的边际所得税率，以及提高高层收入似乎并没有起到刺激生产力的效果，最起码没有达到足以在宏观层面产生能够被统计学方法发现差别的程度。[2]

高层工资增长如此之大的另一个原因是，美国对该等级收入的税率从1970年的90%降低到了1990年的30%。更重要的是工资设定的方式。经理可以设定雇员的工资，他们自己的工资是由薪酬委员会设定的，而委员会的成员是由公司管理层任命的。

---

1 Piketty, *Capital*, 19.
2 Piketty, *Capital*, 150.

此外，还有一些因素推动了不平等的拉大。一个因素是，大型资本基金增长速度高于小型资本基金。大型基金的回报率更高，这笔钱可以用来追加投资，如此往复。此外，小型基金只能自行经营，因此无法获得专业顾问的帮助。皮凯蒂举了一个快速增长的大型资本基金的例子：

> 要想理解这些财富排名，只有一个办法，那就是选定全球最富裕的前多少分之一，比方说全球成年人中最富裕的前两千万分之一，看他们所占财富的发展过程：20世纪80年代末和本世纪10年代初的总成年人数分别为30亿和45亿，那就是大约150人和225人。接下来，我们发现，该群体的平均财富从1987年的略高于15亿美元，增加到了2013年的近150亿美元，年均增长率高于通货膨胀率6.4%。[1]

研究资本投资及其回报可不容易。毕竟，人们并不愿意分享这些极其私密的信息。然而，皮凯蒂还是发现了一个可用于研究的来源：大学基金。在这些基金的投资结果基础上，他得以确证，大型基金的回报率高于小型基金。比方说，哈佛大学基金约为300亿美元，紧随其后的是普林斯顿大学和耶鲁大学，分别为200亿美元和150亿美元。它们的年均资本回报率是10.2%。而规模小于100亿美元的大学基金就没这么好了，年回报率仅为6.2%。

于是，作者怀疑教育机构是否真的促进了社会流动。毕竟，儿童受的教育越好，得到高薪工作的机会就越大。这将有利于缩小贫富差距。即便在平均教育水平大幅提高的20世纪，收入不平等也并未消失。学历的水涨船高能够部分解释收入不平等没有消失的原因。从1990年到2010年，美国学费急剧提高，也阻碍了社会流动性的提高。只有富裕的父母才供得起孩子上美国顶级大学。研究表明，在1970年到2010年之间，收入后四分之一父母的子女获得大学学位的比例一直在10%–20%之间徘徊，而同期收入前四分之一的

1 Piketty, *Capital*, 434.

则从 40% 增加到了 80%。

作者在第 21 页说道，收入差距缩小的主要动力是知识与技能培训投入的扩散。但是，他也意识到，真正实现高等教育机会平等并不容易。无论如何，克服这一障碍是政策上的一大挑战，因为它能够为对抗未来收入不平等拉大起到一定的积极作用。

富人获得巨额遗产会让资本总量增长更快。来自前代人的资本现在将扮演重要作用。如果考虑到低迷的人口增长率，每一名继承人获得的资本就会更多，而继承的资产将成为资本总额的重要因素。

皮凯蒂表明，一个人去世时拥有的资产平均比活着的人多 20%。如果我们再把父母在世时转移给子女的资本（比如帮助他们买房）考虑进来，那么这个比例就会增加到 100%。这可能说明我们正在向“美好时代”那时的情况迈进。当然，现在情况还是不一样的。劳动所得仍然是最大的收入来源，前 10% 的人也是如此。情况在前 1% 处发生了变化，资本所得成了最大的收入来源。现在，“超级经理”也可能凭借超高工资进入排外的富豪俱乐部。但皮凯蒂说，这在 19 世纪是不可能的，因为那时只有“食利者”才能跻身最高层。

本世纪末又会如何呢？根据皮凯蒂的估计，在本世纪后半叶，全球产出增长率将逐渐从现在的 3% 降低到 1.5%。储蓄率会长期稳定在 10% 左右。在这些假设（以及人口增长率下滑）下，$\beta = s/g$ 意味着全球资本 - 收入比会继续提高，在本世纪末可能会达到 700%，也就是从 19 世纪到“美好时代”期间欧洲达到的水平。

在第 230–232 页，皮凯蒂关注了所谓的“英美剑桥论战”。这次论战的主题是资本积累和可能的动态均衡问题。他从一开始就提出，19 世纪末到 20 世纪初的现有国民账户和其他统计数据是不充分的，无法恰切地理解资本 - 收入比的动态过程。到了 20 世纪中期，在 1914 年到 1945 年的常年动荡之后，情况反转了过来。这就解释了，为什么资本积累和可能的动态均衡问题会继续引发争论，即剑桥资本理论之争，或者叫英美剑桥论战。争论的双方分别是英格兰

的剑桥和美国马萨诸塞州的剑桥。前者的代表人物是琼·罗宾逊和皮耶罗·斯拉法等人，后者则是保罗·萨缪尔森和罗伯特·索洛。

我们先谈一点历史渊源。$\beta = s/g$ 公式是由哈罗德和多马提出的，后来的常用形式是 $g = s/\beta$。哈罗德认为，β 是由现有技术确定了的，所以 g 完全由储蓄率决定。假设储蓄率是 10%，资本 – 收入比是 5，那么经济生产力的增长率就是每年 2%。然而，由于这个增长率必须与人口增长率（以及生产力增长率，这是皮凯蒂加上的，当年它的定义方式还很不完善）相等，所以 g 是一个内在的不稳定过程（这与凯恩斯的思想一致）。资本要么过剩，要么不足，随之要么带来产能过剩、投机泡沫，要么就是失业，或者两者同时发生。要记住，哈罗德是在大萧条的时候写下这个公式的，那正是宏观经济不稳定的一个显然的标志。当时的结论是，增长是一个高度波动的过程。让储蓄与投资决策一致是很困难的，因为储蓄和投资的决定是由不同人做出的，更重要的一个原因是，短期内很难改变资本密集度和生产组织方式。皮凯蒂观察到，从长期来看，资本 – 收入比变动相对较大，而且劳动的资本替代率长期大于 1。

1956 年，罗伯特·索洛引入了一个有可替代项的生产函数，使得反转该公式为 $g = s/\beta$ 成为可能。长期来看，资本 – 收入比会随着储蓄率和经济结构性增长率而调整，而非相反。所以，英美剑桥学派在该公式上的不同在于，美国人相信增长总是会均衡的，而英国人则强调凯恩斯提出的短期波动的重要性。

索洛的新古典主义增长模型在 70 年代占据上风，凯恩斯主义居于守势（见第五章）。皮凯蒂说，英国人担心美国人不注重短期波动，这是没有依据的；因为萨缪尔森和索洛都认识到短期增长是不稳定的，因此经济需要凯恩斯主义政策；他们只将 $\beta = s/g$ 视为长期规律。

长期增长并不能保证合理的财富分配，而且绝不意味着资本所有不平等会消失，甚至不意味着会降低。而且，$\beta = s/g$ 并未排除资本 – 收入比在不同时期和国家存在巨大差异的情况。皮凯蒂认为：

剑桥资本理论之争如此激烈的部分原因在于，论战双方都没有

澄清论辩术语所需的历史数据。双方都很少使用一战前的国民资本估计值，这实在令人震惊……两次世界大战对概念和统计分析方法造成了深刻的断裂，以至于在一段时间内，从长远视角研究这一主题是不可能的，尤其是从欧洲的角度出发进行研究。[1]

如何缩小差距？

在对资本和收入趋势进行了长时段的跨国分析之后，皮凯蒂提出了多种“21世纪对资本的监管”措施，这也正是第四部分的标题。他的总体结论如下：

……如果放任不管，那么建立在私有财产基础上的市场经济既包含着缩小差距的强大力量，尤其是与知识和技能的扩散相关的力量，也包含着拉大差距的强大力量。后者对民主社会，以及作为民主社会基石的社会正义价值观构成了潜在的威胁。[2]

他的历史分析表明，新的“美好时代”正在降临，其中人口中的一小部分占有了几乎全部资本。我们是否能做点什么来避免它发生吗？皮凯蒂说，是的。

首先，过去r比g高并不必然意味着未来也是如此。这可能是一个历史事实，但并非逻辑必然。随着经济和财政政策的实施，作者出于前述原因而担忧的这一趋势是可能被调整的。

皮凯蒂指出，国家在当今的影响力比过去大得多，实际上可谓前所未有。税收收入随着时间增加，国家社会保障支出也是。[3] 比方说，教育在当今就远比18世纪时重要。

1 Piketty, *Capital*, 232.

2 Piketty, *Capital*, 571.

3 关于贫穷和新兴国家中政府的作用，皮凯蒂说：“国家财政与社保的发展与国家建设的进程紧密相关。因此，经济发展史也关乎政治与文化的发展，每个国家都必须找到自己的独特道路，解决内部的分歧。”Piketty, *Capital*, 491.

为了避免全球不平等加剧的趋势，皮凯蒂提出引入一项针对资本（而非资本所得）的全球累进税。关于每年征收的税率，皮凯蒂建议：（1）100万到500万欧元为0.1%到0.5%；（2）500万到1000万欧元为2%；（3）1000万欧元以上为5%–10%；税率是累进的（也就是说，资本越多，税率越高）。

全球资本税会对资本所得收入产生不利影响。而且，通过这样一种全球税，税收避风港将成为过去，进而促进高效的资本投资。资本流向和所有者的信息也会更加透明。避税行为将被遏止，国际金融稳定性也会提高。

作者也意识到，他提议的全球资本税是一个乌托邦式的理想，然而它也可以分地区施行，比如说在欧盟和美国之内。皮凯蒂的结语是：

> 但是，如果说这个想法有些乌托邦，它无论如何也还是有用处的，其中有多个原因。第一，即便在可预见的未来里，任何哪怕接近这个理想的措施都没有付诸实践，它仍然是一个有价值的参照点，一个可以用来衡量其他提议的标准。[1]

1 Piketty, *Capital*, 515.

后　记

20 世纪是一个动荡的世纪，政治和经济上都是如此。凯恩斯革命动摇了新古典主义经济学能够应对衰退的信念。凯恩斯提出了一套克服危机、恢复完全就业的分析框架和工具。但是，凯恩斯主义解决不了滞胀，而新古典主义则更适合。经济学派的流行程度显然取决于现实世界的状况。凯恩斯主义、新古典主义这两大学派都在水到渠成之际兴盛一时。罗伯特・索洛观察到，随着社会发展，问题在不断改变，旧问题的答案也在不断改变。大衰退爆发后，新古典主义经济学既没有预测到它的到来，也无法解释它的发生，因此名誉扫地。凯恩斯当年提出用来解决衰退的观点重新得势。在新凯恩斯主义者的推动下，他的方案再次得到广泛应用。

这并不意味着，理性的经济学家们没有认识到新古典主义和凯恩斯主义都有其可用之处。两者的融合正在进行。罗马大学经济学教授罗伯特・瓦尔德曼（Robert Waldmann）对美国的这场学术流变给出了一个简明扼要的解释。瓦尔德曼给新古典主义经济学家起了个名字叫“淡水经济学家”，而称新凯恩斯主义者为“咸水经济学家”。[1]

淡水经济学家（一般在芝加哥大学接受过训练）认为，一般均衡模型、有效市场、买卖信息对称反映了现实的情况；他们并不很喜欢政府干涉。与此同时，咸水宏观经济学家（也就是新凯恩斯主义者）则聚集于美国东海岸的大学，比

---

1 Skidelsky, R. (2009) *Keynes: The Return of The Master*. London: Allen Lane, 30.

如麻省理工学院、哈佛大学和普林斯顿大学，以及国际货币基金组织和美联储中。毫不奇怪，在应该如何应对衰退的问题上，新凯恩斯主义者描绘了一幅凯恩斯式的图景。然而，他们接受了新古典主义的理性预期假说。但是，他们的模型并没有排除由于市场不完全等因素而导致的摩擦。该派别的奉行者允许在危机期间采取短期的政策干预。新凯恩斯主义者建议采取有效的需求管理。就像凯恩斯当年一样，他们认为这是必要的，因为只有刺激需求才能摆脱经济危机；而淡水经济学家则坚持认为，在危机的情况下，市场的力量——再加上央行增发货币——将在长期内重新实现经济均衡。[1]

现在，咸水和淡水经济学家的理念被翻译成了一个自上而下的模型：动态随机一般均衡（DSGE）。它们研究的是经济如何随着时间而变化，所以本质上是动态的。之所以把“随机”包含进去，是为了将从技术进步到宏观经济政策变化的各种随机冲击因素纳入考量。目前有两派思想各自提出了一套模型。

在新古典主义增长模型的基础上，真实经济周期（RBC）理论假设价格是弹性的，研究经济受到的现实冲击会如何引发经济周期波动。淡水经济学家的DSGE模型就基于该理论。新凯恩斯主义“咸水”经济学家也有自己的DSGE模型，它的结构基础与RBC模型相似，但是它假设价格是由垄断竞争公司制定的，不能迅速调整。这些DSGE都并不完美，也就是说，它们对分析近来的金融危机并没有多大用处，因为它们都接受了一个观点，即经济体内各处价格趋同的一般均衡是存在的。无论如何，在一种意义上，这些模型的适用性正在提升：对于为了更好地反映现实经济的情况，这些模型应当包含价格弹性和金融市场摩擦的现象这一点上，经济学家们已经达成了共识。

此外还有自下而上的模型：基于个体的模型（ABM），从微观角度对经济进行分析。ABM并不假设经济体能够达到均衡，并未排除大规模波动，甚至经济崩溃的发生。它们没有自上而下地规定经济的秩序或者样式，涉及的个体并

1 关于刚刚过去的这次危机和对称信息问题，斯德尔斯基写道：“这是一场对称无知的危机，而不是不对称信息的危机……只要一方有完全的信息，全面危机就永远不会爆发。但是，只有上帝才拥有完全的信息，而他并不玩股票。” *The Return of The Master*，45.

不统属于一个没有内部区别的大类，而是有些个体可能认为价格反映了基本面，其他人则以观察到的价格趋势为决策依据。这些模型还允许个体间互动，因此可以模拟（导致泡沫或危机的）羊群效应和恐慌现象。ABM 可以摆脱自上而下假设的约束，用计算机模拟来预测结果。它们可能会发展出可靠的早期危机预警系统。在 DSGE 和 ABM 模型进步的帮助下，经济学家们或许能够更好地预测经济动向。

卡尔·马克思观察到，经济学家类似于神学家。每一种宗教（除了他们自己）都是人为虚构的产物，而他们自己的宗教则是神的启示。在 DSGE 或 ABM 模型，以及行为经济学家等分支学科的帮助下，经济科学家在未来或许能够充分解释经济的过去、预测经济的未来。这样的伟大成就并不必然会赋予经济学家们天赐的光辉，但至少会让他们重获在大稳健时期所拥有的骄傲与自信。

致谢

写作似乎是个孤独的活动，但是事实并非如此。在写作本书时，我得到了其他人的大量帮助。他们对我所做的尝试确实感兴趣，而且令我欣喜的是，他们的确愿意提供帮助。

我曾经的同事好友克斯·贝姆斯特布尔（Kees Beemsterboer）仔细地分析了我的文本，提出了中肯的意见，极大地提升了本书的质量。同样的，已退休的银行家托姆·范·德·比尔特博士（Dr Thom van de Burgt）也细读了本书，他敏锐地发现了一些自相矛盾之处，促使我迅速解决它们。我的朋友莱昂·范·格鲁斯芬（Leo van Grunsven），是一名退休的出版商，他不停地提醒我要保持文章简洁。我承认，他的这个意见并没有得到彻底的执行。然而，他成功地帮助我将引言部分从最初的50页缩减到20页左右。

我以前玻利维亚的同事阿方索·加西亚（Alfonso Garcia），也帮助我去粗取精，呈现条理有序的论述。退休的律师彼得·卡杜斯（Peter Kardoes），读遍了手稿的所有版本，给予了我非常有用的建议。他甚至承认，在读过我的手稿之后，开始对经济学感兴趣。从律师的口中说出这种赞美，真是不可多得。

我还想要感谢伯特·赫尔姆辛（Bert Helmsing）教授，他对本书包括我的初稿都给予了有益的评论。阿里·屈伊霍芬（Arie Kuyvenhoven）教授也分析了文本。我尤为感激的是，他批判又富于启发性地提出了意见和建议，令我欣然接受。同样的，奥克·利恩博士（Dr Auke Leen）从一开始就对本书的思想和目的给予了强有力的支持。

荷兰统计局(Netherlands Bureau of Statistics)的前发言人米希尔·弗吉尔(Michiel Vergeer)帮助我整理荷兰在滞胀和荷兰病期间的失业数据和经济增长数据。微观－宏观经济咨询处(Micro–Macro Consultant)的主任马赖因·范·斯海克(Marein van Schaaijk)博士和我辩论皮凯蒂公式($r>g$)的含义,我们在他的船上进行了讨论。从很多方面来看,那都是个令人头晕的经历。

所有人都经常寄给我他们认为我可能感兴趣的文章,当然他们成功了。这产生了一个积极的副作用(经济学家可能会说,一个外部性),那就是我得以认识多罗蒂·帕克(Dorothy Parker),她对布卢姆斯伯里文化圈(the Bloomsbury Group)的特征做了有趣的评论(她的评价在讨论凯恩斯的那章)。我还知道了多罗蒂最喜欢用的两个词:“支票”和“附入”。无须多说,帕克女士是位专业作家。

我的姐姐西莫内·维特摩尔(Simone Whittemore)在大约60年前加入了美国国籍,她以惊人的毅力编校了我的英文,同时她的儿媳赫娜妮·沃尔什(Genanne Walsh)也提供了帮助。非常感谢她们!

我的妻子玛丽萨莱斯·拉蒙－霍达(Marisales Ram ó n–Chord á)通读了文本。她一如既往地提出了批评性意见。有些意见我发现难以消化。但是,我一如既往,深怀感激地接受了它们,因为她是正确的。

最后,我要感谢帕尔格雷夫·克米伦出版社(Palgrave Macmillan)的瑞秋·桑格斯(Rachel Sangster)和赫梅·莱赫(Gemma Leigh),他们坚定不移,帮助我顺利通过出版的各个阶段。我感谢他们,以及出版社所有其他成员,感谢他们坚实而又具有感染力的付出。

参考文献

Acemoglu, D., & Robinson, J. (2012). *Why nations fail: The origins of power,prosperity and poverty*. London: Profile Books.

Adelman, J. (2013). *Worldly philosopher: The Odyssey of Albert O. Hirschman*.Princeton: Princeton University Press.

Arrow, K. (1963). *Social choice and individual values*. New York: Wiley.

Atkinson, A., Piketty, T., & Saez, E. (2011). Top incomes in the long run of history.*Journal of Economic Literature*, 49, 3–71.

Berger, P. L., & Luckmann, T. (1966). *The social construction of reality.* NewYork: Anchor Books.

Berger, P. L. (1987). *The capitalist revolution: Fifty propositions about prosperity,equality, & liberty*. Aldershot: Gower.

Berger, P. L., & Zijderveld, A. (2009). *In praise of doubt: How to have convictionswithout being a fanatic*. New York: Harper Collins.

Bernanke, B. (2000). *Essays on the great depression*. Princeton: Princeton University Press.

Bomhoff, E. J. (1982). *Government is not the solution: It' s the problem* (Economen over crisis).Amsterdam, Brussels: Uitgeverij Intermediair.

Cassidy, J. (2009). *How markets fail: The logic of economic calamities*. London:Allen Lane.

Centraal Bureau voor de Statistiek. Statistics on Unemployment in The Netherlands.

Chang, H.–J. (2010). *23 things they don' t tell you about capitalism*. London:Penguin.

Chang, H.–J. (2014). *Economics: The user' s guide. London*: Pelican Books.

Churchill, W. S. (2000). *My early life*. London: Eland.

Coase, R. (1960). The problem of societal cost. *Journal of Law and Economics*, 31–44.

Davenport–Hines, R. (2015). *Universal man: The seven lives of John Maynard Keynes*. London: William Collins.

De Beus, J. W. (1982). *The enemy of the market is not ideology but the engineer*(Economen over crisis). Amsterdam, Brussels: Uitgeverij Intermediair.

Drucker, P. F. (2007). *Adventures of a Bystander.* New Brunswick/London:Transaction.

Easterly, W. (2006). *The White Man' s Burden: Why the West' s efforts to aid the rest have done so much ill and so little good*. New York: Penguin.

Eatwell, J., Milgate, M., & Newsman, P. (Eds.). (1998). *The new Palgrave:A dictionary of economics* (Vol. 2, E to J). London: MacMillan Reference.

Ebenstein, L. (2007). *Milton Friedman: A biography*. New York: Palgrave Macmillan.

Eichengreen, B. (2015). *Hall of mirrors: The great depression, the great recession,and the uses – and misuses – of history*. New York: Oxford University Press.

Fitzgerald, F. S. (1974). *This side of paradise*. Harmondsworth: Penguin.

Friedman, M. (1953). *The methodology of positive economics* (Essays in positive economics). Chicago: University of Chicago Press.

Friedman, M. (1957). *Theory of the consumption function*. Princeton: Princeton University Press for the National Bureau of Economic Research.

Friedman, M. (1978). *From Galbraith to economic freedom*. Occasional paper 49.London: The Institute of Economic Affairs.

Friedman, M., & Friedman, R. (1990). *Free to choose*. New York: Hartcourt.

Friedman, M., & Friedman, R. (1998). *Two lucky people: Memoirs*. Chicago:University of Chicago Press.

Friedman, M., & Friedman R. (2002). *Capitalism and freedom*. Fortieth Anniversary Edition. Chicago: University of Chicago Press.

Friedman, M., & Kuznets, S. (1945). *Income from independent professional practice*. New York: National Bureau of Economic Research.

Friedman, M., & Schwartz, A. J. (1963). *A monetary history of the United States,1867 – 1960.*

Princeton: Princeton University Press for the National Bureau of Economic Research.

Galbraith, J. K. (1952). *A theory of price control*. Cambridge: Harvard University Press.

Galbraith, J. K. (1954). *The great crash*. Boston: Houghton Mifflin Company.

Galbraith, J. K. (1967). *The new industrial state*. Boston: Houghton Mifflin Company.

Galbraith, J. K. (1983). *A life in our times: Memoirs*. London: Corgi Books.

Galbraith, J. K. (1987). *Economics in perspective: A critical history*. Boston: Houghton Mifflin.

Galbraith, J. K. (1999). *The affluent society*. Fortieth Anniversary Edition.London: Penguin Group.

Galbraith, J. K. (2011). *American capitalism: The concept of countervailing power*.New Brunswick/London: Transaction.

Gans, J. (2014). *Capital creators: Piketty and the growth theory*. Digitopoly,April 23.

Greenspan, A. (2007). *The age of turbulence*. London: Allen Lane.

Groenewegen, J. (1982). *Capitalism is change* (Economen over crisis).Amsterdam, Brussels: Uitgeverij Intermediair.

Grunwald, M. (2012). *The new new deal: The hidden story of change in the Obama Era*. New York: Simon & Schuster.

Haffner, S. (2000). *Geschichte eines Deutschen: Die Erinnerungen 1914 – 1933*.Stuttgart/M ü nchen: Deutsche Verlags.

Hayek, F. A. (1933). *Monetary theory and the trade cycle*. London: Jonathan Cape.

Hayek, F. A. (1945). The use of knowledge in society. *American Economic Review*,35 (4), 519 – 530.

Hayek, F. A. (1973). *Law, legislation and liberty* (Vol. I, II, and III). Chicago:Chicago University Press.

Hayek, F. A. (1976). *Law, legislation and liberty* (Vol. I, II, and III). Chicago:Chicago University Press.

Hayek, F. A. (1979). *Law, legislation and liberty*(Vol. I, II, and III). Chicago:Chicago University Press.

Hayek, F. A. (1988). *The fatal conceit: The errors of socialism.* Chicago: Chicago University Press.

Hayek, F. A. (2006). *The constitution of liberty*. London/New York: Routledge Classics.

Hayek, F. A. (2010). *The road to serfdom*. London: The Institute of Economic Affairs.

Heilbroner, R. (1995). *The worldly philosophers: The lives, times and ideas of the great economic thinkers*. London: Penguin Group.

Hirschman, A. O. (1945). *National power and the structure of foreign trade*.Berkeley/Los Angeles: University of California Press.

Hirschman, A. O. (1958). *The strategy of economic development*. New Haven:Yale University Press.

Hirschman, A. O. (1970). *Exit, voice and loyalty: Response to the decline in firms,organisations and states*. Cambridge, MA: Harvard University Press.

Hirschman, A. O. (1977). *The passions and the interests: Political arguments for capitalism before its triumph*. Princeton: Princeton University Press.

Hirschman, A. O. (1991). *The rhetoric of reaction: Perversity, futility, jeopardy*.Cambridge: Belknap Press of Harvard University Press.

Hirschman, A. O. (1998). *Lemma on Hirschman* (The new Palgrave: A dictionary of economics, Vol. 2, E to J). London: MacMillan Reference.

Jacobs, B. (2015). *De Prijs van Gelijkheid*. Amsterdam: Prometheus/Bert Bakker.

Keynes, J. M. (1919). *The economic consequences of peace*. London: Macmillan and Co.

Keynes, J. M. (1926). *The end of laissez faire*. London: Hogarth Press.

Keynes, J. M. (1930). *A treatise on money*. London: Macmillan and Co.

Keynes, J. M. (1931a). *The economic consequences of Mr. Churchill* (Essays in Persuasion). London: MacMillan.

Keynes, J. M. (1931b). *Economic possibilities for our grandchildren* (Essays in Persuasion). London: MacMillan and Co.

Keynes, J. M. (1964). *The general theory of employment, interest, and money*. San Diego/New York/London: Harcourt Brace & Company.

Krugman, P. (2009). *The return of depression economics and the crisis of 2008.*New York:

W.W. Norton & Company.

Krugman, P. (2013). *End this depression now*. New York: W.W. Norton & Company.

Lal, D. (2000). Institutional development and economic growth. InM. Oosterbaan, N. De Ruyter van Steveninck, & N. Van der Windt (Eds.),*The determinants of economic growth*. Boston: Kluwer Academic.

Maddison, A. (2003). *The world economy: Historical statistics*. Paris: OECD Development Centre Studies.

Marshall, A. (1977). *The principles of economics*. London: The English Language Book Society and Macmillan.

McCraw, T. K. (2007). *Prophet of innovation: Joseph Schumpeter and creative destruction.* Cambridge, MA: Harvard University Press.

McFadden, D. L. (2013). *The new science of pleasure*. NBER working paper18687. Cambridge: National Bureau of Economic Research.

Minsky, H. (1986). *Stabilizing an unstable economy*. New Haven/London: Yale University Press.

Mises, L. V. (1951). *Socialism: An economic and sociological analysis*. New Haven:Yale University Press.

Mises, L. V. (1990). *Economic calculation in the socialist commonwealth*. Auburn:Ludwig von Mises Institute.

Myrdal, G. (1944). *The American dilemma*. New York: Harper and Brothers Publishers.

Nagy, A. (1999). The memoirs of a 'Proud Hungarian'. *The Hungarian Quarterly*,40 (Autumn).

Naim, M. (2013). *The end of power.* New York: Basic Books.

Nasar, S. (2011). *Grand pursuit: The story of economic genius.* London: Fourth Estate.

Nentjes, A. (1982). *The system is not self–adjusting* (Economen over crisis).Amsterdam, Brussels: Uitgeverij Intermediair.

North, D. C., & Thomas, R. P. (1973). *The rise of the Western world: A new economic history.* Cambridge: Cambridge University Press.

North, D. C. (1977). Markets and other allocation systems in history: The challenge of Karl Polanyi.*Journal of European Economic History*, 6 (Winter).

North, D. C. (1989). Institutions and economic growth: A historical introduction. *World Development*, 17 (9), 1319 - 1332.

North, D. C. (1990). *Institutions, institutional change and economic performance*.Cambridge: Cambridge University Press.

North, D. C. (2005). *Understanding the process of economic change*. Princeton:Princeton University Press.

North, D., et al. (2007). *Limited access orders in the developing world: A new approach to the problems of development*. World Bank working paper 4359.Washington, DC: World Bank.

Olsen, M. (1982). *The rise and decline of nations: Economic growth, stagflation and social rigidities.* New Haven: Yale University Press.

Pen, J. (1971). *Income distribution*. Harmondsworth: Penguin.

Pen, J. (1983). *Keynes, Keynes, Keynes*, June 3.

Piketty, T. (2014). *Capitalism in the twenty-first century.* Cambridge, MA: The Belknap Press of Harvard University Press.

Polanyi, K. (Ed.). (1957). *Trade and market in the early empires*. Glencoe: Free Press.

Polanyi, K. (2001). *The great transformation: The political and economic origins of our time*. Boston: Beacon Press.

Pressman, S. (2014). *Fifty major economists*. London: Routledge Key Guides.

Pyka, A., & Fagiolo, G. (2005). *Agent-based modelling: A methodology for Neo-Schumpeterian economics.* Volkswirtschaftliche Dioskussionsreihe, BeitragNr. 272.

Reinhart, C., & Rogoff, K. (2009). *This time is different: Eight centuries of financial folly.* Princeton/Oxford: Princeton University Press.

Robinson, J. (1974). *Economic philosophy*. Harmondsworth: Penguin.

Rodrik, D. (2014). Piketty and the Zeitgeist. *Project Syndicate*, May 13.

Samuelson, P. (1947). *Foundations of economic analysis*. Cambridge, MA: Harvard University Press.

Schumpeter, J. A. (1934). *The theory of economic development*. Cambridge:Harvard University Press, Harvard Economic Studies.

Schumpeter, J. A. (1939). *Business cycle: A theoretical and statistical analysis of the capitalist process*. New York: McGraw–Hill Book Company.

Schumpeter, J. A. (1954). *History of economic analysis*. London: Oxford University Press.

Schumpeter, J. A. (1970). *Capitalism, socialism and democracy*. London: Unwin University Press.

Scitovsky, T. (1951). *Welfare and competition: The economics of a fully employed economy*. Chicago: R.D. Irving.

Scitovsky, T. (1958). *Economic theory and Western European integration*. Stanford:Stanford University Press.

Scitovsky, T. (Ed.). (1970). *Industry and trade in some developing countries*.London: Oxford University Press.

Scitovsky, T. (1992). *The Joyless economy: The psychology of human satisfaction*.New York/ Oxford: Oxford University Press.

Scitovsky, T. (1999). The memoirs of a 'Proud Hungarian'. *The Hungarian Quarterly,* 40 (Autumn).

Sedlacek, T. (2011). *Economics of good and evil: The quest for economic meaning from Gilgamesh to Wall Street*. New York: Oxford University Press.

Shiller, R. (2000). *Irrational exuberance*. Princeton: Princeton University Press.

Sint, M., & Verbruggen, H. (1982). *Economen over crisis*. Amsterdam, Brussels:Uitgeverij Intermediair.

Skidelsky, R. (2004). *John Maynard Keynes 1883 – 1946: Economist, philosopher,statesman.* London: Pan Books.

Skidelsky, R. (2009). *Keynes: The return of the master.* London: Allen Lane.

Skidelsky, R., & Skidelsky, E. (2012). *How much is enough? Money and the good life*. New York: Other Press.

Solow, R. (2014). Thomas Piketty is right. Everything you need to know about capital in the twenty–first century. *New Republic*, April 22.

Stedman Jones, D. (2012). *Masters of the universe: Hayek, Friedman, and the birth of neoliberal politics*. Princeton: Princeton University Press.

Stiglitz, J. (2012). *The price of inequality: How today' s divided society endangers our future*.

New York: W.W. Norton & Company.

Taylor, F. (2013). *The Downfall of money: Germany' s hyperinflation and the destruction of the middle class*. New York: Bloomsbury Press.

US Department of Labor: Industrial Bureau of Labor Statistics. Statistics on Unemployment in the USA.

Veblen, T. (1899). *The theory of the leisure class.* New York: MacMillan.

Verbon, H. (2013). De Late Ekenning Van De Zwarte Zwaan Door Paul Samuelson. *ESB, Jaargang 98* (4664 and 4665), July 12.

Wapshott, N. (2011). *Keynes - Hayek: The clash that defined modern economics*.New York: Norton & Company.

Went, R. (Ed.). (2014). *Waarom Piketty Lezen?* Amsterdam: Amsterdam University Press.

Wolf, M. (2014). The shifts and the shocks: What we' ve learned - and have still to learn - from the financial crisis. London: Allen Lane.

Zweig, S. (1945). *The world of yesterday*. New York: The Viking Press.

新华学术系列图书：

《法国人是如何思维的》［英］苏迪·哈扎里辛格 著

《想透彻：当代哲学导论》［美］夸梅·安东尼·阿皮亚 著

《木偶的灵魂：自由只是一种错觉》［英］约翰·格雷 著

《动物的沉默：人类优越论是一种偏见》［英］约翰·格雷 著

《稻草狗：进步只是一个神话》［英］约翰·格雷 著

《反利维坦：政府权力与自由社会》［美］罗伯特·希格斯 著

《道德之弧：科学和理性如何将人类引向真理、公正与自由》［美］迈克尔·舍默 著

《民主的反讽：美国精英政治是如何运作的》（第15版）［美］托马斯·戴伊 著

《权力精英》［美］C·赖特·米尔斯 著

《政府为什么会失败》［美］兰迪·T. 西蒙斯 著

《幸福乌托邦：科学如何测量和控制人们的快乐》［美］威廉·戴维斯 著

《文化的重要作用：价值观如何影响人类进步》［美］塞缪尔·亨廷顿 主编

《电影院里的哲学课》［英］克里斯托弗·法尔宗 著

《哲学能做什么》［美］加里·古廷 著

《非常识：最聪明哲学家们的最奇怪思想》［美］安德鲁·佩辛 著

《思想者心灵简史：从苏格拉底到尼采》［美］詹姆斯·米勒 著

《道德哲学十一讲》［英］艾里克斯·弗罗伊弗 著

《没有标准答案的哲学问题》［美］菲尔·沃什博恩 著

《我们如何思维》［美］约翰·杜威 著

《论人的本性》［美］爱德华·O·威尔逊 著

《对权威的服从：一次逼近人性真相的心理学实验》［美］斯坦利·米尔格拉姆 著